상용 중국어 한자 365개를 분석해 단어·문장·문화까지 알기 쉽게!

착! 붙는
중국어 한자
365

편저 付云华

편역 **중국어공부기술연구소**

시사중국어사

[汉字多米诺]
[付云华 编著]
Copyright ⓒ 2018 by Beijing Language and Culture University Press All rights reserved
Korea copyright ⓒ 2018 by [SISA BOOKS]
Korean edition arranged with Beijing Language and Culture University Press

착! 붙는 중국어 한자 365

초판인쇄	2025년 9월 1일
초판발행	2025년 9월 10일
편저	付云华
편역	중국어공부기술연구소
편집	최미진, 연윤영, 徐婕
펴낸이	엄태상
디자인	진지화, 권진희
일러스트	표지: eteecy
조판	이서영
콘텐츠 제작	김선웅, 장형진
마케팅본부	이승욱, 노원준, 조성민, 이선민, 김동우
경영기획	조성근, 최성훈, 김로은, 최수진, 오희연
물류	정종진, 윤덕현, 신승진, 구윤주
펴낸곳	시사중국어사(시사북스)
주소	서울시 종로구 자하문로 300 시사빌딩
주문 및 문의	1588-1582
팩스	0502-989-9592
홈페이지	http://www.sisabooks.com
이메일	book_chinese@sisadream.com
등록일자	1988년 2월 12일
등록번호	제300-2014-89호

ISBN 979-11-5720-281-2 13720

＊ 이 책의 내용을 사전 허가 없이 전재하거나 복제할 경우 법적인 제재를 받게 됨을 알려 드립니다.
＊ 잘못된 책은 구입하신 서점에서 교환해 드립니다.
＊ 정가는 표지에 표시되어 있습니다.

머리말

✴✴✴

여러분은 한자에 관심이 있으신가요?

한자의 DNA를 탐구하고 싶으신가요?

한자 사이의 연관성을 이해하고 한자를 통해 단어, 문장, 그리고 중국 문화를 모두 배우고 싶으신가요?

모두 그러실 거라고 생각합니다.

"하지만 한자는 너무 많고 어려워요." 음, 이런 고민을 하고 계신다면…… 어서 저를 따라오세요!

한자의 보물 창고를 열 황금 열쇠를 준비했습니다.

바로《착! 붙는 중국어 한자 365》입니다.

이 책은 직관적인 그림을 통해 한자의 구조와 의미를 분석하고, 고대 중국인들의 글자 생성 규칙을 탐구할 수 있도록 구성하였습니다. 먼저 뜻과 관련 단어, 문장을 설명하여 한자, 단어, 문장의 사용법을 숙달하도록 안내하며, 추가로 한자 간의 연관성을 소개해, 한자를 통해 특정 규칙을 활용하여 다른 여러 관련 한자를 학습할 수 있도록 도와줍니다. 또한, 수록된 한자와 관련된 중국의 식생활, 혼인 풍습, 의복, 의약, 건축, 교통, 언어, 문학 등 풍부하고 다채로운 문화적 요소들까지 체득할 수 있어, 이를 통해 한자의 신비로움을 깨닫게 될 것입니다!

이 책은 흔히 쓰이는 중국어 한자 365개를 자세히 설명하고, 약 1,000개의 관련 한자, 약 1,600개의 자주 쓰이는 단어, 약 1,100개의 의사소통 문장, 그리고 약 150가지의 중국 문화 요소를 소개합니다.

기계적으로 하나하나 암기할 필요는 없습니다.《착! 붙는 중국어 한자 365》만의 체계적인 한자 학습 원리가 학습에 대한 부담은 줄이고 원하는 것을 성취할 수 있도록 도움을 줄 것입니다. 이 책은 단순히 한자를 배우는 지침서가 아니라, 한자 관점에서 본 백과사전이니까요.

어떠세요? 중국어 한자를 본격적으로 학습하고 싶으신가요?

이에 대한 대답은 매우 긍정적일 거라고 생각합니다. 그렇다면…… 자, 저와 함께 배워 볼까요?

北京语言大学 付云华 编著

목차·색인

- 머리말 3
- 이 책의 활용법 6
- 차례 4
- 중국어 한자 365 10

A		
ài 爱		10
ān 安		11

B		
bā 八		12
bǎ 把		13
bāi 掰		14
bái 白		15
bài 拜		16
bān 班		17
bàn 半		18
bàn 伴		19
bāo 包		20
bǎo 宝		21
bǎo 保		22
bào 报		23
běi 北		24
bèi 贝		25
bèi 备		26
bēn/bèn 奔		27
běn 本		28
bǐ 比		29
bǐ 笔		30
biān 编		31
biàn 辩		32
biǎo 表		33
bié 别		34
bīn 宾		35
bīng 冰		36
bīng 兵		37
bìng 并		38
bìng 病		39
bù 步		40

C		
cái 才		41
cǎi 采		42
cān/shēn 参		43
cán 残		44
cāng 仓		45
cǎo 草		46
cè 册		47
cháng/zhǎng 长		48
cháng 肠		49
chǎng 厂		50
cháo 巢		51
chǎo 炒		52
chē 车		53
chén 尘		54
chén 辰		55
chóng 虫		56
chū 出		57
chū 初		58
chuān 川		59
chuàn 串		60
chuī 吹		61
chūn 春		62
chún 纯		63
cí 瓷		64
cí 辞		65
cóng 从		66

D		
dà 大		67
dàn 旦		68
dǎng 党		69
dāo 刀		70
dào 盗		71
dé/de 得		72
dé 德		73
dì 弟		74
diǎn 典		75
diàn 电		76
dīng 丁		77
dōng 东		78
dōng 冬		79
dòu 豆		80
dú 独		81
dǔ 赌		82
dùn 盾		83
duō 多		84
duó 夺		85
duǒ 朵		86

E		
ér 儿		87

F		
fā 发		88
fá 罚		89
fǎ 法		90
fán 烦		91
fǎn 反		92
fēn 分		93
fèng 奉		94
fū 夫		95
fú 服		96

fú 俘	97	**J**		là 辣	158
fú 福	98	jī 鸡	128	láo 牢	159
fù 父	99	jí 及	129	lǎo 老	160
fù 妇	100	jí 即	130	léi 雷	161
fù 复	101	jí 急	131	lí 离	162
G		jí 集	132	lǐ 礼	163
gǎi 改	102	jiā 夹	133	lì 力	164
gōng 工	103	jiā 家	134	lì 历	165
gōng 公	104	jiǎ 甲	135	lì 立	166
gōng 宫	105	jiān/jiàn 间	136	lì 丽	167
gòng 共	106	jiān 监	137	lì 利	168
gǔ 骨	107	jiān 兼	138	lín 林	169
gǔ 鼓	108	jiàn 见	139	lóng 龙	170
guā 瓜	109	jiàng 酱	140	lǚ 旅	171
guān 关	110	jiāo 交	141	lǜ 绿	172
guāng 光	111	jiāo 郊	142	**M**	
guǎng 广	112	jiāo/jiào 教	143	mǎ 马	173
guǐ 鬼	113	jiāo 焦	144	máo 毛	174
guì 贵	114	jiǎo 角	145	méi 眉	175
guǒ 果	115	jié 节	146	měi 美	176
H		jiě 解	147	mén 门	177
hán 寒	116	jiè 戒	148	mǐ 米	178
háng/xíng 行	117	jīn 斤	149	miáo 苗	179
hǎo/hào 好	118	jīn 金	150	miǎo 秒	180
hē/hè 喝	119	jìn 进	151	míng 明	181
hé 合	120	jiǔ 九	152	mò 末	182
hēi 黑	121	jiǔ 酒	153	mò 莫	183
hén 痕	122	jù 具	154	mǔ 母	184
hǔ 虎	123	juǎn/juàn 卷	155	mù 木	185
huí 回	124	jūn 君	156	mù 目	186
huì 会	125	**K**		mù 牧	187
hūn 婚	126	kàn 看	157	**N**	
huǒ 火	127	**L**		nán 男	188

nì 逆	189	
nián 年	190	
niǎo 鸟	191	
niú 牛	192	
nǚ 女	193	
nüè 虐	194	
P		
pèi 配	195	
péng 朋	196	
pèng 碰	197	
pí 皮	198	
pǐn 品	199	
Q		
qī 七	200	
qī 妻	201	
qí 齐	202	
qì 气	203	
qì 弃	204	
qián 钱	205	
qiàn 欠	206	
qiào 翘	207	
qīng 轻	208	
qǔ 取	209	
qù 去	210	
R		
rán 然	211	
ráo 饶	212	
rén 人	213	
rì 日	214	
ròu 肉	215	
rǔ 乳	216	
S		
sǎo 扫	217	

sēn 森	218	
shān 山	219	
shàn/shān 扇	220	
shàng 上	221	
shàng 尚	222	
sháo 勺	223	
shé 舌	224	
shé/zhé 折	225	
shēn 身	226	
shén 神	227	
shēng 生	228	
shī 尸	229	
shí 十	230	
shí 石	231	
shí 实	232	
shí 食	233	
shǐ 史	234	
shì 示	235	
shì 视	236	
shì 室	237	
shǒu 手	238	
shòu 受	239	
shòu 授	240	
shū 书	241	
shù 束	242	
shù 树	243	
shuāng 双	244	
shuǐ 水	245	
sī 司	246	
sī 丝	247	
sī 私	248	
sǐ 死	249	
sì 四	250	

sōu 搜	251	
suì 岁	252	
sūn 孙	253	
suǒ 索	254	
T		
tā 它	255	
téng 疼	256	
tiān 天	257	
tián 田	258	
tíng 亭	259	
tōng 通	260	
tóng 同	261	
tū 突	262	
tǔ 土	263	
tù 兔	264	
W		
wài 外	265	
wàn 万	266	
wǎng 网	267	
wàng 望	268	
wēi 威	269	
wěi 尾	270	
wèi 畏	271	
wén 文	272	
wǒ 我	273	
wǔ 五	274	
X		
xī 夕	275	
xī 西	276	
xī 析	277	
xí 习	278	
xǐ 喜	279	
xì/jì 系	280	

xià 下	281	yǎng 养	313	zhān/zhàn 占	345
xiān 先	282	yāo/yào 要	314	zhào 兆	346
xiān 鲜	283	yào 药	315	zhēn 珍	347
xián 贤	284	yè 页	316	zhēng 争	348
xiǎn 险	285	yī 衣	317	zhèng 正	349
xiàn 限	286	yī 医	318	zhī 支	350
xiàn 限	287	yí 疑	319	zhī/zhǐ 只	351
xiàn 陷	288	yì 益	320	zhí 直	352
xiàn 羡	289	yǐn 引	321	zhǐ 止	353
xiāng 香	290	yǐn 饮	322	zhì 至	354
xiàng 向	291	yìn 印	323	zhōng 中	355
xiǎo 小	292	yóu 游	324	zhōng 终	356
xiào 孝	293	yǒu 友	325	zhōng 衷	357
xīn 心	294	yǒu 有	326	zhòng 众	358
xīn 辛	295	yòu 又	327	zhòng/chóng 重	359
xìn 信	296	yòu 右	328	zhōu 舟	360
xīng/xìng 兴	297	yú 鱼	329	zhōu 周	361
xǐng 醒	298	yú 愉	330	zhú 竹	362
xìng 姓	299	yǔ/yù 与	331	zhú 逐	363
xiōng 兄	300	yǔ 雨	332	zhǔ 主	364
xióng 雄	301	yù 玉	333	zhù 祝	365
xiū 休	302	yù 育	334	zǐ 子	366
xiù 秀	303	yuán 元	335	zì 字	367
xué 穴	304	yuán 原	336	zǒu 走	368
xué 学	305	yuè 月	337	zú 足	369
Y		yùn 孕	338	zú 族	370
yá 牙	306	**Z**		zǔ 祖	371
yán 言	307	zāi 灾	339	zuǒ 左	372
yán 炎	308	zāi 灾	340	zuò 作	373
yāng 央	309	zàn 赞	341	zuò 坐	374
yáng 扬	310	zǎo 早	342		
yáng 羊	311	zào 噪	343		
yáng 阳	312	zé 则	344		

활용법

① 제시된 한자의 획수를 보여 줍니다.

② 제시된 한자의 발음을 나타냅니다. 제시된 한자가 다성음인 경우, 여러 발음을 표시하고 " / "로 구분하였습니다.

③ 제시된 한자의 간략화된 형태입니다. 번체 형태가 간략화된 글자와 다를 경우, 훈음과 "[ ]"로 병기하였습니다. 괄호 안의 " * "는 변형된 형태임을 나타냅니다(단어의 의미를 이해하는 데 도움이 되는 변형만 포함). 괄호 안의 숫자는 번체 형태가 해당 의미로 제한됨을 나타냅니다.

④ 제시된 한자의 훈음을 보여 줍니다.

⑤ 제시된 한자의 어원과 고대 글자를 보여 줍니다.

⑥ 제시된 한자의 모양, 의미, 발음의 관계를 설명합니다. 경우에 따라 한자를 더 명확하게 이해하기 위해 제시된 한자의 모양과 의미의 변천 과정도 설명합니다.

* 표지에 있는 QR 코드로 언제 어디서든 교재 음원을 무료로 다운로드하고, 무료로 들으실 수 있습니다.

① **125** 10획

② jiā

④ 집 가

⑥ ✱ **자원 풀이**

한자 '家'는 갑골문에 '🏠'로 쓰여 있는데, '宀'는 '집'을 가리키고, 안에 있는 '豕'는 '돼지'를 가리킨다. 돼지를 기른다는 것은 '정착'을 의미하므로 '家'의 본뜻은 '집'이고, 확장된 뜻은 '가족'이다.

134

뜻 + 예문 ⑦

1 명 집
我家在北京。 우리 집은 베이징에 있다.
Wǒ jiā zài Běijīng.

2 명 가족
你家来客人了。 너희 집에 손님이 왔어.
Nǐ jiā lái kèren le.

⑦ 제시된 한자의 뜻과 예문을 보여 줍니다.

연관 단어 ⑧

家庭 jiātíng 명 가정

家人 jiārén 명 식구

国家 guójiā 명 국가

大家 dàjiā 대명 여러분

⑧ 제시된 한자를 포함하며 자주 쓰는, 활용도가 높은 단어 위주로 소개합니다.

표현 PLUS+ ⑨

你家有几口人? 너희 집 식구는 몇 명이니?
Nǐ jiā yǒu jǐ kǒu rén?
▶ 상대방의 식구 수를 물어볼 때 사용해요.

⑨ 제시된 한자를 포함하는 일반적으로 자주 사용되는, 실생활에 활용도가 높은 커뮤니케이션 문장을 소개합니다.

확장하기 ⑩

'家'는 '사람들이 거주하는 장소'를 가리키기도 해요. 비슷한 의미를 가진 한자들은 다음과 같아요.

[寓] 公寓 gōngyù 아파트

[室] shì 침실

[房] fáng 집

[屋] wū 방

⑩ 제시된 한자의 생성 방법, 동의어, 유사 한자, 단어 퍼즐, 제시된 한자와 관련된 상식 등 조금 더 확장된 학습을 할 수 있습니다.

✱ 문화 Tip ✱

家和万事兴。 가정이 화목하면 모든 일이 잘 된다.
Jiā hé wànshì xīng.

→ 화목한 가족만이 순탄하고 번영하는 삶을 가져올 수 있다는 것을 의미하는 속담이에요. 중국인들은 가족을 매우 중시하는데, 가족은 비바람을 막아 주는 곳일 뿐 아니라 마음이 속하는 곳이라고 생각하기 때문이에요.

⑪ 제시된 한자와 관련이 있는 음식, 혼인 풍습, 의복, 한의학, 건축, 교통, 언어 및 문학(명작, 속담, 관용구), 인물 등의 문화적 요소에 대해 폭넓게 소개합니다. 한자뿐만 아니라 중국 문화에 대해 이해도를 높일 수 있습니다.

001 10획

ài

爱

사랑 애 [愛]

✱ 자원 풀이

'爱'는 초기에 ''로 썼는데, 입을 열고 가슴에 손을 얹고서 감정을 표현하는 사람처럼 보인다. 번체자 '愛'에는 부수 '心(xīn, 285 '心')'이 있다. '爱'의 본뜻은 '사랑하다' 혹은 '좋아하다'이다.

— 뜻 + 예문

1. 동 사랑하다

    我爱你! 널 사랑해!
    Wǒ ài nǐ!

    他很爱国。 그는 나라를 사랑해.
    Tā hěn ài guó.

2. 동 좋아하다

    她爱跳舞，不爱唱歌。
    Tā ài tiàowǔ, bú ài chàng gē.
    그녀는 춤추기를 좋아하고, 노래 부르기는 좋아하지 않아.

— 연관 단어

爱情 àiqíng 명 (주로 남녀간의) 사랑, 애정

爱人 àiren 명 배우자(남편, 아내), 애인

爱好 àihào 명 동 취미; 좋아하다

可爱 kě'ài 형 귀여운

疼爱 téng'ài 동 아주 사랑하다, 아주 귀여워하다

溺爱 nì'ài 동 지나치게 귀여워하다

— 표현 PLUS+

你爱人是做什么工作的?
Nǐ àiren shì zuò shénme gōngzuò de?
남편(부인)은 무슨 일을 하세요?
▶ 다른 사람의 부인/남편의 직업을 묻는 데 쓰는 말이에요.

✱ 문화 Tip ✱

萝卜青菜，各有所爱。
Luóbo qīngcài, gè yǒu suǒ ài.
무건 남새건 각기 좋아하는 것이 있다.

→ 속담으로, 어떤 사람들은 무를 좋아하는 반면, 어떤 사람들은 남새를 좋아한다는 뜻으로, 즉 사람마다 취향이 다름을 설명하는 데 사용돼요.

002 6획

ān

安

편안할 안

― 뜻 + 예문

1 형 안정되다
他说谎后内心一直感到不安。
Tā shuōhuǎng hòu nèixīn yìzhí gǎndào bù'ān.
그는 거짓말을 한 후 속으로는 줄곧 불안을 느꼈다.

2 안전
这个包需要过安检。
Zhège bāo xūyào guò ānjiǎn.
이 가방은 안전 검사를 거쳐야 한다.

― 연관 단어

安静 ānjìng 형 고요한
安全 ānquán 형 안전한
安排 ānpái 동 배치하다
治安 zhì'ān 명 치안
平安 píng'ān 형 평안한
公安 gōng'ān 명 공안, 경찰

― 표현 PLUS+

1 一路平安！ 가시는 길 평안하세요!
Yílù píng'ān!

▶ 친구나 가족을 배웅할 때 사용하는 말이에요.

2 晚安！ 굿나잇!
Wǎn'ān!
▶ 밤에 작별 인사할 때 사용하는 정중한 표현이에요.

― 확장하기

다른 한자의 구성 요소로 사용될 때, '安'은 종종 발음을 나타내는데, 이 구성 요소를 가진 한자들은 대개 'an'으로 발음돼요.

[按] 按 àn 동 누르다
[案] 方案 fāng'àn 명 방안
[氨] 氨气 ānqì 명 암모니아

✱ 자원 풀이

'安'은 갑골문에 ' '로 쓰여 있는데, '宀'은 '집'을 의미하며, ' '는 '女(nǚ, 184 '女')'로 '여성'을 가리켜 집안에서 조용히 무릎 꿇고 앉아 있는 여자를 나타낸다. '安'의 본뜻은 '안정되다'이며, '안전'으로 의미가 확장되었다.

003 2획

八

여덟 팔

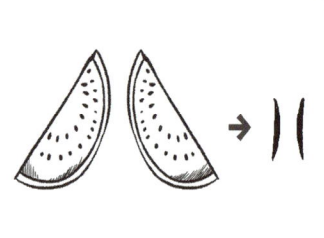

✱ 자원 풀이

'八'는 갑골문에 ')('로 쓰여 있는데, 사물이 절반으로 나누어진 것처럼 보인다. 본뜻인 '분리하다'는 더 이상 사용되지 않고 지금은 숫자 '8'을 가리키게 되었다.

— 뜻 + 예문

㊈ 8, 여덟

我家有八口人。 우리 집 식구는 여덟 명이야.
Wǒ jiā yǒu bā kǒu rén.

— 확장하기

1 다른 한자의 구성 요소로 사용될 때, '八'는 종종 상단에 놓여 의미를 나타내는데, 이 구성 요소를 가진 한자들은 대부분 '분리하다'라는 의미를 나타내요.

 + 刀 [分] fēn 나누다, 분리하다
　　　　ム [公] gōng 공정하게 나누다

2 한자 '半(bàn, 절반 009 '半')'의 상단을 보면 '八'를 구성 요소로 가지고 있어요.

> [半] bàn, 절반
> — 구조: 半 = 八 + 牛(niú, 황소 183 '牛')
> — 한자 구성: 칼로 황소를 반으로 나누다
> — 본뜻: 절반
> — 흔히 사용되는 의미: 절반
> ㉠ 一半 yíbàn 절반

✱ 문화 Tip ✱

中国人偏爱数字"八"。
Zhōngguórén piān'ài shùzì "bā".
중국인은 숫자 8을 좋아해.

→ '八'는 행운의 단어 '发财(fā cái 돈을 벌다)'의 '发(fā)'와 발음이 비슷해요. 그래서 중국인들은 전화번호, 자동차 번호판, 날짜 등에 숫자 '8'를 넣기를 좋아해요. 예로, 제29회 하계올림픽의 개막식은 2008년 8월 8일 저녁 8시에 베이징에서 열렸고, 자동차번호판에 '8'이 들어가면 매우 비싼 가격에 팔려요.

004 7획

bǎ

把

잡을 파

✳ 자원 풀이

한자 '把'는 두 부분으로 이루어져 있다. '扌'는 '손'과 관련 있음을 나타내고, '巴 bā(巴)'는 커다란 뱀을 가리키며 발음을 나타낸다. 즉, '把'는 '손으로 뱀을 꽉 잡다'는 의미로, '把'의 본뜻은 '잡다' 혹은 '쥐다'이다.

— 뜻 + 예문

1 동 잡다, 쥐다

公交车开得很快，要把住了。
Gōngjiāochē kāi de hěn kuài, yào bǎzhù le.
버스가 빨리 달리니, (손잡이를) 꽉 잡아야 해.

2 개 ~을(를)

▶ 동사 앞에 사용되고, 그 뒤에 [목적어 + 그 행동에 영향을 받는 사람이나 사물]이 와요.

把书放在桌子上吧。 책을 책상 위에 둬.
Bǎ shū fàng zài zhuōzi shang ba.

把你的房间打扫一下。 네 방을 좀 청소해.
Bǎ nǐ de fángjiān dǎsǎo yíxià.

3 양 한 줌의

▶ 손잡이가 있는 도구, 혹은 사람의 손으로 잡을 수 있는 도구를 묘사할 때 사용해요.

我买一把小刀。 나는 작은 칼 한 자루를 샀어.
Wǒ mǎi yì bǎ xiǎo dāo.

抓一把米，洗洗，做饭。
Zhuā yì bǎ mǐ, xǐxi, zuò fàn.
쌀 한 줌을 가지고 씻어서 밥을 만든다.

— 표현 PLUS+

我真为你捏一把汗。
Wǒ zhēn wèi nǐ niē yì bǎ hàn.
내가 정말 너 때문에 손에 땀을 쥐었어.

▶ 다른 누군가가 실패나 위험을 마주칠 수 있다는 염려나 불안을 표현할 때 사용해요.

— 확장하기

양사 '把'의 활용

一把椅子 一把扇子 一把雨伞
yì bǎ yǐzi yì bǎ shànzi yì bǎ yǔsǎn
의자 하나 부채 하나 우산 하나

005 12획

掰
bāi

쪼갤 배

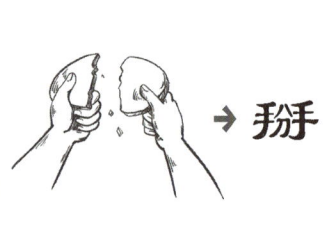 → 掰手

✱ 자원 풀이

한자 '掰'는 세 부분으로 이루어져 있다. 좌우에 '扌手(두 손)'이 있고, 중앙의 '分(fēn, 084 '分')'은 물건을 나눈다는 것을 가리킨다. 즉, '掰'의 본뜻은 '두 손으로 물건을 나누다'이며, '관계를 끊다'라는 의미로 확장되었다.

— 뜻 + 예문

1 [동] 손으로 물건을 나누다
   你把玉米掰成兩段。 네가 옥수수를 두 개로 나눠.
   Nǐ bǎ yùmǐ bāichéng liǎng duàn.

2 [동] 관계를 끊다
   俩人谈掰了。 두 사람은 관계를 끊었다.
   Liǎ rén tánbāi le.

— 표현 PLUS+

我和我男/女朋友掰了。 나는 내 남친/여친과 헤어졌어.
Wǒ hé wǒ nán/nǚpéngyou bāi le.
▶ 애정의 상실 혹은 관계의 종말을 드러내는 데 사용해요.

— 확장하기

1 '掰'는 재미있는 구조를 가지고 있어요. 좌측과 우측은 똑같고 가운데는 다르지요? 이와 유사한 한자는 다음과 같아요.

班 bān [명] 반

辩 biàn [동] 변론하다

粥 zhōu [명] 죽

2 손과 관련된 제스처들도 한번 볼까요?

niē	àn	rēng	sī	zhāi
捏	按	扔	撕	摘
비틀다	누르다	던지다	찢다	따다

✱ 문화 Tip ✱

掰腕子 팔씨름
bāi wànzi

→ 중국 및 기타 국가들에서 흔히 하는 게임이에요. 두 사람이 각자 한쪽 팔을 책상 위에 두고 상대방의 손을 꽉 쥔 후, 전력을 다해 상대방의 팔을 먼저 꺾어 책상 위에 고정시키는 사람이 이기는 게임이지요.

006 5획

bái

흰 백

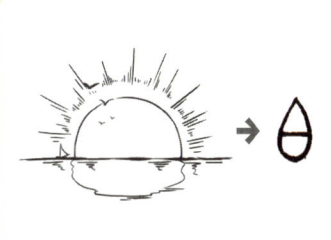

— 뜻 + 예문

1 [형] 희다
我喜欢这件白衬衫。 나는 흰 셔츠를 좋아해.
Wǒ xǐhuan zhè jiàn bái chènshān.

2 [형] 분명한 (*明白 míngbai [형] 분명한)
他说得很清楚，很明白。 그는 매우 분명하게 말했어.
Tā shuō de hěn qīngchu, hěn míngbai.

— 연관 단어

白领 báilǐng [명] 흰 깃, 화이트 컬러
白头 báitóu [형] 머리가 흰, 나이 든
白菜 báicài [명] 배추
雪白 xuěbái [형] 눈처럼 흰
空白 kòngbái [명] 공백
表白 biǎobái [동] 표명하다

— 표현 PLUS+

祝你们白头偕老。 두 분이 백년해로하시기 바라요.
Zhù nǐmen báitóu xiélǎo.
▶ 신혼부부에게 오래도록 행복하게 잘살기를 빌어 줄 때 사용하는 말이에요.

✳ 자원 풀이

한자 '白'는 갑골문에 ' '로 쓰여 있는데, 수평선 위로 해가 떠 하늘이 밝아졌다가 하얘지는 것을 의미한다. 확장된 의미는 '깨끗하다'이다.

✳ 문화 Tip ✳

白菜价 배추값, 낮은 가격
báicàijià

→ 배추는 특히 중국 북부에서 빠른 성장과 높은 생산성으로 인해 굉장히 저렴하게 팔려요. 중국인들은 채소라 하면 제일 먼저 배추를 떠올리는데, 가장 흔히 보이고 저렴한 채소이기 때문이에요. 그러므로, 사업가들은 보통 '白菜价(배추값)'라는 말로 제품이 싸다고 표현해요. 이 표현은 대개 판촉 행사나 할인 판매 시에 사용되지요.

007 9획

bài

拜

절 배

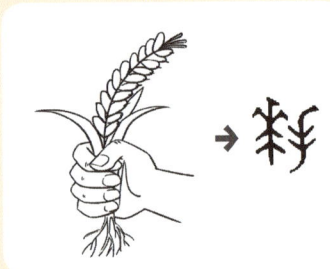

✽ 자원 풀이

한자 '拜'는 금문에 '𢫬'로 쓰여 있는데, 손에 묘를 쥐고 있는 것처럼 보인다. '拜'의 본뜻은 '뽑다'이나, 흔히 사용되는 의미는 '존경이나 축하를 나타내기 위해 절을 하다'이며, '방문하다' 혹은 '존경하다'로 의미가 확장되었다.

— 뜻 + 예문

1. 동 (존경이나 축하를 나타내기 위해) 절을 하다
   给您拜寿，祝您身体健康。
   Gěi nín bàishòu, zhù nín shēntǐ jiànkāng.
   오래 사시고, 건강하시기를 기원합니다.

2. 방문하다 (*拜会 bàihuì 동 방문하다)
   拜见男朋友的父母 남자 친구의 부모님을 뵙다
   bàijiàn nánpéngyou de fùmǔ

— 연관 단어

拜访 bàifǎng 동 방문하다
崇拜 chóngbài 동 숭배하다
礼拜 lǐbài 명 주(周)

— 표현 PLUS+

1. 给您拜年了，过年好！새해 복 많이 받으세요!
   Gěi nín bàinián le, guònián hǎo!
   ▶ 춘제에 새해 복 많이 받기를 기원하는 인사예요.

2. 拜托了！부탁합니다!
   Bàituō le!
   ▶ 도움을 청할 때 사용되는데, 감사의 뜻도 포함하고 있어요.

✽ 문화 Tip ✽

夫妻对拜 신랑 신부가 맞절을 하다
fūqī duì bài

→ 중국에서 결혼식을 할 때 신랑과 신부가 보통 절을 세 번 한다고 해요. 결혼의 증인이 되어 달라는 의미로 하늘과 땅에 한 번, 키워주신 데 대한 존경과 감사를 나타내기 위해 부모님께 한 번, 앞으로의 삶에서 상호 간의 애정과 존중을 약속하기 위해 신랑신부 서로에게 한 번, 이렇게 세 번을 한다고 하네요!

008 10획

bān

나눌 반

— 뜻 + 예문

1 명 반

我是一年级二班的留学生。
Wǒ shì yī niánjí èr bān de liúxuéshēng.
나는 1학년 2반 유학생이야.

2 명 (요구되는) 노동 시간 혹은 근무 시간

最近特别忙，今天还要加个班。
Zuìjìn tèbié máng, jīntiān hái yào jiā ge bān.
요즘 특히 바빠서, 오늘도 추가 근무를 해야 해.

— 연관 단어

班级 bānjí 명 학급

班长 bānzhǎng 명 반장

班车 bānchē 명 정기버스

上班 shàngbān 동 출근하다

下班 xiàbān 동 퇴근하다

航班 hángbān 명 정기항공편

— 확장하기

'班'의 좌측과 우측에는 모두 '王'자가 있는데, 실제로는 '玉'자예요. '王'이라는 부수를 가진 한자들은 대개 '玉'나 '장식'과 관련되어 있어요!

玛瑙 mǎnǎo
마노

珍珠 zhēnzhū
진주

琉璃 liúli
유리

珊瑚 shānhú
산호

✱ 자원 풀이

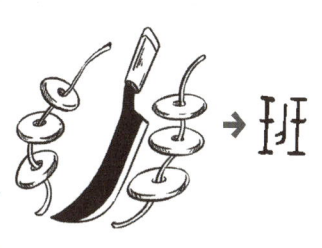

한자 '班'은 금문에 '班'로 쓰여 있는데, 옥 'ǂ(yù, 324 '玉') 두 꾸러미를 칼 'ㅣ(dāo, 060 '刀')'로 나눈 것처럼 보인다. '玉'와 '王'은 소전에서는 각각 '王'와 '王'로 쓰는데, 나중에 점이 하나 추가되어 이 두 한자를 구별했지만, 부수의 부(部)로 사용될 때는 여전히 같게 쓴다. '班'의 본뜻은 '옥을 나누다'인데 지금은 사용되지 않고, '목적에 따라 나눈 단위', '(요구되는) 노동 시간 혹은 근무 시간'으로 확장되어 쓰인다.

009 5획

bàn

절반 **반**

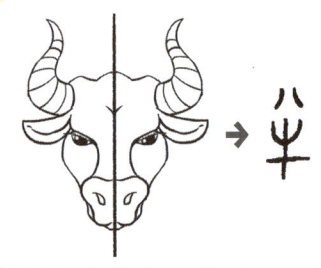

✻ 자원 풀이

한자 '半'은 금문에 '𠂇'로 쓰여 있는데 상단의 'ハ'는 '八(bā, 003 '八')'로 반으로 나뉜 물건처럼 보이고 하단의 '㐄'는 '牛(niú, 183 '牛')'이다. 합쳐 보면 '반으로 나누어진 황소'를 의미한다. '半'의 본뜻은 '절반'이며, 확장된 의미는 '한가운데'이다.

– 뜻 + 예문

1 ㈜ 절반

半年 bàn nián 반년

他已年过半百，53了。
Tā yǐ nián guò bànbǎi, wǔshí sān le.
그는 이미 반백살이 넘어서, 53세이다.

2 한가운데에

半夜 bànyè 한밤

我每天睡到半夜都要起床上厕所。
Wǒ měi tiān shuìdào bànyè dōu yào qǐchuáng shàng cèsuǒ.
나는 매일 자다가 한밤에 일어나 화장실에 간다.

– 연관 단어

半路 bànlù ⑲ 도중(途中)

半价 bànjià ⑲ 반값

半数 bànshù ⑲ 절반

– 표현 PLUS+

1 做事不能半途而废。 일을 중간에 그만 두어서는 안 돼.
Zuò shì bù néng bàntú'érfèi.
▶ '半途而废'는 성어로, 일을 할 때 어려움이 있더라도 지속하도록 남을 격려할 때 사용해요.

2 你快点儿，我等你半天了。
Nǐ kuài diǎnr, wǒ děng nǐ bàntiān le.
서둘러, 나 한참 동안 기다렸잖아.
▶ 남에게 서두르라고 재촉할 때 사용해요.

– 확장하기

다른 한자의 구성 요소로 사용될 때, '半'은 종종 발음을 나타내요. 이 구성 요소를 가진 한자들은 대개 'ban/pan'으로 발음돼요.

A ban [伴] bàn 동반자, 파트너
          [拌] bàn 비비다, 섞다

B pan [畔] 河畔 hépàn 강가
          [叛] 背叛 bèipàn 배반하다

010 7획

bàn

짝 **반**

— 뜻 + 예문

1 몡 동반자

   我不敢一个人睡，你来给我做个伴吧。
   Wǒ bù gǎn yí ge rén shuì, nǐ lái gěi wǒ zuò ge bàn ba.
   나는 혼자 못 자겠어, 네가 와서 함께 해줘.

2 통 동반하다, 짝하다

   伴随着技术的进步，手机的功能越来越多。
   Bànsuízhe jìshù de jìnbù, shǒujī de gōngnéng yuèláiyuè duō.
   기술의 진보에 따라, 휴대폰의 기능이 갈수록 많아졌다.

— 연관 단어

伴侣 bànlǚ 몡 반려, 동반자, 동료

伴唱 bànchàng 통 반주에 맞춰 노래하다

同伴 tóngbàn 몡 동반자

结伴 jiébàn 통 동행이 되다, 한패가 되다

陪伴 péibàn 통 동행하다, 동반하다

✳ 자원 풀이

한자 '伴'은 초기에는 '𦍋'로 썼는데, 두 사람이 함께 노는 것처럼 보인다. '伴'의 본뜻은 '동반자'이고, 확장된 의미는 '친해지다, 교제하다'이다.

✳ 문화 Tip ✳

伴娘 bànniáng 신부들러리 / 伴郎 bànláng 신랑들러리

→ 중국의 결혼식에는 신랑과 신부의 들러리가 많아요. 이들은 대개 신랑신부의 친구이거나 가족이며, 결혼식에서 신랑신부의 물건을 챙기거나 두 사람을 돌봐주지요. 신랑신부의 들러리가 되려면 필요한 조건이 있을까요? 바로 신랑신부보다 더 어려야 하며, 미혼이어야 한다고 해요.

011 5획

包
bāo

쌀 포

✷ 자원 풀이

한자 '包'는 소전에 '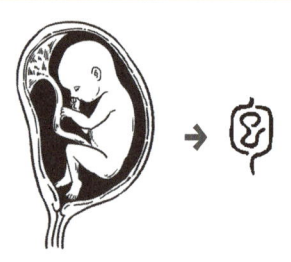'로 쓰여 있는데, 내부의 '𠃉'가 태아처럼 생겼고 외부의 '勹'가 자궁처럼 보이기에, 이 한자는 임신부를 나타낸다. '包'의 본뜻은 '태아'이며, 확장된 의미는 '감싸다' 혹은 '감싸진 것, 물건을 담는 가방' 등이다.

– 뜻 + 예문

1 [동] 감싸다

能帮我把这个礼物包起来吗?
Néng bāng wǒ bǎ zhège lǐwù bāo qilai ma?
이 선물 좀 포장해 주실 수 있나요?

2 [명] 가방, 감싸진 것

现在小孩子的书包都很漂亮。
Xiànzài xiǎo háizi de shūbāo dōu hěn piàoliang.
요즘 아이들의 책가방이 모두 예쁘다.

– 연관 단어

包子 bāozi [명] (소가 든) 만두, 찐빵

包含 bāohán [동] 포함하다

面包 miànbāo [명] 빵

钱包 qiánbāo [명] 지갑

– 확장하기

다른 한자의 구성 요소로 사용될 때, '包'는 종종 발음을 나타내요. 이 구성 요소를 가진 한자들은 대개 'bao/pao'로 발음되지요.

A bao [饱] bǎo 배부르다
       [抱] bào 껴안다

B pao [跑] pǎo 달리다
       [泡] pào 거품

✷ 문화 Tip ✷

包饺子 bāo jiǎozi 만두 만들기

做馅儿　　和面　　擀皮儿　　包饺子
zuò xiànr　huó miàn　gǎn pír　bāo jiǎozi
만두소를　반죽하다　만두피를　만두를 만들다
만들다　　　　　　얇게 밀다　(빚다)

012 8획

bǎo

宝

보배 보 [寶]

— 뜻 + 예문

1. 명 귀중한 것

   国**宝** guóbǎo 국보

   金银珠**宝** jīnyín zhūbǎo 금은보화

2. 형 귀중한

   不要浪费**宝**贵的时间。 귀중한 시간을 낭비하지 마.
   Búyào làngfèi bǎoguì de shíjiān.

— 연관 단어

宝贝 bǎobèi 명 보배

宝宝 bǎobao 명 아기, 귀염둥이

珠**宝** zhūbǎo 명 진주·보석 등의 장식물

珍**宝** zhēnbǎo 명 진기한 보물

※ 자원 풀이

한자 '宝'는 갑골문에 ' '로 쓰여 있는데 '∩(宀)'는 집을, ' '는 '贝(bèi, 016 '贝')'로 고대 중국에서 통화로 사용되던 조개를, ' '는 '玉(yù, 324 '玉')'로 '옥'을 의미하고 귀중한 것을 상징한다. 따라서 '宝'는 집안에 돈과 옥이 있다는 말로 본뜻은 '귀중한 것'이고, 그 의미가 '귀중한'으로 확장되었다. 후에, 이 한자는 귀중한 것을 상징하는 '缶 fǒu'가 덧붙어 번체자 '寶'로 쓰였다.

※ 문화 Tip ※

元**宝** yuánbǎo 위안바오 [신발 모양의 금은괴(金銀塊)]

招财进**宝** zhāocái jìnbǎo 부와 보물을 불러오다, 남의 돈벌이를 축하하는 말

→ 신발 모양의 금은괴는 중국어로 '元宝(위안바오)'라고 하는데, 부를 상징하는 옛 중국의 통화예요. 신발 모양 금괴는 '金元宝(진위안바오)'라고 하고, 은괴는 '银元宝(인위안바오)'라고 해요.

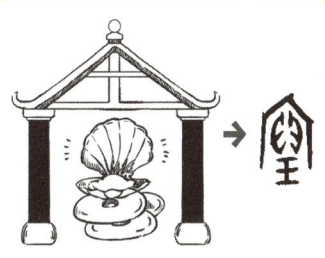

'招财进宝'에는 부와 보물을 불러들인다는 의미가 있어 사업가들은 '招财进宝'와 같은 글씨들을 붙여놓고 사업의 번창과 고수익을 기원하기도 해요. 때때로 이 네 한자를 한데 붙여 하나의 한자처럼 쓰기도 한다네요.

013 9획

bǎo

保

보호할 보

✱ 자원 풀이

한자 '保'는 갑골문에 '伢'로 쓰여 있는데, 좌측의 '亻'는 '人(rén, 204 '人')'으로 '사람'을 의미하고 우측의 '㝵'는 '子(zǐ, 357 '子')'로 '아이'를 의미한다. 팔에 아이를 안고 있는 어른처럼 보이기에 본래는 '기르다'를 의미했지만 더 이상 그런 의미로 사용되지 않는다. '保'의 확장된 의미는 '보호하다', '유지하다' 혹은 '보장하다'이다.

— 뜻 + 예문

1 동 보호하다

保安 bǎo'ān 보안하다 | 保护 bǎohù 보호(하다)

国家越来越重视环境保护工作。
Guójiā yuèláiyuè zhòngshì huánjìng bǎohù gōngzuò.
국가는 갈수록 환경보호 작업을 중시한다.

2 동 유지하다

冰箱是用来保鲜的家用电器。
Bīngxiāng shì yònglái bǎoxiān de jiāyòng diànqì.
냉장고는 신선함을 유지하는 데에 사용하는 가전제품이다.

3 동 보장하다

工作再忙，也要保证有足够的休息时间。
Gōngzuò zài máng, yě yào bǎozhèng yǒu zúgòu de xiūxi shíjiān.
일이 아무리 바빠도 충분한 휴식시간을 보장해야 한다.

— 연관 단어

保卫 bǎowèi 동 보위하다

保管 bǎoguǎn 동 보관하다

确保 quèbǎo 동 확보하다

担保 dānbǎo 동 보증하다, 보장하다

环保 huánbǎo 명 형 환경보호; 환경친화적인

— 표현 PLUS+

保重身体！ | 请多保重！ 건강하세요!
Bǎozhòng shēntǐ!　Qǐng duō bǎozhòng!

▶ 헤어질 때, 건강에 신경 쓰라고 상기시키기 위해 사용되는 정중한 표현이에요!

✱ 생각해 보기 한자 추측하기

休再多嘴（口）。　더 이상 이야기하지 마세요.
Xiū zài duō zuǐ (kǒu).

▷ 답 保

'休'에 '口'를 추가하면 '保'가 됨

014 7획

bào

报

알릴 보 [報]

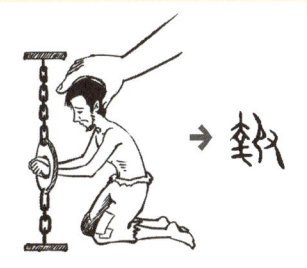

— 뜻 + 예문

1. 동 알려주다, 보고하다

    所有想参加大会的人都要按规定时间来报名。
    Suǒyǒu xiǎng cānjiā dàhuì de rén dōu yào àn guīdìng shíjiān lái bàomíng.
    대회에 참가하고 싶은 모든 사람은 규정 시간에 따라 등록해야 한다.

2. 동 보복하다

    他痛恨敌人杀了自己的母亲，一直想要报仇。
    Tā tònghèn dírén shā le zìjǐ de mǔqīn, yìzhí xiǎng yào bàochóu.
    그는 적이 자기 모친을 살해한 것을 몹시 원망하여, 줄곧 복수하고 싶어 했다.

3. 명 신문 (*报纸 bàozhǐ 신문)

    给我买一份报纸。 신문 한 부 사다 주세요.
    Gěi wǒ mǎi yí fèn bàozhǐ.

— 연관 단어

报警 bàojǐng 동 경찰에 신고하다

报复 bàofù 동 보복하다

报告 bàogào 동 명 보고(하다)

预报 yùbào 동 명 예보(하다)

书报 shūbào 명 책과 신문

画报 huàbào 명 화보

✻ 자원 풀이

한자 '报'는 갑골문에 '𢑥'로 쓰여 있는데, 죄인(𧘇)을 누르면서 고문 도구(𢆉)를 채우는 큰 손(𠂇)처럼 보인다. 본뜻은 '죄인을 재판하고 처벌하다'이지만 더 이상 이 뜻으로 사용되지 않는다. 확장된 의미는 '보고하다', '보상하다', '보복하다', 혹은 '신문'이다.

✻ 문화 Tip ✻

投桃报李 tóutáo bàolǐ
복숭아를 선물 받고 자두로 답례하다, 선물을 주고받으며 친밀하게 지내다

→ 중국인들이 종종 호의를 되갚으며 사용하는 관용어, 문자 그대로 '복숭아를 선물 받고 자두로 답례하다'라는 뜻이에요. 보통 '滴水之恩，涌泉相报(dīshuǐ zhī'ēn, yǒngquán xiāngbào 한 방울의 은혜를 샘이 넘칠 만큼 갚는다)'라고 말하기도 해요.

015 5획

běi

北

북녘 북

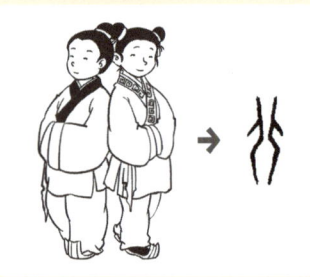

✱ 자원 풀이

한자 '北'는 갑골문에 '񱁁'로 쓰여 있는데, 두 사람이 등을 맞대고 서 있는 것처럼 보인다. '北'의 본뜻인 '반대의'는 오늘날 더 이상 사용되지 않으며, '북쪽'을 가리키는 데 사용된다.

— 뜻 + 예문

몡 북쪽

我们现在正往北走呢。
Wǒmen xiànzài zhèng wǎng běi zǒu ne.
우리는 지금 북쪽으로 가고 있다.

— 연관 단어

北方 běifāng 몡 북방

北边 běibian 몡 북쪽

北京 Běijīng 몡 베이징, 북경

东北 dōngběi 몡 동북

西北 xīběi 몡 서북

华北 Huáběi 몡 화북(지방)

北极熊 běijíxióng
북극곰

北极光 běijíguāng
오로라(북극광)

— 표현 PLUS+

1 找不着北了 북쪽을 못 찾는다
zhǎo bu zháo běi le
▶ 너무 행복하거나, 또는 무엇을 해야 할지 혼란스러워서 이미 방향을 잃었음을 나타낼 때 사용해요. 약간 과장의 의미도 있어요!

2 今天白天南转北风2~3级，最高气温29℃。
Jīntiān báitiān nán zhuǎn běi fēng èr~sān jí, zuì gāo qìwēn èrshíjiǔ dù.
오늘 낮에는 바람이 남에서 북으로 2~3급으로 불겠고, 최고 기온은 29도입니다.
▶ 일기 예보에서 흔히 볼 수 있는 표현이에요.

016 4획

bèi

조개 패 [貝]

― 뜻 + 예문

명 조개

贝壳 bèiké 패각

我从海边捡回来很多海贝。
Wǒ cóng hǎibiān jiǎn huilai hěn duō hǎibèi.
나는 해변에서 많은 조개를 주워서 돌아왔다.

― 표현 PLUS+

宝贝，对不起，原谅我吧。 베이비, 미안, 용서해 줘.
Bǎobèi, duìbuqǐ, yuánliàng wǒ ba.
▶ 젊은 남자들이 여자 친구에게 사과할 때 이런 표현을 주로 쓰더라고요!

― 확장하기

다른 한자의 구성 요소로 사용될 때, '贝'는 종종 좌측이나 하단에 놓여 의미를 나타내게 되는데, 이 구성 요소를 가진 한자들은 대개 '돈'과 관련되어 있지요.

A '贝'가 좌측에 있을 때

 +
才 [财] 钱财 qiáncái 재산, 부(富)
音 [赔] péi 배상하다
戋 [贱] jiàn 싸다, 저렴하다
戎 [贼] zéi 도적

B '贝'가 하단에 있을 때

分
今
代
罒
+ 贝
[贫] 贫穷 pínqióng 가난하다
[贪] tān 탐욕스럽다
[贷] 贷款 dàikuǎn 대출
[贸] 贸易 màoyì 무역

✳ 자원 풀이

한자 '贝'는 갑골문에 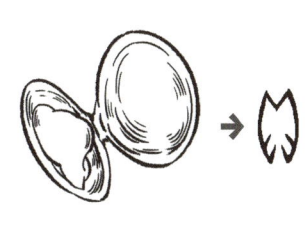로 쓰여 있는데, 조개처럼 보인다. 본뜻은 '조개에 싸인 연체동물'이나 주로 '宝贝'로 사용되어 '귀중한 것'을 가리킨다.

017 8획

bèi

갖출 비 [備]

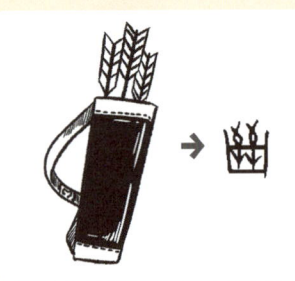

✳ 자원 풀이

한자 '备'는 갑골문에 '🗝'로 쓰여 있는데, 화살을 담은 화살통처럼 보이며, 전쟁 준비가 되었음을 가리킨다. '备'의 본뜻은 '화살통'이며, 지금은 사용되지 않는다. 확장된 의미는 '준비하다', 혹은 '가지다, 소유하다' 이다.

– 뜻 + 예문

1. [동] 준비하다
   我把需要带的东西都备好了。
   Wǒ bǎ xūyào dài de dōngxi dōu bèihǎo le.
   나는 가져가야 할 것은 전부 준비했어.

2. 가지다, 소유하다
   我们公司就需要像你这样德才兼备的人才。
   Wǒmen gōngsī jiù xūyào xiàng nǐ zhèyàng décái jiānbèi de réncái.
   우리 회사는 당신처럼 인덕과 재능을 겸비한 인재가 필요합니다.

– 연관 단어

准备 zhǔnbèi [동] 준비하다
设备 shèbèi [명] 설비
完备 wánbèi [형] 완비된
具备 jùbèi [동] 구비하다
齐备 qíbèi [형] 완비된
责备 zébèi [동] 비난하다

– 표현 PLUS+

1. 机会只给有准备的人。 기회는 준비된 사람에게만 온다.
   Jīhuì zhǐ gěi yǒu zhǔnbèi de rén.
   ▶ 무언가 하기 전에 미리 준비를 해야 한다고 용기를 북돋우는 표현이에요.

2. 备不住。 아마, 혹시, ~일지도 모른다.
   Bèibuzhù.
   ▶ 일상적인 구어체 표현으로서, 가능성이 있음을 가리켜요. 어떤 일이 발생할지 여부에 대해 대답할 때 종종 사용되지요. 예를 들어 '你觉得他明天会来吗? (그가 내일 올 거라고 생각해?)' 라고 물었을 때 '备不住。他今天已经把工作都做完了。(아마도, 그는 오늘 이미 일을 다 끝냈으니까.)'

018 8획

bēn/bèn

奔

달릴 분

✵ 자원 풀이

한자 '奔'은 금문에 ''로 쓰여 있는데, 상단에는 손을 흔들면서 달리는 사람이 있고, 하단에는 세 개의 발이 있어, '빨리 달리다'를 뜻한다. '止'는 '止(zhǐ, 344 '止')이다. '奔'의 본뜻은 '빨리 달리다'이며 확장된 의미는 '서두르다'이다. 'bèn'으로 발음될 때는 '~로 곧장 나아가다'를 뜻하기도 한다.

— 뜻 + 예문

1 빨리 달리다
  他在操场上狂奔了三圈儿。
  Tā zài cāochǎng shang kuángbēn le sān quānr.
  그는 운동장 세 바퀴를 미친 듯이 달렸다.

2 서두르다
  张总多年在外奔波。
  Zhāng zǒng duō nián zài wài bēnbō.
  장 사장은 여러 해 동안 바깥에서 분주히 돌아다녔다.

3 동 ~로 곧장 나아가다
  他直奔车站跑去。 그는 곧장 정류장으로 달려갔다.
  Tā zhí bèn chēzhàn pǎoqu.

— 연관 단어

奔走 bēnzǒu 동 급히 달리다, 싸다니다

奔驰 bēnchí 동 내달리다, 질주하다

私奔 sībēn 동 남녀가 사통하여 몰래 도망치다

— 확장하기

'大(dà 크다, 058 '大')'가 '奔'의 상단에 있는데, 유사한 형태를 가진 한자로는 다음과 같아요.

大 +
亏 [夸] kuā 칭찬하다
寸 [夺] 争夺 zhēngduó 쟁탈하다
田 [奋] 兴奋 xīngfèn 흥분하다

✵ 문화 Tip ✵

嫦娥奔月 항아가 달로 도망치다
Cháng'é bèn yuè

→ 고대 중국의 한 전설이 있어요. '항아(嫦娥)'의 남편인 '예(羿)'가 불사의 몸이 될 수 있는 영약을 하나 얻게 되었는데, 부인인 항아를 떠나고 싶지 않아 그는 그 약을 먹지 않았어요. 대신 예는 그 약을 잘 보관하라고 항아에게 주었는데, 후에 누군가가 그 영약을 훔치려 하자 항아가 급히 그 약을 먹고서는 인간계 밖으로 날아가 버렸어요. 항아는 남편과 헤어지고 싶지 않았기에, 지구에 가장 가까운 곳인 달에 머물렀고 하는 전설이에요.

019 5획

běn

本

근본 본

✱ 자원 풀이

한자 '本'은 금문에 '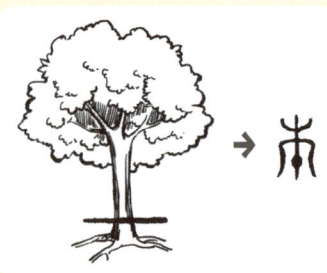'로 쓰여 있는데, 이는 '나무'를 가리킨다. '木 (mù, 176 '木')' 아래에 점 혹은 선 하나가 추가되어 '本'이 되는데, '나무의 뿌리'를 의미한다. '本'의 본뜻은 '나무뿌리'이다. 뿌리는 나무의 가장 중요한 부분이기에, '사물의 근본' 혹은 '주된, 중심적인'으로 의미가 확장되었나.

- 뜻 + 예문

1 사물의 근본

遇到火灾时，要坚持以人为本，先救人，后抢救财物。
Yùdào huǒzāi shí, yào jiānchí yǐrén wéiběn, xiān jiù rén, hòu qiǎngjiù cáiwù.
화재를 만났을 때, 사람을 본으로 삼아, 먼저 사람을 구한 후에 재물을 구해야 한다.

2 주된, 중심의

所有参加面试的考生须提前来公司本部登记。
Suǒyǒu cānjiā miànshì de kǎoshēng xū tíqián lái gōngsī běnbù dēngjì.
면접에 참가하는 모든 수험생은 반드시 본사로 와서 등록해야 한다.

3 양 권
▶ 책과 공책을 세는 데에 사용해요.

昨天，我买了三本书。 어제 나는 책을 세 권 샀어.
Zuótiān, wǒ mǎi le sān běn shū.

- 연관 단어

本来 běnlái 형 부 본래

本领 běnlǐng 명 능력

本质 běnzhì 명 본질

根本 gēnběn 명 형 근본; 기본적인

基本 jīběn 형 부 기본적인; 기본적으로

笔记本 bǐjìběn 명 노트북

✱ 문화 Tip ✱

本命年 띠에 해당하는 해
běnmìngnián

→ 중국에도 우리와 마찬가지로 '12지(支)'가 있어요. 따라서 각 해마다 그 해에 태어난 사람들은 자신의 '지(支)'를 가지고 있지요. 12년마다 한 번씩 자신의 해가 오는데, 이를 바로 '本命年'이라고 부르지요. 예를 들어, 2025년은 뱀띠 해이고, 2026년은 말띠 해예요. 중국에서는 춘제(春节)가 되면 전통적으로 그 해에 태어난 사람들은 특별히 복이 있으라는 의미로 붉은 옷을 입고 붉은 양말을 신는다고 하네요!

020 4획

比

견줄 비

✳ 자원 풀이

한자 '比'는 갑골문에 '𣬉'로 쓰여 있는데, 두 사람이 나란히 서 있는 것으로 보인다. '比'의 본뜻은 '나란히 서 있다'인데, 지금은 사용되지 않고, 나란히 서 있을 때 두 사람은 서로 비교될 수 있으므로 '비교하다'로 의미가 확장되었다.

- 뜻 + 예문

1. [동] 비교하다

   你俩到底谁高？站在一起比一比。
   Nǐ liǎ dàodǐ shéi gāo? Zhàn zài yìqǐ bǐ yi bǐ.
   너희 둘은 도대체 누가 더 키가 크니? 같이 서서 비교 좀 해 보자.

2. [개] ~보다
   ▶ 비교를 나타내는 문장에서 사용되며, 비교 대상이 그 뒤에 와요.

   今天比昨天热多了。 오늘은 어제보다 많이 덥네.
   Jīntiān bǐ zuótiān rè duō le.

- 연관 단어

比较 bǐjiào [동] 비교하다

比赛 bǐsài [명] 경기, 시합

比如 bǐrú [동] 예를 들면 ~이다

- 표현 PLUS+

1. 祝您福如东海，寿比南山。
   Zhù nín fúrúdōnghǎi, shòubǐnánshān.
   동해처럼 복 많이 받으시고, 남산처럼 장수하세요.
   ▶ 연장자의 생일에 장수를 기원할 때 쓰는 표현이에요.

2. 说的比唱的好听。 말이 노래보다 듣기 좋다.
   Shuō de bǐ chàng de hǎotīng.
   ▶ 말은 달콤하게 하지만 대개가 거짓말인 사람을 묘사할 때 사용해요.

✳ 문화 Tip ✳

比上不足，比下有余。
Bǐ shàng bùzú, bǐ xià yǒuyú.
최고는 아니지만 최악도 아니다.

→ '위로는 부족하지만 아래로는 남는다'는 뜻의 속담이에요. 그렇게 하는 사람은 언제나 특별히 좋지도 나쁘지도 않으며, 있는 그대로에 만족한다는 뜻이지요.

021 10획

bǐ

笔

붓 필 [筆]

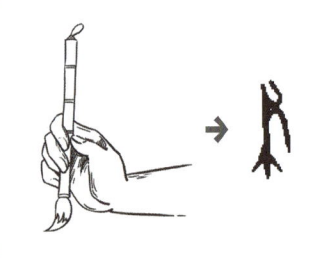

✳ 자원 풀이

한자 '笔'의 본래 모양은 '聿 yù'인데 갑골문에는 ''로 쓰여 있어, 마치 붓을 든 손처럼 생겼다. 후에 '聿'에 '竹'가 추가되어 '筆'가 되었다. 간체자 '笔'는 '竹'와 '毛(máo, 165 '毛')'로 이루어져 있는데, 즉 '대나무와 털로 만들어진 붓'을 가리킨다. '笔'의 본뜻은 '글쓰기와 그림 그리기에 사용되는 도구'이다.

– 뜻 + 예문

명 글쓰기와 그림 그리기에 사용되는 도구

带笔了吗？借我用一下。
Dài bǐ le ma? Jiè wǒ yòng yíxià.
펜 가져왔니? 나 좀 쓰게 빌려 줘.

我想买一支毛笔。 나 붓 한 자루 사고 싶어.
Wǒ xiǎng mǎi yì zhī máobǐ.

– 연관 단어

毛笔 máobǐ
명 붓

钢笔 gāngbǐ
명 만년필

铅笔 qiānbǐ
명 연필

签字笔 qiānzìbǐ
명 사인펜

✳ 문화 Tip ✳

文房四宝
wénfáng sì bǎo
문방사보(서재의 네 가지 보물)

→ 옛날 학자들의 글쓰기와 그림 그리기를 묘사할 때 흔히 사용되는 표현이에요. '文房(문방)'은 '학자의 서재'라는 뜻이고 '四宝(사보)'는 '글쓰기와 그림 그리기에 필요한 네 가지 도구'라는 뜻으로, 네 가지는 즉 '붓(笔 bǐ)', '먹(墨 mò)', '종이(纸 zhǐ)', '벼루(砚 yàn)'를 가리켜요.

022 12획

bian

編

맬 편 [編]

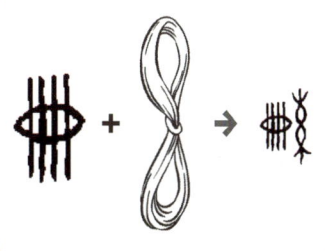

✱ 자원 풀이

한자 '編'은 갑골문에 '㸚'로 쓰여 있는데, 좌측의 '㸚'는 '죽간'을 의미하고 우측의 '❽'는 '실'을 의미한다. 본뜻은 '실로 죽간을 만든다'이고, 확장된 의미는 '엮다' 혹은 '편집하다'이다. 간체자 '编'의 왼쪽 부분인 '纟'('실'이라는 뜻)는 '죽간에 이용된 실'과 관련되어 있음을 가리키고, 오른쪽의 '扁'은 발음을 나타낸다.

- 뜻 + 예문

1 통 엮다

小姑娘喜欢编两个辫子。
Xiǎo gūniang xǐhuan biān liǎng ge biànzi.
소녀는 두 갈래 머리 땋기를 좋아한다.

2 통 편집하다 (*编辑 biānjí 명통 편집; 편집하다)

这本杂志编得很好。 이 잡지는 편집이 잘 되었네.
Zhè běn zázhì biān de hěn hǎo.

- 표현 PLUS+

请问这里的邮编是多少?
Qǐngwèn zhèli de yóubiān shì duōshao?
이곳의 우편번호는 몇 번이에요?

▶ 편지나 소포를 부칠 때 우체국 직원이나 다른 사람들에게 그 지역 우편번호를 물을 때 자주 쓰는 표현이에요.

- 확장하기

'编'의 우측 부분인 '扁'은 다른 한자의 구성 요소로 사용될 때 종종 발음을 나타내요. 이 구성 요소를 가진 한자들은 대개 'bian/pian'으로 발음되지요.

A bian [遍] biàn 전부

B pian [骗] piàn 속이다

        [偏] piān 치우친

        [篇] piān 편(chapter)

✱ 문화 Tip ✱

邮政编码 우편번호
yóuzhèng biānmǎ

→ 세계의 다른 여러 나라들과 마찬가지로, 중국에도 우편번호가 있어서 우체국에서 편지나 소포를 신속히 분류하여 배달할 수 있게 해 주지요. 중국의 편지봉투를 보면 좌측 상단과 우측 하단에 각기 여섯 개의 네모가 있는데, 거기에 발신자와 수신자의 우편번호를 각각 쓰면 돼요. 중국에서 우편번호는 성(省), 시(市), 현(县), 진(镇) 순서대로 여섯 자리로 되어 있어요. 예를 들어 베이징 대학의 우편번호는 100871이랍니다.

023 16획

biàn

말 잘할 변 [辯]

✳ 자원 풀이

한자 '辯'은 발음을 나타내는 '辡 biàn'과, 이 한자가 '말하기'와 관련되어 있음을 나타내는 '讠'로 구성되어 있다. 본뜻은 '따지다' 혹은 '논쟁하다'이다.

– 뜻 + 예문

동 따지다, 논쟁하다 (*辯论 biànlùn 동 논쟁하다, 토론하다)

学校最近要举办一次辩论赛。
Xuéxiào zuìjìn yào jǔbàn yí cì biànlùnsài.
학교는 최근 토론회를 한 차례 열려고 한다.

– 연관 단어

辩论 biànlùn 동 논쟁하다, 토론하다
辩解 biànjiě 동 설명하다
争辩 zhēngbiàn 동 쟁론하다
答辩 dábiàn 동 답변하다

– 표현 PLUS+

事实胜于雄辩。 사실이 웅변을 이긴다.
Shìshí shèngyú xióngbiàn.
▶ 사실이 그 어떤 강한 논변보다 더 설득력 있음을 말할 때 쓰는 표현이에요.

– 확장하기

유사한 형태를 가진 다음의 한자들을 구별해 보세요.

한자	구성 요소	예
辩 biàn	辡 + 讠	辩论 biànlùn 논쟁하다, 토론하다
瓣 bàn	辡 + 瓜	花瓣 huābàn 꽃잎
辫 biàn	辡 + 纟	辫子 biànzi 땋은 머리
辨 biàn	辡 + 刂	分辨 fēnbiàn 구분하다

024 8획

biǎo

表

겉 표 [4錶]

─ 뜻 + 예문

1 바깥쪽, 표면

   找女朋友不能只看外表。
   Zhǎo nǚpéngyou bù néng zhǐ kàn wàibiǎo.
   여자 친구를 찾을 때 외모만 봐서는 안 된다.

2 통 (생각과 감정을) 표현하다

   我们已经表明了我们的态度。
   Wǒmen yǐjīng biǎomíng le wǒmen de tàidù.
   우리는 이미 우리의 태도를 표명했다.

3 명 형식, 서식

   麻烦问下，这个表怎么填?
   Máfan wènxià, zhège biǎo zěnme tián?
   실례합니다만, 이 표는 어떻게 채우나요?

4 명 시계

   我想买一块表。 나는 시계를 하나 사고 싶어.
   Wǒ xiǎng mǎi yí kuài biǎo.

─ 연관 단어

表示 biǎoshì 통 표시하다
表演 biǎoyǎn 통 공연하다
表格 biǎogé 명 서식
填表 tián biǎo 서식을 채우다
手表 shǒubiǎo 명 손목시계
钟表 zhōngbiǎo 명 괘종시계

✻ 자원 풀이

한자 '表'는 소전에 '裘'로 쓰여 있는데, 중앙에 짐승의 가죽처럼 보이는 '毛(毛 máo, 165 '毛')'가 있고, 상단과 하단에 '衣(衣 yī, 308 '衣')'가 있다. 고대 중국인들은 가죽으로 옷을 만들어 입었기에 '表'의 본뜻은 '외투, 상의'이고 나중에 '옷의 겉면'을 가리키게 되었으며 '바깥쪽, 표면' 혹은 '형식, 서식'으로 의미가 확장되었다. '시계'를 뜻하는 '錶'도 간단히 '表'로 쓴다.

✻ 문화 Tip ✻

中国亲属关系中的表亲 중국 친족관계 속의 사촌
Zhōngguó qīnshǔ guānxì zhōng de biǎoqīn

→ 중국에서 친족은 안(内)과 밖(外)으로 나뉘어요. 중국 아이들은 우리처럼 아버지의 성을 따르기 때문에, 같은 성을 쓰는 부계 가족은 '안(内)'이고 다른 성을 쓰는 모계 가족은 '표(表)' 혹은 '밖(外)'이라고 해요. 예를 들어, 이모의 자녀들은 '表姐妹(biǎojiěmèi 여자 이종사촌)' 혹은 '表兄弟(biǎoxiōngdì 남자 이종사촌)'라고 부르지요.

025 7획

别

다를 별

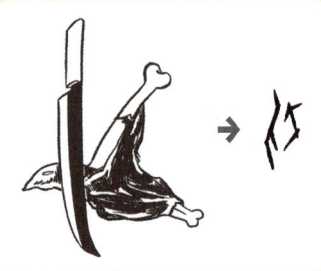

✳ **자원 풀이**

한자 '別'는 갑골문에 '🝖'로 쓰여 있는데, 왼쪽에 칼이 있고 오른쪽에 두 개 골이 있어, '칼로 고기를 자르다'는 뜻이다. '別'의 본뜻은 '나누다, 분리하다' 혹은 '떠나다'이며 '구분하다, 구분하다' 혹은 '차이, 구별'로 의미가 확장되었다.

– 뜻 + 예문

1 [동] 나누다, 분리하다 (*分别 fēnbié [동] 나누다)
 我们分别五年了。 우리는 헤어진 지 5년 되었다.
 Wǒmen fēnbié wǔ nián le.

2 [동] 구별하다, 구분하다
 你能区别开"己"和"已"吗?
 Nǐ néng qūbié kāi "jǐ" hé "yǐ" ma?
 '己'와 '已'를 구별할 수 있니?

3 [명] 차이, 구별
 她30岁和20岁时没什么分别。
 Tā sānshí suì hé èrshí suì shí méi shénme fēnbié.
 그는 서른 살 때나 스물 살 때나 별 차이가 없다.

4 [부] ~하지 마라
 ▶ 부정이나 금지를 나타낼 때 쓰는 부사예요.
 太晚了,你今天别回去了。
 Tài wǎn le, nǐ jīntiān bié huíqu le.
 너무 늦었네, 너 오늘은 돌아가지 마.

– 연관 단어

别人 biéren [대] 남, 다른 사람

区别 qūbié [동][명] 구별하다; 구별, 차이

性别 xìngbié [명] 성별

特别 tèbié [형][부] 특별한; 특별히

– 확장하기

'別'의 우측에 있는 '刂'는 '칼'을 의미해요. '刂'가 다른 한자의 구성 요소로 사용될 때는 종종 의미를 나타내는데, 이 구성 요소를 가진 한자들은 대개 '칼'가 관련되어 있어요.

佥
害 + 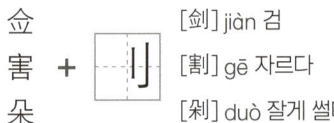   [剑] jiàn 검
朵   [割] gē 자르다
             [剁] duò 잘게 썰다

026 10획

bīn

宾

손님 빈 [賓]

뜻 + 예문

손님, 방문객

公司今天会有很多外宾来参观，大家准备一下。
Gōngsī jīntiān huì yǒu hěn duō wàibīn lái cānguān, dàjiā zhǔnbèi yíxià.
오늘은 회사에 많은 외빈이 참관하러 오실 것이니 모두들 준비하세요.

연관 단어

宾客 bīnkè 명 손님
宾馆 bīnguǎn 명 호텔
来宾 láibīn 명 내빈
嘉宾 jiābīn 명 귀빈

표현 PLUS+

1 欢迎各位嘉宾的到来！
Huānyíng gèwèi jiābīn de dàolái!
귀빈 여러분, 오신 것을 환영합니다!
▶ 공식적인 자리에서 주인이 손님을 환영할 때 사용하는 표현이에요.

2 各位来宾，女士们、先生们，大家好！
Gèwèi láibīn, nǚshìmen、xiānshengmen, dàjiā hǎo!
내빈 여러분, 신사, 숙녀 여러분, 안녕하십니까!
▶ 중요한 자리에서 연설할 때 사용하는 인사말이에요.

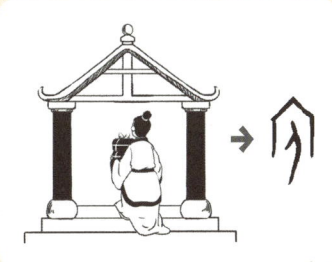

✽ 자원 풀이

한자 '宾'은 갑골문에 ''로 쓰여 있는데, 겉의 '∩'는 집 모양이고 안쪽의 '⺈(人 rén, 204 '人')'은 사람의 모습이다. 그래서 이 한자는 '한 사람이 집안에서 손님으로서 있다'는 의미로 본뜻은 '손님, 방문객'이다. 간체자 '宾'에서 '宀'는 '집'을 가리키고 '兵 bīng'은 발음을 나타낸다.

✽ 문화 Tip ✽

相敬如宾
xiāngjìng rúbīn
부부가 서로 손님을 대하듯이 존중하다

→ 중국에서는 전통적으로 부부가 서로를 손님처럼 존중하는 것을 미덕이라고 여겨왔어요. 그러나 시대가 변하면서 최근에는 부부는 더 이상 서로를 손님처럼 대하지 않고 서로 돕고, 존중하고, 사랑하고, 인내하는 것이 진정 바람직하고 옳은 관계라고 여겨지고 있다고 하네요.

027 6획

bīng

冰

얼음 **빙**

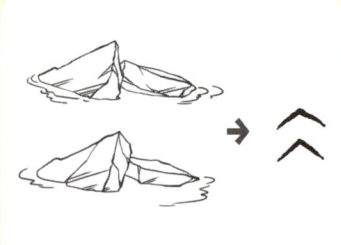

✱ 자원 풀이

한자 '冰'은 갑골문에 '仌'로 쓰여 있어 물 위를 떠다니는 아치형 얼음처럼 보인다. '仌'는 나중에 '冫(흔히 이수변이라고 함)'이 되고 '水(shuǐ 물, 236 '水')'가 추가되어 '冰'이 되었다. '冰'의 본뜻은 '얼음'이다.

— 뜻 + 예문

명 얼음

天气太冷了，水都冻成冰了。
Tiānqì tài lěng le, shuǐ dōu dòngchéng bīng le.
날씨가 너무 추워서 물도 다 얼어버렸다.

— 연관 단어

冰箱 bīngxiāng 명 냉장고

冰雹 bīngbáo 명 우박

结冰 jié bīng 얼음이 얼다; 결빙

— 확장하기

'冫'를 구성 요소로 가진 한자들은 대개 '얼음'이나 '추위'와 연관되어 있어요. 그런 한자들로는 '冰(bīng 얼음)', '冷(lěng 춥다)', '冻(dòng 얼다)', '凉(liáng 시원하다)', '冬(dōng 겨울)', '寒(hán 춥다)' 등이 있지요. 다음 문장으로 확인해 보세요!

哈尔滨的冬天太寒冷了，河水早已冻成冰了，你穿得这么少，小心着凉。
Hā'ěrbīn de dōngtiān tài hánlěng le, héshuǐ zǎo yǐ dòngchéng bīng le, nǐ chuān de zhème shǎo, xiǎoxīn zháoliáng.
하얼빈의 겨울이 너무 추워서, 강물도 일찍감치 얼어버렸는데, 네가 이렇게 옷을 적게 입었으니, 감기 걸리지 않게 조심해.

✱ 문화 Tip ✱

冰冻三尺，非一日之寒。
Bīng dòng sān chǐ, fēi yí rì zhī hán.
하루 추위로는 세 척 얼음이 얼지 않는다.

→ 말 그대로 세 척 얼음이 단 하루의 추위의 결과가 아니라는 뜻이에요. 오래도록 추워야만 두꺼운 얼음이 생길 수 있는 것처럼 사물의 변화는 시간이 흐르면서 증가한 결과임을 보여주는 데에 사용되는 표현이에요.

028 7획

bīng

군사 병

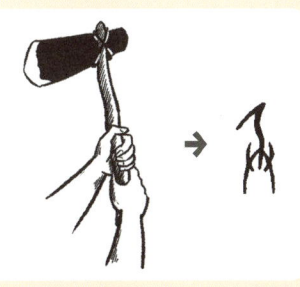

✱ 자원 풀이

한자 '兵'은 갑골문에 ' '로 쓰여 있는데, 상단의 ' '는 '斤(jīn, 140 '斤')'이라는 무기이고, 하단의 ' '는 두 손을 가리키고 있어, 두 손으로 무기를 잡고 있음을 보여 준다. '兵'의 본뜻은 '무기'이고, '무기를 자주 사용하는 군인' 혹은 '전쟁'으로 의미가 확장되었다.

— 뜻 + 예문

1 [명] 군인

现在很多大学生毕业后去当兵。
Xiànzài hěn duō dàxuéshēng bìyè hòu qù dāng bīng.
현재 많은 대학생이 졸업 후에 군에서 복무한다.

2 전쟁

武器装备落后导致了这场兵败。
Wǔqì zhuāngbèi luòhòu dǎozhì le zhè cháng bīng bài.
무기의 낙후가 이번 패전을 가져왔다.

— 표현 PLUS+

胜败乃兵家常事。 승패는 병가지상사다.
Shèngbài nǎi bīngjiā chángshì.
▶ 전쟁이나 경쟁의 패자를 위로하기 위해 사용되는 표현이에요. 승패는 전투에서 흔한 일이라는 의미이지요.

— 확장하기

'兵'과 '戒'를 비교해 보세요.

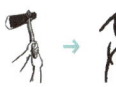 [兵] bīng 군인

- 구조: 兵 = 斤 + 廾 ['廾'가 나중에 '﹀'가 됨]
- 한자 형성: ' (斤 jīn, 도끼처럼 생긴 무기)'를 쥐고 있는 두 손
- 본뜻: 무기
- 흔히 사용되는 의미: 군인
- [예] 士兵 shìbīng 군인

 [戒] jiè 경계하다

- 구조: 戒 = 戈 + 廾
- 한자 형성: ' (戈 gē, 위쪽에 가로로 날이 있는 무기)'를 쥐고 있는 두 손
- 본뜻: 경계하다
- 흔히 사용되는 의미: 맞서 지키다
- [예] 警戒 jǐngjiè 경계하다

029 6획

bìng

并

아우를 병 [1, 2*竝]

✳ 자원 풀이

한자 '并'은 갑골문에 ''로 쓰여 있는데, 어깨를 맞대고 선 두 사람처럼 보이며, '나란히 서 있음'을 의미한다. '竝'라고도 쓸 수 있다. '并'의 본뜻은 '나란히 하다'이며 확장된 의미는 '그리고' 혹은 '섞이다'이다.

– 뜻 + 예문

1 [동] 나란히 하다

让我们一起肩并肩作战。
Ràng wǒmen yìqǐ jiān bìng jiān zuòzhàn.
우리 함께 어깨를 맞대고 싸우자.

2 [접] 그리고, 또

我同意并支持你的意见。
Wǒ tóngyì bìng zhīchí nǐ de yìjiàn.
나는 네 의견에 동의하고 또 지지해.

3 [동] 합치다, 합병하다

三个班并成了两个班。 세 반이 두 반으로 합쳐졌어.
Sān ge bān bìngchéng le liǎng ge bān.

– 연관 단어

并行 bìngxíng
나란히 가다

并线 bìngxiàn
차선을 합치다

– 확장하기

'从', '比', '并'을 비교해 보세요.

从 cóng 057 '从'
'두 사람이 걷다'의 뜻으로, 본뜻은 '跟从(gēncóng 따르다)'이에요.

比 bǐ 020 '比'
'두 사람이 나란히 서 있다'의 뜻으로, 본뜻은 '并列(bìngliè 병렬)', 현재의 의미는 '比较(bǐjiào 비교하다)'예요.

并 bìng
'두 사람이 나란히 서 있다'의 뜻으로, 본뜻은 '并列(bìngliè 병렬)'예요.

030 10획

bìng

病

병 병

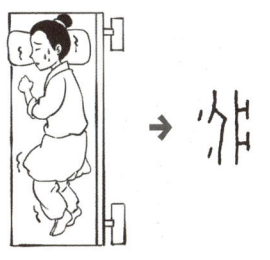

— 뜻 + 예문

1 명 병

去年我得了一场大病。
Qùnián wǒ dé le yì cháng dà bìng.
작년에 나는 한 차례 큰 병을 앓았다.

2 동 병에 걸리다

我病了，不能去上课了。 나 병 나서 수업에 못 가.
Wǒ bìng le, bù néng qù shàngkè le.

3 단점, 결함

这辆车声音不对，出毛病了吧？
Zhè liàng chē shēngyīn bú duì, chū máobìng le ba?
이 차 소리가 이상한데, 문제가 생긴 걸까?

— 표현 PLUS+

老师，我生病了。头疼/发烧……，明天不能去上课了。
Lǎoshī, wǒ shēngbìng le. Tóu téng/fāshāo……, míngtiān bù néng qù shàngkè le.
선생님, 저 병이 났어요. 머리가 아프고/열이 나서……, 내일 수업에 못 가요.
▶ 학생이 병으로 선생님께 병가를 요청할 때 쓸 수 있는 표현이에요.

— 확장하기

혼한 병과 증상

感冒 gǎnmào
감기

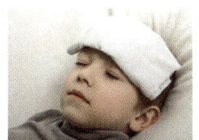
发烧 fāshāo
발열

头疼 tóu téng
두통

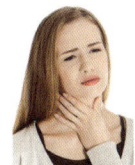
嗓子疼 sǎngzi téng
인후통

肚子疼 dùzi téng
복통

✱ 자원 풀이

한자 '病'은 갑골문에 '𤕫'로 쓰여 있는데, 우측의 '爿'는 침대, 좌측의 '𤻄'는 땀을 흘리는 사람으로, 병으로 인해 침대에 누워 땀을 흘리는 사람으로 보인다. 본래는 '심각한 병'을 의미했고 지금은 '(일반적인) 병'을 가리킨다. '病'의 확장된 의미는 '병에 걸리다' 혹은 '단점, 결함(사물의 병)'이다.

031 7획

bù

걸음 보

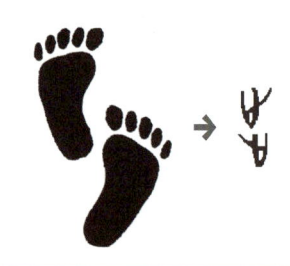

✲ 자원 풀이

한자 '步'는 갑골문에 ' '로 쓰여 있는데, 두 개의 ' (止 zhǐ, 344 '止')'로 이루어져 있으며, '두 발로 한 발 내딛다'는 뜻이다. 본뜻은 '걷다'이며 '발걸음, 보폭'으로 의미가 확장되었다. 우리가 일을 하는 것이 마치 한 걸음 한 걸음 걷는 것과 같기 때문에, '일이 진행되는 단계, 순서'라는 획징된 의미도 있다.

─ 뜻 + 예문

1. 명 걸음

   向前一步走！ 일보전진!
   Xiàng qián yí bù zǒu!

2. 명 일이 진행되는 단계, 순서

   事情一步比一步顺利。 일이 점점 더 순조롭네.
   Shìqing yí bù bǐ yí bù shùnlì.

─ 연관 단어

步骤 bùzhòu 명 순서, 절차
步子 bùzi 명 발걸음
步伐 bùfá 명 보폭
跑步 pǎobù 동 달리다
止步 zhǐbù 동 멈추다
进步 jìnbù 동형 진보하다; 진보적인

─ 표현 PLUS+

游客止步！
Yóukè zhǐbù!
여행객은 들어가지 마세요!

▶ 여행지에서 개발되지 않은 非여행 지역에 관광객들이 들어가지 않도록 할 때 경고판에 사용하는 표현이에요.

✲ 문화 Tip ✲

五十步笑百步。
Wǔshí bù xiào bǎi bù.
오십 보 도망간 사람이 백 보 도망간 사람을 비웃다.

→ 중국에서 옛날부터 전해 내려오던 이야기로, 말 그대로 전쟁에서 오십 보 후퇴한 사람이 백 보 후퇴한 사람을 비웃는다는 의미예요. 자신도 잘못을 해놓고 남의 잘못을 비웃는 행동을 풍자할 때 써요.

032 3획

cái

才

재주 재, ₂겨우 재 [2纔]

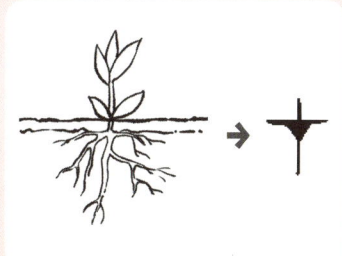

✱ 자원 풀이

한자 '才'는 갑골문에 '✝'로 쓰여 있는데, 땅 위로 솟아 나오는 풀이나 나무로 보인다. '才'의 본뜻은 '막 생겨난 풀이나 나무'이나 지금은 '능력, 재능'을 가리킨다. '지금 막'을 의미하는 번체자 '纔' 역시 간체자는 '才'로 쓴다.

— 뜻 + 예문

1 몡 능력, 재능

麦克很有才，又能唱歌又会跳舞。
Màikè hěn yǒu cái, yòu néng chàng gē yòu huì tiàowǔ.
마이크는 재주가 많아서, 노래도 잘 하고 춤도 잘 춘다.

2 부 지금 막

你怎么才来就要走？ 넌 어째서 오자마자 가려고 하니?
Nǐ zěnme cái lái jiù yào zǒu?

— 연관 단어

才能 cáinéng 몡 재능

才干 cáigàn 몡 재간

才貌 cáimào 몡 재능과 외모

天才 tiāncái 몡 천재

人才 réncái 몡 인재

刚才 gāngcái 부 막, 방금

— 표현 PLUS+

×××才貌双全。
x x x cáimào shuāngquán.
XXX는 재모(才貌)/재색(才色)을 겸비했어.
▶ 재능과 외모를 겸비했다는 표현이에요.

— 확장하기

잠깐! 중국어 한자에서 'cái'라는 발음을 가진 한자는 바로 다음의 네 한자뿐이라는 거 알고 계셨나요?

[才] cái 지금 막

[财] 财经 cáijīng 재경(財經)

[材] 材料 cáiliào 재료

[裁] cái (옷을) 재단하다

033 8획

căi

采

캘 **채**

✳ 자원 풀이

한자 '采'는 갑골문에 '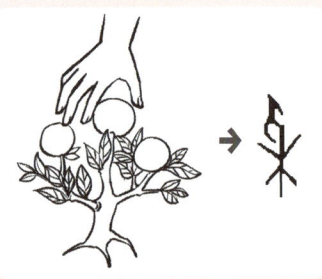'로 쓰여 있는데, 상단의 '爫'는 손, 하단의 '木'(木 mù, 176 '木')'는 나무로 '손으로 나무에서 과일을 따다'는 뜻이다. '采'의 본뜻은 '따다'이며, 확장된 의미는 '고르다, 선택하다'이다.

– 뜻 + 예문

1 동 따다
   上山采茶。 산에 올라가 차를 딴다.
   Shàng shān căi chá.

2 고르다, 선택하다
   公司采用了他的设计方案。
   Gōngsī căiyòng le tā de shèjì fāng'àn.
   회사에서 그의 설계도안을 채택했다.

3 표현, 외모
   小姑娘兴高采烈地跑回家了。
   Xiǎo gūniang xìnggāo căiliè de pǎohuí jiā le.
   소녀가 신나서 집으로 뛰어서 돌아갔다.

– 연관 단어

采取 căiqǔ 동 취하다

采访 căifǎng 동 인터뷰하다

采购 căigòu 동 구입하다

开采 kāicǎi 동 채굴하다, 개발하다

– 확장하기

1 다른 한자의 구성 요소로 사용될 때, '采'는 종종 발음을 나타내게 되어 이 구성 요소를 가진 한자들은 대개 'cai'로 발음돼요.

   [彩] 彩色 căisè 채색

   [踩] căi 짓밟다

   [睬] căi 주목하다

   [菜] cài 채소

2 '采'의 윗부분 '爫'는 마치 손치럼 보이는데, 이렇게 '손'의 뜻을 가진 한자는 다음과 같아요.

    [妥] tuǒ 타당하다, 온당하다

   - 한자 형성: 손으로 여자를 잡다
   - 본뜻: 평온하게 하다
   - 흔히 사용되는 의미: 타당하다
   - 예 妥协 tuǒxié 타협하다

034 8획

cān/shēn

섞일 참 [参]

✱ 자원 풀이

한자 '参'은 금문에 ' '로 쓰여 있는데, 세 개의 사선은 별빛을 나타내어 머리 위에 별 세 개가 떠 있는 것처럼 보인다. '参'은 본래 별자리의 이름으로, 독음은 'shēn'이다. 발음은 나중에 'cān'으로 바뀌어 '참가하다, 참여하다'를 의미하게 되었다.

– 뜻 + 예문

1 참가하다, 참여하다
   我爷爷15岁就参军了。
   Wǒ yéye shíwǔ suì jiù cānjūn le.
   우리 할아버지는 15세 때 이미 군에 입대했다.

2 참고하다
   我想买一本汉字学习参考书。
   Wǒ xiǎng mǎi yì běn Hànzì xuéxí cānkǎoshū.
   나는 한자학습 참고서 한 권을 사고 싶어.

– 연관 단어

参观 cānguān 통 참관하다

参谋 cānmóu 명통 참모; 조언하다

参照 cānzhào 통 참조하다, 참고하다

– 표현 PLUS+

1 欢迎你参加。 (당신의) 참가를 환영합니다.
   Huānyíng nǐ cānjiā.
   ▶ 조직이나 활동에 초청하거나 환영할 때 사용하는 표현이에요.

2 感谢参与。 참여해 주셔서 감사합니다.
   Gǎnxiè cānyù.
   ▶ 경기나 활동에 참가한 사람들에게 감사를 표할 때 써요.

– 확장하기

'参'은 '厶'와 '大(dà 크다, 058 '大')' 그리고 '彡'로 이루어져 있어요. '大'는 흔히 보이는 구성 요소일 뿐 아니라, 그 자체가 독립된 한자이기도 하지요. 그러나 다른 두 요소는 자주 보이지 않는 구성 요소라 생각할 수 있는데, 이 두 요소를 가진 자주 쓰이는 단어들을 알아보면 다음과 같아요.

A 厶　[私] 自私 zìsī 이기적이다

　　　[允] 允许 yǔnxǔ 허락하다

　　　[台] 台灯 táidēng 스탠드

B 彡　[衫] 衬衫 chènshān 셔츠

　　　[彩] 彩色 cǎisè 채색

　　　[须] 必须 bìxū 반드시

035 9획

cán

残

해칠 찬 [殘]

✳ 자원 풀이

한자 '残'은 갑골문에 '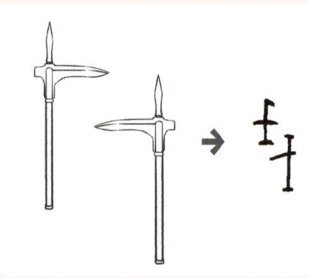(戔)'로 쓰여 있는데, 두 개의 '戈(gē 무기)'로 이루어져 있다. 소전에서 '歹(dǎi 뼈조각)'가 좌측에 추가된 후 이 한자는 '残'이 되었는데, 그 본뜻은 '다치게 하다'이고 '불완전한', '불구로 만들다' 혹은 '잔인한'으로 의미가 확장되었다.

— 뜻 + 예문

1. 다치게 하다
   禁止一切残害生命的行为。
   Jìnzhǐ yíqiè cánhài shēngmìng de xíngwéi.
   생명을 해치는 일체의 행위를 금지한다.

2. 동 불구로 만들다
   那次车祸后，他的腿残疾了。
   Nà cì chēhuò hòu, tā de tuǐ cánjí le.
   그 교통사고 후, 그의 다리는 불구가 되었다.

3. 잔인한
   战争太残酷。 전쟁은 매우 잔혹하다.
   Zhànzhēng tài cánkù.

— 연관 단어

残忍 cánrěn 형 잔인한

残疾 cánjí 명 불구

凶残 xiōngcán 형 잔인한

摧残 cuīcán 동 파괴하다

— 표현 PLUS+

身残志坚。 몸은 망가졌어도 의지는 굳건하다.
Shēncán zhìjiān.
▶ 몸에 장애가 있지만 정신은 강인한 사람을 묘사하고 평가하는 데에 쓰는 표현이에요.

— 확장하기

'残'의 좌측 부분 '歹'는 실제로는 '歺'인데, '뼛조각'을 가리켜요. 이와 유사하게 구성된 한자들에 대해 알아봐요.

 + 直 [殖] 繁殖 fánzhí 번식하다
央 [殃] 遭殃 zāoyāng 재난을 만나다, 불행을 당하다
朱 [殊] 特殊 tèshū 특수한

036 4획

cāng

仓

곳집 창 [倉]

✳ 자원 풀이

한자 '仓'은 갑골문에 ''로 쓰여 있는데, 곡식 등 식량을 저장하기 위한 가운데에 문이 달린 곡물 창고처럼 보인다. 본뜻은 '곡물 창고'이며 확장된 의미는 '창고'이다.

― 뜻 + 예문

명 창고

仓库里存放了数十吨粮食。
Cāngkù li cúnfàng le shù shí dūn liángshi.
창고 안에 수십 톤의 식량이 보관되어 있다.

― 연관 단어

仓房 cāngfáng 명 창고
仓促 cāngcù 형 서두르는
粮仓 liángcāng 명 곡식 창고
米仓 mǐcāng 명 쌀 창고

― 확장하기

'仓'은 종종 다른 한자의 구성 요소로 사용되는데 위치는 항상 우측에 보이며, 발음을 가리키지요. 이 구성 요소를 가진 한자들은 대개 'cang/qiang'으로 발음된다고 보면 돼요.

舟
木   + 仓
扌
氵

[舱] 船舱 chuáncāng 선창
[枪] qiāng 총
[抢] qiǎng 빼앗다
[沧] 沧桑 cāngsāng (산전수전 다 겪어) 노련하고 침착하다

✳ 문화 Tip ✳

粮食满仓 곡물 창고에 양식이 가득하다
liángshi mǎn cāng

→ 중국은 전체가 하나의 광대한 농경지라고 할 수 있지요. 과거에는 시골의 거의 모든 집에 곡물 창고가 있어 수확한 곡물을 저장했다고 해요. 춘제(春节)에 농부들은 종종 곡물 창고에 대련(春联 chūnlián)을 붙여 다음 해의 풍년을 빌었는데, 대련으로 때로는 '丰(fēng 풍년)', 때로는 '粮食满仓'이라고 붙였다고 해요.

037 9획

cǎo

草

풀 초

✳ 자원 풀이

한자 '草'는 갑골문에 '↓'로 쓰여 있는데, 한 포기의 풀처럼 보인다. 후에는 '艸'로 썼고(풀 두 포기) 하단에 '早 zǎo'가 추가되어 발음을 나타내게 되었다. '草'의 본뜻은 '풀'이다.

— 뜻 + 예문

명 풀

花盆里长了一棵小草。
Huāpén li zhǎng le yì kē xiǎo cǎo.
화분에 작은 풀 한 포기가 자랐네.

— 연관 단어

草地 cǎodì 명 잔디, 초원

草药 cǎoyào 명 약초

草原 cǎoyuán 명 초원

荒草 huāngcǎo 명 잡초

起草 qǐcǎo 동 초고를 만들다

— 표현 PLUS+

爱护花草。 화초를 보호합시다.
Àihù huācǎo.

请勿踩踏草坪。 풀밭을 밟지 마시오.
Qǐng wù cǎità cǎopíng.
▶ 꽃과 식물을 보호하자는 것을 사람들에게 상기시키고자 세워 놓는 푯말에 써 있는 표현이에요.

— 확장하기

다른 한자의 구성 요소로 사용될 때, '草'는 종종 '艹'로서 글자의 상단에 놓여 의미를 나타내게 돼요. '艹'가 들어간 한자들 대부분은 '식물'과 관련이 있지요.

[花] huā 꽃 = 艹 + 化 huà

[茄] 茄子 qiézi 가지 = 艹 + 加 jiā

[苗] miáo 모종, 새싹 = 艹 + 田 tián

038 5획

cè

册

책 책

✱ 자원 풀이

한자 '册'는 갑골문에 '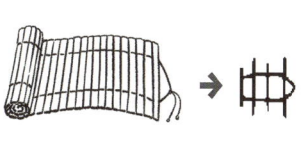'로 쓰여 있는데, 끈으로 한 데 묶인 죽간들로 보인다. '册'의 본뜻은 '죽간'이며 '권'으로 의미가 확장되었다. 책을 세는 양사로도 사용될 수 있다.

─ 뜻 + 예문

1 권
   玛丽刚买了一本汉字学习手册。
   Mǎlì gāng mǎi le yì běn Hànzì xuéxí shǒucè.
   메리는 한자 학습 매뉴얼을 한 권 샀다.

2 [양] 권
▶ 책을 세는 양사예요.
   这套书一共有六册。
   Zhè tào shū yígòng yǒu liù cè.
   이 책 세트는 모두 여섯 책으로 되어 있다.

─ 확장하기

1 '册'는 '串(chuàn, 051 '串')'과 상응해요.
   [册] '一'는 죽간을 한데 묶는 끈으로 '册'는 '권'을 가리켜요.
   [串] '丨'는 두 물건을 한데 꿰뚫는 막대로 '串'은 '꿰다'를 의미해요.

2 '典(diǎn, 066 '典')'과 '扁 biǎn'은 각각 한자의 구성 요소로 '册'를 가지고 있는 것 보이시나요? 고대에 쓰였던 두 글자를 각각 보면 '册'가 명확하게 보일 거예요. 아래에서 확인해 보세요!

 [典] diǎn 표준, 법

- 구조: 典 = 册(卌) + 廾(𦥑)
- 한자 형성: 죽간을 든 두 손
- 본뜻: 경전과 문서
- 흔히 사용되는 의미: 표준, 법
   예 典范 diǎnfàn 모범, 본보기, 字典 zìdiǎn 자전

 [扁] biǎn 길고 납작함

- 구조: 扁 = 戶(𡈼) + 册(卌)
- 한자 형성: 문 위에 있는 판에 새겨 넣다
- 본뜻: 문 위의 판에 새겨 넣다
- 흔히 사용되는 의미: 길고 납작하다
   예 扁平 biǎnpíng 납작하다, 挤扁 jǐbiǎn 짓이기다

039 4획

cháng/zhǎng

长

어른 장, 길 장 [長]

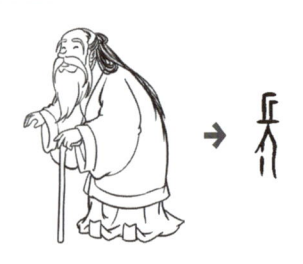

✽ 자원 풀이

한자 '长'은 갑골문에 ' '로 쓰여 있는데, 긴 머리카락을 가진 사람처럼 보인다. '长'의 본뜻은 '긴 머리카락' 이고, '길다'로 의미가 확장되었다. 'zhǎng'으로 발음될 때 '나이가 많다'와 '자라다'를 가리킬 수도 있다.

뜻 + 예문

1 [형] 길다

这条路很长。 이 길은 길어.
Zhè tiáo lù hěn cháng.

2 [동] 나다, 생기다

多年不见，他脸上长了很多皱纹。
Duō nián bú jiàn, tā liǎn shang zhǎng le hěn duō zhòuwén.
여러 해 못 보았더니, 그의 얼굴에 주름이 많이 생겼더군.

연관 단어

长城 Chángchéng [명] 창청, 만리장성

年长 niánzhǎng 연상, 손위

班长 bānzhǎng [명] 반장

표현 PLUS+

1 祝您健康幸福，长命百岁。
Zhù nín jiànkāng xìngfú, chángmìng bǎisuì.
건강하고 행복하시고, 백세까지 오래 사세요.
▶ 연장자의 생일을 축하하기 위해 쓸 수 있는 축하의 말이에요.

2 愿我们的友谊地久天长。
Yuàn wǒmen de yǒuyì dìjiǔ tiāncháng.
우리의 우정이 하늘만큼 땅만큼 오래 가기를 바라.
▶ 우정이 오래 가기를 바라는 마음을 표현한 말로 축하의 표현으로 많이 써요.

✽ 문화 Tip ✽

放长线，钓大鱼。
Fàng chángxiàn, diào dàyú.
긴 줄을 늘여 큰 물고기를 낚다.

→ 좋은 결과는 장기간의 축적을 요구하기 때문에 인생에서 여러 일을 할 때는 천천히 할 필요가 있고 롱런을 생각할 필요가 있음을 강조하는 중국 속담이에요. 일시적으로 이익이나 성취가 없을지라도, 미래에는 큰 결과가 있을 것이라는 교훈이 있어요.

040 7획

cháng

肠

창자 장 [腸]

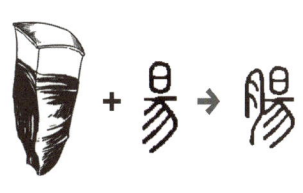

— 뜻 + 예문

1 명 장(腸)

   小孩儿的肠胃虚弱，要注意饮食。
   Xiǎoháir de chángwèi xūruò, yào zhùyì yǐnshí.
   아이는 장과 위가 허약해서, 음식에 주의해야 합니다.

2 마음씨, 감정

   这个医生的心肠很好，把病人当作自己的亲人。
   Zhège yīshēng de xīncháng hěn hǎo, bǎ bìngrén dàngzuò zìjǐ de qīnrén.
   이 의사는 마음씨가 좋아서, 환자를 자신의 가족으로 여겨.

— 표현 PLUS+

×××真是个热心肠。
x x x zhēn shì ge rèxīncháng.
XXX는 정말 뜨거운 심장을 가졌어.
▶ 마음이 따뜻하고 남을 도울 준비가 되어 있는 사람을 묘사하는 데 사용되는 표현으로 이런 사람에게 찬사를 보낼 때 써요.

— 확장하기

'肠'은 인간의 내부 기관이에요. 인간의 내부 기관을 가리키는 대부분의 한자에 있는 '月'는 바로 '肉'를 가리켜요. 예를 들면, 다음의 한자들을 알아보아요!

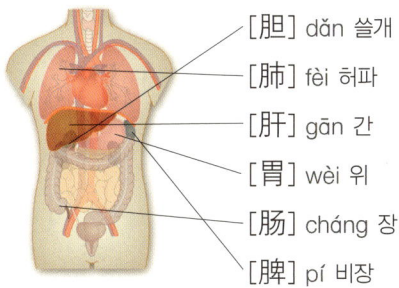

[胆] dǎn 쓸개
[肺] fèi 허파
[肝] gān 간
[胃] wèi 위
[肠] cháng 장
[脾] pí 비장

✱ 자원 풀이

한자 '肠'은 '月 yuè'와 '昜 yáng'으로 이루어져 있다. '月'는 사실 '肉 (ròu 고기, 206 '肉')'로서, 그 한자가 신체와 관련 있음을 가리킨다. '昜'은 발음을 나타내는데, '㐮'로 간략해져 '腸'은 간체자로 '肠'로 쓴다. '肠'은 본래 '인간의 소화기관 중 소장과 대장'을 의미하여 나중에 '동물의 소장과 대장' 일체를 가리키게 된다. '肠'은 오늘날 '생각, 느낌'으로 의미가 확장돼 쓰인다.

✱ 문화 Tip ✱

小肚鸡肠
xiǎodù jīcháng
도량이 좁아 조그만 일에 얽매여 큰 일은 생각하지 않다

→ 관용어로, 글자 그대로의 의미는 '작은 위와 얇은 장'을 말하는데, '小肚(작은 위)'는 은유적으로 '속 좁은 사람'을 가리키고 '鸡肠(닭의 장)'은 은유적으로 닭의 장처럼 사람의 생각이 좁음을 의미해요. 이 관용어는 관대하지 못하고 사소한 일에 신경 쓰는 사람을 묘사할 때 많이 써요.

C 49

041 2획

chǎng

헛간 창 [廠]

✻ 자원 풀이

한자 '廠'은 '广 guǎng'과 '敞 chǎng' 으로 이루어져 있다. '广'의 본뜻은 '벽이 없거나 하나뿐인 소박한 집'으로, 이 한자가 '집과 관계 있음을 암시한다. '敞'은 발음을 나타낸다. '廠'의 간체자는 '厂'으로 본뜻은 '벽 없는 집'이며 오늘날 보통 '공장'의 의미로 쓰인다.

— 뜻 + 예문

[명] 공장

他原来是厂长，现在退休了。
Tā yuánlái shì chǎngzhǎng, xiànzài tuìxiū le.
그는 원래 공장장인데, 지금은 은퇴했다.

这里原来是一家钢铁厂。 여기는 원래 강철공장이었어.
Zhèli yuánlái shì yì jiā gāngtiěchǎng.

— 연관 단어

厂子 chǎngzi [명] 공장

厂家 chǎngjiā [명] 제조업자

工厂 gōngchǎng [명] 공장

出厂 chūchǎng [동] (제품이) 공장에서 나오다

— 확장하기

다른 한자의 구성 요소로 사용될 때, '厂'은 종종 의미를 나타내요. 이 구성 요소를 가진 한자들은 대개 '허름한 방'과 관련되어 있지요.

 +

厨 [厨] 厨房 chúfáng 주방

则 [厕] 厕所 cèsuǒ 변소

丁 [厅] 客厅 kètīng 거실

相 [厢] 车厢 chēxiāng 객실, 수화물칸

✻ 생각해 보기 한자 추측하기

'一撇 yì piě'는 어떤 뜻일까요?

▷ [답] 厂 (chǎng 공장)

'撇'는 한자의 필획 중 삐침(丿)을 가리키는 한자이므로, '一 + 丿 (삐친 획)'는 '厂'이 되지요!

042 11획

cháo

巢

새집 소

✱ 자원 풀이

한자 '巢'는 금문에 ' '로 쓰여 있는데, 하단에 나무가 있고 상단에는 새둥지가 있다. '巢'의 본뜻은 '새둥지' 인데, 일반적으로 '둥지'로 사용된다.

— 뜻 + 예문

둥지

动物的巢穴对人类建筑有很大的启发。
Dòngwù de cháoxué duì rénlèi jiànzhù yǒu hěn dà de qǐfā.
동물의 집은 인간의 건축에 큰 영감을 준다.

— 연관 단어

鸟巢 niǎocháo 새둥지

蜂巢 fēngcháo 벌집   蚁巢 yǐcháo 개미집

— 표현 PLUS+

你们的爱巢真漂亮!
Nǐmen de àicháo zhēn piàoliang!
당신들의 사랑의 보금자리는 정말 아름답군요!
▶ 젊은 커플의 집을 칭찬하거나 찬사를 보낼 때에 쓰는 표현이에요!

✱ 문화 Tip ✱

鸟巢 Niǎocháo 냐오차오

→ 2008년 개최되었던 베이징올림픽 주경기장은 베이징올림픽공원에 있는데 '鸟巢'라고 불려요. 베이징올림픽의 개막식과 폐막식이 모두 거기서 열렸었지요. 그 경기장의 이름은 바로 '鸟巢(새둥지)'인데, 경기장이 새둥지 모양으로 생겨 생명의 요람을 상징하기 때문이라고 하네요.

043 8획

chǎo

炒

볶을 초

✳ 자원 풀이

한자 '炒'는 '火'(huǒ 불, 118 '火')와 '少 shǎo'로 이루어져 있다. '火'는 이 한자가 불과 관련이 있음을 나타내고 '少'는 발음을 나타낸다. 이 한자의 본뜻은 '볶다'이다.

— 뜻 + 예문

동 볶다

炒菜 chǎo cài 음식을 볶다

我不爱吃炒鸡蛋。
Wǒ bú ài chī chǎo jīdàn.
나는 계란볶음 먹기를 좋아하지 않는다.

— 연관 단어

炒土豆丝 chǎotǔdòusī 감자채볶음

鸡蛋炒饭 jīdànchǎofàn 　　辣椒炒肉 làjiāochǎoròu
계란볶음밥　　　　　　　고추돼지고기볶음

— 확장하기

'炒'는 요리 방법 중 하나예요. 요리법에 관한 한자들은 대부분 글자의 좌측에 '火'가 있거나 하단에 '灬'가 있지요.

A 火 +
乍 [炸] zhá 기름에 튀기다
屯 [炖] dùn 고다, 푹 삶다

B 前 +
者
[煎] jiān 지지다
[煮] zhǔ 삶다

✳ 문화 Tip ✳

炒鱿鱼 chǎo yóuyú 해고하다

→ 중국어로 '炒鱿鱼'는 '튀긴 오징어' 요리를 가리킬 수도 있고 '누군가를 해고하다'는 뜻일 수도 있으니 주의해야 해요. 오징어는 튀기면 오징어의 끝이 말려 올라가는데, 이것이 이불을 감아 올리는 것처럼 보인다고 해서 그 은유적 의미로 '직원이 짐을 싸서 회사를 떠난다'고 쓰이게 되었대요. 바로 '辞职(cízhí 사직)'의 의미인 거죠.

chē

车

수레 차 [車]

✳ 자원 풀이

한자 '車'는 갑골문에 '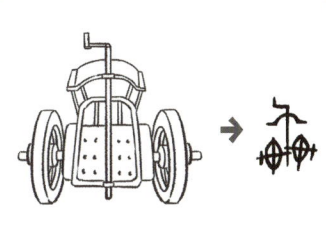'로 쓰여 있는데, 탑승 공간과 바퀴를 온전히 갖춘 모양이다. 간체자 '车'는 바퀴의 모양만 취했다. '车'의 본뜻은 '탈것'이다.

− 뜻 + 예문

몡 탈것

他买了一辆新车。 그는 새 차 한 대를 샀다.
Tā mǎi le yí liàng xīn chē.

建议多乘坐公共汽车出行。
Jiànyì duō chéngzuò gōnggòng qìchē chūxíng.
외출할 때 버스를 많이 타기를 건의한다.

− 연관 단어

车站 chēzhàn 몡 정류장

车门 chēmén 몡 차문

火车 huǒchē 몡 기차

堵车 dǔchē 동 차가 막히다

− 확장하기

1 다른 한자의 구성 요소로 사용될 때, '车'는 대개 좌측에 놓이는데, 이 구성 요소를 가진 한자들은 대부분 '탈것'과 관련되어 있어요.

[轮] lún 바퀴

[辆] liàng 탈것의 단위

[载] zài 싣다

[库] kù 창고

2 '车'를 포함하고 있는 자주 쓰는 중국어 표현들을 알아보아요.

小汽车
xiǎoqìchē
승용차

出租车
chūzūchē
택시

自行车
zìxíngchē
자전거

摩托车
mótuōchē
오토바이

救护车
jiùhùchē
구급차

消防车
xiāofángchē
소방차

045 6획

chén

尘

티끌 진 [塵]

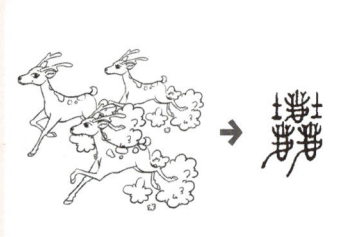

✴ 자원 풀이

한자 '尘'은 아주 초기에는 ''로 썼고 후에는 '🝙'로 썼다. 두 가지 모두 '鹿 lù'과 '土(tǔ, 254 '土')'로 구성되었고, 사슴이 달릴 때 발로 찬 먼지를 가리킨다. 간체자 '尘'은 '小(xiǎo 작다, 283 '小')'와 먼지를 가리키는 '土'의 두 부분으로 되어 있다.

— 뜻 + 예문

먼지

房间里没有一点儿灰尘。
Fángjiān li méiyǒu yìdiǎnr huīchén.
방안에 먼지가 한 톨도 없다.

— 연관 단어

吸尘器
xīchénqì
진공청소기

沙尘暴
shāchénbào
모래 폭풍

✴ 생각해 보기   한자 추측하기

번체자에 비해 간체자 '尘'은 형태가 매우 단순하지요? '小'와 '土'가 합쳐져서 '尘'이 되었어요.

다음 한자들의 형태를 분석하고 그에 따라 한자의 의미를 추측해 보세요. 그런 다음 사전에서 의미를 찾아보세요.

A [孬] nāo   = 不(bù 아니다) + 好(hǎo 좋다)

B [甭] béng = 不(bù 아니다) + 用(yòng 사용하다)

C [歪] wāi   = 不(bù 아니다) + 正(zhèng 바르다, 옳다)

▷ 답 A 孬 nāo 형 나쁘다, 좋지 않다
　　B 甭 béng 부 ~할 필요가 없다, ~하지 마라
　　C 歪 wāi 형 비스듬하다, 비뚤다

046 7획

chén

다섯째지지 진

– 뜻 + 예문

시간

诞辰100周年 탄신 100주년
dànchén yì bǎi zhōunián

– 확장하기

다른 한자의 구성 요소로 사용될 때, '辰'은 종종 발음을 가리켜요. 이 구성 요소를 가진 한자들은 대개 '-en/-un'으로 발음돼요.

A -en　[振] zhèn 흔들다

　　　　[震] zhèn 진동하다

　　　　[晨] 早晨 zǎochen 아침, 새벽

B -un　[唇] chún 입술

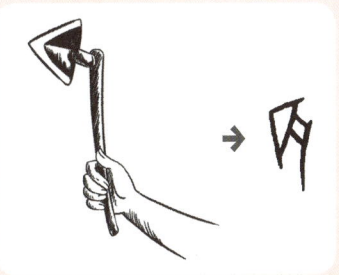

✳ 자원 풀이

한자 '辰'은 갑골문에 ' '로 쓰여 있는데, 잡초 제거용 농기구를 닮았다. '辰'의 본뜻은 '농기구'이지만 오늘날은 더 이상 그런 뜻으로 사용되지 않고 종종 '시간'을 가리킨다.

✳ 문화 Tip ✳

良辰吉日 양신길일
liángchén jírì

→ 옛날 중국인들은 24시간을 12시진(时辰)으로 나누었어요. 여기서 1시진은 2시간을 가리켜요. 오늘날, 중국인들은 여전히 결혼식이나 사업 개시 등과 같은 중요한 경우에 길한 시간과 날짜를 골라 행사를 치러요. 예를 들어 많은 사람들이 결혼식을 11시 58분으로 정해 치른답니다.

047 6획

chóng

虫

벌레 충 [蟲]

✽ 자원 풀이

한자 '虫'은 갑골문에 ' '로 쓰여 있는데, 뱀과 같은 모양이다. '虫'의 본뜻은 '독사'이며, 오늘날에는 흔히 '벌레'의 뜻으로 사용된다.

— 뜻 + 예문

1. 명 벌레

   这盆花生虫子了。 이 화분의 꽃에 벌레가 생겼네.
   Zhè pén huā shēng chóngzi le.

2. 특정한 성격을 가진 사람들을 가리킴
   ▶ 경멸의 의미 또는 낮춰 부르는 느낌을 포장하고 있어요.

   这孩子真是个网虫。 이 아이는 정말 인터넷 중독자야.
   Zhè háizi zhēn shì ge wǎngchóng.

— 연관 단어

读书虫 dúshūchóng 독서충, 공부벌레

瞌睡虫 kēshuìchóng 糊涂虫 hútuchóng
수면충, 잠벌레   멍충이, 멍텅구리

— 확장하기

다른 한자의 구성 요소로 사용될 때, '虫'은 종종 의미를 나타내는데, 이 구성 요소를 가진 한자들은 대개 '벌레'와 관련돼요.

蜜蜂 mìfēng 벌   蚂蚁 mǎyǐ 개미

蝴蝶 húdié 나비   蜻蜓 qīngtíng 잠자리

048 5획

chū

날 출

– 뜻 + 예문

1 동 나가다

   明年大学毕业后我想出国留学。
   Míngnián dàxué bìyè hòu wǒ xiǎng chūguó liúxué.
   내년에 대학 졸업 후 나는 출국해서 유학할 생각이다.

2 동 가지고 나가다, 생각해내다

   你帮我出出主意吧。 나를 도와 생각을 좀 내봐.
   Nǐ bāng wǒ chūchu zhǔyi ba.

– 연관 단어

出发 chūfā 동 출발하다

出差 chūchāi 동 출장 가다

出生 chūshēng 동 태어나다

出现 chūxiàn 동 나타난다

演出 yǎnchū 동 공연하다

– 표현 PLUS+

1 情人眼里出西施。 애인 눈에 서시가 보인다.
   Qíngrén yǎn li chū Xīshī.
   ▶ 사랑에 빠진 남녀를 묘사하는 데에 흔히 사용되는 표현이에요. 사랑에 불타올라 서로를 세상에서 가장 잘생기고 예쁜 사람으로 여기게 된다는 말이지요. 여기서 '西施(서시)'는 고대 중국에서 유명했던 절세미녀의 이름이에요!

2 太阳从西边出来了！ 해가 서쪽에서 뜨겠다!
   Tàiyáng cóng xībian chūlai le!
   ▶ 예상 밖의 일이 일어난 것을 생생하게 묘사하기 위해 쓰는 표현이에요.

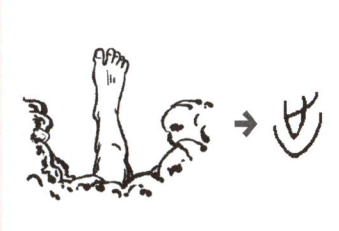

✳ 자원 풀이

한자 '出'는 갑골문에 'ᴗ'로 쓰여 있는데, 두 부분으로 되어 있다. 'ᴗ(凵)'는 옛사람들이 거처로 삼은 동굴을 가리키고, '屮(止 zhǐ, 344 '止')는 발처럼 보이는데, 즉 '出'는 동굴 밖으로 걸어나온다는 뜻이다. 본뜻은 '밖으로 나가다'이고 확장된 의미는 '가지고 나가다, 생각해내다'이다.

✳ 문화 Tip ✳

春联 – 出入平安 출입 평안
Chūnlián - chūrù píng'ān

→ 중국인들은 춘제(春节)에 대련(春联)을 붙여요. '出入平安'이라는 말은 일하러 나갔다 집에 돌아올 때의 안전을 기원하면서 주로 문에 붙여요.

049 7획

chū

처음 초

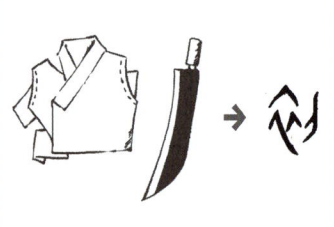

✱ 자원 풀이

한자 '初'는 갑골문에 '衤'로 쓰여 있는데, 좌측의 '衤(衤)'는 '옷'을 의미하고 우측의 '刂(刀 dāo, 061 '刀')'는 '칼'을 의미한다. 즉 '初'는 '칼로 옷을 자르다'를 의미하는데 이는 옷 만들기의 시작이므로 '初'의 본뜻은 '시작'이며 '처음, 첫' 혹은 '가장 낮은 (단계)'로 의미가 확장되었다.

— 뜻 + 예문

1 시작, 처음

年初, 公司要制订工作计划。
Nián chū, gōngsī yào zhìdìng gōngzuò jìhuà.
연초에 회사는 작업 계획을 제정하곤 한다.

2 ㉠ 첫, 처음

他总是忘不了他的初恋女友。
Tā zǒngshì wàng bu liǎo tā de chūliàn nǚyǒu.
그는 늘 그의 첫사랑 여자 친구를 잊지 못한다.

3 최하, 가장 낮은 단계

我的汉语水平很低, 只能上初级班。
Wǒ de Hànyǔ shuǐpíng hěn dī, zhǐ néng shàng chūjíbān.
내 중국어 수준은 낮아서, 초급반만 다닐 수 있어.

— 연관 단어

初次 chū cì 첫회

初级 chūjí ㉠ 초급의

初中 chūzhōng ㉢ 중학교

起初 qǐchū ㉢ 처음

当初 dāngchū ㉢ 당초, 처음

最初 zuìchū ㉢ 최초

— 표현 PLUS+

1 初生牛犊不怕虎。 하룻강아지 범 무서운 줄 모른다.
Chū shēng niúdú bú pà hǔ.
▶ 용감한 젊은이가 두려움이 없다는 것을 묘사하기 위해 흔히 사용되는 표현이에요.

2 初次见面, 请多多关照!
Chū cì jiànmiàn, qǐng duōduō guānzhào!
처음 뵙겠습니다, 잘 부탁합니다!
▶ 단체나 조직에 막 가입해 남들로부터 관심과 주목을 구할 때 사용되는 정중한 표현이에요. 잘 알아두면 쓸 데가 참 많은 표현이지요.

050 3획

chuān

川

내 천

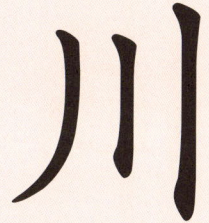

✻ 자원 풀이

한자 '川'은 금문에 '⫽⫽'로 쓰여 있는데, 굽은 강처럼 보인다. 본뜻은 '강'이고 때로는 오늘날의 '쓰촨성(四川省, 사천성)'을 가리킨다.

– 뜻 + 예문

1 강

大街上的行人川流不息。
Dàjiē shang de xíngrén chuānliú bùxī.
거리의 행인들이 끊임없이 오고간다.

2 명 쓰촨지방, 사천지방

不是所有的川菜都很辣。
Bú shì suǒyǒu de Chuāncài dōu hěn là.
모든 쓰촨 요리가 다 맵지는 않다.

– 확장하기

한자 '川'은 굽은 강처럼 보이지요? 또 다른 한자인 '州 zhōu'도 '川'과 밀접한 관련이 있어요.

 [州] zhōu 옛 행정구역 명칭

- 한자 형성: '川'에 작은 원을 추가하여, 물로 둘러싸인 작은 땅처럼 보인다.
- 본뜻: 물로 둘러싸인 땅

✻ 문화 Tip ✻

川菜 Chuāncài 쓰촨 요리

→ 유명한 쓰촨 요리로는 다음의 요리들이 있어요. 쓰촨 요리는 특히 매콤한 양념이 한국인의 입맛에도 잘 맞지요.

 鱼香肉丝 yúxiāngròusī
위샹러우쓰(어향육사)

 宮保鸡丁 gōngbǎojīdīng
꿍바오지띵(궁보계정)

 麻婆豆腐 mápódòufu
마포떠우푸(마파두부)

051 7획

chuàn

串

꿰미 천

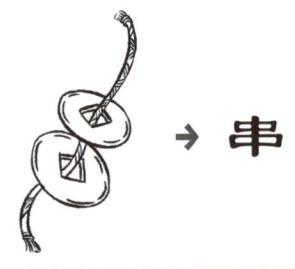

✻ 자원 풀이

'串'은 본래 '실'을 의미하는데, 이는 두 물건을 함께 실로 묶는 것처럼 보이기 때문에 '串'의 확장된 의미는 '함께 묶인 것'이다. 실로 한데 묶인 것들을 묘사하는 양사로도 사용될 수 있다.

— 뜻 + 예문

1. 명 한데 꿴 것

   夏天人们喜欢吃羊肉串。
   Xiàtiān rénmen xǐhuan chī yángròuchuàn.
   여름에 사람들은 양꼬치(양러우추안)를 즐겨 먹는다.

2. 양 꼬치
   ▶ 실로 꿴 것을 세는 데에 써요!

   我们一共吃了30串羊肉串。
   Wǒmen yígòng chī le sānshí chuàn yángròuchuàn.
   우리는 모두 30꼬치의 양꼬치를 먹었다.

— 연관 단어

一串钱 yí chuàn qián
(한 꾸러미의) 돈, [옛날] 돈 꾸러미

羊肉串 yángròuchuàn
양고기 꼬치

鱿鱼串 yóuyúchuàn
오징어 꼬치

✻ 문화 Tip ✻

串门 chuànmén 마실 가다

→ 중국인들은 가족과 친구 사이의 애정을 매우 중시해요. 그래서 휴일이나 여가시간에 늘 서로의 집을 방문해 이야기를 나눌 약속을 잡는다고 해요. 이런 문화적 현상을 '串门', 즉 '마실 가다'라고 해요.

052 7획

chuī

불 취

뜻 + 예문

1 통 (입으로) 불다

警察让他吹气，检查他是否酒后开车。
Jǐngchá ràng tā chuī qì, jiǎnchá tā shìfǒu jiǔ hòu kāichē.
경찰은 그에게 입으로 불게 해서 음주운전 여부를 검사했다.

2 통 떠벌리다, 과장하다

吹牛皮可不好。 허풍을 떠는 것은 좋지 않아.
Chuī niúpí kě bù hǎo.

3 통 그만두다, 못 쓰게 되다

这件事看来是要吹了。 보아 하니 이 일은 실패야.
Zhè jiàn shì kànlái shì yào chuī le.

연관 단어

吹气球
chuī qìqiú
풍선을 불다

吹风机
chuīfēngjī
헤어드라이어

吹蜡烛
chuī làzhú
촛불을 불어끄다

표현 PLUS+

1 吹牛！ 떠벌리긴!
Chuīniú!
▶ 과장해서 말하는 것을 지적할 때 쓰면 딱인 표현이에요!

2 我和我女/男朋友吹了！ 나 여친/남친과 깨졌어!
Wǒ hé wǒ nǚ/nánpéngyou chuī le!
▶ 남친/여친과의 관계가 끝났음을 묘사하기 위해 써요.

✻ 자원 풀이

한자 '吹'는 갑골문에 '𣅲'로 쓰여 있는데, 좌측의 '𣅲'은 '欠(qiàn 197 欠)'으로 입을 크게 벌린 남자처럼 보이기에 '하품하다'를 의미한다고 볼 수 있다. 우측은 '口(kǒu 입)'인데, '(입으로) 불다'를 의미한다. '吹'의 본뜻은 '불다'이고 확장된 의미는 '떠벌리다, 과장하다' 혹은 '고장 나다, 실패하다'이다.

053 9획

chūn

봄 춘

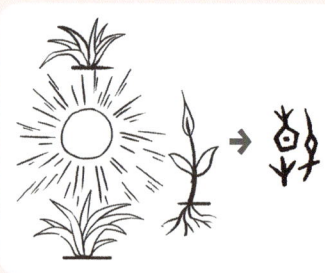

✱ 자원 풀이

한자 '春'은 갑골문에 '𦮙'로 쓰여 있는데, 좌측, 위, 아래의 '𠂉'는 '草(cǎo 037 '草')'이고 중앙의 '☉'는 '日(rì 해, 205 '日'), 우측의 '𠂆'는 '屯 tún'인데, 씨앗이 뿌리를 내리고 발아하려는 것처럼 보인다. 따라서 '春'은 밝은 햇볕 아래에 풀과 나무의 새싹이 돋아나려하는 봄의 도래를 가리키므로 본뜻은 '봄'이다.

– 뜻 + 예문

몡 봄

北京的春天很暖和，可是常常刮风。
Běijīng de chūntiān hěn nuǎnhuo, kěshì chángcháng guā fēng.
베이징의 봄은 따뜻하지만, 자주 바람이 분다.

– 연관 단어

春 chūn 봄

夏 xià 여름

秋 qiū 가을

冬 dōng 겨울

✱ 문화 Tip ✱

春节 Chūnjié 춘제

→ 춘제는 우리의 설과 같은 음력 1월 1일로, 중국에서 가장 중요한 명절이에요. 춘제 전에, 중국인들은 중국 전역에서 각각 집으로 돌아와 가족이 다 같이 모여요. 춘제 전날은 '除夕(chúxī 섣달 그믐날)'로서, 사람들은 대련(春联)을 붙이고 폭죽을 터뜨려요. 온 가족이 음식을 잔뜩 먹고 늦게까지 안 자고 깨어 있으며 춘제를 환영하기 위해 '春节联欢晚会(Chūnjié liánhuān wǎnhuì 춘절연합만회, 중국중앙방송국(CCTV)에서 방영하는 음력설 특집방송)'를 봐요.

春运 chūnyùn
춘절 대이동

贴春联 tiē chūnlián
대련을 붙이다

看春晚 kàn chūnwǎn
춘완을 보다

054 7획

chún

순수할 순 [純]

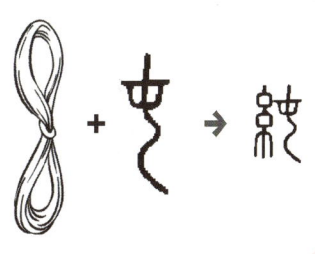

– 뜻 + 예문

1 형 순수하다

纯净水 정수한 물
chúnjìngshuǐ

这块奖牌不是纯金的。 이 상패는 순금이 아니네.
Zhè kuài jiǎngpái bú shì chún jīn de.

2 부 순수하게

这纯粹就是个笑话。
Zhè chúncuì jiù shì ge xiàohuà.
이것은 순수하게 우스개소리일뿐이다.

– 연관 단어

纯粹 chúncuì 형 순수한

纯正 chúnzhèng 형 순정의

纯净 chúnjìng 형 깨끗한

单纯 dānchún 형 단순한

清纯 qīngchún 형 청순한

不纯 bù chún 불순하다

– 표현 PLUS+

这个是纯金的吗? 이것은 순금입니까?
Zhège shì chún jīn de ma?

▶ 금은방에서 쇼핑할 때 판매자에게 보석이 99% 이상의 순금(Au)인지 물어볼 때 쓰는 표현이에요.

– 확장하기

'纯'의 우측 부분인 '屯 tún'은 다른 한자의 구성 요소로 사용될 때 종종 발음을 나타내요. 이 구성 요소를 가진 한자들은 대개 'dun'으로 발음되지요.

[吨] dūn ton, 무게 단위

[顿] dùn 멈추다

[盹] 打盹儿 dǎdǔnr 졸다

[炖] dùn 고다, 푹 삶다

[钝] dùn 무디다, 우둔하다

✱ 자원 풀이

'纯'은 '纟'와 '屯 tún'으로 이루어져 있다. '纟'는 '비단'과 연관되어 있음을 암시하고 '屯'은 발음을 나타낸다. '纯'의 본뜻은 '비단'이며 확장된 의미는 '단색의 비단천' 혹은 '순수하다, 단순하다'이다.

055 10획

CÍ
瓷

오지그릇 자

✻ 자원 풀이

'瓷'는 '次 cì'와 '瓦 wǎ'로 이루어져 있다. '瓦'는 '흙', '타일'과 관련 있음을 나타내며, '次'는 발음을 암시한다. '瓷'의 본뜻은 '자기(瓷器)'이다.

— 뜻 + 예문

명 자기

你家地面铺的是地板还是瓷砖?
Nǐ jiā dìmiàn pū de shì dìbǎn háishi cízhuān?
너희 집 바닥에 깐 것은 마루야 아니면 타일이야?

— 확장하기

'瓷'의 상단은 '次 cì'이지요. 이 '次'가 다른 한자의 구성 요소로 사용될 때에는 종종 상단에 놓여서 발음을 나타내요. 이 구성 요소를 가진 한자들은 대개 'zī'로 발음되지요.

 + 女 [姿] 姿势 zīshì 자세
　　　　　贝 [资] 资助 zīzhù 자금을 돕다
　　　　　口 [咨] 咨询 zīxún 자문하다

✻ 문화 Tip ✻

陶瓷与中国 도자기와 중국
táocí yǔ Zhōngguó

→ 도자기는 고대 중국의 가장 유명한 발명품 중 하나죠. 도자기는 처음에 일용품으로 사용되다가 나중에 건축 재료와 공예품으로도 사용되었지요. 중국의 영문 명칭인 'China'는 'china(도자기)'에서 가져왔다고 해요. 중국에서 가장 유명한 도자기는 경덕진(景德镇 Jǐngdézhèn)의 청화자기(青花瓷 qīnghuācí)라고 하네요!

青花瓷 qīnghuācí 청화자기

056 13획

cí

辞

말씀 사 [辭]

※ 자원 풀이

간체자인 '辞'는 '舌(shé 혀, 215 '舌')'와 '辛(xīn 범죄, 286 '辛')'으로 이루어져 있다. '舌'는 이 한자가 '말하기'와 관련이 있음을 암시하고, 고대 중국어에서 '𢆉'로 쓰인 '辛'은 죄인의 얼굴에 문신을 새기는 칼을 나타내는 글자로, 이 한자가 '범죄'와 관련 있음을 보여 준다. '辞'의 본뜻은 '증언' 혹은 '소송'이며 확장된 의미는 '말'이다. '辞'는 또한 '거절하다'를 의미하며 '사임하다, 작별인사하다'라는 의미로 확장되었다.

— 뜻 + 예문

1. 말, 언사

   有请总经理致辞! 사장님께서 한 마디 해 주세요!
   Yǒuqǐng zǒng jīnglǐ zhìcí!

2. 거절하다

   他多次推辞，不肯接受我的帮助。
   Tā duō cì tuīcí, bù kěn jiēshòu wǒ de bāngzhù.
   그는 여러 차례 거절하면서, 내 도움을 받으려 하지 않았다.

3. 통 사임하다 (*辞职 cízhí 통 사직하다)

   我已经把这份工作辞了。 난 이미 이 일을 그만뒀어.
   Wǒ yǐjīng bǎ zhè fèn gōngzuò cí le.

4. 작별인사하다

   我是来告辞的，我要回国了。
   Wǒ shì lái gàocí de, wǒ yào huí guó le.
   저 작별인사를 하러 왔어요. 귀국하려고 하거든요.

— 표현 PLUS+

告辞了，请留步! 안녕히 계세요, 나오지 마세요!
Gàocí le, qǐng liúbù!
▶ 주인이 배웅하러 나올 때, 손님이 하는 정중한 표현이에요. 주인에게 번거롭게 배웅할 필요가 없음을 표현하는 거죠.

— 확장하기

'辞'의 우측 부분인 '辛'은 처음에 '범죄'와 관련이 있어서 '소송'이나 '증언'을 의미하게 되었어요.

> [辜] gū 죄
> - 구조: 辜 = 古 + 辛
> - 한자 구성: '古 gǔ'는 발음을 나타내고, '辛 xīn'은 이 한자가 '범죄'와 관련 있음을 나타내요.
> - 본뜻: 중죄(重罪)
> - 흔히 사용되는 의미: 범죄, 복종하지 않다
>   예 无辜 wúgū 죄가 없다, 辜负 gūfù 저버리다

057 4획

cóng

从

좇을 종 [從]

✱ **자원 풀이**

한자 '从'은 갑골문에 'ㄨㄨ'로 쓰여 있는데, 두 사람이 옆으로 서 있으며, 따라가는 것처럼 보인다. '从'의 본뜻은 '따라가다'이며 확장된 의미는 '복종하다'이다. 나중에는 '~로부터'를 의미하는 전치사로도 사용되었다.

— 뜻 + 예문

1 복종하다

孩子到了青春期，经常不听从父母的劝告。
Háizi dào le qīngchūnqī, jīngcháng bù tīngcóng fùmǔ de quàngào.
아이가 사춘기가 되면 늘 부모의 충고를 듣지 않는다.

2 접 ~로부터

从北京到上海坐飞机要多长时间?
Cóng Běijīng dào Shànghǎi zuò fēijī yào duō cháng shíjiān?
베이징에서 상하이까지 비행기로 몇 시간 걸려요?

— 연관 단어

从此 cóngcǐ 부 지금부터

从来 cónglái 부 이제까지 줄곧

从速 cóngsù 동 속히 하다, 되도록 빨리 하다

跟从 gēncóng 동 따르다

顺从 shùncóng 동 순종하다

胁从 xiécóng 동 협박에 못 이겨 복종하다

— 표현 PLUS+

欲购从速! 빨리 사고 싶다!
Yù gòu cóngsù!
▶ 소비자들이 물건을 빨리 구매하도록 설득하는 상인들의 광고 메시지로 주로 쓰여요. 이런 말을 들으면 지름신 강림 전에 현명한 판단, 아시죠?

✱ **생각해 보기** 한자 추측하기

'从'은 '人(rén 204 '人')'자 두 개로 이루어져 있어서, 한 사람이 또 다른 사람을 따라가는 것을 의미해요.
다음 한자들의 형식을 분석해서 그 한자들의 의미를 짐작해 보고, 사전에서 찾아 의미를 확인해 보세요!

[林] lín = 木(mù 나무) + 木

[炎] yán = 火(huǒ 불) + 火

▷ 답 林 lín 숲, 수풀 / 炎 yán 화염, 불꽃

058 3획

dà

大

클 대

✱ 자원 풀이

한자 '大'는 갑골문에 '大'로 쓰여 있는데, 팔을 벌린 채 서 있는 성인의 모습을 닮았다. '大'의 본래의 의미는 '크다'이고, '매우' 혹은 '최고'로 의미가 확장되었다.

– 뜻 + 예문

1 형 크다

她眼睛很大。 그녀는 눈이 커.
Tā yǎnjing hěn dà.

2 부 아주, 완전히

天大亮了。 하늘이 훤하게 밝았네.
Tiān dà liàng le.

3 형 연상(年上)이다, 손위다

我在家中是老大，还有一个弟弟和一个妹妹。
Wǒ zài jiāzhōng shì lǎodà, hái yǒu yí ge dìdi hé yí ge mèimei.
나는 집에서 첫째이고, 또 남동생 한 명과 여동생 한 명이 있어.

– 연관 단어

大家 dàjiā 대 모두, 여러분
大学 dàxué 명 대학교
大约 dàyuē 형부 대략
巨大 jùdà 형 거대한
自大 zìdà 형 잘난 체하는
伟大 wěidà 형 위대한

– 표현 PLUS+

1 您今年多大岁数?　　= 您今年高寿?
Nín jīnnián duō dà suìshu?　Nín jīnnián gāoshòu?
올해 연세가 어떻게 되시나요?
▶ 연장자에게 나이를 물어볼 때 쓰는 표현이에요.

2 你今年多大? 올해 나이가 어떻게 되나요?
Nǐ jīnnián duō dà?
▶ 성인에게 나이를 물어볼 때 쓰는 표현이에요.

– 확장하기

다음의 비슷한 글자들을 구분해 보세요.

[大] dà 크다　[太] tài 지나치게, 아주　[犬] quǎn 개

[天] tiān 하늘　[夫] zhàngfu 남편

D 67

059 5획

dàn

旦

아침 단

✷ 자원 풀이

한자 '旦'은 갑골문에 ''로 쓰여 있는데, 해(☉, 日 rì, 205 '日')가 막 떠오르는 것처럼 보인다. 소전에는 '旦'로 쓰여 있는데, 해가 땅 위로 솟아나는 걸 의미한다. 땅은 수평선으로 표시되어 있어서, '旦'의 본래의 뜻은 '아침'이다. 해가 매일 떠오르기에 확장된 의미는 '날'이다.

— 뜻 + 예문

1 아침
   危在旦夕 위험이 조석에 달려 있다, 매우 위급하다
   wēizàidànxī

2 (어느) 날
   明天就是元旦了。 내일이 위엔단(元旦)이야.
   Míngtiān jiù shì Yuándàn le.

— 표현 PLUS+

元旦快乐！ 새해 복 많이 받으세요!
Yuándàn kuàilè!
▶ 새해 인사로 자주 쓰는 표현이에요.

— 확장하기

'旦'의 하단에 있는 '一'는 땅을 나타내요. 비슷한 글자로는 '生'과 '至'가 있어요.

 [生] shēng 자라다

- 한자 형성: 하단의 수평선 '一'는 땅을 나타내요. 부드러운 싹이 땅 위로 자라나는 상황을 표현했어요.
- 본뜻: 막 자라난 식물
- 자주 쓰이는 뜻: 태어나다
  예 生长 shēngzhǎng 자라다, 生命 shēngmìng 생명

 [至] zhì 도착하다, ~까지

- 한자 형성: 하단의 수평선 '一'는 땅을 나타내요. 땅에 떨어지는 화살을 표현하고 있어요.
- 본뜻: …까지
- 자주 쓰이는 뜻: 도착하다
  예 至今 zhìjīn 지금까지, 至此 zhìcǐ 여기에 이르러

060 10획

党
dǎng

무리 **당** [黨]

— 뜻 + 예문

명 당

他是十年前加入共产党的。
Tā shì shí nián qián jiārù gòngchǎndǎng de.
그는 10년 전에 공산당에 가입했다.

— 연관 단어

최근, 중국어에는 'XX당'이라는 구조를 가진 표현들이 나타났는데, 특정한 성질을 가진 부류의 사람을 의미해요.

午夜党 wǔyèdǎng 우예당
여러 이유로 한밤 혹은 늦게까지 인터넷을 하거나 인터넷 채팅을 하는 사람

伸手党 shēnshǒudǎng 션쇼우당
아무 일도 하지 않으면서 소득을 얻으려 남에게 기대거나, 가족 또는 남에게 돈을 요구하는 사람

剁手党 duòshǒudǎng 둬쇼우당
지나친 지름신 강림으로 자기 손을 잘라서라도 쇼핑을 멈추기로 결심한 후에도 온라인으로 쓸데없는 물건을 사거나 쇼핑을 계속하는 사람

— 확장하기

'党'의 상단 부분인 '尚 shàng'은 다른 글자의 구성 요소로 사용될 때 종종 발음을 나타내요. 이 구성 요소를 가진 글자들은 대개 '-ang'으로 발음돼요.

 +
衣 [裳] 衣裳 yīshang 옷
贝 [赏] shǎng 상
巾 [常] cháng 늘
土 [堂] 食堂 shítáng 식당
手 [掌] zhǎng 손바닥

✱ 자원 풀이

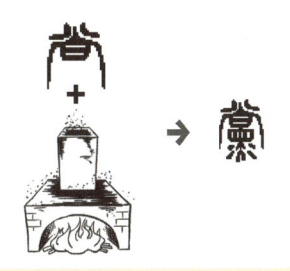

번체자 '黨'은 '尚 shàng'과 '黑(hēi 112 '黑')'로 이루어져 있다. '黑'는 '검은색'과 관련 있음을 보여 주고, '尚'은 발음을 나타낸다. 간체자로는 '党'으로 쓰는데, '党'의 본뜻은 '어둡다' 혹은 '밝지 않다'이며, 오늘날의 뜻은 '정당(政黨)'이다.

D 69

061 2획

dāo

刀

칼 도

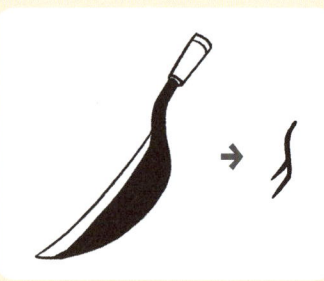

✻ 자원 풀이

한자 '刀'는 갑골문에 ' '로 쓰여 있는데, 상단이 손잡이이고 하단이 칼날인 칼처럼 생겼다. 본래는 '고대 중국의 어떤 무기'를 가리켰고 지금은 일반적으로 '칼'을 뜻한다.

— 뜻 + 예문

명 칼, 자를 때 쓰는 것

中国人吃饭用筷子，一般不使用刀和叉。
Zhōngguórén chī fàn yòng kuàizi, yìbān bù shǐyòng dāo hé chā.
중국인들은 젓가락으로 밥을 먹어서, 보통 칼과 포크는 사용하지 않아.

— 연관 단어

剪刀 jiǎndāo 가위 | 菜刀 càidāo 부엌칼 | 指甲刀 zhǐjiadāo 손톱깎이

— 표현 PLUS+

×××是刀子嘴，豆腐心。
×××shì dāozizuǐ, dòufuxīn.
XXX는 칼같은 입과 두부같은 마음을 가졌다.

▶ 이 표현은 겉으로는 엄해 보이지만 속으로는 따뜻한 마음씨를 가진 사람을 묘사할 때 자주 쓰는 표현이에요. '刀子嘴'는 사람의 말이 칼처럼 날카롭고 거칠다는 것을, '豆腐心'은 마음이 두부처럼 부드럽고 마음씨가 친절한 것을 묘사해요.

— 확장하기

다른 글자의 구성 요소로 사용될 때 '刀'는 때로는 '刀'라고 쓰고 때로는 '刂'라고 써요. 이 구성 요소를 가진 글자들은 대개 칼과 관련 있어요.

A 刀   [分] fēn 나누다
       [刃] rèn 칼날
       [剪] jiǎn 자르다
       [初] chū 처음
       [切] qiē 자르다

B 刂   [刻] kè 새기다
       [剑] jiàn 검, 칼

062 11획

dào

盗

훔칠 도 [*盜]

※ 자원 풀이

한자 '盜'는 갑골문에 ''로 쓰여 있는데, 상단의 '㳄'는 군침을 흘리며 탐내고 있는 사람이고 하단의 '皿'는 가정에서 사용하는 집기를 가리킨다. 변형된 글자로서 '盜'는 '次 xián'과 '皿 mǐn'으로 이루어져 있다. 이 글자는 '그릇 안에 든 좋은 것을 본 후 자기 것이 되기를 바라서 가져가 버림'을 뜻한다. '㳄'의 간체자가 '次'이어서 '盜'는 간체자로 '盗'이 되었다. '盗'의 본뜻은 '훔치다'이고, '훔치는 사람', 즉 '도둑'으로 뜻이 확장되었다.

— 뜻 + 예문

1 동 훔치다, 도둑질하다
   家里被盗了，快报警！
   Jiā li bèi dào le, kuài bàojǐng!
   집이 도둑 맞았어, 얼른 경찰에 신고해!

2 도둑
   他就是个盗贼。 그가 바로 도둑이야.
   Tā jiù shì ge dàozéi.

— 확장하기

'盜'의 하단에 있는 '皿 mǐn'은 '그릇'을 가리켜요. 다른 글자의 구성 요소로 사용될 때 보통 하단에 놓여요.

舟
合
成 +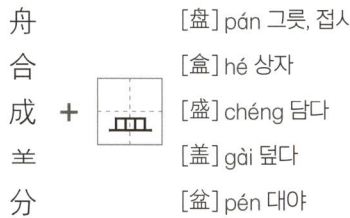
羊
分

[盘] pán 그릇, 접시
[盒] hé 상자
[盛] chéng 담다
[盖] gài 덮다
[盆] pén 대야

※ 문화 Tip ※

掩耳盗铃 귀 막고 방울 도적질한다
yǎn'ěr dàolíng

→ 관용어로, 여기에서 '掩 yǎn'은 '덮다'는 뜻이에요. 옛날에 어떤 사람이 남의 집에 갔다가 좋은 종을 발견하고는 그것을 갖고 싶어서 훔치려 했지요. 그러나 종을 움직이는 순간 종이 크게 울렸고 다른 사람이 들을까 두려웠어요. 그는 우연히 자기 귀를 막았고, 종 소리가 안 들리자 남에게도 안 들릴 거라는 바보 같은 생각을 했지요. 이 관용어는 '스스로도 믿지 못할 것으로 남을 속이려 한다' 즉 '어리석은 방법으로 사람을 속이고자 하나, 속는 사람이 없다'는 뜻이에요.

063 11획

dé/de

得

얻을 득

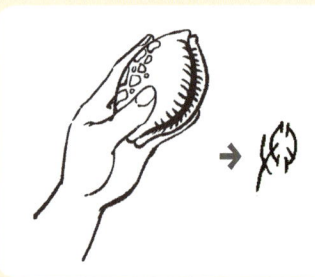

✱ **자원 풀이**

한자 '得'는 갑골문에 '𠭁'로 쓰여 있는데, 조개를 쥔 손처럼 보인다. 옛날 중국에서는 조개가 통화(通貨)로 사용되었기에 손에 조개를 쥐고 있는 것은 '얻다'는 뜻이라고 볼 수 있다. '得'는 조사로 쓰일 수도 있는데 그때는 발음이 'de'이다.

― 뜻 + 예문

1 [동] 얻다, 구하다, 획득하다
   来中国后，我得到了老师和同学的许多帮助。
   Lái Zhōngguó hòu, wǒ dédào le lǎoshī hé tóngxué de xǔduō bāngzhù.
   중국에 온 후, 나는 선생님과 반 친구의 많은 도움을 얻었다.

2 [조] 동사 뒤에 쓰여 가능(可能)을 나타냄
   这个箱子你拿得动吗？ 너는 이 상자를 들 수 있겠니?
   Zhège xiāngzi nǐ ná de dòng ma?

― 연관 단어

得到 dédào [동] 얻다

得失 déshī [명] 얻음과 잃음

值得 zhídé [동] ~할 가치가 있다

觉得 juéde [동] 생각하다

― 표현 PLUS+

1 不得了啦！ 큰일 났네!
   Bùdéliǎo la!
   ▶ 구어에서, 심각한 일이나 예상 밖의 일이 발생했을 때 외치는 소리예요.

2 干得漂亮！ 잘했어!
   Gàn de piàoliang!
   ▶ 무언가를 매우 잘해낸 사람을 칭찬하는 말이에요.

― 확장하기

중국어에서 조사 '的', '地', '得'는 모두 'de'로 발음되는데, 문법적 기능에 따라 서로 쓰임이 달라요.

de
　　[的] 소유격을 나타내요.
　　　예 漂亮的姑娘 아름다운 소녀

　　[地] 부사어를 나타내요.
　　　예 合理地安排 합리적으로 배치하다

　　[得] 정도를 나타내요.
　　　예 跑得不太快 뛰는 것이 그다지 빠르지 않다

064 15획

德

dé

덕 덕

뜻 + 예문

명 도덕

德才兼备 덕과 재능을 겸비하다
décái jiānbèi

要从小培养孩子养成良好的品德。
Yào cóngxiǎo péiyǎng háizi yǎngchéng liánghǎo de pǐndé.
어릴 때부터 아이를 키우면서 훌륭한 품덕을 길러야 한다.

연관 단어

德行 déxíng 명 덕행

德育 déyù 명 도덕교육

道德 dàodé 명 도덕

品德 pǐndé 명 품덕

표현 PLUS+

×××是位德高望重的人。
x x x shì wèi dégāo wàngzhòng de rén.
XXX는 덕망이 높은 분이야.

▶ 성품이 고귀하고 위엄이 높으며, 큰 영향력을 가진 사람, 특히 연세 많은 분을 묘사하기 위해 사용되는 칭찬의 표현이에요.

확장하기

'德'의 좌측에 있는 '彳'는 '두인변(双立人儿)'이라고 해요. 이 부수는 다른 한자의 구성 요소로 사용될 때, 종종 뜻을 가리키지요. 이 구성 요소를 가진 한자들은 '걷다', '길', 혹은 '행실'에 관한 것이 대부분이에요.

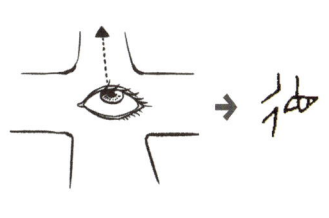

彳 +
- 正 [征] 征途 zhēngtú 원정길
- 寺 [待] 等待 děngdài 기다리다
- 亍 [行] 行走 xíngzǒu 걷다
- 主 [往] wǎng ~를 향하여
- 聿 [律] 纪律 jìlǜ 기율

✻ 자원 풀이

한자 '德'는 갑골문에 ''로 쓰여 있는데, 좌측의 '彳'는 '彳'로 '걷기, 길'과 관련이 있음을 가리키고, 우측의 'ᾨ'는 '直(zhí, 343 '直')로, '눈으로 곧은 길을 바라보다'는 뜻이다. 이후 하단에 '心(xīn, 285 '心')'이 추가되어 '德'라고 쓰였다. '德'의 본뜻은 '인의 기준에 따라 행하다'이며 확장된 의미는 '도덕'이다.

065 7획

dì

弟

아우 제

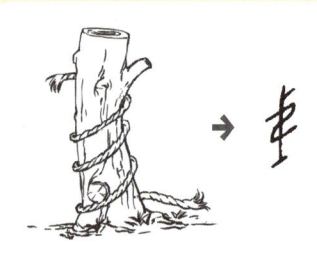

✱ 자원 풀이

한자 '弟'는 갑골문에 로 쓰여 있는데, 나무 주위를 감싼 밧줄을 닮았다. 밧줄이 일정한 순서대로 감겨 있기에, '弟'는 본래 '순서' 혹은 '연속'을 의미했고, 후에 '弟'를 '第'라고 쓰게 되었다. 형제는 순서대로 태어나므로, '弟'는 의미를 확장하여 '아우'를 가리키게 되었다.

— 뜻 + 예문

명 남동생

这是我二弟。 이 사람이 내 둘째 남동생이야.
Zhè shì wǒ èr dì.

— 연관 단어

弟弟 dìdi 명 남동생

弟妹 dìmèi 명 제수

弟子 dìzǐ 명 제자

徒弟 túdì 명 도제

— 확장하기

'兄弟 xiōngdì'와 '兄弟 xiōngdi'에 대해 알아보아요.

A 兄弟 xiōngdì 형과 아우

兄弟二人都是大学生。
Xiōngdì èr rén dōu shì dàxuéshēng.
형과 아우 두 사람 다 대학생이다.

B 兄弟 xiōngdi (어린) 동생

我的两个兄弟都是大学生。
Wǒ de liǎng ge xiōngdi dōu shì dàxuéshēng.
나의 두 아우는 모두 대학생이다.

✱ 문화 Tip ✱

长幼有序 장유유서
zhǎngyòu yǒuxù

→ 중국에서도 우리와 마찬가지로 형제와 자매를 구분해서 말해요. 자신보다 나이가 많은 남자 형제는 '哥哥 gēge', 나이가 적은 남자 형제는 '弟弟 dìdi', 나이가 많은 여자 형제는 '姐姐 jiějie', 나이가 적은 여자 형제는 '妹妹 mèimei'라고 불러요.

066 8획

diǎn

典

법 전

뜻 + 예문

1 중요한 문헌 혹은 경전

我想买一本字典。 나는 자전 한 권을 사고 싶어.
Wǒ xiǎng mǎi yì běn zìdiǎn.

2 표준, 법

"我把书放在桌子上了"是典型的"把"字句。
"Wǒ bǎ shū fàng zài zhuōzi shang le" shì diǎnxíng de "bǎ" zì jù.
'我把书放在桌子上了'는 전형적인 '把'자문이다.

3 전례(典禮), 의식

欢迎您参加我的结婚典礼。
Huānyíng nín cānjiā wǒ de jiéhūn diǎnlǐ.
제 결혼식에 와 주신 것을 환영합니다.

연관 단어

典籍 diǎnjí 명 전적, 책

典范 diǎnfàn 명 모범, 본보기

词典 cídiǎn 명 사전

经典 jīngdiǎn 형 명 전형적인; 경전

확장하기

흔히 보이는 의식은 중국어로 다음과 같이 말해요.

开学典礼 kāixué diǎnlǐ
개학식

开业典礼 kāiyè diǎnlǐ
개업식

毕业典礼 bìyè diǎnlǐ
졸업식

结婚典礼 jiéhūn diǎnlǐ
결혼식

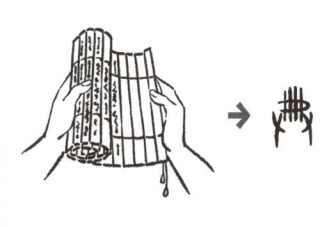

✱ 자원 풀이

한자 '典'은 갑골문에 '𝌀'로 쓰여 있는데, 하단의 '𠬞'는 '왼손과 오른손'을 의미하며, 상단의 '冊(册 cè, 038 '册')'는 '한데 묶인 죽간'을 의미한다. 종이가 발명되기 이전에 중국인들은 죽간에 글을 썼으므로, '典'은 '양손으로 죽간들을 잡는다'는 것을 의미하여 죽간의 중요성을 강조한다고 볼 수 있다. '典'의 본뜻은 '중요한 문헌 혹은 경전'이며, 확장된 의미는 '표준, 법' 혹은 '전례(典禮)'이다.

067 5획

diàn

电

번개 전 [電]

✻ 자원 풀이

한자 '电'은 금문에 ''로 쓰여 있는데, 상단은 비, 하단은 천둥을 나타내고 있어 '폭우 속에서 구름의 방전이 낳은 빛'을 가리킨다. '雨(yǔ, 323 '雨')'는 간체자에서 생략되었다. '电'의 본뜻은 '번개'이며, 현재의 의미는 '전기'이다.

– 뜻 + 예문

1 [명] 전기

现代生活已经离不开电，如，电灯、电视、电梯等。
Xiàndài shēnghuó yǐjīng lí bu kāi diàn, rú, diàndēng、diànshì、diàntī děng.
현대의 생활은 이미 전등, TV, 엘리베이터 같은 전기와 뗄 수 없다.

2 전보

电话是人类重大的发明之一。
Diànhuà shì rénlèi zhòngdà de fāmíng zhī yī.
전화는 인류의 중대한 발명 중 하나이다.

– 연관 단어

电脑 diànnǎo [명] 컴퓨터

电视 diànshì [명] TV, 텔레비전

电扇 diànshàn [명] 선풍기

电影 diànyǐng [명] 영화

– 표현 PLUS+

随手关灯，节约用电。
Suíshǒu guān dēng, jiéyuē yòng diàn.
수시로 전등을 끄고, 전기를 아껴 쓰자.
▶ 전기 절약을 촉진하기 위한 환경보호 슬로건으로 주로 쓰여요!

– 확장하기

과거에는 불로 요리를 했기에, 요리와 관련된 여러 한자가 '火(huǒ, 118 '火')' 혹은 '灬(火)'를 포함하고 있어요. 그러나 현대에는 주로 전기로 요리하며 많은 조리기구가 전기를 이용하게 됐는데, 최근 요리기구들은 어떻게 말하는지 한번 살펴봐요.

电磁炉 diàncílú 인덕션	电烤箱 diànkǎoxiāng 전기 오븐	电饭锅 diànfànguō 전기밥솥	电水壶 diànshuǐhú 전기 포트

068 2획

dīng

丁

장정 정

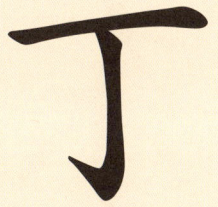

※ 자원 풀이

'丁'은 못처럼 생긴 '丁'로 일찍부터 쓰였다. '丁'의 본뜻은 '못'이지만, '못'은 지금은 '钉 dīng'으로 나타낸다. 왼쪽에 추가된 '钅'은 '금속'과의 연관을 암시하고 또 그 의미를 더 잘 전달하기 때문이다. 못의 작은 크기로 인해, '丁'은 또한 '작은 육면체로 자른 고기 혹은 채소'를 의미하기도 하고, '십간(十干)' 중 네 번째를 가리키기도 한다.

– 뜻 + 예문

1 [명] 작은 육면체로 자른 고기 혹은 채소

很多人喜欢吃辣椒炒肉丁。
Hěn duō rén xǐhuan chī làjiāochǎoròudīng.
많은 사람들이 라쟈오차오러우띵을 즐겨 먹는다.

2 [명] 십간의 네 번째

你们四个人分别是甲、乙、丙、丁。
Nǐmen sì ge rén fēnbié shì jiǎ, yǐ, bǐng, dīng.
너희 네 사람은 각각 갑, 을, 병, 정이야.

– 연관 단어

辣子鸡丁
làzijīdīng
라즈지띵

丁字路口
dīngzì lùkǒu
삼거리

– 확장하기

다른 한자의 구성 요소로 사용될 때, '丁'은 종종 우측에 놓여 발음을 나타내요. 이 구성 요소를 가진 한자들은 대개 'ding/ting'으로 발음되지요.

A ding [叮] dīng 물다

[盯] dīng 응시하다

[钉] dīng 못

[顶] dǐng 맨 위

B ting [厅] tīng 홀(hall)

069 5획

dōng

동녘 동 [東]

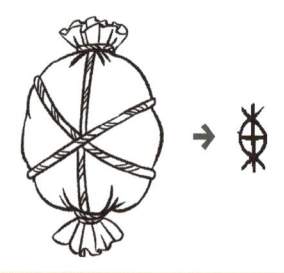

✽ 자원 풀이

한자 '东'은 갑골문에 '𣎵'로 쓰여 있는데, 속에 물건을 담고 양끝을 묶은 가방의 모양이며 '동쪽'을 의미한다. 고대 중국에서, 주인은 언제나 동쪽에 앉고 손님은 서쪽에 앉는다. 그러므로, '东'은 '주인'을 가리키기도 한다.

— 뜻 + 예문

1 명 동쪽

你从这儿一直往东走500米就到了。
Nǐ cóng zhèr yìzhí wǎng dōng zǒu wǔbǎi mǐ jiù dào le.
여기서 동쪽으로 500미터만 쭉 가면 곧 닿을 거야.

2 주인

我租了老王的房子，他是我的房东。
Wǒ zū le Lǎo Wáng de fángzi, tā shì wǒ de fángdōng.
내가 라오왕네 집을 빌렸으니, 그가 내 집주인이지.

2008年奥运会，北京是东道主。
Èr líng líng bā nián Àoyùnhuì, Běijīng shì dōngdàozhǔ.
2008년 올림픽은 베이징이 주최국이었다.

— 연관 단어

东方 dōngfāng 명 동쪽

东北 dōngběi 명 동북(쪽)

做东 zuòdōng 동 주인노릇하다

股东 gǔdōng 명 주식 보유자

— 표현 PLUS+

今天我做东。 오늘 내가 낼게.
Jīntiān wǒ zuòdōng.
▶ 다른 사람에게 밥을 살 때 쓰는 말이에요.

— 확장하기

구성 요소로서 '东'이 있으면 'dong'으로 발음되고, '东'과 함께 하는 한자들은 대개 '-ian'으로 발음돼요.

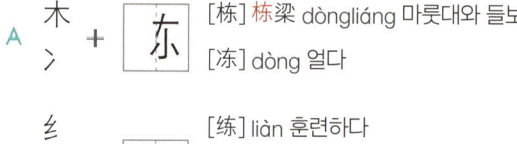

A 木 / 冫 + 东
[栋] 栋梁 dòngliáng 마룻대와 들보
[冻] dòng 얼다

B 纟 / 火 / 扌 + 东
[练] liàn 훈련하다
[炼] liàn 정련하다
[拣] jiǎn 줍다

070 5획

dōng

冬

겨울 동

– 뜻 + 예문

[명] 겨울

我今年在北京过冬。
Wǒ jīnnián zài Běijīng guòdōng.
나는 올해 베이징에서 겨울을 날 거야.

我最喜欢冬天，因为能见到雪。
Wǒ zuì xǐhuan dōngtiān, yīnwèi néng jiàndào xuě.
나는 겨울을 가장 좋아하는데, 눈을 볼 수 있기 때문이야.

– 연관 단어

冬季 dōngjì [명] 동계, 겨울철

冬眠 dōngmián [동] 동면하다

寒冬 hándōng [명] 추운 겨울

隆冬 lóngdōng [명] 한겨울

– 확장하기

다음의 유사한 한자들을 구별해 보세요.

[冬] dōng 겨울

[各] gè 각각

[务] 任务 rènwu 임무

[备] 准备 zhǔnbèi 준비

[条] 条件 tiáojiàn 조건

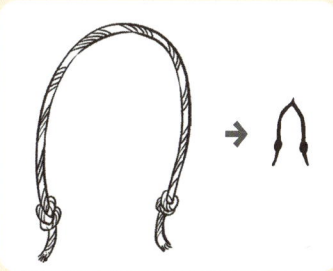

✻ 자원 풀이

한자 '冬'은 금문에 '⋂'로 쓰여 있는데, 양쪽을 묶은 밧줄처럼 보이며, '끝내다'를 뜻한다. 한 해의 마지막 계절은 겨울이기 때문에, '겨울'을 가리키는 데도 사용된다. 겨울의 추운 날씨를 분명히 보여 주기 위해 '冫(冰 bīng, 027 '冰')'이 '⋂' 하단에 추가되어 '冬'이 되었다.

✻ 문화 Tip ✻

冬天的节气 겨울의 절기
dōngtiān de jiéqì

→ 중국의 전통적 24절기 중에 '입동(立冬)', '소설(小雪)', '대설(大雪)', '동지(冬至)', '소한(小寒)', '대한(大寒)'은 겨울에 있어요. '입동'은 11월 초에, '동지'는 보통 12월 21일과 23일 사이에 있는데 이 '동지'가 지나면 낮이 길어지기 시작하지요. '대한'은 그 해의 마지막 절기로서, 한 해 중 가장 추운 때를 나타내고, 다음해 봄은 바로 '대한'이 지나야 오지요.

071 7획

dòu

豆

콩 두

✱ 자원 풀이

한자 '豆'는 금문에 '豆'로 쓰여 있는데, 고대 중국의 제사에서 제물을 바칠 때 사용하던 그릇이다. 후에는 '콩' 혹은 '콩 같은 생긴 것'을 가리키게 되었다.

─ 뜻 + 예문

1 명 콩

黄豆 huángdòu 황두

中国人发明了豆腐。 두부는 중국인이 발명했다.
Zhōngguórén fāmíng le dòufu.

2 콩 같이 생긴 것

孩子们都爱吃花生豆。
Háizimen dōu ài chī huāshēngdòu.
아이들은 모두 땅콩 먹기를 좋아한다.

─ 연관 단어

绿豆 lǜdòu
녹두

红豆 hóngdòu
팥

黑豆 hēidòu
검정콩

豆腐脑儿 dòufunǎor
순두부

豆浆 dòujiāng
떠우장(두유)

臭豆腐 chòudòufu
취두부

✱ 문화 Tip ✱

豆腐 dòufu 두부

→ 두부는 2천 년 넘는 역사를 가지고 있어요. 대두는 영양이 풍부하지만 소화가 잘 안 돼서 두부가 발명되었고, 발명된 이래로 두부는 중국인의 식탁에서 중요한 음식이 되어 왔지요. 두부는 또 여러 방식으로 요리해 먹을 수 있어서 오늘날 두부가 세계적인 음식이 될 수 있었지요. 특히 '麻婆豆腐(마파두부 mápódòufu, 마파소스에 두부와 다진 고기를 넣고 볶은 음식)'는 외국인들에게도 매우 인기가 좋아요.

072 9획

dú

独

홀로 독 [獨]

✹ 자원 풀이

'独(獨)'의 왼쪽 부분 'ㅕ'는 이 한자가 동물과 관련 있음을 가리키고, 우측의 '蜀 shǔ'는 발음을 나타낸다. 간체자는 '独'이다. 염소와 달리 개는 사나우며, 집단으로 살지 않고 혼자 살기 때문에 '独'의 본뜻은 '하나, 혼자'이며 확장된 의미는 '혼자, 외롭게' 혹은 '유일한'이다.

– 뜻 + 예문

1 하나, 홀로

独生子 dúshēngzǐ 외동아들

她是独生女。 그녀는 외동딸이다.
Tā shì dúshēngnǚ.

2 [부] 오직

大家都来上课了，独她没有来。
Dàjiā dōu lái shàngkè le, dú tā méiyǒu lái.
모두들 수업하러 왔지만, 그녀만 오지 않았다.

– 연관 단어

独立 dúlì [동][형] 독립하다; 독립적인

独裁 dúcái [동] 독재하다

独特 dútè [형] 독특한

单独 dāndú [부] 단독으로

孤独 gūdú [형] 고독한

唯独 wéidú [부] 유독

– 확장하기

'独'의 좌측 부분 'ㅕ'는 종종 의미를 나타내는데, 이 구성 요소를 가진 한자들은 대개 동물과 관련되지요.

狼 láng
늑대

狗 gǒu
개

猫 māo
고양이

猪 zhū
돼지

073 12획

dǔ
赌

노름 도 [賭]

✳ 자원 풀이

'赌'는 '贝(bèi 조개, 016 '贝')'와 '者 zhě'로 이루어져 있다. 조개는 고대 중국에서 통화로 사용되었기에 이 한자가 '돈'과 관련 있음을 나타내며, '者'는 발음을 나타낸다. '赌'의 본뜻은 '도박하다', 확장된 의미는 '내기하다'이다.

— 뜻 + 예문

1 [동] 도박하다

他去赌场赌钱去了。 그는 도박장에 도박하러 갔어.
Tā qù dǔchǎng dǔqián qù le.

2 [동] 내기하다

A 敢不敢跟我打个赌?
Gǎn bu gǎn gēn wǒ dǎ ge dǔ?
나랑 한 번 내기할 자신 있어?

B 赌什么? 뭘 걸 건데?
Dǔ shénme?

— 표현 PLUS+

1 别再赌气了，气大伤身。
Bié zài dǔqì le, qì dà shāng shēn.
더 이상 욱하지 말아요, 욱하면 몸에 해로워요.
▶ 공격적이지 않도록 설득하는 흔한 표현이에요.

2 A 要不咱俩打赌！ 그러면 우리 둘이 내기하자!
Yàobù zán liǎ dǎdǔ!

B 你敢跟我打赌吗？ 너 나랑 내기할 용기 있어?
Nǐ gǎn gēn wǒ dǎdǔ ma?
▶ 내기에서 흔히 보이는 대화이며, 사실 여부에 따라 혹은 실현 여부에 따라 승자를 결정하자는 제안을 묘사하는 데 사용돼요. 진 사람은 이긴 사람에게 저녁을 내야 할 수 있지요.

— 확장하기

'赌'의 우측 부분 '者'는 다른 한자의 구성 요소로 사용될 때 종종 소리를 나타내요. 이 구성 요소를 가진 한자들은 대개 'du/zhu/dou'로 읽히지요.

A du   [堵] dǔ 막다

B zhu   [猪] zhū 돼지
            [煮] zhǔ 끓이다
            [著] 显著 xiǎnzhù 두드러지다

C dou/du   [都] dōu/dū 모두/수도

074 9획

盾
dùn

방패 순

뜻 + 예문

1 방패
父母是孩子的坚强后盾。
Fùmǔ shì háizi de jiānqiáng hòudùn.
부모는 아이의 든든한 후원자이다.

2 종종 '矛盾' 속에 사용됨.
人与人之间有时难免会有矛盾。
Rén yǔ rén zhījiān yǒushí nánmiǎn huì yǒu máodùn.
사람과 사람 사이에 때로는 모순을 면하기 어렵다.

확장하기

'盾'과 유사한 구조를 가진 한자들은 다음과 같은데, 이 한자들은 모두 사전에서 '厂' 부에 속해요.

[质] zhì 성질/품질

[反] fǎn 반대

[后] hòu 뒤

[斤] jīn 근 [무게의 단위]

[斥] 斥责 chìzé 질책하다, 꾸짖다

✴ 자원 풀이

한자 '盾'은 갑골문에 '中'로 쓰여 있는데, 고대 전쟁에서 사용하던 방어용 무기처럼 생겼다. '盾'의 본뜻은 '방패'로, 종종 '모순(矛盾 máodùn)'이라는 단어 속에서 사용된다.

✴ 문화 Tip ✴

自相矛盾 자기모순
zìxiāng máodùn

→ 중국의 한 우화에서 나온 말이에요. 고대에 한 사람이 방패와 창을 팔았는데 그는 "내 방패는 견고해서 어떤 창도 뚫을 수 없소. 내 창은 세서 어떤 방패도 뚫을 수 있소."라고 말했어요. 그러자 어떤 이가 그에게 묻기를, "당신의 방패로 당신의 창을 막으면 어찌 되오?"라고 하자, 이 말을 듣고 창과 방패를 팔던 그 사람은 적절한 대답을 찾을 수 없었다고 해요. 그래서 이 우화가 생겨났는데, 즉 '矛盾'은 말이나 행동이 스스로 모순됨을 의미하는 말이 되었어요.

075 6획

duō

많을 다

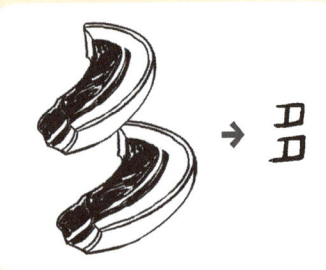

✻ 자원 풀이

한자 '多'는 갑골문에 '꿈'로 쓰여 있는데, 고기 두 조각이 함께 있는 것처럼 보이며 그래서 양이 많다는 것을 나타낸다. '多'의 본뜻은 '많다'이고 확장된 의미는 '본래의 수를 넘다'이다.

─ 뜻 + 예문

1 [형] 많다

马路上车多人也多。 길에 차도 많고 사람도 많네.
Mǎlù shàng chē duō rén yě duō.

2 [동] 본래의 수를 넘다

我买水果时，老板多给了我一个苹果。
Wǒ mǎi shuǐguǒ shí, lǎobǎn duō gěi le wǒ yí ge píngguǒ.
내가 과일을 살 때, 사장님이 사과를 하나 더 주셨어.

─ 연관 단어

多少 duōshao [대] 얼마나 많이 [의문대사]

多云 duōyún [형] 구름 낀, 구름이 많은

大多 dàduō [부] 대부분

许多 xǔduō [수] 많은

─ 확장하기

서로 반대되는 뜻을 가지는 형용사에 대해 알아봐요!

[多] duō 많은 ↔ [少] shǎo 적은
[大] dà 큰   ↔ [小] xiǎo 작은
[高] gāo 키 큰 ↔ [矮] ǎi 키 작은
[长] cháng 긴   ↔ [短] duǎn 짧은
[重] zhòng 무거운 ↔ [轻] qīng 가벼운

✻ 문화 Tip ✻

《明日歌 Míngrìgē》《명일가(내일의 노래)》

明日复明日， 내일 또 내일
Míngrì fù míngrì,

明日何其多？ 내일이 얼마나 많을까?
míngrì héqí duō?

→ 중국의 옛시《明日歌》를 감상해 보세요!《明日歌》는 단 두 구로 되어 있는 시인데, 이 시는 오늘의 일을 내일로 자꾸 미루면 내일이 많지 않을 것임을 의미해요. 오늘을 아끼고 잘 활용해야 한다고 말해줘요.

076 6획

duó

夺

빼앗을 탈 [奪]

— 뜻 + 예문

1. 통 빼앗다, 강도질하다

   父母从孩子手中夺过小刀。
   Fùmǔ cóng háizi shǒu zhōng duóguò xiǎo dāo.
   부모는 아이의 손에서 작은 칼을 빼앗았다.

2. 통 무언가를 먼저 얻으려 애쓰다

   在比赛中夺得冠军是每位运动员的梦想。
   Zài bǐsài zhōng duódé guànjūn shì měi wèi yùndòngyuán de mèngxiǎng.
   경기에서 우승하는 것은 모든 운동선수의 꿈이다.

— 연관 단어

夺取 duóqǔ 통 탈취하다

夺冠 duóguàn 통 우승하다

掠夺 lüèduó 통 약탈하다

争夺 zhēngduó 통 쟁탈하다

— 표현 PLUS+

恭喜你夺冠! 우승을 기원합니다!
Gōngxǐ nǐ duóguàn!
▶ 경기에서 우승하기를 기원할 때 사용되는 표현이에요.

— 심화학습

한자 '夺'는 두 부분으로 구성되어 있는데, 바로 상단의 '大'와 하단의 '寸'이지요. 다음의 한자에서 종종 구성 요소로 사용돼요.

A  +
[奋] 奋斗 fèndòu 분투하다
[夸] kuā 칭찬하다
[奇] 奇怪 qíguài 이상한
[奔] 奔跑 bēnpǎo 빨리 뛰다, 분주히 다니다

B 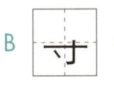 +
[导] 领导 lǐngdǎo 지도자
[寻] xún 찾다
[尊] 尊敬 zūnjìng 존경하다
[寺] 寺庙 sìmiào 사원

✴ 자원 풀이

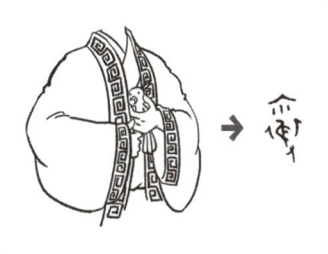

한자 '夺'는 금문에 ' '로 쓰여 있는데, 한 손으로 새를 잡아 옷 속에 숨기는 것처럼 보인다. '옷( )'은 '大 dà'로, '새( )'는 '隹 zhuī'로, '손( )'은 '寸 cùn'으로 바뀌었다. 번체자 '奪'에서 '隹'가 생략되어 간체자 '夺'가 되었다. '夺'의 본뜻은 '빼앗다, 강도질하다'이며 확장된 의미는 '무언가를 먼저 얻으려 애쓰다'이다.

077 6획

duǒ

朵

늘어질 타

✳ 자원 풀이

한자 '朵'는 초기에는 '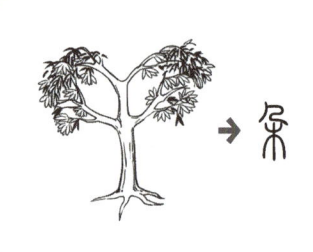'로 썼는데, 떨어지는 잎과 꽃처럼 보인다. '朵'의 본뜻은 '나무에서 떨어지는 잎, 꽃, 과일'인데, 오늘날 이 뜻은 사용하지 않고 '꽃'으로 의미가 확장되었다. 또한 꽃이나 꽃같은 물건의 양사로 사용될 수도 있다.

– 뜻 + 예문

1 명 꽃

这盆花今年又开了新朵儿。
Zhè pén huā jīnnián yòu kāi le xīn duǒr.
이 꽃은 올해 또 새 꽃봉우리가 피었다.

2 양 송이
▶ 꽃이나 꽃 같은 것을 묘사하고 세는 데에 사용되는 양사예요.

一朵浪花 yì duǒ lànghuā 한 송이 물보라

我想买几朵玫瑰花送给女朋友。
Wǒ xiǎng mǎi jǐ duǒ méiguihuā sònggěi nǚpéngyou.
나는 장미를 몇 송이 사서 여자 친구에게 주고 싶다.

– 연관 단어

  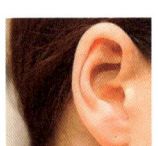

花骨朵儿	云朵	耳朵
huāgūduor	yúnduǒ	ěrduo
꽃봉오리	구름	귀

– 표현 PLUS+

孩子是祖国的花朵。 아이는 조국의 꽃이다.
Háizi shì zǔguó de huāduǒ.
▶ 조국의 미래인 꽃처럼 귀엽고 아름다운 아이들을 묘사하는 표현이에요.

– 확장하기

비슷한 형태를 가진 다음의 한자들을 구별해 보세요!

[朵] 花朵 huāduǒ 꽃

[呆] dāi 둔하다, 미련하다

[束] 约束 yuēshù 제한하다, 얽매다

[杂] zá 잡다하다, 자질구레하다

078 2획

ér

儿

아이 아 [兒]

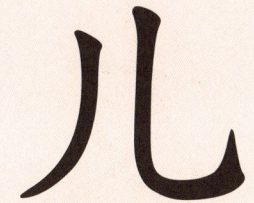

✱ 자원 풀이

한자 '儿'은 갑골문에 '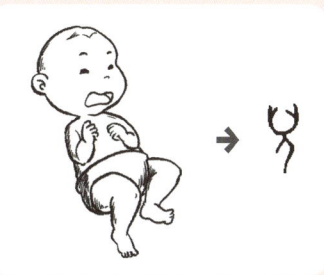'로 쓰여 있는데, 갓난아이처럼 보인다. 상단은 아기의 큰 머리이며 두개골은 아직 이어지지 않았고, 하단은 몸통이다. '儿'의 본뜻은 '아이'이며 확장된 의미는 '아들'이다.

— 뜻 + 예문

1 아이

我想买一本育儿方面的书。
Wǒ xiǎng mǎi yì běn yù ér fāngmiàn de shū.
나는 육아 방면의 책을 한 권 사고 싶다.

2 명 아들

父母深爱着自己的儿女。
Fùmǔ shēn àizhe zìjǐ de érnǚ.
부모는 자기의 자녀를 깊이 사랑한다.

— 연관 단어

儿子 érzi 명 아들

儿童 értóng 명 아이

女儿 nǚ'ér 명 딸

幼儿 yòu'ér 명 유아

— 표현 PLUS+

儿行千里母担忧。
Ér xíng qiān lǐ mǔ dānyōu.
아이가 천리를 가면 어머니는 걱정한다.

▶ 길 떠난 자식을 가장 많이 걱정하는 사람, 바로 어머니이겠죠? 모정의 희생과 위대함을 보여 줄 때 자주 쓰는 표현이에요.

— 확장하기

'儿'은 명사 뒤에 붙어 크기가 작음을 암시하기도 하고, 또 동사를 명사화하는 명사형 어미로서도 사용돼요.

盆 pén
대야

盆儿 pénr
(작은) 대야

盖 gài
덮다

盖儿 gàir
뚜껑, 덮개

E 87

079 5획

fā

发

쏠 **발** [發]

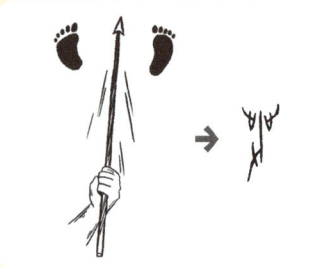

✴ 자원 풀이

한자 '发'는 갑골문에 ''로 쓰여 있는데, 세 부분으로 이루어져 있다. 하단의 'ᄼ(又 yòu, 318 '又')'는 '손', 중앙의 'ㅣ'는 '손 안에 있는 화살', 상단에 있는 'ᄽᄿ(止 zhǐ, 344 '止')'는 '두 발'을 각각 나타내 '손에 화살을 쥐고 달려가서 멀리 던져 버리다'를 의미한다. '发'의 본뜻은 '발사하다, 내보내다'이고, '보내다', '(생각이나 감정을) 드러내다' 혹은 '되다, 변하다'로 의미가 확장되었다.

- 뜻 + 예문

1 [동] 발사하다, 내보내다

上个月，我国刚刚发射了一颗气象卫星。
Shàng ge yuè, wǒ guó gānggāng fāshè le yì kē qìxiàng wèixīng.
지난달, 우리나라는 막 기상 위성 하나를 발사했다.

2 [동] 보내다

下午我给老师发了一封邮件。
Xiàwǔ wǒ gěi lǎoshī fā le yì fēng yóujiàn.
오후에 나는 선생님께 이메일을 한 통 보냈다.

3 [동] (생각이나 감정을) 드러내다

她脾气不好，总爱发火。
Tā píqi bù hǎo, zǒng ài fāhuǒ.
그녀는 성격이 나빠서 늘 화를 잘 내.

4 [동] 되다, 변하다

秋天了，树叶开始发黄了。
Qiūtiān le, shùyè kāishǐ fā huáng le.
가을이 되어, 나뭇잎이 노래지기 시작했어.

- 연관 단어

发烧 fāshāo [동] 열나다
发展 fāzhǎn [동] 발전하다
发现 fāxiàn [동] 발견하다
发生 fāshēng [동] 발생하다
出发 chūfā [동] 출발하다

- 표현 PLUS+

1 恭喜发财！ 돈 많이 버세요!
Gōngxǐ fācái!
▶ 춘제가 되면 주로 많이 하는 덕담 중 하나예요.

2 哎呀，您有点儿发福了！ 아이고, 너 좀 후덕해졌네!
Āiya, nín yǒudiǎnr fāfú le!
▶ 오랜만에 만난 지인 사이에서 자주 쓰는 표현이에요. 평안하고 행복하게 지내 살이 좀 붙었다고 생각해서 하는 말이라고 할 수 있어요.

080 9획

fá

罚

벌줄 벌 [罰]

— 뜻 + 예문

⑧ 처벌하다

交罚款 벌금을 내다
jiāo fákuǎn

你赌输了，应该罚你喝酒。
Nǐ dǔshū le, yīnggāi fá nǐ hē jiǔ.
네가 내기에 졌으니 벌주를 마셔야 해.

— 연관 단어

罚款 fákuǎn ⑧⑨ 벌금을 부과하다; 벌금

罚球 fáqiú ⑧ 페널티킥을 차다

责罚 zéfá ⑧ 처벌하다

赏罚 shǎngfá ⑧ 상을 주고 벌을 주다

— 확장하기

'罚'의 상단 '罒'는 다른 한자의 구성 요소로 사용될 때 의미를 가리키기 위해 자주 상단에 등장해요. 이 구성 요소를 가진 한자들은 대개 '그물'과 관련이 있지요.

 + 卓 [罩] zhào 그물/덮다
　　　非 [罪] zuì 죄
　　　夕 [罗] 网罗 wǎngluó 그물/망라하다

✱ 자원 풀이

한자 '罚'는 금문에 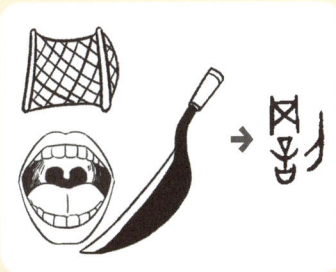로 쓰여 있는데, '🐠'(网 wǎng, 258 '网')은 '그물'을 나타내어 '정의의 그물'을 가리키고, '🦄'(言 yán, 298 '言')은 '언어'를 나타내어 '소송과 재판'을 가리킨다. 'ㅣ'(刀 dāo, 061 '刀')는 '칼'을 암시하며, '고문하다'를 의미하는데, 세 부분을 합하면 '잘못'을 의미하게 된다. '罚'의 본뜻은 '잘못' 혹은 '범죄'이지만 오늘날에는 더 이상 사용되지 않는 뜻이며, 오늘날 확장된 의미는 '처벌하다'이다.

✱ 문화 Tip ✱

罚酒 벌주
fá jiǔ

→ 중국인들은 친구나 동료들과의 모임에서, 종종 재미로 술을 마신다고 해요. 지각하거나 게임을 제대로 끝내지 못하면 재미로 벌주를 마시게 되지요.

081 8획

fǎ

법 法 [*灋]

✱ 자원 풀이

한자 '法'는 금문에 '灋'로 쓰여 있는데, 하단의 '去(去 qù, 201 '去')'는 '불법적인 것을 제거하다', 좌측의 '氵(水 shuǐ, 236 '水')'는 법 집행이 물처럼 공평해야 함을 의미한다. 우측의 '廌'는 잘못한 사람을 뿔로 들이받아 소송사건을 해결했던 전설의 짐승을 나타낸다. '法'의 본뜻은 '법'이고 확상된 의미는 '방법'이다. 간체자로 사용하게 되면서 전설 속 사건을 해결하는 짐승은 사라졌다.

— 뜻 + 예문

1 몡 법

无论是谁，都要知法守法。
Wúlùn shì shéi, dōu yào zhīfǎ shǒufǎ.
누구든지간에 모두 법을 알고 지켜야 한다.

2 몡 방법

这个问题我们现在还没有更好的解决办法。
Zhège wèntí wǒmen xiànzài hái méiyǒu gèng hǎo de jiějué bànfǎ.
이 문제는 지금 우리에게 아직 더 나은 해결방법이 없다.

— 연관 단어

法律 fǎlǜ 몡 법률

法规 fǎguī 몡 법규

法院 fǎyuàn 몡 법원

方法 fāngfǎ 몡 방법

看法 kànfǎ 몡 관점

语法 yǔfǎ 몡 문법, 어법

— 표현 PLUS+

法律面前人人平等。 법 앞에 모든 사람은 평등하다.
Fǎlǜ miànqián rénrén píngděng.

▶ 법 앞에서 모든 사람은 동일한 권리와 의무를 가진다는 것을 나타낼 때 쓰이는 표현이에요.

— 확장하기

'法'는 '灋'라는 글자에서 '廌'를 생략해 간단하게 쓰여진 한자예요. 어떤 요소들을 생략해 간략해진 한자들은 다음과 같은 것들이 있어요.

번체자		간체자
奪	→	[夺] duó 빼앗다
麗	→	[丽] 美丽 měilì 아름답다
醫	→	[医] 医生 yīshēng 의사

082 10획

fán

괴로워할 번 [煩]

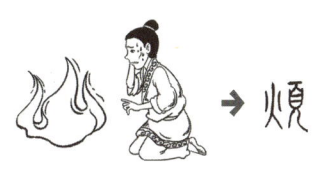

뜻 + 예문

1. 형 답답하다, 괴롭다

   烦恼 fánnǎo 번뇌

   最近心烦得很。 요즘 마음이 매우 괴로워.
   Zuìjìn xīn fán de hěn.

2. 동 실례지만, 수고스럽지만 ~.
   ▶ 겸양어(배려와 예의를 표현하는 단어)로 쓰여요.

   烦请您帮我拿把椅子。
   Fánqǐng nín bāng wǒ ná bǎ yǐzi.
   실례지만 의자 좀 가져다 주세요.

연관 단어

烦躁 fánzào 형 선동된

烦闷 fánmèn 형 괴로운

烦人 fánrén 형 괴롭히는

耐烦 nàifán 형 참을성 있는

麻烦 máfan 동 형 괴롭히다; 성가신

心烦 xīnfán 형 골치아픈, 짜증난

표현 PLUS+

1. 麻烦您了！ | 给您添麻烦了。 실례했습니다!
   Máfan nín le! Gěi nín tiān máfan le.
   ▶ 남의 도움에 대한 정중한 감사의 표현이에요.

2. 真烦人！ 정말 성가시군!
   Zhēn fánrén!
   ▶ 속상하고 걱정될 때 잘 쓰는 표현이에요.

3. 别理我，烦着呢！ 상관 마, 성가셔!
   Bié lǐ wǒ, fánzhe ne!
   ▶ 방해하지 말라고 경고할 때 사용되는데, 진지한 어조가 포함된 표현이에요.

✴ 자원 풀이

한자 '烦'의 좌측은 '火(huǒ, 118 '火')'이고, 우측은 '页(yè, 307 '页')' 즉, '머리'를 뜻해 두 부분을 합하면 '두통이나 열병을 앓다'를 의미한다. '烦'의 본뜻인 '두통과 열병'은 오늘날에는 사용되지 않고, 확장된 의미로 '짜증나다, 괴롭다'를 가리킨다.

083 4획

fǎn

돌이킬 반

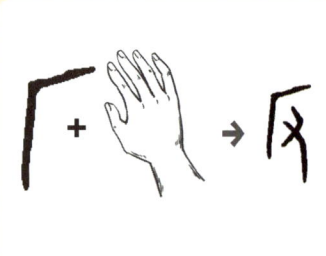

✳ 자원 풀이

한자 '反'은 '厂 hǎn'과 '又(yòu, 318 '又')'로 이루어져 있다. '又'는 오른손의 측면을 나타내는 것으로 보이고, '厂'는 발음을 가리킨다. '反'의 본뜻은 '손을 회전시키다'이고 확장된 의미는 '뒤집다', '반대 방향', '반대하다' 등이다.

– 뜻 + 예문

1 [형] 반대편의

反面 fǎnmiàn 반면

衣服穿反了。 옷을 거꾸로 입었어.
Yīfu chuānfǎn le.

A 这车到颐和园吗? 이 차 이허위안 가나요?
　Zhè chē dào Yíhéyuán ma?

B 坐反了，去马路对面坐车。
　Zuòfǎn le, qù mǎlù duìmiàn zuò chē.
　반대로 탔어요, 길 건너에서 타세요.

2 [동] 반대하다

青春期的孩子经常反对父母的意见。
Qīngchūnqī de háizi jīngcháng fǎnduì fùmǔ de yìjiàn.
청소년기의 아이는 늘 부모의 의견에 반대한다.

3 [부] 오히려, 반대로

他不感谢我也就算了，反而还生我的气。
Tā bù gǎnxiè wǒ yě jiù suàn le, fǎn'ér hái shēng wǒ de qì.
그가 내게 고마워하지 않은 것은 괜찮지만, 오히려 나한테 화를 냈어.

– 연관 단어

反对 fǎnduì [동] 반대하다
反复 fǎnfù [동] 반복하다
反问 fǎnwèn [동] 반문하다
相反 xiāngfǎn [형] 상반된
违反 wéifǎn [동] 위반하다

– 확장하기

'反'이 다른 한자의 구성 요소로 사용될 때, 종종 발음을 가리켜요. 이 구성 요소를 가진 한자들은 대개 'fan/ban'으로 발음돼요.

A fan　[饭] fàn 밥
　　　　[贩] fàn 판매하다/사들이다
　　　　[返] fǎn 반환하다

B ban　[版] bǎn 판본
　　　　[板] bǎn 판, 보드

084 4획

fēn

分

나눌 분

뜻 + 예문

1 동 나누다, 분할하다
把这蛋糕分三份儿。 이 케이크를 세 부분으로 나눠.
Bǎ zhè dàngāo fēn sān fènr.

2 동 나눠 주다
老板在给大家分任务。
Lǎobǎn zài gěi dàjiā fēn rènwu.
사장님이 모두에게 임무를 나눠 주셨어.

3 동 구분하다, 구별하다
要先分清谁对谁错，别着急做决定。
Yào xiān fēnqīng shéi duì shéi cuò, bié zháojí zuò juédìng.
먼저 누가 옳고 누가 그른지를 분명히 해야지, 급하게 결정해서는 안 된다.

4 양 분
▶ 시간을 세는 양사예요.
一小时等于60分。 한 시간은 60분과 같다.
Yì xiǎoshí děngyú liùshí fēn.

연관 단어

分析 fēnxī 명 분석하다
十分 shífēn 부 매우
满分 mǎnfēn 명 만점

표현 PLUS+

我们分手吧。 우리 헤어져.
Wǒmen fēnshǒu ba.
▶ 연인들이 사귀던 관계를 끝내자고 할 때 쓰는 말이에요.

심화학습+

'分'이 다른 한자의 구성 요소로 사용될 때, 종종 발음을 나타내기 위해 우측에 위치하게 돼요. 이 구성 요소를 가진 한자들은 대개 'fen'으로 발음되지요.

[纷] 纷纷 fēnfēn 많고 다양하다
[吩] 吩咐 fēnfu 분부하다, 당부하다
[粉] fěn 가루, 분홍색
[份] fèn 몫

✱ 자원 풀이

한자 '分'은 소전에 '㕁'로 쓰여 있는데, 중앙에 '칼(丿, 刀 dāo, 061 '刀')'이 있고, 좌측과 우측에 똑같은 모양이 있어 '칼을 가지고 무언가를 둘로 자르다'를 의미한다. '分'의 본뜻은 '나누다, 분리하다'이고 확장된 의미는 '나눠 주다' 혹은 '구별하다'이다.

085 8획

fèng

받들 봉

✻ 자원 풀이

한자 '奉'은 금문에 '𣎴'로 쓰여 있는데, 두 손으로(𠬞) 묘목(丰)을 잡고 있는 것처럼 보인다. '奉'의 본뜻은 '잡다, 쥐다'인데, 나중에 '손'과의 관련을 나타내는 '扌'가 한자의 좌측에 추가되어 '捧 pěng'은 '쥐다, 잡다'를 의미하게 되었다. '奉'의 확장된 의미는 '주다' 혹은 '받다'이다.

─ 뜻 + 예문

1 동 주다
▶ 종종 아랫사람이 윗사람에게 줄 때 사용해요.
给父母奉上一杯茶。 부모님께 차 한 잔 올려라.
Gěi fùmǔ fèngshàng yì bēi chá.

2 동 받다
▶ 종종 아랫사람이 윗사람에게 받을 때 사용해요.
我是奉总经理的命令来考察的。
Wǒ shì fèng zǒngjīnglǐ de mìnglìng lái kǎochá de.
저는 사장님의 명령을 받아 시찰하러 왔습니다.

3 공손히, 삼가
▶ 다른 사람이 누군가의 행동에 관여할 때 사용하는 존중의 용어예요.
我奉劝你不要经常熬夜。
Wǒ fèngquàn nǐ búyào jīngcháng áoyè.
당신께 밤새지 말라고 늘 충고드려요.

─ 연관 단어

奉献 fèngxiàn 동 봉헌하다

奉陪 fèngpéi 동 동행하다

崇奉 chóngfèng 동 숭배하다

信奉 xìnfèng 동 신봉하다

─ 표현 PLUS+

无可奉告！ 알릴 만한 것이 없어요!
Wúkěfènggào!
▶ 여러 가지 이유로 인해 다른 사람의 질문에 대답하지 않겠다고 말할 때 쓰는 표현이에요.

확장하기

비슷한 형태를 가진 다음의 한자들을 구별해 보세요.

[奉] fèng (존경심을 가지고) 드리다, 바치다

[春] chūn 봄

[奏] zòu 성취하다, 얻다

[秦] Qín 진나라

086 4획

fū

夫

지아비 부

— 뜻 + 예문

남편
我丈夫在医院工作。 내 남편은 병원에서 일해.
Wǒ zhàngfu zài yīyuàn gōngzuò.

— 연관 단어

夫妻 fūqī 몡 부부
夫人 fūrén 몡 부인
夫妇 fūfù 몡 부부
丈夫 zhàngfu 몡 남편
大夫 dàifu 몡 의사
功夫 gōngfu 몡 (투자한) 시간, 노력/무술(쿵푸)

— 확장하기

'夫'의 상단에 있는 가로획(一)은 이 한자가 만들어졌을 때는 성인 남성의 머리 위에 있는 장식품을 나타냈다고 해요. 유사한 한자들은 다음과 같은 것들이 있어요.

A [旦] dàn 아침, 059 '旦'
▶ 해가 땅 위로 떠오르는 모습을 묘사한 것으로, 하단의 가로획은 땅(一)을 가리켜요.

B [册] cè 권, 038 '册'
▶ 중앙의 가로획(一)은 죽간을 묶는 가죽끈을 나타내요.

✳ 자원 풀이

한자 '夫'는 갑골문에 ''로 쓰여 있는데, 똑바로 선 사람의 정면으로 보인다. 머리 위의 짧은 수평선은 성인 남성이 장식품으로 머리카락을 묶었음을 의미한다. '夫'의 본뜻은 '성인 남성'이며 확장된 의미는 '결혼한 남성', '남편'이다.

✳ 문화 Tip ✳

中国人亲属称呼中的 "…夫"
Zhōngguórén qīnshǔ chēnghu zhōng de "…fū"
중국인 친족 호칭 속의 '~부'

→ 중국의 친족 호칭에서 '…夫'는 종종 여자쪽 친척의 남편을 가리켜요. 예를 들어, '妹夫(mèifu 부부)', '姐夫(jiěfu 자부)', '姑夫(gūfu 고부)'는 각기 '여동생의 남편', '누나의 남편', '고모의 남편'을 가리킨다는 것 알아두세요!

087 8획

fú

服

옷 복

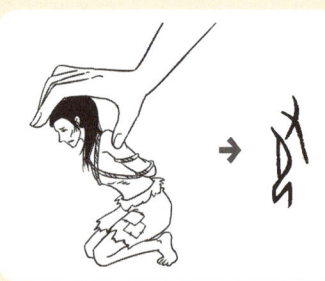

✽ 자원 풀이

한자 '服'는 갑골문에 '𠬝'로 쓰여 있는데, 좌측의 '卩'는 사람의 모습이고 우측의 '又(又 yòu, 318 '又')'는 '손'으로, '손으로 머리를 잡고 꿇도록 강요하다'의 의미이다. 나중에 '舟 zhōu'가 추가되어 '𦨶'로 쓰다가 나중에는 '月 yuè'로 변형되었다. '服'의 본뜻은 '꿇다'이며 확장된 의미는 '확신시키다'이다. '服'는 또한 '옷'과 '(약을) 복용하다'는 뜻으로도 사용된다.

— 뜻 + 예문

1. 통 꿇다

   做事情要以理服人。
   Zuò shìqing yào yǐ lǐ fú rén.
   일을 하려면 이치로써 남을 굴복시켜야 한다.

2. 통 확신시키다

   军人必须服从命令。
   Jūnrén bìxū fúcóng mìnglìng.
   군인은 반드시 명령에 복종해야 한다.

3. 명 옷

   外出旅行应该多带些衣服。
   Wàichū lǚxíng yīnggāi duō dài xiē yīfu.
   여행 갈 때는 옷을 많이 가져가야 해.

4. 통 복용하다

   这种药口服，一日三次。
   Zhè zhǒng yào kǒufú, yí rì sān cì.
   이 약은 먹는 약으로, 하루에 세 번 먹는다.

— 연관 단어

服务 fúwù 통 시중들다

服装 fúzhuāng 명 의복, 옷

— 표현 PLUS+

我服了你了。 당신을 존경합니다.
Wǒ fú le nǐ le.

▶ 다른 사람을 매우 존경해서 그 마음을 표현하고자 할 때 쓰는 표현이에요!

확장하기

한자 '服'를 포함하고 있는 옷의 종류에 대해 알아보아요!

西服
xīfú
양복

羽绒服
yǔróngfú
오리털 자켓

工作服
gōngzuòfú
유니폼, 작업복

088 9획

fú

俘

사로잡을 부

※ 자원 풀이

한자 '俘'는 갑골문에 '⚳'로 쓰여 있는데, 상단의 '爫(⺤)'는 '손'이고 하단의 '우(子 zǐ, 357 '子')는 '아이'로, '손으로 아이를 잡다'를 의미한다. '俘'는 본래 '전쟁 포로'를 가리킨다. 처음에는 '孚 fú'로 썼는데, 이후 '사람'을 의미하는 '亻'가 좌측에 추가되어, 더 분명하게 '포로'의 의미를 표현하게 되었다. '俘'의 확장된 의미는 '잡다'이다.

― 뜻 + 예문

1 포로

战争中，很多士兵变成了俘虏。
Zhànzhēng zhōng, hěn duō shìbīng biànchéng le fúlǔ.
전쟁 중 많은 병사가 포로가 되었다.

2 잡다

双方都俘获了很多士兵。
Shuāngfāng dōu fúhuò le hěn duō shìbīng.
쌍방 모두 많은 병사를 포로로 잡았다.

― 확장하기

1 '俘'의 우측에 있는 '孚'는 다른 한자의 구성 요소로 사용될 때 종종 소리를 나타내요. 이 구성 요소를 가진 한자들은 대개 '-u'로 발음되지요.

[浮] fú 떠다니다

[孵] fū 부화하다

[乳] 乳房 rǔfáng 유방

2 '孚(爫 + 子)'는 '포로'라는 뜻을 나타내요. 이후 한자가 발전하면서 '亻'가 '孚'의 좌측에 추가되어 '俘'는 '포로'의 의미를 더욱 분명히 나타내게 되었고 '孚'는 다른 의미를 나타내게 되었어요. 이와 한자 구성 과정이 유사한 한자들을 알아보아요!

[捧] pěng 두 손으로 쥐거나 옮기다	扌(손) + 奉(fèng, 085 '奉')
[燃] rán 불타다	火(huǒ 불, 118 '火') + 然(rán, 202 '然')
[腰] yāo 허리	月(肉 ròu 고기/살, 206 '肉') + 要 (yāo, 305 '要') ▶본래 [要(원하다, 본뜻은 '허리')]로 썼음
[溢] yì 흘러넘치다	氵(물) + 益(yì, 311 '益') ▶본래는 [益(이익, 본뜻은 '흘러넘치다')]로 썼음

089 13획

fú

福

복 복

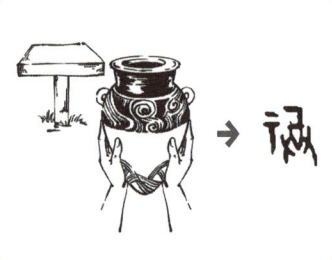

✵ 자원 풀이

한자 '福'는 갑골문에 '𥛠'로 쓰여 있는데, 좌측의 '示'는 '礻'로, '제사에 사용되는 테이블'을 가리킨다. 우측의 '𠬞'는 두 손으로 술동이를 들고 있는 것처럼 보이는데, 이때 두 손이 생략되어 '畐'으로 변했다. 두 부분이 합쳐져 '기도하다'는 뜻을 가진다. '福'의 확장된 의미는 '행복'이나.

– 뜻 + 예문

명 행복

退休后，你就可以享清福了。
Tuìxiū hòu, nǐ jiù kěyǐ xiǎng qīngfú le.
은퇴 후에 당신은 유유자적하는 행복을 누릴 수 있을 거예요.

你以后一定要幸福。
Nǐ yǐhòu yídìng yào xìngfú.
앞으로 꼭 행복해야 해.

– 표현 PLUS+

1 祝您阖家幸福! 온 집안이 행복하길 바랍니다!
Zhù nín héjiā xìngfú!
▶ 온 가족 또는 온 집안이 행복하길 기원한다는 축원의 표현이에요.

2 祝您福如东海! 동해 바다처럼 한없는 복을 누리세요!
Zhù nín fúrúdōnghǎi!
▶ 연장자의 생일을 축하할 때 자주 사용되는 표현이에요. 행복이 동해처럼 무한하기를 바란다는 의미이지요.

– 확장하기

'福'의 우측은 '畐'인데, 다른 한자의 구성 요소로 사용될 때 발음을 나타내요. 이 구성 요소를 가진 한자들은 대개 'fu'로 발음돼요.

[幅] fú 그림 등을 세는 단위

[副] fù 부대적인, 부수적인

[富] fù 부유함

✵ 문화 Tip ✵

福字 복자
fúzì

→ 중국인들에게 '福'는 굉장히 중요한 것 중 하나라서 춘제 기간이면 행복하고 평안한 새해를 맞이하기 위해 문에 '福'자를 쓰거나 또는 종이로 '福'자를 오려서 붙여놓지요. 다양한 형태의 '福'는 아름답고 또 창조적이기도 해요. 때로 '福'자를 거꾸로 붙여 놓기도 하는데, 이는 '복이 왔다'는 의미를 가리켜요. 왜냐하면 중국어에서 '倒(거꾸로)'와 '到(오다)'는 둘 다 'dào'로 발음되기 때문이지요.

090 4획

fù

父

아비 부

✱ 자원 풀이

한자 '父'는 금문에 '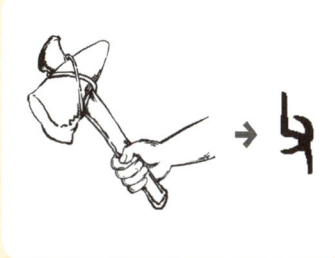'로 쓰여 있는데, 돌도끼를 들고 있는 '손(又, 又 yòu, 318 '又')'처럼 보여 '일하는 사람'을 의미한다. 나중에는 '아버지' 혹은 '윗세대 남자 친척'을 가리키게 되었다.

— 뜻 + 예문

1 아버지

他们父子关系很好。 그들 부자는 관계가 좋다.
Tāmen fùzǐ guānxì hěn hǎo.

2 윗세대의 남자 친척

叔父 shūfù 숙부

祖父坚持每天慢走一小时。
Zǔfù jiānchí měi tiān màn zǒu yì xiǎoshí.
할아버지는 매일 한 시간 천천히 걸으신다.

— 표현 PLUS+

1 可怜天下父母心。
Kělián tiānxià fùmǔ xīn.
부모가 하는 모든 것은 자식들을 위해서 하는 것이다.
▶ 부모의 사랑을 잘 나타내고 있는 표현이에요. '可'는 '그럴만하다', '怜'은 '소중히 하다'는 뜻으로 즉 '부모의 자식 사랑은 소중히 할만 하다'라고 해석해요. 즉 '부모가 하는 모든 것은 자식들을 위해서 하는 것이다'라고도 말할 수 있어요.

2 父爱如山。 아버지의 사랑이 산과 같다.
Fù'ài rú shān.
▶ 자식을 향한 아버지의 사랑은 말없이 깊고 크다고 하지요? 아버지의 사랑이 크다는 것을 보여 주기 위해 쓸 수 있는 표현이에요.

— 확장하기

다른 한자의 구성 요소로 사용될 때, '父'는 종종 의미를 나타내요. 이 구성 요소를 가진 한자들의 의미들은 대개 '윗세대의 남자 친척'과 관련이 되지요.

한자	구조	주석
爷 yé 할아버지	父 + 卩	'父'는 '爷'가 윗세대의 남자 친척과 관련 있음을 나타내요.
爸 bà 아버지	父 + 巴	'父'는 '爸'가 윗세대의 남자 친척과 관련 있음을 나타내요. 초성(b)과 종성(a)이 '爸'와 동일해요.

091 6획

fù

妇

지어미 **부** [婦]

✱ 자원 풀이

한자 '妇'는 갑골문에 로 쓰여 있는데, 좌측의 ' '는 빗자루이고 우측의 ' '(女 nǚ, 184 '女')는 '여자'로 '妇'는 방을 청소하는 여자를 의미한다. '妇'의 본뜻은 '유부녀'이고 확장된 의미는 '여자' 혹은 '아내'이다.

– 뜻 + 예문

1 여자

要保护妇女的权利。 여자의 권리를 보호해야 한다.
Yào bǎohù fùnǚ de quánlì.

2 아내

夫妇 fūfù 부부

老王刚娶到媳妇。 라오왕은 막 아내를 얻었다.
Lǎo Wáng gāng qǔdào xífù.

– 표현 PLUS+

巧妇难为无米之炊。
Qiǎofù nán wéi wú mǐ zhī chuī.
아무리 재주 있는 부인이라도 쌀이 없으면 밥을 지을 수 없다.
▶ 필요한 조건 없이 성공하기는 어렵다는 것을 나타내는 표현이에요. 즉 '꼬리도 있어야 흔든다'는 것을 비유하죠. 문장 중 '炊 chuī'는 '요리하다'는 뜻이에요.

– 확장하기

중국어에서 '**女性/男性**'에 관한 호칭은 다음과 같아요!

수신자와 상황	여성 호칭	남성 호칭
미성년	女孩儿 nǚháir 여자아이	男孩儿 nánháir 남자아이
학교에서	女生 nǚshēng 여학생	男生 nánshēng 남학생
젊은이일 때	姑娘 gūniang 아가씨	小伙儿 xiǎohuǒr 젊은이
성인일 때(격식을 안 따질 경우)	女人 nǚrén 여성	男人 nánrén 남성
성인일 때(격식을 따질 경우)	女士 nǚshì 여사/ 小姐 xiǎojiě 아가씨/ 太太 tàitai 부인	男士 nánshì 신사/ 先生 xiānsheng 선생님

✱ 문화 Tip ✱

妇女能顶半边天。 하늘의 반은 여성이 떠받칠 수 있다.
Fùnǚ néng dǐng bànbiāntiān.

→ 이 말은 1950년대 마오쩌둥이 한 말이에요. 과거 중국에서는 여자가 남자보다 열등하다고 여겼으나 오늘날 중국의 남녀는 동등한 지위와 권리를 누리고 있지요. 그래서 '하늘의 반은 여성이 떠받칠 수 있다'는 속담이 생겨났어요. 즉, 여자와 남자가 각기 하늘의 절반을 이고 있으며, 가정과 사회의 책임을 함께 부담해야 함을 강조하면서 여자도 남자 못지않게 영향력을 발휘할 수 있다는 뜻이에요!

092 9획

fù

复

₁돌아올 **복**, ₂다시 **부**
[₁複] [₂復]

— 뜻 + 예문

1 반복하다, 거듭하다

   学习汉语要经常复习以前学过的词汇、汉字、语法。
   Xuéxí Hànyǔ yào jīngcháng fùxí yǐqián xuéguo de cíhuì、Hànzì、yǔfǎ.
   중국어를 공부하려면 이전에 배웠던 어휘, 한자, 문법을 늘 복습해야 한다.

2 답하다

   他一直没有回复我短信。
   Tā yìzhí méiyǒu huífù wǒ duǎnxìn.
   그는 줄곧 내 문자에 답하지 않는다.

— 연관 단어

复习 fùxí 통 복습하다

复印 fùyìn 통 복사하다

复杂 fùzá 형 복잡한

重复 chóngfù 통 반복하다

反复 fǎnfù 부통 반복해서; 반복하다

答复 dáfù 통 회답하다

— 표현 PLUS+

日复一日，年复一年。 매일같이, 해마다.
Rì fù yí rì, nián fù yì nián.
▶ 세월이 가는 것을 한탄할 때 자주 쓰는 표현이에요.

— 확장하기

'复'의 하단에 있는 '夂'는 종종 다른 한자의 구성 요소로 사용되는데, 상단이나 하단에 각각 놓여요. 다음 한자들을 알아봐요!

A '夂'가 상단에 있을 때:

 +
- 冫 [冬] dōng 겨울
- 田 [备] 准备 zhǔnbèi 준비하다
- 口 [各] gè 각각
- 力 [务] 任务 rènwu 임무

B '夂'가 하단에 있을 때:

百 + 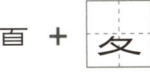 [夏] xià 여름

✱ 자원 풀이

한자 '复'는 갑골문에 '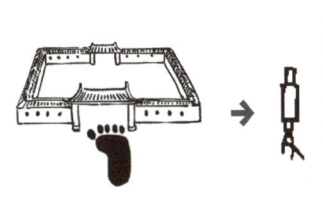'로 쓰여 있는데, 상단의 '🏠'는 '마을'을 가리키고 하단의 '𠂆(止 zhǐ, 344 '止')'는 '발'로, 원래의 장소로 되돌아올 것임을 의미한다. 따라서 '复'는 '이전에 갔던 길을 걷는다'는 뜻이다. 본뜻은 '다시 또 다시' 혹은 '돌아오다'이며, 확장된 의미는 '반복하다' 혹은 '답하다'이다.

093 7획

gǎi

고칠 개

※ **자원 풀이**

한자 '改'는 소전에 '改'로 쓰여 있는데, 좌측의 '己'는 '어린아이'이며, 우측의 '攵'는 막대를 들고 있는 손이다. 즉 '아이를 때려서 잘못을 바로잡도록 돕는다'는 뜻이다. '改'의 본뜻은 '바로잡다'이고 확장된 의미는 '바꾸다'이다.

– 뜻 + 예문

1 동 바로잡다

改正错误 잘못을 바로잡다
gǎizhèng cuòwù

你的那些坏习惯应该改一改了。
Nǐ de nàxiē huài xíguàn yīnggāi gǎi yi gǎi le.
네 그 나쁜 습관들은 좀 고쳐야 해.

2 동 바꾸다

几个月不见，你改发型了。
Jǐ ge yuè bú jiàn, nǐ gǎi fàxíng le.
몇 달간 안 보이더니, 너 헤어스타일 바꿨네.

– 연관 단어

改变 gǎibiàn 동 변하다, 바뀌다

改换 gǎihuàn 동 바꾸다

更改 gēnggǎi 동 변경하다, 변동하다

修改 xiūgǎi 동 바로잡아 고치다, 수정하다

– 심화학습

'改'의 우측에 있는 '攵'는 다른 한자의 구성 요소로 사용되는데, 그때 종종 우측에 놓여요. 다음의 단어들을 살펴보세요.

孝
工
贝   +      [教] jiāo 가르치다
牛   [攻] gōng 공격하다
                                   [败] bài 실패하다
                                   [牧] 放牧 fàngmù 방목하다

※ 문화 Tip ※

改口 호칭을 바꾸다
gǎikǒu

→ 중국인들의 결혼식에는 중요한 부분이 있는데, 신부는 신랑의 부모님들을 '爸爸', '妈妈'라고 불러야 하고, 마찬가지로 신랑도 신부의 부모님들을 '爸爸', '妈妈'라고 불러야 하는 것이지요. 이것을 바로 '改口(gǎikǒu 호칭을 바꾸다)'라고 해요. 간혹 '改口'하기 전에 신랑 신부가 부모님들께 차를 대접하기도 하는데, 부모님들은 신랑신부가 '改口'한 것을 듣고, 빨간 봉투를 내주는 풍습이 있다고 하네요.

094 3획

工

장인 공

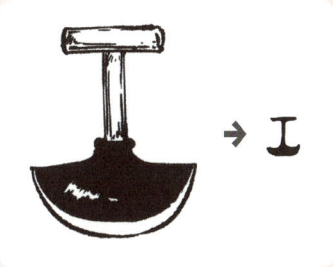

✲ 자원 풀이

한자 '工'은 금문에 'ㅗ'로 쓰여 있는데, 세로로 서 있는 도끼처럼 보이며, 상단은 손잡이고 하단은 도끼날이다. 도끼는 고대 중국에서 흔히 쓰던 도구로, '工'은 '여러 유형의 도구'를 가리킨다. 본뜻은 '도구'이며, '도구를 이용하는 일꾼' 혹은 '일하다'로 의미가 확장되었다.

— 뜻 + 예문

1 일꾼

他是我们公司有名的技工。
Tā shì wǒmen gōngsī yǒumíng de jìgōng.
그는 우리 회사의 유명한 기술자이다.

2 명 일

工程马上要开工了。
Gōngchéng mǎshàng yào kāigōng le.
프로젝트가 곧 시작될 것이다.

— 연관 단어

工作 gōngzuò 명동 직업; 일하다

工资 gōngzī 명 봉급, 월급

工厂 gōngchǎng 명 공장

打工 dǎgōng 동 아르바이트하다

开工 kāigōng 동 일을 시작하다

停工 tínggōng 동 일을 멈추다

— 심화학습

1 다음의 유사한 한자들을 구별해 보세요.

[工] 工人 gōngrén 노동자

[土] tǔ 흙

[干] gān 마른

[士] 士兵 shìbīng 사병

2 '工'은 다른 한자의 구성 요소로 사용될 때, 종종 발음을 나타내요. 이 구성 요소를 가진 한자들은 대개 '-ong/-ang'으로 발음되지요.

A -ong [红] hóng 빨간색

[贡] 贡献 gòngxiàn 공헌

[攻] gōng 공격하다

B -ang [江] jiāng 강

095 4획

gōng

공변될 공

✻ 자원 풀이

한자 '公'은 '八(bā, 003 '八')'와 'ㄥ' 으로 이루어져 있다. '八'는 '무언가를 나누다'는 뜻이며, 'ㄥ'는 '私(sī, 239 '私')'로서 '이기적'임을 뜻한다. '私'와 반대로 '公'은 '무언가를 공정하게 나눈다'는 뜻이다. '公'의 본뜻은 '공통의, 공공의'이며 확장된 의미는 '공정한'이다.

— 뜻 + 예문

1 공동의, 공공의

我们坐公共汽车去吧。 우리 버스 타고 가자.
Wǒmen zuò gōnggòng qìchē qù ba.

请爱护公物。 공공기물을 아껴 주세요.
Qǐng àihù gōngwù.

2 공정한

这件事情一定要秉公办理。
Zhè jiàn shìqing yídìng yào bǐnggōng bànlǐ.
이 일은 반드시 공정하게 처리해야 한다.

3 [형] 남자의, 수컷의

这头羊是公的。 이 양은 수컷이다.
Zhè tóu yáng shì gōng de.

— 연관 단어

公司 gōngsī [명] 회사

公园 gōngyuán [명] 공원

公鸡 gōngjī [명] 수탉

公公 gōnggong [명] 시아버지

办公 bàngōng [동] 일을 처리하다

外公 wàigōng [명] 외할아버지

— 표현 PLUS+

你可真是铁公鸡，一毛不拔！
Nǐ kě zhēn shì tiěgōngjī, yìmáo bùbá!
너 정말 구두쇠구나, 털 하나 안 뽑히네!

→ 째째한 사람, 즉 구두쇠를 묘사하는 생생한 표현이에요. 남에게 어떤 재생석 도움도 주려 하지 않는 사람을 의미하지요. 깃털 하나 뽑을 수 없는, 무쇠로 만든 수탉과 닮았다는 말이에요.

096 9획

gōng

宫

대궐 궁

— 뜻 + 예문

1 궁전

   古代帝王的宫殿都非常华丽。
   Gǔdài dìwáng de gōngdiàn dōu fēicháng huálì.
   고대 제왕의 궁전은 모두 아주 화려하다.

2 전설 속 불멸의 존재들이 사는 궁전

   龙宫 lónggōng 용궁

   传说嫦娥住在月宫里。
   Chuánshuō Cháng'é zhù zài yuègōng li.
   상아(고대 전설 속의 선녀)는 월궁에 산다고 전해진다.

— 연관 단어

宫殿 gōngdiàn 명 궁전

宫廷 gōngtíng 명 궁정

故宫 Gùgōng 명 구궁, 자금성

子宫 zǐgōng 명 자궁

宫保鸡丁 gōngbǎojīdīng
꿍빠오지띵(궁보계정)

宫保虾球 gōngbǎoxiāqiú
꿍빠오샤치우(궁보하구)

宫保豆腐 gōngbǎodòufu
꿍빠오떠우푸(궁보두부)

✽ 자원 풀이

한자 '宫'은 갑골문에 '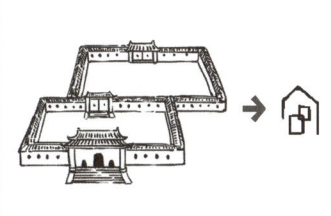'로 쓰여 있는데, 상단의 '∩(宀)'는 집처럼 보이고 하단은 장소를 가리키는 연결된 두 개의 사각형이다. '宫'의 본 뜻은 '방'인데, 오늘날에 이 뜻은 더 이상 사용되지 않고 전적으로 '궁전'만을 가리키는 한자가 되었다.

✽ 문화 Tip ✽

北京故宫 베이징 구궁
Běijīng Gùgōng

→ 베이징의 구궁은 명나라와 청나라 때 지어진 궁전이에요. 구궁은 엄청난 크기를 자랑하는데, 그 안에는 각기 다른 크기를 가진 70개가 넘는 궁전과 무려 9,000개가 넘는 방이 있다고 하네요. 대단하지요?

097 6획

gòng

함께 공

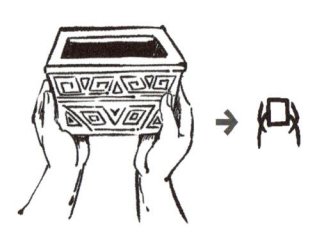

✱ 자원 풀이

한자 '共'은 갑골문에 '𢌬'로 쓰여 있는데, 양쪽의 '𠂇𠂊'는 두 손이고 가운데 '口'는 그릇으로, 제사를 지내기 위해 양손으로 그릇을 잡고 있는 것으로 볼 수 있다. '共'의 본뜻은 '소중히 다루다, 모시다'이며 현재는 한자 '供 gòng'이 그 의미를 표현한다. '共'은 종종 '共同(gòngtóng 공동)'이라는 단어에 나타나는데, 이 단어는 '공동, 함께'를 의미하며, 확장된 의미에서는 '전체로, 통틀어'의 뜻이다.

— 뜻 + 예문

1 공통의, 함께

   学好汉语是我们共同的愿望。
   Xuéhǎo Hànyǔ shì wǒmen gòngtóng de yuànwàng.
   중국어를 잘 배우는 것은 우리의 공통된 바람이다.

2 [부] 합계, 통틀어

   我买这些水果共花了七十三块钱。
   Wǒ mǎi zhèxiē shuǐguǒ gòng huā le qīshísān kuài qián.
   나는 이 과일들을 사는 데 합계 73위안을 썼다.

— 연관 단어

共同 gòngtóng [형][부] 공통의; 함께
共事 gòngshì [동] 함께 일하다
共通 gòngtōng [형] 공동의
总共 zǒnggòng [부] 모두, 전부, 합쳐서
公共 gōnggòng [형] 공공의
统共 tǒnggòng [부] 전부, 통틀어, 도합

— 심화학습

1 '共'의 하단인 'ハ'는 종종 한자의 하단에 위치해서 다른 글자의 구성 요소로 사용돼요. 다음의 예를 보세요.

    [典] 字典 zìdiǎn 자전

    [兵] 士兵 shìbīng 사병

    [具] 工具 gōngjù 공구

2 다른 한자의 구성 요소로 사용될 때, '共'은 종종 발음을 나타내요. 그 한자들은 대개 'gong/hong'으로 발음되지요.

   A gong [恭] 恭敬 gōngjìng 존경

         [拱] 拱手 gǒngshǒu 공수하다 [두 손을 마주 대고 팔을 가슴 위로 올려 경의나 존중을 표시하는 것을 가리킴]

         [供] gòng 제공하다

   B hong [洪] 洪水 hóngshuǐ 홍수

098 9획

gǔ

骨

뼈 골

- 뜻 + 예문

1 명 뼈

骨折 gǔzhé 골절

人的头骨非常坚硬。 사람의 뼈는 매우 딱딱해.
Rén de tóugǔ fēicháng jiānyìng.

2 (물체 내부의) 뼈대, 골격

飞机的龙骨出了问题。 비행기의 용골에 문제가 생겼다.
Fēijī de lónggǔ chū le wèntí.

他是公司的骨干。
Tā shì gōngsī de gǔgàn.
그는 회사에서 매우 중요한 사람이다.

- 표현 PLUS+

你这是鸡蛋里挑骨头。
Nǐ zhè shì jīdàn li tiāo gǔtou.
너 그건 달걀에서 뼈를 골라내려고 하는 거나 마찬가지야.

▶ 다른 사람이나 물건에서 애써 흠을 찾으려 한다는 것을 말할 때 자주 쓰는 표현이에요. 즉 생트집 잡으려 한다는 것이지요.

✶ 자원 풀이

한자 '骨'는 갑골문에 '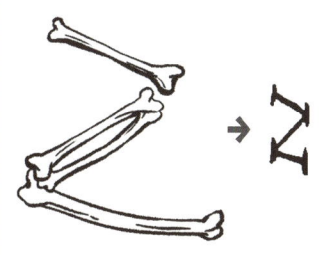'로 쓰여 있는데, 뼈의 모양과 같다. 나중에 '月(肉 ròu 고기/살, 206 '肉')'가 하단에 추가되어 이 글자가 '인체'와 관련되어 있음을 가리키게 되었다. '骨'의 본뜻은 '뼈'이며 확장된 의미는 '물건의 뼈대'이다.

✶ 문화 Tip ✶

甲骨文 갑골문
Jiǎgǔwén

→ 3천 년의 역사를 가진 갑골문은 중국에 존재하는 가장 오래된 문어예요. 기원전 14세기부터 11세기에 걸쳐 왕족들이 점을 치기 위해 거북등껍질이나 동물의 뼈에 주로 새겼는데, 원시적인 그림 문자를 닮았지요. 1899년, 왕의영(王懿荣 Wáng Yìróng)이 자신의 병을 치료하려고 산 중국 약제에 새겨진 글자들을 보고서 갑골문을 발견했다고 전해져요.

099 13획

gǔ

鼓

북 고

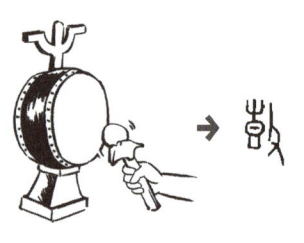

✻ 자원 풀이

한자 '鼓'는 초기에는 '𣪘'로 썼다. 좌측의 '壴'는 '큰 북'을 의미하고 우측의 '攴'는 북을 치기 위해 북채를 들고 있는 손처럼 보인다. '鼓'의 본뜻은 '북을 치다' 혹은 '북'이고, 확장된 의미는 '격려하다, 고무하다'이다.

– 뜻 + 예문

1. 명 북, 드럼

   他从小就学会了打鼓。
   Tā cóngxiǎo jiù xuéhuì le dǎ gǔ.
   그는 어려서부터 북치는 법을 배웠다.

2. 동 격려하다, 북돋우다

   朋友鼓励我鼓起勇气向她表白。
   Péngyou gǔlì wǒ gǔqǐ yǒngqì xiàng tā biǎobái.
   친구가 나를 격려해서 그녀에게 고백하도록 용기를 북돋아 주었다.

– 연관 단어

鼓掌 gǔzhǎng 동 박수치다

鼓励 gǔlì 동 격려하다

敲鼓 qiāo gǔ 북을 치다

手鼓 shǒugǔ 명 탬버린

架子鼓 jiàzigǔ 드럼   腰鼓 yāogǔ 요고 (허리에 차고 양쪽을 두드리는 원통형으로 생긴 북)   拨浪鼓 bōlanggǔ 땡땡이, 래틀

– 심화학습

'鼓'는 오랜 역사를 가진 악기인데, 현대의 일반적인 악기는 중국어로 어떻게 말하는지 알아봐요.

小提琴 xiǎotíqín 바이올린   钢琴 gāngqín 피아노   二胡 èrhú 얼후

吉他 jítā 기타   笛子 dízi 피리

100 5획

guā

瓜

오이 **와**

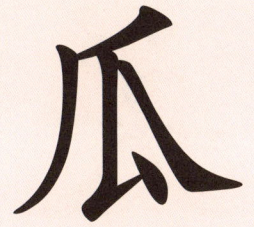

✽ 자원 풀이

한자 '瓜'는 금문에 ' '로 쓰여 있는데, 식물의 덩굴에서 자라는 타원형 열매로 보인다. 본뜻은 '참외'이다.

– 뜻 + 예문

명 참외, 멜론

A 这是什么? 이건 뭐예요?
  Zhè shì shénme?

B 这叫香瓜。 이건 참외라고 해.
  Zhè jiào xiāngguā.

– 연관 단어

冬瓜 dōngguā 南瓜 nánguā 哈密瓜 hāmìguā
동과   호박   하미과

黄瓜 huángguā   西瓜 xīguā
오이   수박

– 표현 PLUS+

王婆卖瓜, 自卖自夸。
Wáng pó mài guā, zìmài zìkuā.
왕 할머니가 참외를 팔며 제것이 제일이라 자화자찬한다.
▶ 자화자찬한다는 의미예요!

✽ 문화 Tip ✽

种瓜得瓜, 种豆得豆。
Zhòngguā déguā, zhòngdòu dédòu.
과 심은 데 과 나고, 콩 심은 데 콩 난다.

→ 우리말로는 '콩 심은 데 콩 나고, 팥 심은 데 팥 난다'고 하죠? 모든 일의 결과는 자기 행동에 달렸으며 노력한 만큼 얻는다는 것을 의미하는 속담이에요.

101 6획

guān

关

빗장 관 [關]

✱ 자원 풀이

한자 '关'은 금문에 '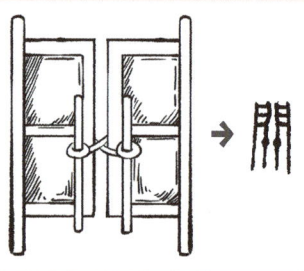'로 쓰여 있는데, 이 글자는 하나의 문에 두 개의 목재 기둥과 둥근 자물쇠가 하나 있는 것으로 보이기에, 문이 잠겨 있고 자물쇠가 채워져 있음을 의미한다. '关'의 본뜻은 '문의 빗장'인데, 오늘날은 사용되지 않는다. '关'의 확장된 의미는 '빗장으로 문을 닫다'이고, '닫다', '일하기를 멈추다'로 그 의미가 더 확장된다. 그것은 또 '보안 점검이 필요한 곳을 지나다'를 의미하기도 한다. 간체자에는 '门(mén, 168 '门')'이 없다.

– 뜻 + 예문

1 닫다

外面风大，把门关上吧。
Wàimiàn fēng dà, bǎ mén guānshàng ba.
바깥 바람이 세니, 문을 닫아라.

我给他打电话，结果他手机关机了。
Wǒ gěi tā dǎ diànhuà, jiéguǒ tā shǒujī guānjī le.
내가 그에게 전화를 했으나, 그의 전화기는 꺼져 있다.

2 일하기를 멈추다

今年经济形势不好，这条街已经关了三家商店了。
Jīnnián jīngjì xíngshì bù hǎo, zhè tiáo jiē yǐjīng guān le sān jiā shāngdiàn le.
올해 경제 상황이 좋지 않아서, 이 거리는 이미 상점 세 곳이 문을 닫았다.

3 수출입을 위해 검사하는 장소

出国旅游，上飞机前要办理出关手续。
Chūguó lǚyóu, shàng fēijī qián yào bànlǐ chū guān shǒuxù.
외국 여행을 할 때는 비행기를 타기 전에 출국 수속을 해야 한다.

– 연관 단어

关心 guānxīn 동 관심을 가지다

海关 hǎiguān 명 세관

难关 nánguān 명 난관

– 표현 PLUS+

1 A 对不起。 | 抱歉！ | 不好意思。 죄송합니다!
     Duìbuqǐ.   Bàoqiàn!   Bù hǎoyìsi.

  B 没关系。 | 没事儿。 괜찮아요!
     Méi guānxi.   Méishìr.

  ▶ 사과를 하고 받아들이는 대화에서 사용되는 표현이에요.

2 请多关照。 많이 돌봐 주세요.
  Qǐng duō guānzhào.

  ▶ 신입생이나 신입직원이 학급 친구나 동료들로부터 도움과 보살핌을 받기 바라는 마음을 정중하게 표현하는 말이에요.

102 6획

guāng

빛 광

— 뜻 + 예문

1 밝다

我们的未来是光明的。 우리의 미래는 밝다.
Wǒmen de wèilái shì guāngmíng de.

2 [명] 빛

月光从窗户照进屋里。
Yuèguāng cóng chuānghu zhàojìn wū li.
달빛은 창문으로부터 방안을 비춘다.

房间里的灯光不够亮。
Fángjiān li de dēngguāng búgòu liàng.
방 안의 등불은 그다지 밝지 않다.

— 연관 단어

光荣 guāngróng [형] 영광스러운

光棍儿 guānggùnr [명] 독신남

阳光 yángguāng [명] 햇빛

风光 fēngguāng [명] 경치, 풍광

— 표현 PLUS+

1 欢迎光临! 어서오세요!
Huānyíng guānglín!
▶ 다른 사람의 집이나 상점에 방문했을 때 사용하는 정중한 표현이에요.

2 借光。 실례합니다.
Jièguāng.
▶ 다른 사람에게 길을 비켜달라고 요청하거나 도움을 요청할 때 사용하는 정중한 표현이에요.

✻ 자원 풀이

한자 '光'은 갑골문에 ' '로 쓰여 있는데, 상단의 ' '(火 huǒ, 118 '火')는 '불'을 의미하고 하단의 ' '는 '사람'을 의미한다. '光'의 본뜻은 '밝다'이고, 이는 오늘날 '빛'을 의미하게 되었다.

✻ 문화 Tip ✻

光棍儿节 | 单身节 싱글들의 날
Guānggùnr Jié   Dānshēn Jié

→ '光棍儿节'는 매년 11월 11일인데, 1990년대 중국의 한 대학 캠퍼스에서 시작되었어요. 이 날짜에 숫자 '1'이 네 개나 있어서 '싱글'을 가리키는 것처럼 보인다고 하여 '光棍儿节'라는 이름이 나왔어요. 젊은 싱글 남녀는 싱글 생활을 청산하고 연인을 찾겠다는 희망으로 이 날 함께 모여요.

103 3획

guǎng

广

넓을 광 [廣]

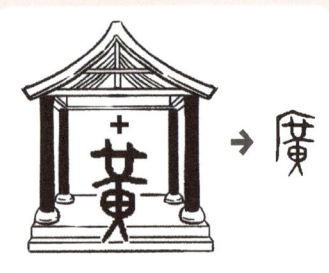

✴ 자원 풀이

한자 '广'은 금문에 '廣'로 쓰여 있는데, '广'는 집과 관련이 있음을 가리키고 '黄'는 '黄 huáng'으로, 이 글자의 발음을 나타낸다. 간체자로 '广'이 되었다. '广'의 본뜻은 '사방에 벽이 없는 큰 집'이며, 확장된 의미는 '넓다, 방대하다' 혹은 '확장하다'이다.

— 뜻 + 예문

1 [형] 넓은, 광대한

广场 guǎngchǎng 광장

这首歌流行很广。
Zhè shǒu gē liúxíng hěn guǎng.
이 노래는 매우 넓게 유행한다.

2 확장하다, 확대하다

广告 guǎnggào 광고

我开车的时候，一般不听广播。
Wǒ kāichē de shíhou, yìbān bù tīng guǎngbō.
나는 운전할 때 일반적으로 라디오를 듣지 않는다.

— 연관 단어

广大 guǎngdà [형] 광대한

广泛 guǎngfàn [형] 광범한

推广 tuīguǎng [동] 널리 보급하다, 확충하다

见多识广 jiànduō shíguǎng 견문이 넓다

— 확장하기

다른 한자의 구성 요소로 사용될 때 '广'은 종종 의미를 나타내어 대개 '벽이 없는 집'과 관련돼요.

 +
车 [库] kù 창고
付 [府] 政府 zhèngfǔ 정부
由 [庙] miào 사원
廷 [庭] 庭院 tíngyuàn 정원, 마당

✴ 문화 Tip ✴

广场舞 광장무
guǎngchǎngwǔ

→ 현재, 점점 더 많은 중국인들이 가까운 공원이나 광장에 나와 저녁 식사 후에 춤을 춰요. 이는 건강과 오락을 위해서 인데, 대부분의 참가자는 중노년 여성이에요. 때때로 수십 수백 명의 사람들이 함께 하기도 하며, 몇몇 커뮤니티에서는 광장무 경연을 개최하기도 해요.

104 9획

guǐ

귀신 귀

- **뜻 + 예문**

귀신, 도깨비

有鬼！ 귀신이 있다!
Yǒu guǐ!

没有人知道人死后是不是真的有鬼魂。
Méiyǒu rén zhīdào rén sǐ hòu shì bu shì zhēn de yǒu guǐhún.
인간이 죽은 후에 진짜로 귀신이 있는지 아는 사람은 없다.

- **표현 PLUS+**

1. 见鬼了！ Jiànguǐ le! 터무니없어요!

   大白天见鬼了！ Dàbáitiān jiànguǐ le! 말도 안 돼요!
   ▶ 말 그대로의 의미는 '유령을 봤어!', '대낮에 유령이 보여!'이지만, 잘 놓아두었던 물건을 찾지 못하는 등 이상하거나 기대와 다른 상황/사물을 묘사하는 데 사용해요.

2. ×××可真是小气鬼！ XXX는 정말로 인색한 놈이야!
   x x x kě zhēn shì xiǎoqiguǐ!
   ▶ 다른 사람들을 야비하거나 쩨쩨하다고 언급할 때 사용해요.

3. 神不知，鬼不觉。 신도 모르고 귀신도 모른다.
   Shén bù zhī, guǐ bù jué.
   ▶ 은밀하게 하여 아무도 알아차리지 못함을 묘사할 때 사용해요.

- **확장하기**

다른 한자의 구성 요소로 사용될 때 '鬼'는 '瑰 guī'와 '愧 kuì'에서처럼 발음을 가리킬 수도 있고 '魂 hún'과 '魄 pò'에서처럼 의미를 가리킬 수도 있어요.

A 발음을 가리킬 때:

王 + 鬼   [瑰] 玫瑰 méigui 장미
忄   [愧] 惭愧 cánkuì 수치스럽다

B 의미를 가리킬 때:

云 + 鬼   [魂] 鬼魂 guǐhún 귀신
白   [魄] 魄力 pòlì 용기

✳ **자원 풀이**

한자 '鬼'는 갑골문에 ''로 쓰여 있는데, 무서운 귀신처럼 보인다. 하단의 사람의 모습이며 상단의 '田'는 두개골의 모습이다. 본뜻은 '귀신'을 가리키며 나중에는 사람에 대한 욕설 'XX꾼/놈' 등으로 사용된다.

105 9획

guì

贵

귀할 귀 [貴]

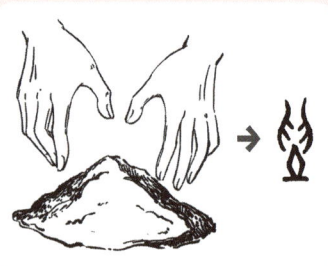

✱ 자원 풀이

한자 '贵'는 갑골문에 '🌿'로 쓰여 있는데, 두 손으로 흙을 쥐는 것처럼 보인다. 고대 중국에서는 땅을 사물이 자라는 데에 가장 귀중한 것으로 여겼다. 나중에 한자 하단에 '贝(bèi 조개, 고대 중국의 통화(通貨), 016 '贝')'가 추가되었다. '贵'의 본뜻은 '귀중한, 가치 있는, 비싼'이다.

– 뜻 + 예문

1 [형] 귀중한, 가치 있는, 비싼

太贵了，便宜点儿吧。
Tài guì le, piányi diǎnr ba.
너무 비싸요, 좀 싸게 해 주세요.

2 상대방을 부를 때 사용하는 존중의 용어

贵公司现在有多少名员工？
Guì gōngsī xiànzài yǒu duōshao míng yuángōng?
귀 회사에는 현재 직원이 몇 명인가요?

– 연관 단어

贵宾 guìbīn [명] 귀빈

贵族 guìzú [명] 귀족

贵姓 guìxìng [명] 성씨의 존댓말

宝贵 bǎoguì [형] 귀중한

富贵 fùguì [형] 부귀한

珍贵 zhēnguì [형] 진귀한

– 표현 PLUS+

1 您贵姓？ 성(함)이 어떻게 되십니까?
Nín guìxìng?
▶ 다른 사람에게 성 또는 이름을 물을 때 사용하는 정중한 표현이에요.

2 恭喜您喜得贵子！ 귀한 아들 얻으신 것 축하합니다!
Gōngxǐ nín xǐ dé guìzǐ!
▶ 다른 사람이 남자아이를 출산한 것을 축하할 때 써요.

– 확장하기

'贵'의 하단 부분 '贝 bèi'는 종종 다른 한자의 구성 요소로 사용될 때 하단에 놓이는데, 예를 들면 다음과 같아요.

丰		[责]责备 zébèi 질책하다
化		[货] huò 상품
分	+ 贝	[贫]贫困 pínkùn 빈곤
加		[贺]祝贺 zhùhè 축하하다
弗		[费] fèi 비용

106 8획

guǒ

果

실과 과

— 뜻 + 예문

1 명 과실, 열매

这种果树长三年，就可以开花结果。
Zhè zhǒng guǒshù zhǎng sān nián, jiù kěyǐ kāihuā jiēguǒ.
이런 종류의 열매는 3년 크면 꽃이 피고 열매를 맺는다.

2 결과

我们一定要考虑事情的后果。
Wǒmen yídìng yào kǎolǜ shìqing de hòuguǒ.
우리는 반드시 일의 결과를 고려해야 한다.

— 연관 단어

果实 guǒshí 명 과실

果汁 guǒzhī 명 과즙

果然 guǒrán 부접 과연; 만약 ~한다면

水果 shuǐguǒ 명 과일

干果 gānguǒ 명 말린 과일

结果 jiéguǒ 명 결과

— 확장하기

흔히 볼 수 있는 과일을 중국어로 알아봐요.

苹果　　　橙子　　　梨
píngguǒ　chéngzi　 lí
사과　　　오렌지　　배

香蕉　　　葡萄　　　桃
xiāngjiāo　pútao　　táo
바나나　　포도　　　복숭아

✳ 자원 풀이

한자 '果'은 갑골문에 ''로 쓰여 있는데, 하단의 '木'는 '木(mù, 176 '木')로 '나무'를 의미하고, 상단의 '⋮⋮'는 나무에 달린 열매를 가리킨다. '果'의 본뜻은 '과실, 열매'이며 확장된 의미는 '결과'이다.

107 12획

hán

찰 **한**

✱ 자원 풀이

한자 '寒'은 금문에 '𡨄'로 쓰여 있는데, 방 안에서 풀에 둘러싸인 채 얼음 위에 서 있는 사람처럼 보인다. 방 안에서조차 따뜻해지기 위해 풀을 필요로 한다는 것을 의미하고, 그래서 '추위'를 가리킨다. '寒'의 본뜻은 '춥다'이다.

– 뜻 + 예문

추운

寒风 hánfēng 찬 바람

寒冬 hándōng 추운 겨울

学生们放寒假了。
Xuéshengmen fàng hánjià le.
학생들은 겨울방학을 했다.

– 표현 PLUS+

你太让人心寒了。 너 정말 사람을 실망시키는구나!
Nǐ tài ràng rén xīnhán le.
▶ 누군가를 향한 실망을 나타내고자 할 때 사용되는 표현으로 다른 사람의 행동으로 인해 마음이 크게 상했음을 의미해요.

– 확장하기

다음의 유사한 한자들을 구별해 보세요.

[寒] 寒冷 hánlěng 춥다

[赛] sài 시합하다

[塞] sāi 채워넣다

✱ 문화 Tip ✱

十年寒窗
shíniánhánchuāng
오랜 세월 부지런히 학문에 힘쓰다

→ 중국 어린이들은 여섯 살 또는 일곱 살에 취학하며, 초등학교, 중학교, 고등학교에서 10년 이상을 보내고 대학입학시험을 친 후 대학에 가는데, 이런 학교 생활의 어려움을 가리켜 '十年寒窗'이라고도 말해요. '寒'은 어려움과 고난을 암시하고, '十年'은 추상적인 표현으로 모든 대학생은 10년 간의 힘든 공부를 거쳤다고 말할 수 있지요.

108

6획

háng/xíng

걸을 행, 줄 항

─ 뜻 + 예문

1 걷다

马路上，行人要走人行横道。
Mǎlù shang, xíngrén yào zǒu rénxíng héngdào.
큰길에서 보행자는 횡단보도로 걸어야 한다.

2 행위, 행동

随手乱扔垃圾是不文明的行为。
Suíshǒu luàn rēng lājī shì bù wénmíng de xíngwéi.
되는대로 쓰레기를 버리는 것은 비문화적 행동이다.

3 명 직업, 업종

他改行去做销售了。 그는 직업을 바꿔 판매일을 한다.
Tā gǎiháng qù zuò xiāoshòu le.

4 동 좋다, 괜찮다, 가능하다

A 我们明天去展览馆，行吗?
Wǒmen míngtiān qù zhǎnlǎnguǎn, xíng ma?
우리 내일 전시관에 가도 될까?

B 行，我们明天去吧。 좋아, 우리 내일 가자.
Xíng, wǒmen míngtiān qù ba.

─ 연관 단어

行业 hángyè 명 직업, 업종

行李 xíngli 명 짐

银行 yínháng 명 은행

─ 표현 PLUS+

1 三百六十行，行行出狀元。 업종마다 장원이 나온다.
Sānbǎi liùshí háng, hángháng chū zhuàngyuan.
▶ 어떤 업종에서든 일만 잘하면 존경받을 것임을 묘사하는 표현이에요. 고대 중국의 과거시험에서 일등한 사람을 '장원'이라고 부른 데서 생겨난 표현이에요.

2 干一行，爱一行。
Gàn yì háng, ài yì háng.
어떤 일에 종사하면 그 일을 사랑해야 한다.
▶ 무슨 일을 하든 그 일을 사랑해야 한다는 표현이에요.

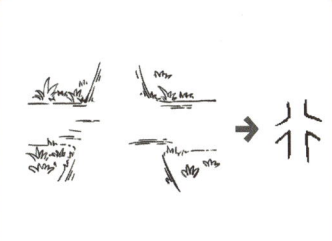

✻ 자원 풀이

한자 '行'은 갑골문에 ' '로 쓰여 있는데, 십자모양으로 보인다. 본뜻이 '길'이기에, '걷다', '행동'으로 의미가 확장되었는데, 이때는 'xíng'으로 발음된다. 확장된 의미로 '산업, 무역'을 가리키기도 한다.

109 6획

好 hǎo/hào

좋을 호, 좋아할 호

✴ 자원 풀이

한자 '好'는 갑골문에 ''로 쓰여 있는데, 손에 아기(⼦, 子 zǐ)를 안은 여자(⼥, 女 nǚ, 184 '女')로 보인다. 새 생명의 탄생은 매우 놀라우므로, '好'의 본뜻은 '놀라운' 혹은 '훌륭한'이며 확장된 의미는 '친절한'이다. 이후 '좋아하다'로도 의미가 확장되었는데, 이때는 'hào'라고 발음한다.

— 뜻 + 예문

1 [형] 좋은

人们都说他是一个难得的好人。
Rénmen dōu shuō tā shì yí ge nándé de hǎo rén.
사람들은 모두 그가 얻기 어려운 좋은 사람이라고 말한다.

2 [형] 친절한

他是我的好朋友、好伙伴。
Tā shì wǒ de hǎo péngyou、hǎo huǒbàn.
그는 나의 좋은 친구이고, 좋은 동반자이다.

3 [동] 좋아하다

爱好 àihào 취미

这孩子太好吃，长得太胖了。
Zhè háizi tài hào chī, zhǎng de tài pàng le.
이 아이는 먹기를 너무 좋아해서 매우 살쪘다.

— 연관 단어

好吃 hǎochī 맛있는

好像 hǎoxiàng [부] 마치 ~인 듯하다

正好 zhènghǎo [부] 마침

友好 yǒuhǎo [형] 우호적인

最好 zuìhǎo [부] 가장 좋은

— 표현 PLUS+

1 你好！ Nǐ hǎo! | 您好！ Nín hǎo! 안녕하세요?
  早上（晚上）好！ (아침/저녁) 안녕하세요?
  Zǎoshang (Wǎnshang) hǎo!
  ▶ 만나서 인사할 때 쓰는 표현이에요.

2 好久不见！ Hǎojiǔ bújiàn! 오랜만이야!
  ▶ 오랜만에 누군가를 만났을 때 사용하는 인사말이에요.

✴ 문화 Tip ✴

不到长城非好汉。
Bú dào Chángchéng fēi hǎohàn.
창청에 이르지 못하면 호한(好汉)이 아니다.

→ 모택동의 시 《盘山词 Pánshāncí》에 나오는 말로, 초지일관(矢志不渝 shǐzhì bùyú)하지 않으면 호한이 아니라는 뜻이에요.

110 12획

hē/hè

喝

꾸짖을 갈

— 뜻 + 예문

1 마시다

早晨我只喝了一碗粥。
Zǎochen wǒ zhǐ hē le yì wǎn zhōu.
새벽에 나는 죽 한 그릇만을 마셨다.

2 동 술을 마시다

高兴的时候，自己就喝两口。
Gāoxìng de shíhou, zìjǐ jiù hē liǎng kǒu.
기쁠 때 나는 술 한두 모금을 마신다.

— 연관 단어

喝水 hē shuǐ 물을 마시다

喝茶 hē chá 차를 마시다

喝酒 hē jiǔ 술을 마시다

喝醉 hēzuì 마시고 취하다

— 표현 PLUS+

1 少喝点儿吧！ 좀 적게 마셔!
Shǎo hē diǎnr ba!
▶ 술을 덜 마시라고 조언할 때 사용할 수 있는 표현이에요.

2 什么时候喝你的喜酒啊？
Shénme shíhou hē nǐ de xǐjiǔ a?
네 축하주 언제 마셔?(언제 결혼해?)
▶ 다른 사람의 결혼식에 대해 우회적으로 물어볼 때 쓸 수 있어요.

— 확장하기

'喝'의 우측 부분인 '曷'는 다른 한자의 구성 요소로 사용될 때 종종 발음을 나타내는데, 그 한자들은 대개 '-e/-ie'로 발음돼요.

A -e　[渴] kě 목마른

　　　[褐] hè 갈색

B -ie　[歇] xiē 쉬다

　　　[揭] jiē 벗기다

✻ 자원 풀이

한자 '喝'는 '입'과 관련됐음을 나타내는 '口 kǒu'와 발음을 나타내는 '曷 hé'로 이루어져 있다. '喝'의 본뜻은 '거친 목소리로 크게 소리치다'이며(hè), 오늘날 일반적인 의미는 '마시다'(hē)이다.

111 6획

hé

합할 합

✻ 자원 풀이

한자 '合'는 갑골문에 '🅰'로 쓰여 있는데, 상단에는 원뿔형 뚜껑이 있고 하단에는 그릇이 있어 뚜껑과 그릇이 서로 맞는다는 것을 의미한다. '合'의 본뜻은 '닫다'이고 확장된 의미로는 '함께 하다' 혹은 '들어맞다'이다.

— 뜻 + 예문

1 [동] 닫다

一夜没合眼 눈을 붙이지 못하다, 밤새 깨어 있다
yí yè méi héyǎn

现在合上书，听写。
Xiànzài héshàng shū, tīngxiě.
지금 책을 덮고 듣고 쓰세요.

2 [동] 함께 하다

我们俩合用一个厨房。
Wǒmen liǎ héyòng yí ge chúfáng.
우리 둘은 주방을 함께 쓴다.

3 [동] 맞다, 어울리다

食堂的饭菜非常合口。
Shítáng de fàncài fēicháng hékǒu.
식당의 음식이 매우 입에 맞네.

— 연관 단어

合格 hégé [형][명] 격에 맞는; 합격

合适 héshì [형] 적합한

合作 hézuò [동] 협력하다

符合 fúhé [동] 부합하다

适合 shìhé [동] 적합하다

集合 jíhé [동] 집합하다

— 표현 PLUS+

1 祝你们百年好合！ 백년해로 하세요!
Zhù nǐmen bǎinián hǎohé!
▶ 다른 사람의 행복한 결혼 생활을 축원할 때 쓰는 표현이에요.

2 合作愉快！ 즐거운 협력이 되기를!
Hézuò yúkuài!
▶ 다른 사람들과 원활한 협력을 기원할 때 사용해요!

112 12획

hēi

黑

검을 흑

— 뜻 + 예문

1 형 검은

他长得很黑。 그는 피부색이 까무잡잡하다.
Tā zhǎng de hěn hēi.

请大家看黑板。 여러분 칠판을 봐 주세요.
Qǐng dàjiā kàn hēibǎn.

2 형 어두운

天黑了，开灯吧。
Tiān hēi le, kāi dēng ba.
날이 어두워졌으니 등을 켜자.

3 불법적인

警察打掉了这个黑窝点。
Jǐngchá dǎdiào le zhège hēi wōdiǎn.
경찰은 이 소굴을 소탕했다.

— 연관 단어

黑客 hēikè 명 해커

黑车 hēichē 명 무허가 택시

乌黑 wūhēi 형 칠흑같이 새까만

发黑 fā hēi 검어지다

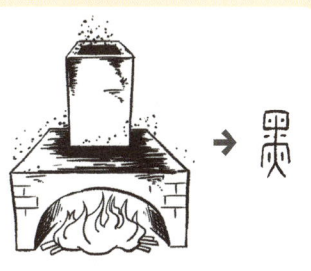

✷ 자원 풀이

한자 '黑'는 초기에 '黑'로 쓰였는데, 하단에는 불타는 난로, 상단에는 네 모난 굴뚝, 중앙에는 점들로 표현된 연기, 이 세 부분으로 나눠 볼 수 있다. '黑'의 본뜻은 '검다'로 연기의 색을 말하고, 확장된 뜻은 '어두운'이다. '黑'는 또한 '불법의' 혹은 '악한 마음을 가진'이라는 확장된 뜻을 가진다.

✷ 문화 Tip ✷

灯下黑 등잔 밑이 어둡다
dēngxiàhēi

→ 전기 발명 이전에 고대 중국인들은 기름 램프를 조명으로 사용했다. 램프의 빛은 윗부분은 밝혀 주나, 램프 굴뚝이 빛을 받으면서 램프의 바로 아래는 어두웠는데, 이것이 '灯下黑'의 기원이에요. 지금은 은유적으로 '자기 자신에게 무슨 일이 일어나는지 모른다' 혹은 '장소가 위험해 보일수록 실제로는 더 안전하다(일반적으로 자신의 불명예를 숨기기 위해)'를 의미하기도 해요.

113 11획

hén

흉 흔

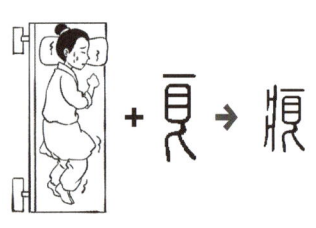

✱ 자원 풀이

'痕'은 '질병'을 가리키는 '疒'와 발음을 나타내는 '艮 gèn'으로 이루어져 있다. 본뜻은 '상처'이며, 확장된 의미는 '흔적'이다.

– 뜻 + 예문

흔적

罪犯经常会去除自己的犯罪痕迹。
Zuìfàn jīngcháng huì qùchú zìjǐ de fànzuì hénjì.
범죄자는 늘 자기의 범죄 흔적을 제거한다.

– 연관 단어

伤痕 shānghén 명 상흔

裂痕 lièhén 명 찢어진 상처

泪痕 lèihén 명 눈물 자국

水痕 shuǐhén 명 물때

– 표현 PLUS+

你是疤痕体质吗? 너는 상처가 잘 남는 체질이니?
Nǐ shì bāhén tǐzhì ma?
▶ 부상 후 흉터가 남는 경향이 있는지 묻는 데 사용되는 표현이에요.

– 확장하기

'痕'의 '艮 gèn'은 우측이나 상단에 놓여 다른 한자의 구성 요소로서 사용되며 종종 발음을 나타내요. 이 구성 요소를 가진 한자들은 대개 'gen/hen/ken'으로 발음돼요.

A '艮'이 우측에 있을 때:

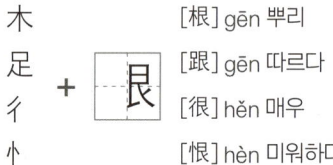

[根] gēn 뿌리
[跟] gēn 따르다
[很] hěn 매우
[恨] hèn 미워하다

B '艮'이 상단에 있을 때:

[恳] 诚恳 chéngkěn 신실한
[垦] 开垦 kāikěn 개간하다

114 8획

hǔ

虎

범 호

뜻 + 예문

명 호랑이

东北虎 dōngběihǔ 동북호랑이

华南虎 huánánhǔ 화남호랑이

听说动物园的老虎把人咬伤了。
Tīngshuō dòngwùyuán de lǎohǔ bǎ rén yǎoshāng le.
듣자하니 동물원의 호랑이가 사람을 물어 상처를 입혔다고 한다.

연관 단어

老虎 lǎohǔ 명 호랑이

马虎 mǎhu 형 건성건성하다

표현 PLUS+

1 做事不能马马虎虎。 일을 대충 해서는 안 된다.
Zuò shì bù néng mǎmǎhūhū.
▶ 일을 세심하게 하라고 설득할 때 쓰는 표현이에요.

2 前怕狼，后怕虎。
Qián pà láng, hòu pà hǔ.
앞으로는 늑대를 두려워하고 뒤로는 호랑이를 두려워한다.
▶ 소심하여 쓸데없는 근심과 걱정을 할 때 쓰는 표현이에요.

3 画虎不成反类犬。
Huà hǔ bù chéng fǎn lèi quǎn.
호랑이를 그리려다 오히려 개가 된다.
▶ 기계적으로 남을 모방하기만 하는 사람들을 비판하는 데 사용되는 표현이에요. 그림이 호랑이를 닮지 않고 개를 닮음을 의미하지요.

확장하기

다음의 유사한 한자들을 구별해 보세요.

한자	구조	예	뜻
虎 hǔ	虍 + 几	老虎 lǎohǔ	호랑이
虑 lǜ	虍 + 心	考虑 kǎolǜ	생각하다
虚 xū	虍 + 业	虚心 xūxīn	겸허한
虐 nüè	虍 + ⺕	虐待 nüèdài	학대하다

✽ 자원 풀이

한자 '虎'는 갑골문에 '𧇽'로 쓰여 있는데, 맹렬한 호랑이를 본뜬 것으로 보인다. '虎'의 본뜻은 '호랑이'이다.

115 6획

huí

돌 회

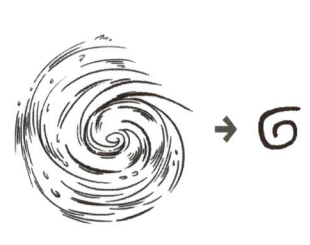

✽ 자원 풀이

한자 '回'는 금문에 'ᓛ'로 쓰여 있는데, 'ᓛ'는 소용돌이치는 물처럼 보인다. 고대인들은 소용돌이치는 물을 통해 '회전하다'는 뜻을 나타냈다. '回'의 본뜻은 '회전하다'이고, 확장된 의미는 '돌아오다' 혹은 추상적 의미에서 '응답하다'이다.

— 뜻 + 예문

1 [동] 돌아오다

今年暑假我打算回家看父母。
Jīnnián shǔjià wǒ dǎsuàn huí jiā kàn fùmǔ.
올해 여름방학에 나는 집에 돌아가서 부모님을 뵐 생각이다.

2 [동] 응답하다

他在给客户回邮件。
Tā zài gěi kèhù huí yóujiàn.
그는 고객에게 이메일 답장을 하고 있다.

— 연관 단어

回来 huílai [동] 돌아오다

回答 huídá [동] 대답하다

回信 huíxìn [동] 회신하다, 답장하다

返回 fǎnhuí [동] 돌려보내다

— 표현 PLUS+

1 找你有事，请速回电。
Zhǎo nǐ yǒu shì, qǐng sù huídiàn.
할 말이 있으니 어서 전화해 줘.
▶ 다른 사람에게 다시 전화해 달라고 요청할 때 흔히 사용되는 표현이에요.

2 这是怎么回事？ 어떻게 된 일이야?
Zhè shì zěnme huí shì?
▶ 무슨 일이 있었는지 또는 전체 이야기가 무엇이었는지 묻는 데 쓰여요.

✽ 문화 Tip ✽

回门 신혼부부가 신부의 부모님 댁으로 돌아가는 것
huímén

→ 중국에서 신혼부부는 결혼 며칠 후에(지역마다 다름) 신부의 부모님 댁으로 돌아가 가족을 방문하는 관습인 '回门'이 있어요. 이 전통은 부부가 과거에 신랑의 부모님과 함께 살았던 사실에서 비롯되는데요, 현재 많은 신혼부부가 독립적으로 살고 있지만 여전히 이 전통을 따르고 있지요.

116 6획

hui

会

모일 회 [會]

— 뜻 + 예문

1 모이다

他的病很严重，专家们正在会诊，研究治疗方案。
Tā de bìng hěn yánzhòng, zhuānjiāmen zhèngzài huìzhěn, yánjiū zhìliáo fāng'àn.
그의 병은 심각해서, 전문가들이 합동 진찰하고, 치료 방안을 연구하고 있다.

2 명 모임

全体师生明天上午9点在学校礼堂开会。
Quántǐ shīshēng míngtiān shàngwǔ jiǔ diǎn zài xuéxiào lǐtáng kāihuì.
교사와 학생 전체가 내일 오전 9시에 학교 강당에서 개회한다.

3 동 익숙하다, 능숙하다

他很有才，会唱歌跳舞，还会说相声。
Tā hěn yǒu cái, huì chàng gē tiàowǔ, hái huì shuō xiàngsheng.
그는 재주가 많아서, 노래하고 춤출 줄 알고, 또 상성(만담)도 할 줄 안다.

4 동 ~할 것 같다

今晚王老师会来参加我们的晚会吗?
Jīnwǎn Wáng lǎoshī huì lái cānjiā wǒmen de wǎnhuì ma?
오늘 저녁 왕 선생님께서 우리 저녁 모임에 참석하실 수 있으시대?

— 연관 단어

会议 huìyì 명 회의

会场 huìchǎng 명 회의장

机会 jīhuì 명 기회

聚会 jùhuì 명 모임

约会 yuēhuì 명 동 (만날) 약속(을 하다)

— 표현 PLUS+

幸会! 幸会! 만나서 반갑습니다!
Xìnghuì! Xìnghuì!

▶ 누군가를 처음 만나서 반가움을 표현할 때 사용되는 정중한 인사예요.

✱ 자원 풀이

한자 '会'는 갑골문에 ''로 쓰여 있는데, 위에 뚜껑(△), 아래에 그릇(ᴗ), 가운데에 곡식 더미( )의 세 부분으로 구성된다. '会'의 본뜻은 '모이다'이고, 확장된 의미는 '모임'이다. 또한 '익숙하다, 능숙하다' 혹은 '~할 것 같다'의 의미도 있다.

117 11획

hūn

婚

혼인할 혼

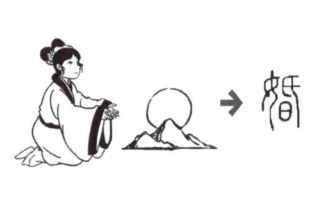

✱ 자원 풀이

한자 '婚'은 좌측의 '女(nǚ 여자)'와 우측의 '昏(hūn 저녁)' 두 부분으로 이루어져 있다. '婚'은 처음에는 '昏'으로 썼는데, 고대 중국인들은 대체로 저녁에 결혼을 했기 때문이다. 후에 '女'가 추가되었다. '婚'의 본뜻은 '결혼하다'이며, 확장된 의미는 '결혼'이다.

- 뜻 + 예문

1 결혼하다

这是一对新婚夫妇。
Zhè shì yí duì xīnhūn fūfù.
이들은 한 쌍의 신혼부부이다.

2 결혼, 혼인

我爸爸妈妈刚刚离婚了。
Wǒ bàba māma gānggāng líhūn le.
우리 아빠 엄마는 막 이혼하셨다.

- 연관 단어

婚礼 hūnlǐ 명 혼례
婚姻 hūnyīn 명 혼인
结婚 jiéhūn 동 결혼하다
离婚 líhūn 동 이혼하다

- 표현 PLUS+

祝你们新婚快乐！ 결혼을 축하드립니다!
Zhù nǐmen xīnhūn kuàilè!
▶ 결혼 축하에 사용되는 축복의 표현이에요.

✱ 문화 Tip ✱

중국 결혼식에서의 주요 의식을 알아봐요.

新娘坐花轿
xīnniáng zuò huājiào
신부가 꽃가마에 타다

新人拜天地
xīnrén bài tiāndì
새 커플이 천지에 절하다

新人敬酒
xīnrén jìng jiǔ
새 커플이 술을 권하다

新人入洞房
xīnrén rù dòngfáng
새 커플이 신방에 들어가다

118 4획

huǒ

불 화

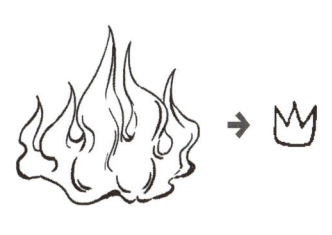

— 뜻 + 예문

1 몡 불

着火了，快救火！ 불이 났네, 어서 불을 꺼!
Zháohuǒ le, kuài jiùhuǒ!

2 혱 호황이다, 번영하다

这位歌手唱了一首好歌就火了。
Zhè wèi gēshǒu chàng le yì shǒu hǎo gē jiù huǒ le.
이 가수는 좋은 노래 한 곡을 부르자 곧 인기가 높아졌다.

3 몡 화

别把火儿发在孩子身上。
Bié bǎ huǒr fā zài háizi shēnshang.
아이에게 화풀이를 하지 마세요.

— 연관 단어

火焰 huǒyàn 몡 화염

点火 diǎnhuǒ 동 점화하다

发火 fāhuǒ 동 화를 내다

— 확장하기

'火'는 다른 한자의 구성 요소로 사용될 때 종종 의미를 나타내는데, 대개 '요리' 혹은 '고온'과 관련이 있어요.

A '火'가 하단에 있을 때:

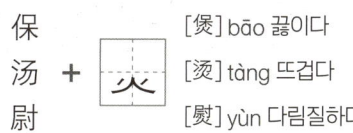

[煲] bāo 끓이다
[烫] tàng 뜨겁다
[熨] yùn 다림질하다

B '火'가 좌측에 있을 때:

[灶] zào 부뚜막
[烟] yān 연기
[炒] chǎo 볶다

✱ 문화 Tip ✱

火警电话 화재 신고 전화
huǒjǐng diànhuà

→ 국가별 화재 신고 전화번호는 중국, 한국, 일본 119, 태국 199, 싱가포르 995, 미국 911, 영국 999예요.

✱ 자원 풀이

한자 '火'는 갑골문에 '山'로 쓰여 있는데, 불처럼 보인다. '火'의 본뜻은 '불'이다. 불의 고온 때문에 이 글자의 은유적 의미는 무엇인가가 크게 인기 있다는 것으로 확장되어 '번성하다, 번창하다'로도 쓰인다. 사람은 화났을 때 속에서 불타는 것처럼 보이기에 '火'는 확장된 의미에서 '화'도 가리킨다.

119 7획

jī

鸡

닭 계 [鷄]

✽ 자원 풀이

한자 '鸡'는 갑골문에 '🐦'로 쓰여 있는데, 바로 닭 모양이다. '鸡'의 본 뜻은 '닭'이다. 번체자 '鷄'에서 '鳥 (鸟 niǎo)'는 의미를 나타내고 '奚 xī' 는 발음을 나타낸다. 간체자는 '鸡' 이다.

– 뜻 + 예문

명 닭

他家养了十几只鸡。
Tā jiā yǎng le shíjǐ zhī jī.
그는 집에서 십여 마리의 닭을 키운다.

– 표현 PLUS+

1 我鸡皮疙瘩都起来了。 나 살짝 소름 돋았어.
Wǒ jīpí gēda dōu qǐlai le.
▶ 자극에 대한 인간의 일반적인 반응을 설명하는 데 사용해요. 차가운 촉각 등으로 인해 피부에 일시적으로 생긴 상태가 털 이 없는 닭의 살처럼 보인다는 뜻이에요.

2 他这几天像打了鸡血一样。
Tā zhè jǐ tiān xiàng dǎ le jīxiě yíyàng.
그는 요 며칠 굉장히 활기찬 상태야.

▶ 누군가의 정신 상태를 설명하는 데 사용해요. '닭피를 맞은 것 같다'는 말로 그 사람이 극도로 흥분한 상 태이고, 활기차다는 것을 보여 주 는 표현이에요.

– 확장하기

흔히 볼 수 있는 가축을 중국어로 알아봐요.

鸡 / jī / 닭   鸭 / yā / 오리   鹅 / é / 거위

马 / mǎ / 말   牛 / niú / 소   羊 / yáng / 양

120 3획

jí

及

미칠 급

- 뜻 + 예문

1 제 시간에 대다
   生病要及早去医院。
   Shēngbìng yào jízǎo qù yīyuàn.
   병이 나면 가능한 한 빨리 병원에 가야 한다.

2 이르다, 도달하다
   考完后，真没想到我能考及格。
   Kǎowán hòu, zhēn méi xiǎngdào wǒ néng kǎo jígé.
   시험을 치른 후, 정말이지 내가 합격할 거라고는 생각도 못 했다.

3 [접] 그리고
   笔、本、书及尺子，都是朋友送给我的。
   Bǐ、běn、shū jí chǐzi, dōu shì péngyou sòng gěi wǒ de.
   펜, 공책, 책, 그리고 자는 모두 친구가 내게 준 것이다.

- 연관 단어

  及格 jígé [동] 합격하다
  及时 jíshí [형][부] 때맞춘; 때맞춰
  波及 bōjí [동] 영향을 미치다
  普及 pǔjí [동] 보급되다

- 표현 PLUS+

  要来不及了，你快点儿！ 늦겠다, 서둘러!
  Yào láibují le, nǐ kuài diǎnr!
  ▶ 서두르지 않으면 늦게 될 때 사람들을 독촉하기 위해 사용할 수 있는 표현이에요.

✻ **자원 풀이**

한자 '及'는 갑골문에 ''로 쓰여 있는데, 'ㅓ(人 rén, 204 '人')은 인간의 모습이고 'ㅓ(又 yòu, 318 '又')는 '손으로 사람을 잡는다'는 뜻이다. '及'의 본뜻은 '제 시간에 대다'이며, 확장된 의미는 '도착하다'이고, 지금은 '그리고'라는 뜻도 있다.

✻ **문화 Tip** ✻

爱屋及乌
àiwū jíwū
집에 대한 애정이 지붕 위의 까마귀에까지 미치다

→ 집을 사랑하면 지붕 위의 까마귀까지 사랑하게 된다는 뜻의 관용어로, 누군가에 대한 사랑은 그 사람을 둘러싸고 있는 사람들이나 사물에까지 확장된다는 의미이지요. 예를 들어, 당신이 한 사람을 사랑한다면 그 사람의 반려견까지도 사랑하게 되겠죠?

121 7획

jí

即

다가갈 즉

✻ 자원 풀이

한자 '即'는 갑골문에 ''로 쓰여 있는데, 좌측의 'ᄋ'은 식기이며, 우측의 'ᄉ'는 음식을 향해 무릎을 꿇고 있는 사람이다. '即'의 본뜻은 '먹으려고 식기에 다가가다'이고, '접근하다'로 의미가 확장되었다. 오늘날에는 '현재, 지금', '즉시' 혹은 '막 ~하려고 하다'의 뜻도 있다.

- 뜻 + 예문

1 현재, 지금

   这项法律即日生效。
   Zhè xiàng fǎlǜ jírì shēngxiào.
   이 법률은 당일로 효력이 발생한다.

2 접 설령

   即使妈妈不同意，我也要跟他结婚。
   Jíshǐ māma bù tóngyì, wǒ yě yào gēn tā jiéhūn.
   설령 내 어머니가 동의하지 않더라도 나는 그와 결혼할 것이다.

- 연관 단어

即将 jíjiāng 부 곧 ~할 것이다

即便 jíbiàn 접 설령

立即 lìjí 부 즉시

随即 suíjí 부 즉시, 곧

- 확장하기

'即'와 '既'를 비교해 보세요.

 [即] jí

- 한자 형성: 음식 앞에 무릎 꿇고 앉아서 음식을 보고 있는 사람을 표현하여 아직 먹지 않았고 이제 막 먹으려고 하는 것을 의미한다.
- 확장된 뜻: 접근하다, 막 ~하려고 하다
  예 可望而不可即 kě wàng ér bù kě jí 볼 수는 있지만 닿지는 않는다, 보이지만 접근할 수 없다

 [既] jì

- 한자 형성: 음식 앞에 무릎 꿇고 있지만 고개를 돌려서 음식을 쳐다보지 않는 사람을 표현하여 이미 먹어서 배가 부름을 의미한다.
- 확장된 뜻: 끝난, 이미
  예 既成事实 jì chéng shìshí 기정사실

122 9획

jí

급할 급

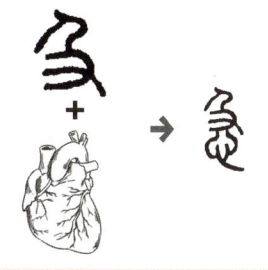

— 뜻 + 예문

1 [형] 급한

她性子太急，做事容易出错。
Tā xìngzi tài jí, zuò shì róngyì chū cuò.
그녀는 성격이 너무 급해서 일할 때 쉽게 실수를 저지른다.

2 [형] 불안한

他一听家里出事了，急得眼睛都红了。
Tā yì tīng jiāli chūshì le, jí de yǎnjing dōu hóng le.
그는 집에 일이 생겼다는 말만 들으면 불안해서 눈이 붉어진다.

3 [형] 긴급한

老师打电话说有急事找我，我马上跑去办公室。
Lǎoshī dǎ diànhuà shuō yǒu jí shì zhǎo wǒ, wǒ mǎshàng pǎoqu bàngōngshì.
선생님이 전화하셔서는 급한 일로 나를 찾는다고 하셔서 나는 곧장 사무실로 뛰어갔다.

— 연관 단어

急忙 jímáng [부] 긴급하게

急诊 jízhěn [명] 긴급 진료

紧急 jǐnjí [형] 긴급한

— 표현 PLUS+

别着急。 안달하지 마.
Bié zháojí.
▶ 마음을 편히 먹고 내적 평온을 유지하라고 설득하는 위로의 말로 사용해요.

✻ 자원 풀이

한자 '急'는 소전에 ''로 쓰여 있는데, 상단의 ''는 '及 jí'로 발음을 가리키고, 하단의 ''는 '심장(心 xīn, 285 '心')'으로 의미를 나타내어 한자 '急'는 마음 속의 불안을 보여준다. '急'의 본뜻은 '화난' 혹은 '불안한'이고, 확장된 뜻은 '긴급한'이다.

✻ 문화 Tip ✻

心急吃不了热豆腐。
Xīnjí chī bu liǎo rè dòufu.
마음이 급하면 뜨거운 두부는 못 먹는다.

→ 속담으로 막 요리한 두부는 그 속이 뜨겁기 때문에 식힌 후에야 먹을 수 있어 너무 참을성이 없으면 입술을 데일 수 있지요. 이 문장은 일을 할 때 마음의 여유를 가지라고 설득할 때 사용해요.

123 12획

jí

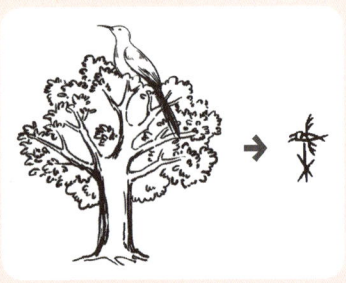

모일 집 [*雧]

✳ 자원 풀이

한자 '集'는 갑골문에 '🐦'로 쓰여 있는데, 상단의 '🐦'는 '隹 zhuī'이고 하단의 '🌲'는 '木 mù'로, 새가 나무에 오는 것을 의미한다. 이후에 '木' 위에 세 개의 '隹'가 있는 '雧'로 썼는데, 나무에 많은 새가 모인 것을 의미한다. '集'의 본뜻은 '모이다/모으다'이다. TV 연속극이나 영화의 한 에피소드처럼 '긴 작품의 일부'를 가리키기도 한다.

– 뜻 + 예문

1 모이다

群众要求在广场集会。
Qúnzhòng yāoqiú zài guǎngchǎng jíhuì.
군중은 광장에서 모이기를 요구한다.

维护集体利益 집단의 이익을 보호한다
wéihù jítǐ lìyì

2 양 분책, 편
▶ 영화나 드라마의 편을 셀 때 쓰여요.

这部电视剧一共40集。
Zhè bù diànshìjù yígòng sìshí jí.
이 TV 연속극은 총 40부작이다.

– 연관 단어

集会 jíhuì 명동 집회(하다)

集中 jízhōng 동 집중하다

集合 jíhé 동 집합하다

汇集 huìjí 동 모이다

收集 shōují 동 수집하다

采集 cǎijí 동 모으다

– 확장하기

한자 '集'의 상단 '隹'는 짧은 꼬리를 가진 새를 가리키는데, 다른 한자의 구성 요소로 사용될 때 '隹'는 발음을 가리킬 수 있어요. 이 구성 요소를 가진 한자들은 대개 '-uei(ui)'로 발음돼요.

[堆] duī 쌓다
[谁] shéi 누구
[唯] wéi 오직
[维] 维修 wéixiū 수리하다
[椎] 脊椎 jǐzhuī 척추

124 6획

jiā

夹

낄 협 [夾]

✳ 자원 풀이

한자 '夹'는 갑골문에 ''로 쓰여 있는데, 다른 두 사람 가운데에 또 다른 사람이 끼어 있는 것으로 보인다. '夹'의 본뜻은 '사이에 자리하다'이고 확장된 뜻은 '섞다'이다.

– 뜻 + 예문

1 图 사이에 자리하다

我不会用筷子夹菜。
Wǒ bú huì yòng kuàizi jiā cài.
나는 젓가락으로 음식을 집을 수 없다.

2 图 섞다

这些汉语书里面夹着几本外语教材。
Zhèxiē Hànyǔshū lǐmiàn jiāzhe jǐ běn wàiyǔ jiàocái.
이들 중국어 책 속에 몇 권의 외국어 교재가 섞여 있다.

– 연관 단어

文件夹
wénjiànjiā
폴더

长尾夹
chángwěijiā
바인더클립

裤夹
kùjiā
바지 걸이

雨夹雪
yǔ jiā xuě
진눈깨비

✳ 문화 Tip ✳

肉夹馍 러우자모(중국식 햄버거)
ròujiāmó

→ 중국 샨시성(陝西省)에는 '肉夹馍'라고 하는 유명한 음식이 있어요. 바삭한 빵 사이에 입맛 돋우는 고기를 넣어 매우 맛이 있지요. '馍 mó'는 파이 모양으로 구워진 밀가루로 만든 빵을 가리켜요. '肉夹馍'는 '馍夹肉 mójiāròu'에서 나왔는데, '빵 사이에 고기를 넣다'는 뜻으로 사람들의 식욕을 돋우기 위해 고기를 많이 넣는 것이 특징이에요.

J 133

125 10획

jiā

집 가

✲ 자원 풀이

한자 '家'는 갑골문에 '🏠'로 쓰여 있는데, '宀'는 '집'을 가리키고, 안에 있는 '豕'는 '돼지'를 가리킨다. 돼지를 기른다는 것은 '정착'을 의미하므로 '家'의 본뜻은 '집'이고, 확장된 뜻은 '가족'이다.

– 뜻 + 예문

1. [명] 집

   我家在北京。 우리 집은 베이징에 있다.
   Wǒ jiā zài Běijīng.

2. [명] 가족

   你家来客人了。 너희 집에 손님이 왔어.
   Nǐ jiā lái kèren le.

– 연관 단어

家庭 jiātíng [명] 가정

家人 jiārén [명] 식구

国家 guójiā [명] 국가

大家 dàjiā [대명] 여러분

– 표현 PLUS+

你家有几口人? 너희 집 식구는 몇 명이니?
Nǐ jiā yǒu jǐ kǒu rén?

▶ 상대방의 식구 수를 물어볼 때 사용해요.

– 확장하기

'家'는 '사람들이 거주하는 장소'를 가리키기도 해요. 비슷한 의미를 가진 한자들은 다음과 같아요.

[寓] 公寓 gōngyù 아파트

[室] shì 침실

[房] fáng 집

[屋] wū 방

✲ 문화 Tip ✲

家和万事兴。 가정이 화목하면 모든 일이 잘 된다.
Jiā hé wànshì xīng.

→ 화목한 가족만이 순탄하고 번영하는 삶을 가져올 수 있다는 것을 의미하는 속담이에요. 중국인들은 가족을 매우 중시하는데, 가족은 비바람을 막아 주는 곳일 뿐 아니라 마음이 속하는 곳이라고 생각하기 때문이에요.

126 5획

jiǎ

첫째 천간 갑

– 뜻 + 예문

1 손톱과 발톱

   指甲 zhǐjia 손톱

   昨天打篮球，伤到了脚指甲。
   Zuótiān dǎ lánqiú, shāngdào le jiǎozhǐjia.
   어제 농구를 하다가 발톱을 다쳤다.

2 갑, 제일이다

   桂林山水甲天下。
   Guìlín shānshuǐ jiǎ tiānxià.
   구이린의 산수가 천하 제일이다.

– 확장하기

1 다음의 유사한 한자들을 구별해 보세요.

한자	옛 글자	한자 구성
甲 jiǎ		막 땅 위로 움튼, 아직 껍질이 남아 있는 씨앗을 닮았다.
由 yóu		중앙의 수직선은 농장으로 가는 길을 가리킨다.
申 shēn		비 내릴 때 하늘의 번개처럼 보이며, 후에 '电 diàn'은 '번개'를 의미하는 데에 사용된다.
田 tián		사각형 모양의 농장처럼 보인다.

2 등급을 나타내는 중국어 단어를 알아보아요.

1	2	3
甲 jiǎ 갑, 천간(天干)의 첫째	乙 yǐ 을, 천간의 둘째	丙 bǐng 병, 천간의 셋째
第一 dì yī 제일, 첫째	第二 dì èr 둘째	第三 dì sān 셋째
冠军 guànjūn 1등	亚军 yàjūn 2등	季军 jìjūn 3등

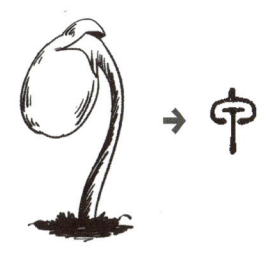

✱ 자원 풀이

한자 '甲'는 소전체에 '甲'로 쓰여 있는데, 땅 위로 막 움튼, 아직 껍질이 남아 있는 씨앗처럼 보인다. '甲'의 본뜻은 '껍데기'이고, 후에 '손톱과 발톱'을 의미하게 되었다. 또한 '갑, 첫째'를 가리키기도 한다.

127 7획

jiān/jiàn

间

사이 간 [間]

✻ 자원 풀이

한자 '间'은 갑골문에 ''로 쓰여 있는데, 하단의 '門'는 '문(门 mén, 168 '门')'을 가리키고 상단의 'D'는 '달(月 yuè, 328 '月')'을 가리킨다. 달이 문 틈새에서 빛나고 있으므로, '间'의 본뜻은 '틈'이다. 또한 문 한 가운데에 틈이 있기 때문에 확장된 의미에서 '间'은 '사이', 혹은 공간을 차지하는 '방'을 가리킨다. 또 그 의미가 '틈'에서 '갈라지다, 사이를 두다'로 확장되는데, 이때는 'jiàn'으로 발음된다.

— 뜻 + 예문

1 명 사이, 중간

东城和西城间有一条长河。
Dōngchéng hé xīchéng jiān yǒu yì tiáo cháng hé.
동쪽 시가지와 서쪽 시가지 사이에는 긴 강이 하나 있다.

老师和学生间的师生情谊是最珍贵的。
Lǎoshī hé xuésheng jiān de shīshēng qíngyì shì zuì zhēnguì de.
선생님과 학생 간의 사제 우정이 가장 귀중하다.

2 방

会议结束后到我房间里来一下。
Huìyì jiéshù hòu dào wǒ fángjiān li lái yíxià.
회의 끝난 후에 내 방으로 좀 와라.

3 사이를 두다

树与树之间要间隔开。
Shù yǔ shù zhī jiān yào jiàngé kāi.
나무와 나무 사이는 간격을 두어야 한다.

— 표현 PLUS+

1 时间就是生命。 시간이 생명이다.
Shíjiān jiù shì shēngmìng.
▶ 시간이 생명만큼 중요하다는 것을 전달하는 데에 사용되는 흔한 표현이에요.

2 对不起，我去一下洗手间。
Duìbuqǐ, wǒ qù yíxià xǐshǒujiān.
죄송합니다, 화장실에 좀 가겠습니다.
▶ 파티나 회의중에 잠시 자리를 비워야 할 때에 사용되는 정중한 표현이에요.

— 확장하기

다음의 유사한 한자들을 구별해 보세요.

[间] jiān 사이

[闯] chuǎng 쇄도하다

[闭] bì 닫다

[闪] shǎn 번쩍이다

128 10획

살필 감 [監]

– 뜻 + 예문

1 주변을 살피다

警察正跟踪监视犯罪嫌疑人。
Jǐngchá zhèng gēnzōng jiānshì fànzuì xiányírén.
경찰은 범죄혐의자를 따라다니며 감시중이다.

2 감옥

他因为犯罪被送进了监狱。
Tā yīnwèi fànzuì bèi sòngjìn le jiānyù.
그는 범죄로 인해 감옥에 들어갔다.

– 연관 단어

监督 jiāndū 동 감독하다

监管 jiānguǎn 동 감독하다

监测 jiāncè 동 모니터링하다

监护 jiānhù 동 감독하고 보호하다

– 표현 PLUS+

父母是未成年子女的法定监护人。
Fùmǔ shì wèichéngnián zǐnǚ de fǎdìng jiānhùrén.
부모는 미성년자의 법정 후견인이다.

▶ 부모가 법에 의해 18세 이하의 아이를 감독하고 보호해야 할 책임이 있음을 설명하는 데에 사용되는 흔한 법적 표현이에요.

– 확장하기

다음 두 그룹의 유사한 한자들을 구별해 보세요.

A ㅠ𠂉

[监] 监督 jiāndū 감독하다

[鉴] 鉴赏 jiànshǎng 감상하다

[览] 浏览 liúlǎn 대강 훑어보다

[临] 光临 guānglín 왕림(하다)

B ㅠ又

[坚] 坚固 jiāngù 견고한

[紧] 紧张 jǐnzhāng 긴장한

[竖] 竖立 shùlì 세우다, 수립하다

[贤] 贤惠 xiánhuì 어질고 총명하다

✽ 자원 풀이

한자 '监'는 갑골문에 ' ' 로 쓰여 있는데, 무릎 꿇고 고개를 숙여 대야에 비친 자신을 바라보는 사람처럼 보인다. '监'의 본뜻은 '거울'인데, 지금은 이 뜻으로 사용되지 않는다. '监'의 확장된 의미는 '주변을 살피다', '감독하다', '감옥' 등이 있다.

129 10획

jiān

兼

겸할 겸

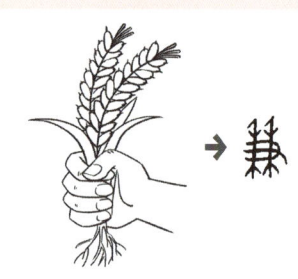

✳ **자원 풀이**

한자 '兼'은 금문에 '秝'로 쓰여 있는데, 손에 두 개의 모종을 쥐고 있는 것으로 보인다. '兼'의 본뜻은 '겸하다' 혹은 '둘 이상의 것을 동시에 겸하다, 소유하다'이다.

― **뜻 + 예문**

1. 图 둘 이상의 것을 동시에 겸하다 혹은 소유하다

   他从小就是品学兼优的好学生。
   Tā cóngxiǎo jiù shì pǐnxué jiānyōu de hǎo xuésheng.
   그는 어려서부터 품행과 학업성적이 우수한 훌륭한 학생이었다.

2. 부업

   他是我们学校的兼职教师。
   Tā shì wǒmen xuéxiào de jiānzhí jiàoshī.
   그는 우리 학교의 겸직 교사이다.

― **확장하기**

1. 다른 한자의 구성 요소로 사용될 때 '兼'은 종종 발음을 가리키는데, 대개 '-ian/-uan'으로 발음돼요.

   A -ian [歉] 道歉 dàoqiàn 사죄하다

   　　　　[嫌] 嫌疑 xiányí 혐의

   　　　　[谦] 谦虚 qiānxū 겸손한

   B -uan [赚] 赚 zhuàn 돈을 벌다

2. '兼'과 '双 shuāng'을 비교해 보세요.

    [兼] jiān = 秝 + ⺕

   - 한자 구성: 손에 두 모종을 쥐다
   - 본뜻: 둘 이상의 것을 동시에 겸하다/ 소유하다
   - 흔히 사용되는 뜻: 둘 이상의 것을 동시에 겸하다/ 소유하다
   - 예 德才兼备 décái jiānbèi 덕과 재능을 겸비하다

    [双] 雙 shuāng = 雔 + 又

   - 한자 구성: 한 손으로 새 두 마리를 잡다
   - 본뜻: 새 두 마리
   - 흔히 사용되는 뜻: 한 쌍을 묘사할 때 사용하는 양사
   - 예 一双筷子 yì shuāng kuàizi 젓가락 한 쌍

jiàn

见

볼 견 [見]

— 뜻 + 예문

1 동 보다
她是我见过的最漂亮的姑娘。
Tā shì wǒ jiànguo de zuì piàoliang de gūniang.
그녀는 내가 본 가장 아름다운 아가씨이다.

2 동 만나다
我明天晚上要去见一个老朋友。
Wǒ míngtiān wǎnshang yào qù jiàn yí ge lǎo péngyou.
나는 내일 저녁 오랜 친구를 만날 것이다.

3 의견, 식견
我很佩服我的同屋，她什么都知道，见多识广。
Wǒ hěn pèifu wǒ de tóngwū, tā shénme dōu zhīdào, jiànduō shíguǎng.
나는 내 룸메이트를 매우 존경하는데, 그녀는 뭐든지 알고, 식견이 매우 넓다.

— 연관 단어

见面 jiànmiàn 동 만나다

见解 jiànjiě 명 견해

意见 yìjiàn 명 의견

— 표현 PLUS+

1 再见! 잘가! | 明天见! 내일 봐!
Zàijiàn!   Míngtiān jiàn!
▶ 헤어질 때, 또 다시 만나기를 바랄 때 사용해요.

2 见到你很高兴! 만나서 반가워요!
Jiàndào nǐ hěn gāoxìng!
▶ 처음 만난 사람에게 인사할 때 사용해요.

— 확장하기

'见'의 동의어를 알아보아요.

[盯] dīng 응시하다,   [瞧] qiáo 쳐다보다

[视] shì 보다   [望] wàng 바라보다

[观] guān 보다, 구경하다   [览] lǎn 보다, 대강 훑어보다

✳ 자원 풀이

한자 '见'은 갑골문에 ' '로 쓰여 있는데, 눈을 크게 뜬 채 앞을 보는 남자로 보인다. '见'의 본뜻은 '보다'이고 확장된 의미는 '만나다'이다. 사람들은 자신이 본 것에 관해 관념을 형성하려고 하기 때문에, '见'은 확장된 의미에서 '의견, 견해'도 가리킨다.

131

jiàng

酱

장 장 [醬]

✲ 자원 풀이

번체자 '醬'은 '將 jiāng'과 '酉(yǒu 144 '酒')'로 이루어져 있다. '酉'의 원 자형인 '酒'는 그 한자가 '술 빚기' 혹은 '그릇'과 관련되어 있음을 나타낸다. 장 담그는 과정은 술 빚는 과정과 유사하고, 둘 다 장기간 저장하고 먹는 것이다. '醬'의 본뜻은 '고기 소스'이고, 확장된 의미는 '소스'이다. 후에 장처럼 끈적한 양념류를 가리키게 되었다.

— 뜻 + 예문

1. 명 소스, 장

   吃烤鸭时配的是甜面酱。
   Chī kǎoyā shí pèi de shì tiánmiànjiàng.
   카오야를 먹을 때 곁들이는 것은 톈몐장이다.

2. 소스처럼 끈적한 양념

   北京人夏天喜欢吃芝麻酱凉面。
   Běijīngrén xiàtiān xǐhuan chī zhīmajiàng liángmiàn.
   베이징 사람은 여름에 마장 냉면을 즐겨 먹는다.

— 연관 단어

黄豆酱
huángdòujiàng
된장

辣椒酱
làjiāojiàng
고추장

草莓酱
cǎoméijiàng
딸기잼

— 확장하기

다음 한자들의 상단에 있는 것은 번체자로 '將'이나 이는 현재 '爫'로 간화되었어요. 이 한자들은 모두 'jiang'으로 발음돼요.

[酱] jiàng 소스

[奖] jiǎng 보너스

[桨] jiǎng (배의) 노

[浆] jiāng 진한 액체

✲ 문화 Tip ✲

酱 장
jiàng

→ 중국 장 만들기의 역사는 무려 2,000년이나 이어져 왔다고 할 수 있을 정도로 중국 장 문화는 오랜 기간 계속 발전해왔어요. 여러 나라에서 장을 먹는 문화가 있으나, 중국에서 '醬'이라고 하면 중국인들은 우선 간장을 떠올려요. 중국에서 장을 먹는 방법은 매우 다양한데, 그중 가장 친숙한 방법은 춘장을 넣어 비벼 먹는 베이징의 자장몐(炸酱面 zhájiàngmiàn)과 베이징카오야를 발효된 밀가루로 만든 단맛 나는 장에 찍어 먹는 방법이 있어요.

132 6획

jiāo

交

사귈 **교**

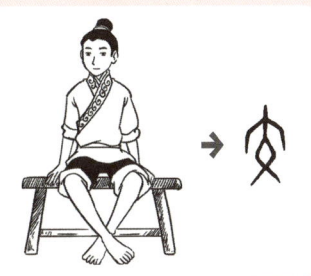

─ 뜻 + 예문

1 동 교차하다
   这儿公路和铁路交叉在一起了。
   Zhèr gōnglù hé tiělù jiāochā zài yìqǐ le.
   여기서 도로와 철로가 교차한다.

2 동 교제하다, 사귀다
   我和他交往了三年了。
   Wǒ hé tā jiāowǎng le sān nián le.
   나는 그와 3년간 사귀었다.

   我不喜欢跟他交朋友。
   Wǒ bù xǐhuan gēn tā jiāo péngyou.
   나는 그와 친구 하고 싶지 않다.

3 동 (뭔가를) 건네주다, 넘겨주다
   20号前必须交房租。
   Èrshí hào qián bìxū jiāo fángzū.
   20일 전에 반드시 방세를 내야 한다.

─ 연관 단어

交通 jiāotōng 명 교통

交换 jiāohuàn 동 교환하다

交流 jiāoliú 동 교류하다

相交 xiāngjiāo 동 교차하다

外交 wàijiāo 명 외교

成交 chéngjiāo 동 거래가 성립되다

✱ 자원 풀이

한자 '交'는 갑골문에 '交'로 쓰여 있는데, 다리를 교차하고 있는 남자처럼 보인다. '交'의 본뜻은 '교차하다'이고 확장된 의미는 '사귀다'이다. '교환하다'는 의미도 있어 '뭔가를 넘겨주다'로 의미가 확장되었다.

─ 확장하기

다른 한자의 구성 요소로 사용될 때, '交'는 종종 우측에 놓여서 발음을 나타내며, 그 한자들은 대개 '-iao'로 발음돼요.

口　　　　　　[咬] yǎo 깨물다
饣　　　　　　[饺] 饺子 jiǎozi 교자
木 ＋ 交　　　[校] xiào 학교
月　　　　　　[胶] jiāo 풀
车　　　　　　[较] 比较 bǐjiào 비교하다

133 8획

jiāo

郊

성밖 교

✱ 자원 풀이

'郊'는 발음을 나타내는 '交 jiāo'와 '도시'를 의미하는 'ß'으로 구성된다. '郊'의 본뜻은 '수도를 둘러싼 지역'이고 확장된 의미는 '교외'이다.

— 뜻 + 예문

교외 (*市郊 shìjiāo 몡 교외)

春天，很多父母会带着孩子去郊区游玩。
Chūntiān, hěn duō fùmǔ huì dàizhe háizi qù jiāoqū yóuwán.
봄에는 많은 부모들이 아이를 데리고 교외로 놀러간다.

— 연관 단어

郊游 jiāoyóu 동 교외로 소풍 가다

郊外 jiāowài 명 교외

城郊 chéngjiāo 명 변두리

北郊 běijiāo 명 북쪽 교외

— 표현 PLUS+

周末我们一起去郊游吧！
Zhōumò wǒmen yìqǐ qù jiāoyóu ba!
주말에 우리 함께 교외로 소풍 가자!
▶ 주말에 교외로 소풍 가자고 제안하는 흔한 표현이에요.

— 확장하기

우측의 'ß'는 '邑 yì'로, 한자 '邑'의 상단은 네모난 성벽을, 하단은 무릎 꿇은 사람을 가리켜요. 이 한자는 '사람들이 함께 사는 장소'를 의미해요. 우측의 'ß'를 구성 요소로 가진 대부분의 한자는 의미상 '도시' 혹은 '사람들이 거주하는 장소'와 관련돼요.

交
者 + ß
令

[郊] 郊区 jiāoqū 교외 지역
[都] 首都 shǒudū 수도
[邻] 邻居 línjū 이웃

134 11획

jiāo/jiào

가르칠 교

- **뜻 + 예문**

1 교육하다, 가르치다

老师，您帮我好好儿教育教育他。
Lǎoshī, nín bāng wǒ hǎohāor jiàoyù jiàoyù tā.
선생님, 그를 잘 좀 교육시켜 주세요.

2 [동] 지식을 나누다, 가르치다

王老师教我们汉语口语。
Wáng lǎoshī jiāo wǒmen Hànyǔ kǒuyǔ.
왕 선생님은 우리에게 중국어 회화를 가르친다.

你能教我写毛笔字吗？
Nǐ néng jiāo wǒ xiě máobǐzì ma?
제게 붓글씨 쓰기를 가르쳐주실 수 있는지요?

- **연관 단어**

教育 jiàoyù [명][동] 교육(하다)

教室 jiàoshì [명] 교실

教师 jiàoshī [명] 교사

科教 kējiào [명] 과학 교육

文教 wénjiào [명] 문화와 교육

家教 jiājiào [명] 가정교사

- **표현 PLUS+**

教师节快乐！ 스승의 날을 축하합니다!
Jiàoshī Jié kuàilè!
▶ 스승의 날에 교사들에게 하는 축하의 말이에요.(중국의 스승의 날은 매년 9월 10일이에요!)

- **확장하기**

'教'의 우측에 있는 '攵'는 종종 다른 한자의 구성 요소로 사용될 때 한자의 우측에 놓이는데, 예를 들면 다음과 같아요.

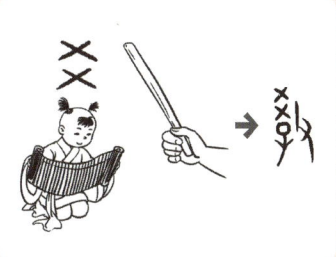

方 　　[放] fàng 풀어 주다
牛 　　[牧] xùmù 목축 (畜牧)
丩 ＋ 攵 [收] shōu 받다
求 　　[救] jiù 구하다
贝 　　[败] bài 실패하다
己 　　[改] gǎi 바꾸다

※ **자원 풀이**

한자 '教'는 갑골문에 '𱊿'로 쓰여 있는데, 우측의 '𠂉'는 막대(지시봉)를 쥔 손이고, 하단의 '𠀉'는 어린이, 좌측 상단 '爻'는 계산을 위한 짧은 막대기이다. 즉 '教'는 손에 쥔 지시봉으로 아이에게 공부를 재촉하는 것처럼 보인다. '教'의 본뜻은 '교육하다, 가르치다(jiào)'이고 확장된 의미는 '지식을 나누다, 가르치다(jiāo)' 이다.

135 12획

jiāo

탈 초

✳ 자원 풀이

한자 '焦'는 갑골문에 '🐦'로 쓰여 있는데, 상단의 '🐦'는 새이고, 하단의 '🔥'는 불로 지금은 '火(huǒ 118 火)'로 쓴다. '焦'는 센불에 타고 있는 새를 보여 준다. '焦'의 본뜻은 '태우다'이고 확장된 의미는 '타는 듯이 더운' 혹은 '초조한'이다.

- 뜻 + 예문

1 [형] 타는 듯이 더운
   天太热了，人都要被烤焦了。
   Tiān tài rè le, rén dōu yào bèi kǎojiāo le.
   날이 너무 더워서 사람들이 전부 불탈 것처럼 덥다.

2 초조한
   这场比赛看得人真心焦。
   Zhè chǎng bǐsài kàn de rén zhēn xīnjiāo.
   이 경기를 보고 있자니 정말 마음이 초조하다.

- 연관 단어

焦黄 jiāohuáng [형] 누르스름한

焦急 jiāojí [형] 초조한

焦虑 jiāolǜ [형] 애타는

焦躁 jiāozào [형] 초조한

焦点 jiāodiǎn [형] 초점

烧焦 shāojiāo 타는 듯한

- 표현 PLUS+

最近工作太忙，有点儿焦头烂额。
Zuìjìn gōngzuò tài máng, yǒudiǎnr jiāotóu làn'é.
요즘 일이 너무 바빠서 조금 낭패야.

▶ 바쁜 일로 곤란을 느끼며 대처하기 어려움을 설명하는 데에 쓸 수 있어요. '焦头烂额'는 '머리를 그슬리고 이마를 데였다', 즉 대단히 곤경에 처한 모습을 나타내는 표현이에요.

- 확장하기

다른 한자의 구성 요소로 사용될 때, '焦'는 우측 또는 하단에 놓여서 발음을 나타내는데, 이런 한자들은 대개 '-iao'로 읽어요.

A '焦'가 우측에 있을 때:

忄
目 + 焦

[憔] 憔悴 qiáocuì 초췌한
[瞧] qiáo 보다

B '焦'가 하단에 있을 때:

艹 + 焦

[蕉] 香蕉 xiāngjiāo 바나나

136 7획

jiǎo

角

뿔 각

- 뜻 + 예문

1 몡 동물의 뿔
   山羊头上有角。 산양의 머리에는 뿔이 있다.
   Shānyáng tóu shang yǒu jiǎo.

2 몡 구석, 모퉁이
   这张桌子有一个角裂开了。
   Zhè zhāng zhuōzi yǒu yí ge jiǎo lièkāi le.
   이 탁자의 한 모퉁이가 갈라졌다.

3 양 0.1위안
   ▶ 중국 화폐를 세는 단위예요.
   我钱包里就剩下一元五角钱了。
   Wǒ qiánbāo li jiù shèngxià yì yuán wǔ jiǎo qián le.
   내 지갑에는 1.5위안이 남아 있다.

✴ 자원 풀이

한자 '角'는 갑골문에 '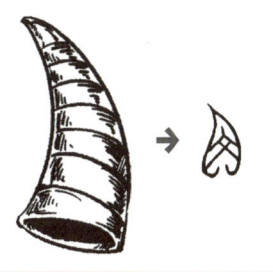'로 쓰여 있는데, 동물의 잘려진 뿔처럼 보인다. '角'의 본뜻은 '동물의 뿔'이다. 동물의 뿔은 머리 양쪽에 있기에 '角'는 확장된 의미에서 '구석, 모서리'를 가리킨다.

- 연관 단어

   角落 jiǎoluò 몡 구석
   角度 jiǎodù 몡 각도
   拐角 guǎijiǎo 몡 귀퉁이
   桌角 zhuōjiǎo 탁자의 모서리

角尺   角球   墙角
jiǎochǐ   jiǎoqiú   qiángjiǎo
직각자   코너킥   벽모퉁이

✴ 문화 Tip ✴

钻牛角尖 소뿔끝을 뚫다
zuān niújiǎojiān

→ 소뿔이 매우 단단하고 끝이 날카롭기 때문에 중국인들은 '지나치게 진지함'을 이야기할 때 '钻牛角尖(소뿔끝을 뚫다)'이라는 관용어로 표현해요. 중요치 않거나 풀 수 없는 문제를 연구하느라 쓸 데 없는 고생을 한다는 은유적 의미가 있어요.

137 5획

节
jié

마디 절 [節]

✻ 자원 풀이

한자 '节'는 갑골문에 'ㄔ'로 쓰여 있는데, 무릎을 꿇고 있는 남자처럼 보인다. 후에 '⺮(대나무 마디)'가 상단에 추가되어 '节'의 본뜻은 '대나무 마디'가 되었다. 대나무 마디와 무릎 마디는 둘 다 분리된 부분을 이어주므로 '节'은 '명절, 절기'를 의미한다. '부분, 마디'를 나타내는 양사로도 사용할 수 있다.

뜻 + 예문

1. 몡 명절, 절기

   明天是国庆节。 내일은 국경절이다.
   Míngtiān shì Guóqìng Jié.

   这件事过了节再说吧。
   Zhè jiàn shì guò le jié zàishuō ba.
   이 일은 명절 지난 후에 다시 이야기하자.

2. 양 부분, 마디
   ▶ 글이나 기타 단락으로 나누어진 사물에 쓰이는 양사예요.

   这列火车有十节车厢。
   Zhè liè huǒchē yǒu shí jié chēxiāng.
   이 기차는 10개의 칸이 있다.

   今天我上了四节课。
   Jīntiān wǒ shàng le sì jié kè.
   오늘 나는 수업 네 과목을 들었어.

연관 단어

节日 jiérì 몡 명절

节约 jiéyuē 동 절약하다

季节 jìjié 몡 계절

情节 qíngjié 몡 플롯, 줄거리

✻ 문화 Tip ✻

中国传统节日的时令食品 중국 전통명절의 제철 음식
Zhōngguó chuántǒng jiérì de shílìng shípǐn

春节 — 饺子
Chūn Jié - jiǎozi
춘제 - 교자

元宵节 — 元宵
Yuánxiāo Jié - yuánxiāo
위엔샤오제 - 위엔샤오

端午节 — 粽子
Duānwǔ Jié - zòngzi
돤우제 - 쫑즈

中秋节 — 月饼
Zhōngqiū Jié - yuèbing
중치우제 - 웨빙

jiě

解

풀 해

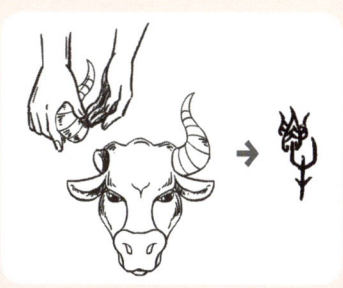

- 뜻 + 예문

1 분해하다, 분리하다

为了做实验，我们不得不把小麻雀肢解了。
Wèile zuò shíyàn, wǒmen bùdébù bǎ xiǎomáquè zhījiě le.
실험을 하기 위해 우리는 작은 참새를 해부하지 않을 수 없다.

2 동 풀다

鞋带儿系死了，我解不开了。
Xiédàir jìsǐ le, wǒ jiě bu kāi le.
신발끈이 너무 단단히 매어져 있어서 풀 수가 없다.

3 (어떤 지위로부터) 제거하다

公司已经解除了他的职务。
Gōngsī yǐjīng jiěchú le tā de zhíwù.
회사는 이미 그의 직무를 해제했다.

- 연관 단어

解决 jiějué 동 해결하다

解释 jiěshì 동 해석하다

了解 liǎojiě 동 알다, 이해하다

理解 lǐjiě 동 이해하다

- 확장하기

중국어에는 '解…'의 형식이 있는데, 예를 들면, '解闷儿(jiěmènr 지루함을 해소하다)'과 '解恨(jiěhèn 한을 풀다)' 등이에요. 여기서 '解'는 '제거하다' 혹은 '없애다'를 의미하는데, 다음의 단어들에 대해 알아봐요.

解渴 jiěkě
갈증을 풀다

解饿 jiě'è
배고픔을 해소하다

解暑 jiěshǔ
더위를 해소하다

解馋 jiěchán
식욕을 채우다

✳ 자원 풀이

한자 '解'는 갑골문에 '✲'로 쓰여 있는데, 하단의 '✲'(牛 niú, 183 '牛')는 소머리, 상단 중앙의 '✲'(角 jiǎo, 136 '角')는 소뿔, 상단 좌우의 '✲'는 두 손을 닮아 '解'는 손으로 소뿔을 분리하는 것을 가리킨다. '✲'는 소전체에서 '刀(dāo, 061 '刀')로 바뀌었다. '解'의 본뜻은 '분해하다, 분리하다'이고, 확장된 뜻은 '해체하다', '(어떤 지위로부터) 제거하다'이다.

139 7획

jiè

경계할 계

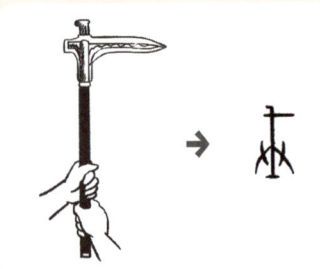

✻ 자원 풀이

한자 '戒'는 갑골문에 '🀰'로 쓰여 있는데, 두 손으로 자루가 긴 도끼를 쥐고 있는 것처럼 보인다. '戒'의 본뜻은 '방어하다'이고 확장된 뜻은 '제거하다'이다.

– 뜻 + 예문

1 방어하다

戒备 jièbèi 경비하다, 경계하다

现在，大家很多时候都对别人有戒心。
Xiànzài, dàjiā hěn duō shíhou dōu duì biéren yǒu jièxīn.
요즘 사람들은 타인에 대해 경계심을 가질 때가 많다.

2 동 제거하다, 끊다

他的肺不太好，把烟戒了。
Tā de fèi bú tài hǎo, bǎ yān jiè le.
그는 폐가 그다지 좋지 않아서, 담배를 끊었다.

– 연관 단어

戒酒 jiè jiǔ 금주하다
戒指 jièzhi 명 반지
警戒 jǐngjiè 동 경계하다
钻戒 zuànjiè 명 다이아몬드 반지

– 확장하기

다음의 유사한 한자들을 구별해 보세요.

[戒] jiè 제거하다
[或] huò 혹은, 또는
[式] 形式 xíngshì 형식
[武] 武器 wǔqì 무기

✻ 문화 Tip ✻

猪八戒 저팔계
Zhū Bājiè

→ 저팔계는 고대 중국의 유명한 문학작품 《서유기》의 등장인물이에요. 당나라 승려의 두 번째 제자인 저팔계는 불경을 구하기 위한 서쪽 순례길에서 동료들을 보호하는 큰 역할을 해요. 그는 먹고 자기를 좋아하며 힘이 아주 세지요.

140 4획

jīn

斤

도끼 근

✱ 자원 풀이

한자 '斤'은 갑골문에 ' '로 쓰여 있는데, 나무를 자르는 도끼처럼 보인다. '斤'의 본뜻은 '도끼'이며, 후에 '근'이라는 무게 단위로서의 의미가 추가되어 무게를 잴 때 사용되는 단어가 되었다. 한 근은 500그램이다.

– 뜻 + 예문

양 500그램
▶ 무게를 재는 단위예요.

我去超市买了三斤苹果、两斤草莓。
Wǒ qù chāoshì mǎi le sān jīn píngguǒ、liǎng jīn cǎoméi.
나는 슈퍼마켓에 가서 사과 세 근과 딸기 두 근을 샀다.

– 연관 단어

1 ×××多少钱一斤？ XXX는 한 근에 얼마인가요?
 x x x duōshao qián yì jīn?

 ×××一斤多少钱？
 x x x yì jīn duōshao qián?
 ▶ 무게로 파는 상품의 가격을 물을 때 사용해요.

2 你有多少斤？ 체중이 얼마나 나가요?
 Nǐ yǒu duōshao jīn?
 ▶ 체중을 물을 때 쓰는 표현이에요.

– 확장하기

'斤'은 쪼개고 자르는 무기로 사용되는데, 다음의 두 한자를 살펴보세요.

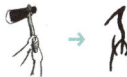 [兵] bīng

- 구조: 斤 + 廾
- 한자 구성: 두 손으로 '斤(무기)'을 잡다
- 본뜻: 무기
- 흔히 사용되는 뜻: 군인
- 예 士兵 shìbīng 군인

 [析] xī

- 구조: 木 + 斤
- 한자 형성: '斤(무기)'으로 나무를 쪼개다
- 본뜻: 쪼개다
- 흔히 사용되는 의미: 분석하다
- 예 辨析 biànxī 판별하여 분석하다

141 8획

jīn

金

쇠 금

✱ 자원 풀이

한자 '金'은 소전에 '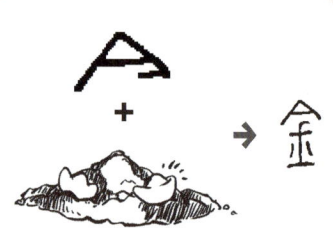'로 쓰여 있는데, 상단의 'A'는 '今 jīn'으로 발음을 가리키고 하단의 '圡'는 '흙 위의 두 점'을 보여 주어 흙 위에 금속 광물이 있음을 의미한다. '金'의 본뜻은 '금속'이고 확장된 뜻은 '금' 혹은 '돈'이다.

— 뜻 + 예문

1 금속

 五金商店可以买到斧子。
 Wǔjīn shāngdiàn kěyǐ mǎidào fǔzi.
 철물점에서 도끼를 살 수 있다.

2 몡 금

 金价在不断上涨。 금값이 부단히 오르고 있다.
 Jīnjià zài búduàn shàngzhǎng.

3 돈

 对不起，这里只收现金，不能刷卡。
 Duìbuqǐ, zhèli zhǐ shōu xiànjīn, bù néng shuākǎ.
 죄송합니다, 여기서는 현금만 받고 카드 결제는 불가능합니다.

— 연관 단어

金钱 jīnqián 몡 금전

金融 jīnróng 몡 금융

金额 jīn'é 몡 금액

奖金 jiǎngjīn 몡 장려금

押金 yājīn 몡 보증금

资金 zījīn 몡 자금

— 표현 PLUS+

是金子总会发光的。 금은 늘 빛날 것이다.
Shì jīnzi zǒng huì fāguāng de.

▶ 황금이 영원히 빛나듯이, 재능을 펼칠 수 있는 기회가 분명 생길 것임을 묘사하는 데 사용되는 격려의 말이에요.

— 확장하기

다른 한자의 구성 요소로 사용될 때 '金'은 종종 좌측에 놓이고 '钅'로 쓰여 의미를 나타내요. 이러한 한자들은 대개 '금속'이나 '돈'과 연관되어 있지요.

 +

令　[铃] líng 종
戋　[钱] qián 돈
竟　[镜] 镜子 jìngzi 거울
十　[针] zhēn 바늘

142 7획

나아갈 진 [進]

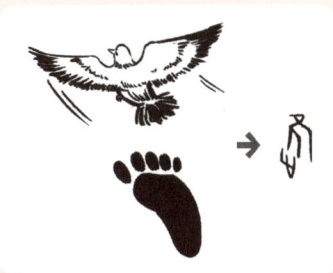

✱ 자원 풀이

한자 '进'은 갑골문에 '🦅'로 쓰여 있는데, 상단의 '🦅'는 새(隹 zhuī)이고 하단의 '𣥂'는 발(止 zhǐ, 344 '止')인데 종종 '辶'로 쓴다. '進(进)'은 새와 인간의 발로 '앞으로 이동하다'를 뜻하는데, 이것이 본뜻이다. 확장된 뜻에서는 '바깥에서 안쪽으로의 진행 방향'을 가리키기도 한다. 간체자 '进'에서 '辶'는 '걷기'와 관련이 있음을 가리키며, '井 jǐng'은 발음을 가리킨다.

— 뜻 + 예문

1 [동] 앞으로 이동하다
   推**进**技术改革 기술 개혁을 추진하다
   tuī**jìn** jìshù gǎigé

2 [동] (바깥에서 안쪽으로) 들다
   进屋来坐吧。 방으로 들어와서 앉으세요.
   Jìn wū lái zuò ba.

— 연관 단어

进攻 jìngōng [동] 진격하다
进展 jìnzhǎn [동] 진전하다
前**进** qiánjìn [동] 전진하다
先**进** xiānjìn [형] 선진의

— 표현 PLUS+

1 请**进**。 들어오세요.
   Qǐng **jìn**.
   ▶ 손님에게 안으로 들어오라고 요청할 때 주인이 사용하는 정중한 표현이에요.

2 谦虚使人**进**步，骄傲使人落后。
   Qiānxū shǐ rén **jìn**bù, jiāo'ào shǐ rén luòhòu.
   겸손은 사람을 진보하게 하고, 교만은 사람을 뒤떨어지게 한다.
   ▶ 일, 공부, 삶에서 교만하지 말고 겸손하라고 격려할 때 자주 쓰이는 표현이에요.

— 확장하기

다른 한자의 구성 요소로 사용될 때, '辶'는 종종 의미를 가리키는데, 이러한 한자들은 대개 '걷기'와 관련되어 있어요.

艮
斤 + 辶   [退] tuì 후퇴하다
元   [近] jìn 가까운
狂   [远] yuǎn 먼
          [逛] guàng 거닐다

143

jiǔ

九

아홉 구

✳ 자원 풀이

한자 '九'는 갑골문에 ''로 쓰여 있는데, 팔꿈치가 튀어나온 굽은 팔처럼 보인다. '九'의 본뜻은 '팔꿈치'인데, 그 발음이 숫자 9의 발음과 비슷해서 후에 숫자 '九'를 가리키는 데에 사용되었다.

– 뜻 + 예문

㊈ 9, 구

广告牌有九米高。 광고판은 9미터 높이이다.
Guǎnggàopái yǒu jiǔ mǐ gāo.

今年我们国家来北京留学的一共有九十九人。
Jīnnián wǒmen guójiā lái Běijīng liúxué de yígòng yǒu jiǔshíjiǔ rén.
올해 우리나라에서 베이징에 와서 유학하는 사람은 모두 99명이다.

– 확장하기

다음의 유사한 한자들을 구별해 보세요.

[九] jiǔ 9, 구

[丸] wán 환, 알

[几] jǐ 몇, 얼마나

[儿] ér 아들

✳ 문화 Tip ✳

小九九 구구단
xiǎojiǔjiǔ

→ 중국에서는 수학 곱셈표를 '小九九'라고 해요. 우리 초등학생처럼 중국의 초등학생들도 이 구구단표를 반드시 암기해야 한다고 하네요.

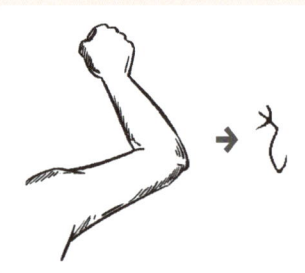

144 10획

jiǔ

酒

술 주

— 뜻 + 예문

[명] 술

你会喝酒吗? 당신은 술 마실 줄 아세요?
Nǐ huì hē jiǔ ma?

你喜欢喝什么酒? 당신은 어떤 술을 좋아해요?
Nǐ xǐhuan hē shénme jiǔ?

— 연관 단어

啤酒 píjiǔ
맥주

红酒 hóngjiǔ
붉은 와인

白酒 báijiǔ
백주

酒水 jiǔshuǐ
음료/주류

— 표현 PLUS+

您需要什么酒水? 어떤 음료가 필요하세요?
Nín xūyào shénme jiǔshuǐ?

▶ 식당의 종업원이 손님에게 어떤 음료수가 필요한지 물을 때 사용되는 표현이에요.

✻ 자원 풀이

한자 '酒'는 금문에 ''로 쓰여 있는데, 술병처럼 생겼다. 이후에 좌측에 'ㅋ'가 추가되어 술병 속의 술을 가리키게 되었다. '酒'의 본뜻은 '술' 이다.

✻ 문화 Tip ✻

交杯酒 합환주/러브샷
jiāobēijiǔ

→ 2,000년이 넘는 역사를 가진 합환주는 중국 결혼식의 관습 중 하나예요. 중국 결혼식에서 신랑신부가 가족과 친구들 앞에서 합환주를 마심으로써 그들의 사랑이 영원할 것임을 보여줘요.

J 153

145 8획

jù

具

갖출 구

✴ 자원 풀이

한자 '具'는 금문에 ''로 쓰여 있는데, 음식물로 가득 찬 세발솥(具)을 들고 있는 두 손(𠬞)처럼 보여, '막 먹으려고 하다'를 의미한다. '具'의 본뜻은 '음식을 마련하다'이고 확장된 뜻은 '도구' 혹은 '갖추다'이다.

– 뜻 + 예문

1 도구

人类和动物的区别之一是会使用工具。
Rénlèi hé dòngwù de qūbié zhī yī shì huì shǐyòng gōngjù.
인간과 동물의 차이 중 하나는 인간은 도구를 사용한다는 것이다.

2 갖추다

具备法律规定的条件，才能签订合同。
Jùbèi fǎlǜ guīdìng de tiáojiàn, cái néng qiāndìng hétong.
법률이 규정한 조건을 갖춰야만 계약서에 서명할 수 있다.

– 연관 단어

具有 jùyǒu [동] 가지다

具备 jùbèi [동] 구비하다

具体 jùtǐ [형] 구체적인

文具 wénjù [명] 문구

玩具 wánjù [명] 완구

家具 jiājù [명] 가구

– 확장하기

'具'와 '共'을 비교해 보세요.

 [具] jù

- 한자 형성: 두 손으로 음식물로 가든 찬 세발솥을 쥐다
- 본뜻: 음식을 마련하다
- 흔히 사용되는 뜻: 도구, 갖추다

 [共] gòng

- 한자 형성: 두 손으로 사각형의 것을 쥐다
- 본뜻: 소중히 다루다, 모시다
- 흔히 사용되는 뜻: 공통의

146 8획

juǎn/juàn

두루마리 권 [i 捲]

— 뜻 + 예문

1. 동 둥글게 말다

   把被子卷起来。 이불을 말아라.
   Bǎ bèizi juǎn qilai.

2. 양 권

   ▶ 말아서 모아 놓을 수 있는 책이나 공책을 셀 때 쓰여요.

   这套词典分上卷和下卷两部分。
   Zhè tào cídiǎn fēn shàngjuàn hé xiàjuàn liǎng bùfen.
   이 사전은 상권과 하권의 두 부분으로 나뉜다.

3. 명 시험지

   时间到了，该交卷儿了。
   Shíjiān dào le, gāi jiāo juànr le.
   시간이 되었으니 시험지를 제출해야 한다.

— 연관 단어

花卷
huājuǎn
꽃빵

春卷
chūnjuǎn
춘권

蛋卷
dànjuǎn
에그롤

卷饼
juǎnbǐng
타코

✷ 자원 풀이

한자 '卷'은 '釆'과 '㔾'로 구성되어 있다. 하단의 '㔾'는 무릎 꿇고 있는 사람처럼 보여 '말다'를 뜻하고, 상단의 '釆 juàn'은 발음을 가리킨다. '卷'의 본뜻은 '무릎을 굽히다'이고 확장된 뜻은 '둥글게 말다'이다. 'juàn'으로 읽을 때는 '말아서 모아놓을 수 있는 책이나 공책' 즉 '권'을 가리킬 수 있다.

✷ 문화 Tip ✷

读万卷书，行万里路。
Dú wàn juàn shū, xíng wàn lǐ lù.
책 만 권을 읽으면 만리 길을 간다.

→ 인생에서 많은 지식과 경험을 쌓기 위해서는 더 많은 책을 읽고 더 많이 여행해야 한다고 묘사하는 데에 사용되는 격려의 말이에요.

147 7획

jūn

君

임금 군

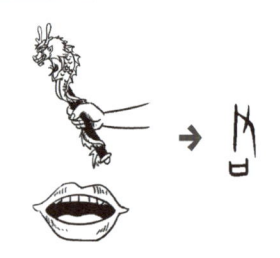

✱ 자원 풀이

한자 '君'은 갑골문에 'ᛂ'로 쓰여 있는데, 상단의 'ᚹ'는 권력을 상징하는 막대를 쥐고 있는 손이고, 하단의 'ㅂ'는 입인데, 지시를 내리는 권력자를 의미한다. '君'의 본뜻은 '군주'이고, 사람을 정중하게 부르는 호칭으로도 사용된다.

— 뜻 + 예문

1 군주
 中国古代唐朝的君主姓"李"。
 Zhōngguó gǔdài Tángcháo de jūnzhǔ xìng "Lǐ".
 중국 고대 당나라의 군주는 성이 '이'이다.

2 정중한 호칭
 诸君请自便。 여러분 편한대로 하세요.
 Zhū jūn qǐng zìbiàn.

— 연관 단어

君子 jūnzǐ 명 군자

夫君 fūjūn 명 부군, 남편

国君 guójūn 명 국왕

— 확장하기

'尹' 안에 있는 'ㅋ'는 '손'을 뜻하는 '又(⺕)'와 유사해요. 이와 유사한 한자들에는 다음과 같은 것들이 있어요.

[兼] jiān 겸하여

[争] zhēng 싸우다

[妻] 妻子 qīzi 부인, 처

[事] shì 일, 사건

✱ 문화 Tip ✱

君子之交淡如水。
Jūnzǐ zhī jiāo dàn rú shuǐ.
군자의 사귐은 물과 같이 맑다.

→ 《논어(论语)》에 나온 말로, 군자들 사이의 사귐은 이익을 위한 것이 아니며 물처럼 맑다는 뜻을 나타내기 위해 사용되는 표현이에요. '군자'라는 호칭은 중국 전통문화에서는 높은 도덕성을 가진 사람에게 주는 명예로운 타이틀이지요.

148 9획

kàn

看

볼 간

- 뜻 + 예문

1 동 보다

我不喜欢看电视。 난 TV 보기를 좋아하지 않는다.
Wǒ bù xǐhuan kàn diànshì.

2 동 방문하다, 들르다

虽然毕业了，但我经常回母校去看张老师。
Suīrán bìyè le, dàn wǒ jīngcháng huí mǔxiào qù kàn Zhāng lǎoshī.
비록 졸업은 했지만, 나는 늘 모교로 가서 장 선생님을 만난다.

- 연관 단어

看见 kànjiàn 동 보다

看法 kànfǎ 명 관점

看来 kànlái 동 보아 하니 ~이다

看病 kànbìng 동 의사를 만나 진료를 받다

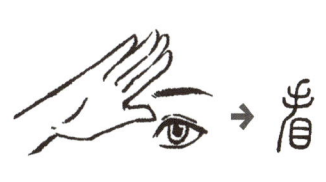

※ 자원 풀이

한자 '看'은 소전체에 '看'로 쓰여 있는데, 눈(, 目 mù, 177 '目') 위의 손(, 手 shǒu, 229 '手')처럼 보인다. 손으로 햇빛을 가리면 더 분명히 볼 수 있을 것이므로, '看'의 본뜻은 '보다'이고 확장된 뜻은 '방문하다, 들르다'이다.

- 표현 PLUS+

1 看车！ 차를 봐! | 看路！ 길을 봐!
  Kàn chē!   Kàn lù!
  ▶ 교통안전을 위해서 가까이에 있는 차를 조심하거나 길을 다닐 때 주의를 기울이라고 일깨울 때에 사용하는 표현이에요.

2 这事儿你怎么看？ 이 일을 너는 어떻게 보니?
  Zhè shìr nǐ zěnme kàn?
  ▶ 어떤 일에 대한 의견을 물을 때 사용하는 표현이에요.

※ 문화 Tip ※

吃着碗里的，看着锅里的。
Chīzhe wǎn li de, kànzhe guō li de.
공깃밥을 먹으면서, 솥 안을 본다.

→ 욕심 많은 사람을 묘사하는 속담이에요.
욕심 많은 사람은 그릇에 담긴 음식을 먹으면서 솥 안의 음식을 생각하는 것처럼 결코 만족하지 않음을 의미하지요.

149 14획

là

辣

매울 랄

✱ 자원 풀이

한자 '辣'는 '辛(xīn, 286 '辛')'과 '束 shù'로 이루어져 있다. 좌측의 '辛'은 이 한자가 매운 맛과 관련 있음을 나타내고 우측의 '束'는 '辣'의 축약형으로 보이며, 발음을 나타낸다. '辣'의 본뜻은 '맵다'이다.

— 뜻 + 예문

1 형 매운

很多人喜欢吃辣，我却特别怕辣。
Hěn duō rén xǐhuan chī là, wǒ què tèbié pà là.
많은 사람이 매운 것 먹기를 좋아하지만 나는 오히려 매운 것에 특히 약하다.

2 형 악의를 가진

心狠手辣 잔인한 마음과 악의적인 의도
xīnhěn shǒulà

某些人为了实现自己的目的，使用的手段很毒辣。
Mǒu xiē rén wèile shíxiàn zìjǐ de mùdì, shǐyòng de shǒuduàn hěn dúlà.
어떤 사람들은 자기의 목적을 실현하기 위해, 사용하는 수단이 매우 악랄하다.

— 연관 단어

香辣 xiānglà 맛있고 매운

麻辣 málà 형 맵고 얼얼한

酸辣 suānlà 시고 매운

— 표현 PLUS+

我不要辣椒。 | 我要免辣。
Wǒ búyào làjiāo.　Wǒ yào miǎn là.
고추는 됐어요.　고추는 빼 주세요.

▶ 요리를 주문할 때 흔히 쓰는 표현이에요. 요리를 주문하면서, 고추를 넣지 말라고 종업원에게 말할 때 사용해요.

✱ 문화 Tip ✱

中国一些地方的辣 중국 몇몇 지방의 매운맛
Zhōngguó yìxiē dìfang de là

→ 중국 쓰촨(四川)은 매운 음식을 특별히 좋아하는 지역으로 잘 알려져 있어요. 그러나 매운 음식을 좋아하는 사람들은 충칭(重庆), 후난(湖南), 후베이(湖北), 구이저우(贵州)에도 있는데, 미각에서 서로 미세한 차이가 있지요. 중국 속담처럼 '쓰촨사람은 매운 맛을 두려워하지 않고(四川人不怕辣 Sìchuānrén bú pà là)', '후난사람은 맵지 않음을 두려워하며(湖南人怕不辣 Húnánrén pà bú là)', '구이저우사람은 매운 음식을 두려워하지 않는다(贵州人辣不怕 Guìzhōurén là bú pà).'로 구분지을 수 있어요.

150 7획

牢 láo

우리 **뢰**

✱ 자원 풀이

한자 '牢'는 갑골문에 '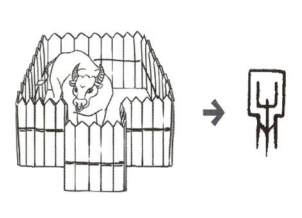'로 쓰여 있는데, 우리(冂)에 갇힌 황소(牛, niú, 183 '牛')처럼 보인다. '牢'의 본뜻은 '가축을 우리에 가두다'이고 확장된 뜻은 '감옥'이다. 감옥은 대개 견고하기에 '牢'는 확장된 의미에서 '견고함'을 의미하기도 한다.

– 뜻 + 예문

1 가축을 가두는 우리
 小鸟想从牢笼里逃出去。
 Xiǎoniǎo xiǎng cóng láolóng li táo chuqu.
 작은 새가 새장에서 탈출하고 싶어한다.

2 몡 감옥
 他因为犯罪而坐牢了。
 Tā yīnwèi fànzuì ér zuòláo le.
 그는 죄를 지었기 때문에 감옥에 들어갔다.

3 혱 견고한
 这把椅子不牢了，需要再加固一下。
 Zhè bǎ yǐzi bù láo le, xūyào zài jiāgù yíxià.
 이 의자는 견고하지 않아서 다시 견고하게 해야 한다.

– 연관 단어

牢固 láogù 혱 견고한

牢靠 láokào 혱 믿음직한

牢记 láojì 동 명심하다

– 표현 PLUS+

别总发牢骚。 불평만 늘어놓지 말아라.
Bié zǒng fā láosao.
▶ 일을 할 때 불평을 해 봐야 소용없으니 그러지 말라고 설득할 때 사용하는 흔한 표현이에요.

✱ 문화 Tip ✱

亡羊补牢 양 잃고 우리를 수리하다
wángyáng bǔláo

→ '亡'은 '잃다', '牢'는 '양의 우리'를 뜻해요. 양을 잃은 뒤에 우리를 고쳐도 늦은 것은 아니라고 이야기하는 동화에서 나온 말이에요. 이 표현의 은유적 의미는 비록 나중이라 하더라도 문제를 고치려 함으로써 더 이상의 손실을 방지한다는 것이에요. 우리의 속담 '소 잃고 외양간 고치다'와는 조금 다르지요?

151 6획

lǎo

老

늙을 로

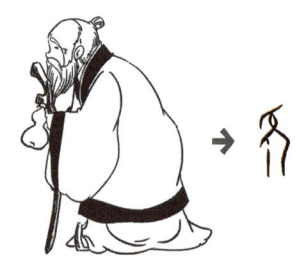

✻ 자원 풀이

한자 '老'는 갑골문에 '🙍'로 쓰여 있는데, 지팡이를 짚고 천천히 걷는, 등이 굽은 노인으로 보인다. '老'의 본뜻은 '늙은'이고 확장된 뜻은 '오랫동안'이다.

– 뜻 + 예문

1 [형] 나이 든

一转眼，父母都老了。
Yì zhuǎnyǎn, fùmǔ dōu lǎo le.
눈깜짝할 사이에 부모님은 늙으셨다.

2 [형] 오랫동안, 오랜 기간동안

明天我们去逛老北京胡同吧。
Míngtiān wǒmen qù guàng lǎo Běijīng hútòng ba.
내일 우리 옛 베이징의 후통에 가서 돌아다니자.

– 연관 단어

老师 lǎoshī [명] 선생님

老婆 lǎopo [명] 부인

敬老 jìng lǎo 노인을 공경하다

养老 yǎnglǎo [동] 노인을 부양하다

– 표현 PLUS+

咱们老地方见! 거기서 봐!
Zánmen lǎo dìfang jiàn!
▶ 자주 만나는 곳에서 보자고 약속할 때 쓰는 흔한 표현이에요.

✻ 문화 Tip ✻

重阳节 중양절
Chóngyáng Jié

→ 효를 중시하는 중국인들은 '중양절(重阳节)'이라고 하는 노인을 위한 특별한 명절을 보내요. 중양절은 음력 9월 9일이며, 중국어로 '중양절' 혹은 '중구절(重九节 Chóngjiǔ Jié)'이라고 해요. '九 jiǔ'와 '久 jiǔ'는 동음어이기 때문에, 노인의 건강과 장수를 비는 의미를 담고 있어요.

152 13획

léi

雷

천둥 뢰

뜻 + 예문

명 천둥

打雷的时候，不要站在树下。
Dǎléi de shíhou, búyào zhàn zài shù xià.
천둥이 칠 때는 나무 밑에 서 있지 마.

연관 단어

雷达
léidá
레이더

地雷
dìléi
지뢰

鱼雷
yúléi
어뢰

표현 PLUS+

1 雷声大，雨点小。 천둥소리는 크고, 빗방울은 작다.
Léishēng dà, yǔdiǎn xiǎo.
▶ 말만 많고 성과가 없거나, 탄력을 받는 것처럼 보이지만 실제로는 성과가 없다는 상황을 전달하는 데 사용해요.

2 干打雷不下雨。
Gān dǎléi bú xià yǔ.
마른 하늘에 천둥만 치고 비는 내리지 않는다.
▶ 큰 일이 있을 것처럼 말은 하지만 실제로 행동은 취하지 않음을 묘사할 때 사용해요. 울음소리는 들리지만 눈물은 보이지 않음을 묘사하기도 해요.

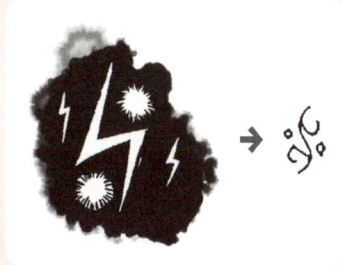

✻ 자원 풀이

한자 '雷'는 갑골문에 ' '로 쓰여 있는데, 중앙에 있는 것은 '빛'이고 양쪽에 있는 것은 번개 친 후 따라오는 '천둥'을 나타낸다. 후에 '雨(yǔ, 323 '雨')'가 덧붙여져서 비가 내릴 때의 천둥을 더 분명히 보여주게 되었다. '雷'의 본뜻은 '천둥'이고, '지뢰(폭탄)'를 가리키기도 한다.

✱ 생각해 보기 한자 추측하기

需要一半，留下一半。 절반이 필요하고, 절반은 남기다.
Xūyào yíbàn, liúxià yíbàn.

▷ 답 雷(천둥)

'需'의 상단 즉 '雨'를 취하고, '留'의 하단 즉 '田'을 취하면, '雨'와 '田'으로 구성된 '雷'를 얻을 수 있어요.

153 10획

떠날 리 [離]

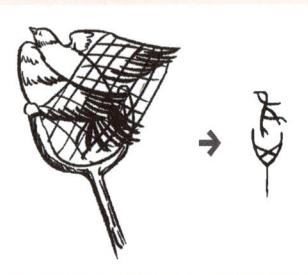

※ 자원 풀이

한자 '离'는 갑골문에 ' '로 쓰여 있는데, 하단의 ' '는 긴 손잡이가 달린 그물을 나타내고, 상단의 ' '는 새처럼 보여 '离'는 그물로 새를 잡는다는 것을 나타낸다. '离'의 본뜻은 '새를 잡다' 혹은 '잡다'로서, 고통을 암시한다. 오늘날 확장된 의미는 '떠나다, 이별하다'이고, '고통'을 나타내기도 한다. 더 확장되어, '멀리 떨어져 있음'을 의미하기도 한다.

– 뜻 + 예문

1 [동] 떠나다, 이별하다

我十八岁就离家了，至今已有十年了。
Wǒ shíbā suì jiù lí jiā le, zhìjīn yǐ yǒu shí nián le.
나는 18세에 집을 떠나, 지금 이미 10년이 되었다.

2 [동] 멀리 떨어져 있다

我住的地方离学校不远。
Wǒ zhù de dìfang lí xuéxiào bù yuǎn.
내가 사는 곳은 학교로부터 멀지 않다.

– 연관 단어

离婚 líhūn [동] 이혼하다

离世 líshì [동] 세상을 떠나다

离职 lízhí [동] 이직하다

分离 fēnlí [동] 분리하다

隔离 gélí [동] 격리하다

脱离 tuōlí [동] 벗어나다

– 확장하기

몇몇 한자의 번체자는 '隹 zhuī'를 구성 요소로 취하지만, 간체자에서는 생략되는데, 다음의 한자들을 보세요.

번체자	간체자	뜻
離 lí	离	떠나다
雖 suī	虽	비록
奪 duó	夺	강제로 취하다

※ 문화 Tip ※

不能分梨吃。 배는 나눠 먹을 수 없다.
Bù néng fēn lí chī.

→ 중국에서는 배를 나눠 먹지 않아요! 이는 '分梨 fēn lí'와 '分离 fēnlí'가 발음이 같기 때문이에요. 중국에서는 병원에 입원중인 환자를 방문할 때에는 배를 가져가지 않는다는 것도 알아두세요!

154 5획

礼

예 례 [禮]

— 뜻 + 예문

1. 예의, 정중함

    明天我要参加一个中国朋友的婚礼。
    Míngtiān wǒ yào cānjiā yí ge Zhōngguó péngyou de hūnlǐ.
    내일 나는 중국 친구의 결혼식에 참가할 것이다.

2. 몡 선물

    教师节时我要给老师准备一份大礼。
    Jiàoshī Jié shí wǒ yào gěi lǎoshī zhǔnbèi yí fèn dà lǐ.
    스승의 날에 나는 선생님께 큰 선물을 하나 준비할 것이다.

— 연관 단어

礼仪 lǐyí 몡 예절과 의식
礼貌 lǐmào 몡 예의
敬礼 jìnglǐ 동 경례하다
贺礼 hèlǐ 몡 축하 예물

✻ 자원 풀이

한자 '礼'는 갑골문에 '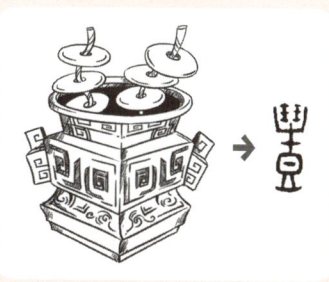'로 쓰여 있는데, 신에게 제사를 지낼 때 쓰는 제기 속에 두 줄로 엮인 옥이 있는 것처럼 보인다. '豊 lǐ'의 본뜻은 '신께 제사 지내다'로 이후 제사에 관한 부수자인 'ㆁ'이 붙어 '礼'가 되었다. 신에 대한 제사는 예의와 제물을 수반하므로, 그 한자는 확장된 의미에서 '예의, 정중함', 그리고 '선물'을 의미하기도 한다.

— 확장하기

중국인들의 일반적인 인사 예절을 알아보아요.

点头
diǎntóu
고개를 끄덕이다

招手
zhāoshǒu
손을 흔들다

握手
wòshǒu
악수하다

鞠躬
jūgōng
허리를 굽혀 절하다

155 2획

lì

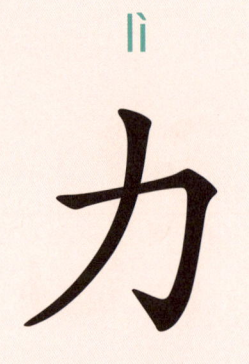

힘 력

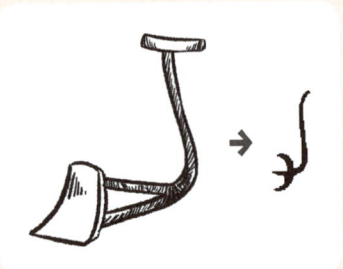

✱ 자원 풀이

한자 '力'는 금문에 ' '로 쓰여 있는데, 쟁기질할 때 쓰는 고대의 농기구 모양이다. '力'의 본뜻은 '쟁기질하다'인데, 이 뜻은 오늘날에는 더 이상 쓰이지 않는다. 쟁기질에는 힘이 들기 때문에, '힘'으로 뜻이 확장되었다.

— 뜻 + 예문

[명] 힘

请用力推车。 힘껏 차를 미세요.
Qǐng yònglì tuī chē.

— 연관 단어

力量 lìliàng [명] 힘
力争 lìzhēng [동] 힘쓰다
力求 lìqiú [동] 힘써 추구하다
压力 yālì [명] 압력
能力 nénglì [명] 능력
努力 nǔlì [동][형] 노력하다; 노력하는

— 표현 PLUS+

1 人多力量大。 사람이 많으면 힘이 세진다.
Rén duō lìliàng dà.
  ▶ 사람들간의 연대와 협력이 큰 성공을 이룰 수 있도록 도와줄 것임을 보여주는 데 사용되는 흔한 표현이에요.

2 太给力了! 대박이야!
Tài gěilì le!
  ▶ 일을 잘 했다고 칭찬할 때 혹은 성과가 좋음을 보여 줄 때 사용하는 칭찬의 말이에요.

— 확장하기

다른 한자의 구성 요소로 사용될 때 '力'는 우측이나 하단(예 179 '男')에 놓여 뜻을 나타내는데, 그 한자들은 대개 '힘'과 관련이 있어요.

  • '力'가 우측에 있을 때:

  꼬
  云   + 力   [劲] jìn 힘
  厉   [动] dòng 움직이다
  且   [励] 鼓励 gǔlì 격려하다
              [助] 帮助 bāngzhù 돕다

156 4획

책력 력 [歷]

뜻 + 예문

1 지나가다, 경험하다

历时半年，这项工程终于完工了。
Lìshí bàn nián, zhè xiàng gōngchéng zhōngyú wángōng le.
반년이 지나서야 이 프로젝트는 마침내 완성되었다.

2 겪은 일들

找工作要提前准备好自己的简历。
Zhǎo gōngzuò yào tíqián zhǔnbèi hǎo zìjǐ de jiǎnlì.
일을 찾으려면 먼저 자기의 이력서를 준비해야 한다.

표현 PLUS+

1 请简单介绍一下你的工作经历。
Qǐng jiǎndān jièshào yíxià nǐ de gōngzuò jīnglì.
당신의 직업 경력을 간단히 소개해 보세요.
▶ 면접 시에 면접관이 피면접자에게 자기소개를 하라고 요청할 때 사용되는 흔한 표현이에요.

2 你是什么学历？ 당신의 학력은 어떻게 되나요?
Nǐ shì shénme xuélì?
▶ 면접관이 피면접자의 학력을 물을 때 사용하는 표현이에요. 보통 직업전문학교, 전문대학, 학사학위, 석사학위, 박사학위로 답변할 수 있어요.

확장하기

비슷한 모양의 한자 '历', '厉', '励'를 구별해 보세요.

[历] 历代 lìdài 역대 (지나간 왕조)

　　　来历 láilì 내력 (기원)

[厉] 严厉 yánlì 엄격한

　　　厉害 lìhai 사나운, 대단한

[励] 鼓励 gǔlì 격려하다

　　　奖励 jiǎnglì 장려하다

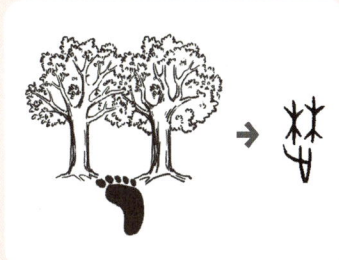

✳ 자원 풀이

한자 '历'는 갑골문에 '𣏂'로 쓰여 있는데, 상단의 '𣏂'는 숲이고 하단의 '𣥂'는 발이어서, 발이 숲을 지나감을 의미한다. '历'의 본뜻은 '지나가다, 경험하다'이고, 확장된 의미는 '지나간 것들'이다.

157 5획

立

lì

설 립

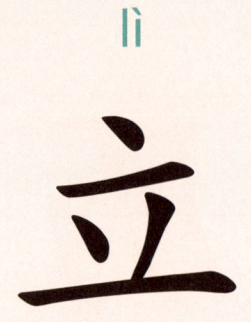

✳ 자원 풀이

한자 '立'는 갑골문에 ''로 쓰여 있는데, 땅 위에 서 있는 사람처럼 보인다. 후에, 그 한자는 '立'로 쓰여 '서 있다'를 의미하게 되었다. '立'의 확장된 의미는 '수립하다' 혹은 '즉시'이다.

— 뜻 + 예문

1 동 서다

听到这个消息，他坐立不安。
Tīngdào zhège xiāoxi, tā zuòlì bù'ān.
이 소식을 듣자 그는 안절부절했다.

2 동 수립하다

实验成功了，你们为国家立了大功。
Shíyàn chénggōng le, nǐmen wèi guójiā lì le dàgōng.
실험이 성공했고, 너희들이 국가에 큰 공을 세웠다.

3 부 즉시

立即出发！ 즉시 출발해!
Lìjí chūfā!

— 표현 PLUS+

男子汉大丈夫应该顶天立地。
Nánzǐhàn dàzhàngfu yīnggāi dǐngtiān lìdì.
남아대장부는 하늘을 이고 땅 위에 서야 한다.
▶ 남자의 사회적 책임감을 강조하는 표현이에요. 남자는 하늘과 땅 사이에 서서, 안팎의 책임을 짊어져야 함을 묘사하는 데에 사용되지요.

✳ 문화 Tip ✳

立春、立夏、立秋、立冬 입춘, 입하, 입추, 입동
lìchūn、lìxià、lìqiū、lìdōng

→ '立'는 중국어에서 '시작'을 의미해요. 24절기 가운데 중국인들은 전통적으로 '입춘(2월 3일 혹은 4일 혹은 5일)'은 봄의 시작이고, '입하(5월 5일 혹은 6일 혹은 7일)'는 여름의 시작이며, '입추(8월 7일, 혹은 8일 혹은 9일)'는 가을의 시작이고, '입동(11월 7일 혹은 8일)'은 겨울의 시작을 말해요.
그러나 실제로, 중국은 지리적으로 매우 넓기 때문에 봄, 여름, 가을, 겨울이 시작하는 때가 똑같지는 않다는 것 참고하세요!

158 7획

丽

lì

고울 려 [麗]

✳ 자원 풀이

한자 '丽(麗)'는 갑골문에 '𢍰'로 쓰여 있는데, 머리에 뿔이 달린 사슴으로 보인다. '丽(麗)'의 본뜻은 '쌍'인데, 현재 이 의미를 나타내는 데에는 '俪 lì'가 쓰인다. '麗'는 나중에 '鹿(lù 사슴)'가 삭제되어 '丽'로 간화되었다. 오늘날 이 한자는 '아름다운, 잘 생긴'을 의미한다.

― 뜻 + 예문

아름다운, 보기 좋은 (*美丽 měilì 휑 아름다운)

她穿的衣服总是很华丽。
Tā chuān de yīfu zǒngshì hěn huálì.
그녀가 입는 옷은 늘 화려하다.

― 연관 단어

丽人 lìrén 명 미인

丽质 lìzhì 명 미모

壮丽 zhuànglì 휑 웅장하고 아름다운

秀丽 xiùlì 휑 수려한

― 표현 PLUS+

1 今天天气真好，风和日丽！
Jīntiān tiānqì zhēn hǎo, fēnghé rìlì!
오늘 날씨가 참 좋네, 바람은 부드럽고 날씨는 화창해!
▶ 날씨를 묘사하는 표현이에요. 푸른 하늘, 흰 구름, 부드러운 미풍이 있는 좋은 날씨를 나타내는 데에 사용해요.

2 你是天生丽质。 당신은 타고난 미인이네요.
Nǐ shì tiānshēng lìzhì.
▶ 대개 여자의 아름다운 외모를 칭찬하는 데에 사용하는 칭찬의 말이에요.

― 확장하기

'丽'와 '尘'은 간체자로 보면 서로 관련이 없어 보이나, 번체자로 보면 이 두 한자의 구성은 '鹿'과 관련이 있어요.

 [丽] (麗) lì 아름다운

- 한자 구성: 사슴이 머리에 한 쌍의 뿔을 가지고 있는데, 그 뿔이 매우 아름답다.

 [尘] (塵) chén 먼지

- 한자 구성: 사슴이 먼지를 일으키며 달린다.

159 7획

lì

利

날카로울 리

✳ 자원 풀이

한자 '利'는 갑골문에 ''로 쓰여 있는데, 좌측의 ' '는 모종을 나타내고 우측의 ' '는 칼을 상징한다. 곡식을 얻기 위해 모종을 베려면 날카로운 칼이 필요하므로 칼이 날카롭다는 것을 의미한다. '利'의 본뜻은 '날카로운'이나 오늘날은 쓰이지 않고, '유창한', '이자', '이익'으로 의미가 확장되었다.

— 뜻 + 예문

1 유창한
她口语很流利。 그녀의 구어는 아주 유창하다.
Tā kǒuyǔ hěn liúlì.

2 이익
商家追求的永远都是利益。
Shāngjiā zhuīqiú de yǒngyuǎn dōu shì lìyì.
상인이 추구하는 것은 언제나 이익이다.

3 명 이익, 이자
这些钱我会连本带利还给你。
Zhèxiē qián wǒ huì liánběn dàilì huán gěi nǐ.
이 돈은 내가 원금과 이자를 당신에게 돌려줄 것이다.

— 연관 단어

利润 lìrùn 명 이윤

利息 lìxī 명 이자

利用 lìyòng 동 이용하다

胜利 shènglì 동 승리하다

便利 biànlì 형 편리한

— 표현 PLUS+

一切顺利！ 모든 일이 순조롭기를 바랍니다!
Yíqiè shùnlì!
▶ 일, 삶, 여행 등등이 잘 되기를 바랄 때 쓰는 표현이에요.

✳ 문화 Tip ✳

鹬蚌相争，渔翁得利。
Yùbàng xiāngzhēng, yúwēng délì.
조개와 도요새가 싸우니, 어부가 이익을 얻는다.

→ 어느 날 햇볕 아래에서 조개가 입을 벌리고 있는데 도요새가 조갯살을 먹으려고 다가오자 조개가 급히 입을 닫아 도요새의 부리를 꽉 깨물었어요. 그 둘이 싸우느라 기진맥진할 때 어부가 와서 그 둘을 모두 잡아갔다고 하는 설화에서 나온 말이에요. 이 이야기의 은유적 의미는 양쪽 사이의 싸움에서 제삼자가 이익을 얻는다는 것이에요.

160 8획

수풀 **림**

— 뜻 + 예문

숲 (*山林 shānlín 명 산림)

森林防火 삼림에서의 화재 예방
sēnlín fánghuǒ

门前是一片竹林。 문 앞은 대나무숲이다.
Mén qián shì yí piàn zhúlín.

— 표현 PLUS+

1 只见树木不见森林。 나무만 보고 숲은 보지 못한다.
  Zhǐ jiàn shùmù bú jiàn sēnlín.
  ▶ 심오한 진리가 담긴 표현이에요. 숲 전체 대신 숲 속의 나무 한 그루만 보는데, 문제에 대해 생각할 때 전체가 아닌 한 부분만을 고려하는 것을 묘사할 때 사용해요.

2 保护森林，人人有责。
  Bǎohù sēnlín, rénrén yǒuzé.
  모든 사람에게 삼림보호의 책임이 있다.
  ▶ 환경보호를 위한 공공 표어로, 모든 사람이 숲을 보호해야 한다고 주창하는 말이에요.

— 확장하기

'양이 많다'는 것을 나타내기 위해, 두세 개의 동일한 구성 요소로 이루어져 있는 한자들이 많은데, 예를 들면 다음과 같아요.

A 木　[木] 树木 shùmù 나무
　　　[林] 树林 shùlín 숲
　　　[森] 森林 sēnlín 삼림

B 人　[人] rén 사람
　　　[从] cóng 따르다
　　　[众] 大众 dàzhòng 대중

C 火　[火] huǒ 불
　　　[炎] 炎热 yánrè 무더운
　　　[焱] yàn 불꽃

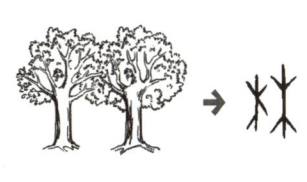

✴ **자원 풀이**

한자 '林'은 갑골문에 '𣏟'로 쓰여 있는데, 두 개의 '木'로 이루어져 있어, 아주 많은 수의 나무를 가리킨다. '林'의 본뜻은 '숲'이다.

161 5획

lóng

龙

용 룡 [龍]

✱ 자원 풀이

한자 '龙'은 금문에 ''로 쓰여 있는데, 용과 같은 모양이다. 용은 고대 중국의 전설적인 동물로서, 중국인들의 숭배를 받았고 황제를 상징한다. '龙'은 '용'이나 '용 모양의 것'을 가리키기도 한다.

— 뜻 + 예문

명 용, 용 모양의 것

画龙点睛 huàlóng diǎnjīng 화룡점정

颐和园里可以乘坐龙船游玩。
Yíhé Yuán li kěyǐ chéngzuò lóngchuán yóuwán.
이허위안에서는 용선을 타고 놀 수 있다.

— 연관 단어

舞龙
wǔ lóng
용춤

龙须面
lóngxūmiàn
가는 면

龙卷风
lóngjuǎnfēng
토네이도

麻辣小龙虾
málàxiǎolóngxiā
마라샤오롱샤

— 표현 PLUS+

父母都望子成龙。
Fùmǔ dōu wàngzǐ chénglóng.
부모는 모두 자식이 훌륭하게 되기를 바란다.

▶ 모든 부모는 자식이 잘 되기를 바란다는 것을 보여 주는 표현이에요.

✱ 문화 Tip ✱

中国人的龙图腾 중국인의 용 토템
Zhōngguórén de lóng túténg

→ 용은 중국인이 숭배하는 토템이기 때문에 중국인들은 자신을 '용의 자손(龙的子孙 lóng de zǐsūn)' 혹은 '용의 후손(龙的传人 lóng de chuánrén)'이라고 불러요. 중국 문화에서 용은 행운과 최고 권력을 상징하여, 고대 중국의 황제들은 자신을 '真龙天子 zhēnlóng tiānzǐ'라고 불렀어요.

162 10획

lǔ

旅

나그네 려

– 뜻 + 예문

1 군대
  军旅 jūnlǚ 군대

2 여행하다
  寒假你想去哪儿旅游?
  Hánjià nǐ xiǎng qù nǎr lǚyóu?
  겨울방학에 어디로 여행 갈 생각이니?

– 연관 단어

旅行 lǚxíng 통 여행하다
旅客 lǚkè 명 여행객
旅途 lǚtú 명 여로
旅程 lǚchéng 명 여정

– 표현 PLUS+

祝你旅途愉快，一路顺风！
Zhù nǐ lǚtú yúkuài, yílù shùnfēng!
여행 길이 즐겁고 평탄하기를 바랍니다!
▶ 여행을 떠나려는 사람에게 하는 축하의 말이에요.

– 확장하기

'旅'는 '方'와 '仄'로 구성되어 있어요. '仄'와 유사한 구성 요소로 '氏'와 '氐'가 있는데, 이 한자들 사이의 차이에 주의해야 해요.

A 仄 [旅] 旅行 lǚxíng 여행하다
        [派] pài 파견하다

B 氏 [纸] zhǐ 종이
        [昏] 黄昏 huánghūn 황혼

C 氐 [底] dǐ 바닥
        [低] dī 낮은

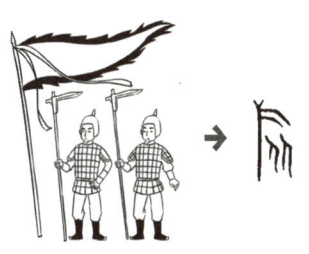

✳ 자원 풀이

한자 '旅'는 갑골문에 '🏳'로 쓰여 있는데, 좌측의 '🏳'는 군대의 깃발을 나타내고 깃발 아래 우측의 '⺈⺈'는 서 있는 두 사람을 나타낸다. '旅'는 군인들이 바람에 나부끼는 깃발 아래에 서 있음을 나타내어, 본뜻은 '군대'를 의미한다. '여행하다'로 의미가 확장되었다.

163 11획

绿 lǜ

초록빛 록 [綠]

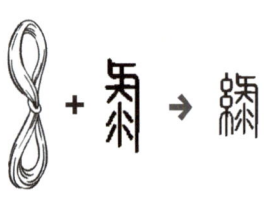

✻ 자원 풀이

한자 '绿'는 '纟'와 '彔 lù'로 이루어져 있는데, 좌측의 '纟'는 비단실을 나타내고 우측의 '彔'는 발음을 나타낸다. '彔'의 본뜻은 '청록 비단색', '녹색'이다.

– 뜻 + 예문

[형] 녹색의

快看，春天来了，草都绿了。
Kuài kàn, chūntiān lái le, cǎo dōu lǜ le.
어서 봐, 봄이 왔어, 풀이 모두 녹색이 되었어.

– 연관 단어

绿色 lǜsè [명][형] 녹색(의)

绿卡 lǜkǎ [명] 그린카드 [미국 정부가 발행하는 외국인 영주 허가증]

绿灯 lǜdēng [명] 초록색 등

绿化 lǜhuà [동] 녹화하다 [나무를 심어 녹색으로 만들다]

– 표현 PLUS+

建议大家绿色出行。 여러분께 녹색 외출을 건의합니다.
Jiànyì dàjiā lǜsè chūxíng.

▶ 환경보호를 위한 공공슬로건이에요. 차를 적게 몰고 더 걸을 수 있도록, 지하철이나 버스를 더 타도록, 자전거를 더 타도록 제안할 때 사용해요.

– 확장하기

색깔을 중국어로 어떻게 말하는지 알아봐요.

164 3획

말 마 [馬]

— 뜻 + 예문

⟨명⟩ 말

这匹马跑得真快！ 이 말 정말 빨리 달리네!
Zhè pǐ mǎ pǎo de zhēn kuài!

— 연관 단어

马车 mǎchē ⟨명⟩ 마차

马路 mǎlù ⟨명⟩ 대로

马虎 mǎhu ⟨형⟩ 건성건성하는

马上 mǎshàng ⟨부⟩ 즉시, 곧

— 표현 PLUS+

1 你这个马大哈！ 이런 덜렁꾼아!
   Nǐ zhège mǎdàhā!
   ▶ 일을 할 때 덜렁거린다고 말할 때 쓰는 표현이에요.

2 祝你马到成功。 성공을 바랍니다.
   Zhù nǐ mǎdào chénggōng.
   ▶ 중요한 일이 성공하기를 바랄 때 사용하는 축원의 말이에요.

— 확장하기

'마'는 종종 다른 한자의 구성 요소로 사용되는데, 때로는 의미를 나타내고 때로는 발음을 나타내기도 해요.

1 의미를 나타낼 때는 대개 '말' 혹은 '수레'와 관련돼요.

   [驾] jià 운전하다

   [驶] shǐ 운전하다

   [骑] qí (말 등을) 타다 [다리를 벌리고 앉아서 타는 교통수단에 씀]

   [驰] 奔驰 bēnchí 내달리다

2 발음을 가리킬 때는 대개 'ma'로 발음해요.

   [妈] mā 엄마

   [骂] mà 욕하다

   [码] 号码 hàomǎ 번호

✱ 자원 풀이

한자 '马'는 갑골문에 〔그림〕로 쓰여 있는데, 긴 얼굴 모양, 갈기, 발, 꼬리를 가진 말처럼 보인다.

165 4획

máo

털 모

※ **자원 풀이**

한자 '毛'는 금문에 'ᛉ'로 쓰여 있는데, 새의 깃털 혹은 동물의 가죽처럼 보인다. '毛'의 본뜻은 '깃털, 머리털'이고, 중국의 화폐 단위인 '角 jiǎo'를 가리킬 수도 있다. 1마오는 1/10위안이다.

- 뜻 + 예문

1 명 깃털, 머리털

我买了一件毛衣。 나는 스웨터를 한 벌 샀다.
Wǒ mǎi le yí jiàn máoyī.

我这件大衣是羊毛的。
Wǒ zhè jiàn dàyī shì yángmáo de.
나의 이 외투는 양모로 만든 것이다.

2 양 마오, 0.1 위안
▶ 중국 화폐를 세는 단위예요.

三毛钱 sān máo qián 3마오

这支笔三十块八毛。 이 펜은 30위안 8마오이다.
Zhè zhī bǐ sānshí kuài bā máo.

- 연관 단어

毛巾 máojīn 명 수건

毛病 máobing 명 결함

羽毛 yǔmáo 명 깃털

眉毛 méimao 명 눈썹

- 표현 PLUS+

1 做事不能毛手毛脚。 일을 대충대충 해서는 안 된다.
Zuò shì bù néng máoshǒu máojiǎo.
▶ 일을 부주의하게 하지 않고 냉철하게 해야 한다고 경고하는 표현이에요. 성어 '毛手毛脚'는 일을 대충대충하고 덜렁대는 사람에게 써요.

2 你这人真是一毛不拔。 너 정말 인색하기 짝이 없구나.
Nǐ zhè rén zhēn shì yìmáo bùbá.
▶ 인색하고 째째한 사람을 비난하는 표현이에요. 성어 '一毛不拔'는 '털 한 가닥도 안 뽑는다'는 뜻으로, '인색하기 그지없다'로 쓰여요.

- 확장하기

다른 한자의 구성 요소로 사용될 때, '毛'는 종종 의미를 가리키는데, 그 한자들은 대개 '깃털, 머리털'과 관련이 있어요.

[尾] 尾巴 wěiba 꼬리   [毯] 毯子 tǎnzi 담요

[毽] jiàn 제기

méi

眉

눈썹 미

— 뜻 + 예문

명 눈썹

他长得浓眉大眼的，很漂亮。
Tā zhǎng de nóngméi dàyǎn de, hěn piàoliang.
그는 눈썹이 짙고 눈이 커서, 잘 생겼다.

她的眉毛又细又长。
Tā de méimao yòu xì yòu cháng.
그녀의 눈썹은 가늘고 길다.

— 연관 단어

眉笔
méibǐ
아이브로펜슬

修眉刀
xiūméidāo
눈썹(정리)칼

— 표현 PLUS+

眉毛胡子一把抓。 눈썹과 수염을 한꺼번에 잡으려고 하다.
Méimao húzi yì bǎ zhuā.
▶ 여러 가지 일을 동시에 하는 것을 나타내는 표현으로, 속뜻은 집중력과 에너지가 일의 긴급성이나 중요성의 정도를 고려하지 않은 채 동일하게 나눠진다는 것을 나타내는데, '눈썹'과 '수염'은 여기서 긴급성과 중요성에서 차이가 있는 일들을 나타내요. 경중우열을 가리지 않고 한꺼번에 처리하려한다는 뜻이에요.

— 확장하기

사람 얼굴의 명칭을 알아봐요.

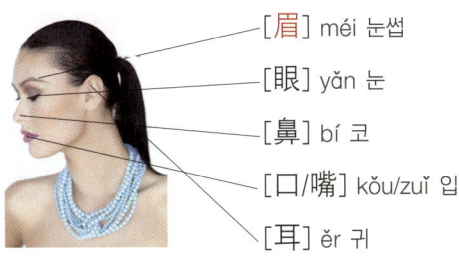

[眉] méi 눈썹
[眼] yǎn 눈
[鼻] bí 코
[口/嘴] kǒu/zuǐ 입
[耳] ěr 귀

✳ 자원 풀이

한자 '眉'는 금문에 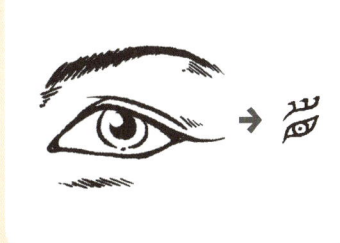로 쓰여 있는데, 눈 위의 눈썹을 가리킨다. 소전에는 '眉'로 쓰여 있는데, 상단의 '소'는 이마의 주름처럼 보이고, 하단의 '目'는 '눈'을 가리키며, 가운데의 굽은 선 'ᄀ'는 눈썹을 나타낸다. '眉'의 본뜻은 '눈썹'이다.

167 9획

měi

美

아름다울 미

✻ 자원 풀이

한자 '美'는 갑골문에 '𦍌'로 쓰여 있는데, 하단의 '𠂉'는 사람이며 상단의 '𦍌'는 머리 장식이다. 고대인들은 이러한 머리 장식을 아름답다고 생각했기에 '美'의 본뜻은 '아름다운, 잘 생긴'이고 고대에는 '맛있는'을 의미하기도 하였다. 오늘날은 그 의미가 '대단한'으로 확장되었다.

- 뜻 + 예문

1 [형] 아름다운, 잘 생긴

美丽 měilì 아름다운 | 美女 měinǚ 미녀

北京的秋天很美。 베이징의 가을은 아름답다.
Běijīng de qiūtiān hěn měi.

2 [형] 훌륭한, 대단한

这对小夫妻的日子过得很美。
Zhè duì xiǎo fūqī de rìzi guò de hěn měi.
이 젊은 부부는 아름다운 날을 보내고 있다.

3 [명] 미국

美元 Měiyuán 미국 달러

他们班的学生都来自欧美。
Tāmen bān de xuésheng dōu láizì Ōu Měi.
그들 반의 학생은 모두 유럽과 미국에서 왔다.

- 연관 단어

美食 měishí [명] 미식

美满 měimǎn [형] 아름답고 원만한

美术 měishù [명] 미술

赞美 zànměi [동] 찬미하다

完美 wánměi [형] 완벽한

优美 yōuměi [형] 뛰어나게 아름다운

- 표현 PLUS+

祝你们生活幸福美满！ 행복하고 아름답게 살기를 바라!
Zhù nǐmen shēnghuó xìngfú měimǎn!
▶ 신혼부부에게 하는 축하의 말이에요.

- 확장하기

'美'의 상단에 있는 '𦍌'는 종종 상단에 놓여 다른 한자의 구성 요소가 되는데, 예를 들면 다음과 같아요.

皿　[盖] gài 덮다
灬　[羔] 羊羔 yánggāo 어린 양
次　[羡] 羡慕 xiànmù 부러워하다
女　[姜] jiāng 생강

168 3획

mén

门

문 문 [門]

— 뜻 + 예문

명 출입문, 문

我在学校南门门口等你。
Wǒ zài xuéxiào nánmén ménkǒu děng nǐ.
내가 학교 남문 입구에서 너를 기다릴게.

— 확장하기

'门'은 종종 다른 한자의 구성 요소로 사용되는데, 의미를 나타내기도 하고 발음을 나타내기도 해요.

A 의미를 나타낼 때는 대개 '문'과 관련돼요.

 + 才 [闭] bì 닫다
人 [闪] shǎn 번쩍이다
日 [间] jiān 사이

B 발음을 나타낼 때는 대개 '-en'으로 발음돼요.

 + 心 [闷] mèn 답답한
耳 [闻] wén 냄새 맡다
口 [问] wèn 묻다

✱ 자원 풀이

한자 '门'은 갑골문에 '𝌀'로 쓰여 있는데, 양쪽으로 된 문의 모양이다. '门'의 본뜻은 '출입문, 문'이다.

✱ 문화 Tip ✱

老北京的众多城门
lǎo Běijīng de zhòngduō chéngmén
옛 베이징의 많은 성문

→ 베이징 지하철 2호선의 여러 정류장은 '**门'이라고 불려서 꽤 특별하다는 것을 느낄 수 있어요. 실제로 과거에 이 장소들에는 문이 있었는데, 도시의 개발 및 건설과 함께, 그 문들 일부는 사라졌다고 해요.

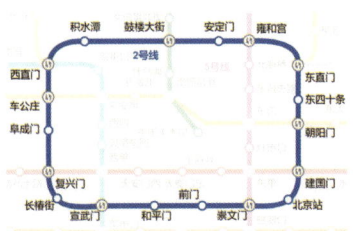

169 6획

mǐ

쌀 미

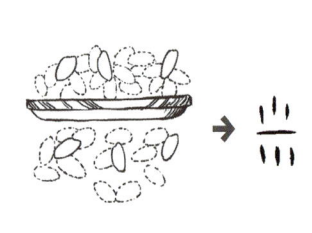

※ 자원 풀이

한자 '米'는 갑골문에 '艹'로 쓰여 있는데, 쌀알처럼 보인다. '米'의 본뜻은 '알곡' 혹은 '껍질을 벗기지 않은 곡물의 씨앗'이며, 현재의 의미는 '쌀', '껍질을 벗기지 않은 씨앗'을 의미하기도 한다. '米'는 또한 'm'으로 간략화되어 미터(meter)를 나타내기도 한다.

– 뜻 + 예문

1 명 쌀
   这大米怎么卖? 이 쌀은 어떻게 파세요?
   Zhè dàmǐ zěnme mài?

2 껍질을 벗기지 않은 씨앗
   我要一盘油炸花生米。
   Wǒ yào yì pán yóuzhá huāshēngmǐ.
   튀긴 땅콩 한 접시 주세요.

3 양 m, 미터
   他身高一米八五。
   Tā shēngāo yì mǐ bāwǔ.
   그의 키는 1미터 85센티미터이다.

– 연관 단어

米饭 mǐfàn 명 쌀밥
大米 dàmǐ 명 쌀
小米 xiǎomǐ 명 좁쌀
玉米 yùmǐ 명 옥수수

– 확장하기

다른 한자의 구성 요소로 사용될 때, '米'는 종종 좌측에 놓여 의미를 나타내는데, 그 한자들은 대개 '쌀' 혹은 '곡식'과 관련돼요.

 + 立 [粒] lì 알갱이, 입자
      良 [粮] 粮食 liángshi 양식
      分 [粉] fěn 가루
      唐 [糖] táng 설탕

※ 문화 Tip ※

开门七件事 일곱 가지 생활 필수품
kāi mén qī jiàn shì

→ 중국인에게 '柴 chái', '米 mǐ', '油 yóu', '盐 yán', '酱 jiàng', '醋 cù', '茶 chá'는 가족을 위한 일상 생활의 일곱 가지 필수품으로 평범한 사람들이 매일 얻으려 노력하는 것이자 일생 동안 삶의 주제라고 할 수 있어요. 이것들은 보통 '开门七件事'라고 해요.

170 8획

miáo

苗

모 묘

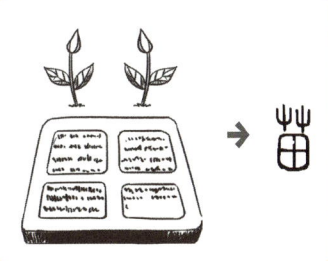

✱ 자원 풀이

한자 '苗'는 소전에 ''로 쓰여 있는데, 각각 하단의 '田(田 tián, 밭, 249 '田')과 상단의 '艸(艹, 풀)'로, 밭에서 자라는 묘종을 의미한다. '苗'의 본뜻은 '새로 돋은 잎'이다.

— 뜻 + 예문

명 새로 돋은 잎, 묘종 (*幼苗 yòumiáo 명 새싹)

这些树苗几年后就能长成大树。
Zhèxiē shùmiáo jǐ nián hòu jiù néng zhǎngchéng dà shù.
이 묘목들은 몇 년 후 큰 나무로 자라날 것이다.

— 표현 PLUS+

你的身材真苗条。 몸매가 참 날씬하시네요.
Nǐ de shēncái zhēn miáotiao.
▶ 날씬한 여성을 칭찬하는 표현이에요.

— 확장하기

'苗'의 의미는 '田'과 '艹'로 분명히 표현되요. 유사한 한자는 다음과 같아요.

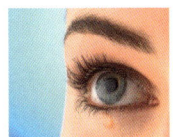  

[泪] = 氵 + 目　　[鸣] = 口 + 鸟　　[灾] = 宀 + 火
　　lèi　　　　　　　míng　　　　　　zāi
　　눈물　　　　　새가 울다　　　　화재

✱ 문화 Tip ✱

拔苗助长
bámiáo zhùzhǎng
발묘조장, 싹을 뽑아 자라는 것을 돕다

→ 옛 이야기에서 나온 관용구예요. 고대 중국에서, 한 농부가 자기 밭의 싹이 너무 느리게 자란다고 생각했어요. 그리하여 고민 끝에 싹을 뽑아 올려주어 싹이 자라는 것을 돕겠다는 '좋은' 아이디어가 떠올랐는데, 결국에는 싹들이 죽고 말았어요. 이 관용구는 사물은 그 자체의 성장법칙이 있어서 자연법칙에 어긋나게 해서는 그 반대의 결과를 가져올 것임을 보여 주지요.

171 9획

miǎo

秒

까끄라기 묘

✱ 자원 풀이

'秒'는 '종묘'와의 관련을 가리키는 '禾 hé'와 발음뿐 아니라 '작음'과의 관련을 가리키는 '少 shǎo'로 이루어져 있다. '秒'의 본뜻은 '곡물의 꺼끌꺼끌한 씨앗'인데, 오늘날에는 더 이상 사용되지 않는다. 확장된 의미는 '아주 작은'으로, 시간의 단위인 '초'로도 쓰인다.

— 뜻 + 예문

양 초
▶ 시간을 세는 단위예요.

现在是比赛的最后时刻，每分每秒都很重要。
Xiànzài shì bǐsài de zuìhòu shíkè, měi fēn měi miǎo dōu hěn zhòngyào.
지금은 경기의 마지막 시각으로서, 매분 매초가 중요하다.

— 연관 단어

秒表 miǎobiǎo 명 스톱워치

秒针 miǎozhēn 명 초침

秒杀 miǎoshā 동 순식간에 격살하다

分秒 fēnmiǎo 명 분과 초

— 표현 PLUS+

1 要珍惜时间，不能浪费一分一秒。
Yào zhēnxī shíjiān, bù néng làngfèi yì fēn yì miǎo.
시간을 아껴야지 일분일초라도 낭비해서는 안 된다.

2 分秒必争。 분초를 다투다.
Fēnmiǎo bì zhēng.
▶ 시간을 소중히 여기라는 표현들이에요. 시간의 가치, 그리고 시간이 비록 짧더라도 소중히 여겨야 할 필요를 강조하는 데에 사용해요.

— 확장하기

다른 한자의 구성 요소로 사용될 때, '秒'의 우측 부분인 '少'는 종종 우측에 놓여서 발음을 나타내요. 이 구성 요소를 가진 한자들은 대개 '-ao' 혹은 '-a'로 발음돼요.

[钞] 钞票 chāopiào 지폐
[抄] chāo 베끼다
[妙] miào 놀라운
[吵] chǎo 시끄러운
[沙] shā 모래
[纱] shā 실

172 8획

míng

明

밝을 명

✱ 자원 풀이

한자 '明'은 갑골문에 ''로 쓰여 있는데, 좌측의 '𝄞'는 '月(yuè 달, 328 '月')', 우측의 'ㅇ'는 '日(rì 날, 205 '日')'를 나타낸다. 고대 중국인들은 해와 달이 가장 밝다고 믿었기에 '明'은 그 둘을 결합하여 이루어졌다. '明'의 본뜻은 '밝은'이며 확장된 의미는 '깨끗한'이다.

– 뜻 + 예문

1 밝은

他看书常一直看到天明。
Tā kàn shū cháng yìzhí kàndào tiānmíng.
그는 항상 날이 밝을 때까지 계속 책을 본다.

2 휑 분명한

老师让他说明迟到的原因。
Lǎoshī ràng tā shuōmíng chídào de yuányīn.
선생님은 그에게 지각한 이유를 설명하라고 하셨다.

– 연관 단어

明月 míng yuè 밝은 달

明天 míngtiān 몡 내일

明白 míngbai 휑 동 분명한; 분명하다

聪明 cōngming 휑 총명한

证明 zhèngmíng 몡 동 증명(하다)

– 확장하기

한자 '明'의 '月'는 '달'을 의미해요. 그러나 사실 '月'는 여러 한자에서 '肉(ròu 고기, 206 '肉')'를 의미해 '신체의 부분' 혹은 '인간의 장기'와 관련이 있음을 나타내는데, 예를 들면, '脚(jiǎo 발)', '腿(tuǐ 다리)', '胸(xiōng 가슴)', '脸(liǎn 얼굴)', '胃(wèi 위)' 등이 있어요. '明'처럼 '月'가 '달'을 가리키는 한자는 다음과 같아요.

 [望] wàng 보다

- 한자 구성: 사람이 서서 멀리 달을 바라보는 모습
- 본뜻: 저 멀리 바라보다
- 흔히 사용되는 의미: 멀리 바라보다
- 예 希望 xīwàng 희망(하다)

 [朝] zhāo 아침

- 한자 구성: 해가 풀 위로 떠오르고 달이 여전히 떠 있는 모습
- 본뜻: 아침
- 흔히 사용되는 의미: 아침
- 예 朝阳 zhāoyáng 아침에 떠오르는 해

M 181

173 5획

mò

끝 말

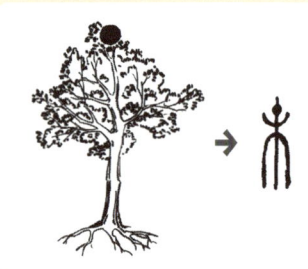

✱ 자원 풀이

한자 '末'는 초기에 '𣎳'로 썼다. '𣎳'는 '木(mù, 176 '木')로, '나무'를 가리키는데, '木'의 상단에 '나무의 끝'을 가리키는 기호가 붙어 '末'가 되었다. '末'의 본뜻은 '나무의 끝'인데, 지금은 사용되지 않는다. '末'의 확장된 의미는 '중요하지 않은 것'이다. '나무의 끝'이라는 뜻에서 '末' 역시 '끝'이라는 의미로 확장되었다.

- 뜻 + 예문

명 끝

我们快点儿走，应该能赶上末班车。
Wǒmen kuài diǎnr zǒu, yīnggāi néng gǎnshàng mòbānchē.
우리가 좀 빨리 가면 막차를 탈 수 있을 것이다.

上世纪末，国家经济开始好转。
Shàng shìjì mò, guójiā jīngjì kāishǐ hǎozhuǎn.
지난 세기 말에, 국가 경제는 호전되기 시작했다.

- 연관 단어

末梢 mòshāo 명 말초, 끝

末尾 mòwěi 명 말미, 끄트머리

周末 zhōumò 명 주말

粉末 fěnmò 명 분말, 가루

- 확장하기

1 다음의 유사한 한자들을 구별해 보세요.

[末] mò 끝

[未] wèi 아니다

[禾] 禾苗 hémiáo 볏모

[木] 木头 mùtou 나무, 나무조각

2 다음의 한자들은 모두 '一'를 가지고 있는데, 위치를 가리켜요.

[本] běn 뿌리 → 本 나무의 뿌리를 가리킴

[末] mò 끝 → 末 나의 끝을 가리킴

[上] shàng 위 → 上 기준선 위를 가리킴

[下] xià 아래 → 下 기준선 아래를 가리킴

174 10획

mò

莫

없을 막

– 뜻 + 예문

1 🟦 않다, 못하다

你莫生气。 화내지 마.
Nǐ mò shēngqì.

2 🟦 아무도, 아무것도 ~하지 않다

听到这个消息，大家莫不欢呼起来。
Tīngdào zhège xiāoxi, dàjiā mòbù huānhū qǐlái.
이 소식을 듣고 사람들은 모두가 환호했다.

这件事真是莫名其妙！
Zhè jiàn shì zhēn shì mòmíng qímiào!
이 일은 정말로 영문을 모르겠어!

– 표현 PLUS+

……是我莫大的荣幸！
…… shì wǒ mòdà de róngxìng!
……는 저의 더없이 큰 영광입니다!

▶ 어떤 활동에 참가하거나 다른 누구로부터 도움을 받게 된 것이 엄청난 영광이자 행복임을 나타내기 위해 사용되는 정중한 표현이에요.

✱ 자원 풀이

한자 '莫'는 갑골문에 ''로 쓰여 있는데, 중앙의 'ㅂ'는 '日(rì 해, 205 '日')'이고 상단과 하단의 'Y'는 '草(cǎo 풀, 037 '草')'로서, 해가 풀밭으로 지는 것을 의미한다. '莫'의 본뜻은 '해질녘'이고, 후에 '莫' 아래에 '日'가 추가된 '暮 mù'가 이 의미로 사용됐다. 오늘날 '莫'는 '않다, 못하다' 혹은 '아무도, 아무것도 ~하지 않다'와 같은 부정적 의미를 나타낸다.

– 확장하기

다른 한자의 구성 요소로 사용될 때, '莫'는 종종 상단이나 우측에 놓여서 발음을 나타내요. 이 구성 요소를 가진 한자들은 대개 'mu/mo'로 발음되지요.

A '莫'가 상단에 있을 때:

莫 +
- 土 [墓] mù 무덤
- 小 [慕] 羡慕 xiànmù 부럽다
- 巾 [幕] 幕布 mùbù 커튼
- 日 [暮] 日暮 rìmù 해질 무렵

B '莫'가 우측에 있을 때:

月 / 氵 / 扌 / 木 + 莫
- [膜] mó 막, 얇은 껍질
- [漠] 沙漠 shāmò 사막
- [摸] mō 만지다
- [模] 模型 móxíng 견본, 모형

175 5획

mǔ

母

어머니 모

✱ 자원 풀이

한자 '母'는 갑골문에 ''로 쓰여 있는데, 양팔을 가슴에 교차시킨 채 무릎꿇고 있는 여자로 보인다. 점 두 개는 유방을 가리킨다. '母'의 본뜻은 '어머니'인데, '나이 든 여성 친척'을 가리키기도 한다.

– 뜻 + 예문

1 어머니

父母应该重视孩子的早期教育。
Fùmǔ yīnggāi zhòngshì háizi de zǎoqī jiàoyù.
부모는 아이의 조기교육을 중시해야 한다.

2 나이 든 여성 친척

岳母是自己妻子的母亲。
Yuèmǔ shì zìjǐ qīzi de mǔqīn.
장모는 자기 부인의 어머니이다.

– 연관 단어

母爱 mǔ'ài 명 어머니의 사랑

母语 mǔyǔ 명 모국어

母校 mǔxiào 명 모교

伯母 bómǔ 명 큰 어머니, 백모

祖母 zǔmǔ 명 할머니, 조모

字母 zìmǔ 명 자모

– 표현 PLUS+

失败是成功之母。 실패는 성공의 어머니이다.
Shībài shì chénggōng zhī mǔ.

▶ 실패가 결국 성공을 가져올 수도 있으므로, 실패를 두려워하지 말라고 위로하고 격려할 때 사용하는 표현이에요.

✱ 문화 Tip ✱

孟母三迁 맹모삼천
Mèng mǔ sān qiān

→ 고대 중국의 유명한 사상가인 맹자(孟子)는 어렸을 때 아버지가 돌아가셨기에 어머니 손에 자랐어요. 맹자에게 좋은 환경을 제공하기 위해 맹자의 어머니는 여러 차례 이사를 했고 마지막에는 학교 근처에 살기로 결정했어요. 이는 맹자에게 큰 영향을 주었다고 해요. '孟母三迁' 이야기는 성장기 환경의 중요성을 강조하고 있어요.

176 4획

mù

나무 **목**

- **뜻 + 예문**

1 나무

我爸爸年轻时是一名伐木工人。
Wǒ bàba niánqīng shí shì yì míng fámù gōngrén.
우리 아빠는 젊었을 때 벌목 노동자였다.

2 [형] 마비된

我的脚木了，得站起来走走。
Wǒ de jiǎo mù le, děi zhàn qilai zǒuzou.
다리에 감각이 없어졌어, 일어나서 좀 걸어야겠다.

- **표현 PLUS+**

请爱护花草树木。 화초와 수목을 사랑합시다.
Qǐng àihù huācǎo shùmù.
▶ 환경보호를 위한 공공 슬로건으로, 나무와 꽃을 보호하도록 권하는 데에 사용되는 표현이에요.

- **확장하기**

'木'는 종종 다른 한자의 구성 요소로 사용되는데, 좌측, 상단, 하단 각 부분에 놓여서 의미를 가리킬 수 있어요. 이 구성 요소를 가진 한자들은 대개 '나무' 혹은 '목재'를 가리켜요.

A '木'가 좌측에 있을 때:

木 + 艮 [根] gēn 뿌리
   对 [树] shù 나무
   羊 [样] yàng 모습
   直 [植] 植物 zhíwù 식물

B '木'가 상단에 있을 때:

木 + 口 [杏] xìng 살구
   旦 [查] chá 검사하다
   灬 [杰] 杰出 jiéchū 걸출한
   子 [李] 李子 lǐzi 자두

C '木'가 하단에 있을 때:

此   [柴] chái 땔감
卓 + 木   [桌] zhuō 책상, 탁자
           [荣] 繁荣 fánróng 번영
日   [果] guǒ 과일

✱ **자원 풀이**

한자 '木'는 갑골문에 ' '로 쓰여 있는데, 나무처럼 생겼다. '木'의 본뜻은 '나무', '목재'이고, 확장된 의미는 '마비(감각을 잃음)'이다.

177 5획

mù

目

눈 목

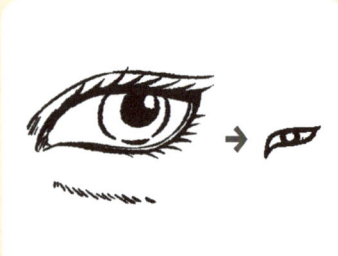

✷ 자원 풀이

한자 '目'는 금문에 ''로 쓰여 있는데, 눈처럼 보인다. 그후 글자의 방향을 틀어 똑바로 세워지게 되었고 자형도 바뀌었다. '目'의 본뜻은 '눈'이다.

– 뜻 + 예문

눈

请大家目视前方。 여러분 앞을 봐 주세요.
Qǐng dàjiā mùshì qiánfāng.

你别目中无人。
Nǐ bié mùzhōng wúrén.
다른 사람은 안중에 없다는 듯이 굴지 마.

– 연관 단어

目光 mùguāng 명 눈빛

目的 mùdì 명 목적

目标 mùbiāo 명 목표

眉目 méimu 명 요점, 요강

节目 jiémù 명 프로그램

题目 tímù 명 제목

– 표현 PLUS+

事情有什么眉目了吗? 일에 실마리가 좀 잡혔나요?
Shìqing yǒu shénme méimu le ma?
▶ 일이 어떻게 되어 가는지 물을 때 쓰는 표현이에요.

– 확장하기

다른 한자의 구성 요소로 사용될 때, '目'는 종종 좌측에 놓여서 의미를 나타내요. 이 구성 요소를 가진 한자들은 대개 '눈'과 관련되어 있어요.

目 +
艮 [眼] yǎn 눈
垂 [睡] shuì 잠자다
焦 [瞧] qiáo 보다
青 [睛] 眼睛 yǎnjing 눈

178 8획

mù

牧

기를 목

— 뜻 + 예문

(가축을) 몰다

现在牧民的生活越来越好了。
Xiànzài mùmín de shēnghuó yuèláiyuè hǎo le.
현재 목축민의 생활은 갈수록 좋아졌다.

我理想的生活是在大草原上牧马放羊。
Wǒ lǐxiǎng de shēnghuó shì zài dàcǎoyuán shang mù mǎ fàng yáng.
내가 꿈꾸는 삶은 대초원에서 말과 양을 치는 것이다.

— 연관 단어

牧区 mùqū 몡 목축지

牧场 mùchǎng 몡 목장

放牧 fàngmù 동 방목하다

畜牧 xùmù 몡 목축

牧羊
mù yáng
양치기

牧牛
mù niú
소 치기

牧马
mù mǎ
말 치기

— 확장하기

'牧'의 우측에 있는 '攵'는 종종 좌측에 놓여서 다른 한자의 구성 요소로 사용되는데 예를 들면 다음과 같아요.

 +
寺　[特] 特别 tèbié 특별한
勿　[物] 物 wù 물건
西　[牺] 牺牲 xīshēng 희생 제물을 바쳐 제사지내다
生　[牲] 牺牲 xīshēng 희생 제물을 바쳐 제사지내다

✹ 자원 풀이

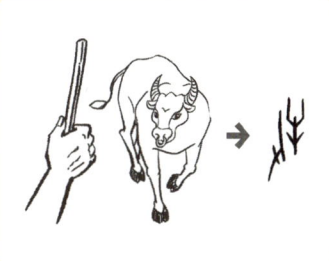

한자 '牧'는 갑골문에 '𣪊'로 쓰여 있는데, 좌측의 '𣪊'는 몽둥이를 잡고 있는 손이고 우측의 '𣪊'는 '牛(niú 황소, 183 '牛')'를 나타내어, 손에 쥔 채찍을 사용해 황소를 몰고가는 것, 즉 가축을 몬다는 말이다. '牧'의 본 뜻은 '(가축을) 몰다'이다. 오늘날에는 '牛'가 좌측에 놓이고, '攵(𣪊, 채찍을 손에 쥔 모양)'가 우측에 놓이게 되었다.

179 男 7획

nán

男

사내 남

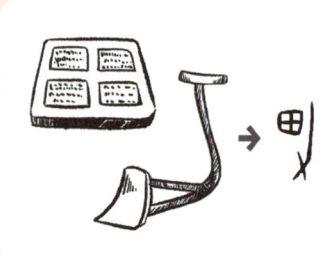

✳ 자원 풀이

한자 '男'은 갑골문에 '男'로 쓰여 있는데, 상단의 '田'는 '田(tián, 249 '田')'으로 농장을 나타내고, 하단의 '力'는 '力(lì, 155 '力')'로 쟁기를 나타내어 즉, 농장에서 농기구를 가지고 땅을 일구는 모습을 가리킨다. 농장에서 쟁기질하는 것은 주로 남자가 하는 일이었기에, '男'의 본뜻은 '남성'이다.

— 뜻 + 예문

형 남성의

她说她希望生个男孩儿。
Tā shuō tā xīwàng shēng ge nán háir.
그녀는 남자아이를 낳고 싶다고 말했다.

对面来了一男一女。
Duìmiàn lái le yì nán yì nǚ.
맞은편에 남자 한 명 여자 한 명이 온다.

— 연관 단어

男人 nánrén 명 남자

男生 nánshēng 명 남학생

男朋友 nánpéngyou 남자 친구

— 표현 PLUS+

你有男朋友吗? 남자 친구 있어요?
Nǐ yǒu nánpéngyou ma?
▶ 여자에게 연인이 있는지 묻는 표현이에요.

— 확장하기

'男'의 하단에 놓인 '力'는 종종 하단 또는 우측에 놓여서 다른 한자의 구성 요소로 사용되는데, 예를 들면 다음과 같아요.

• '力'가 하단에 있을 때:

甬		[勇] 勇敢 yǒnggǎn 용감한
少		[劣] 低劣 dīliè 저열한
夂	+ 力	[务] 任务 rènwu 임무
奴		[努] 努力 nǔlì 노력하다
田		[男] nán 남성
艹		[劳] 劳动 láodòng 노동

180 9획

nì

逆

거스를 역

✱ 자원 풀이

한자 '逆'는 갑골문에 '⍦'로 쓰여 있는데, 상단의 '⍦'는 사람의 뒤집힌 모습이고, 하단의 '⍦'는 '止(zhǐ, 344 '止')'로 발음을 나타낸다. 후에 '止'는 '걷다'는 뜻의 '辶'로 대체되었다. '逆'의 본뜻은 '반대 방향으로 나아가다'이고, 확장된 의미는 '거역하다'이다.

— 뜻 + 예문

1 동 반대 방향으로 나아가다

在马路上开车不允许逆行。
Zài mǎlù shang kāichē bù yǔnxǔ nìxíng.
대로에서 운전할 때 역주행은 허가되지 않는다.

2 거역하다

青春期时孩子容易有叛逆心理。
Qīngchūnqī shí háizi róngyì yǒu pànnì xīnlǐ.
사춘기에 아이는 반항심이 생기기 쉽다.

— 표현 PLUS+

1 你这个逆子！ 너 이 불효자식!
Nǐ zhège nìzǐ!
▶ 부모가 자신들의 기대에 어긋나는 아들을 불효자라고 비난할 때 사용해요.

2 学习如逆水行舟，不进则退。
Xuéxí rú nìshuǐ xíngzhōu, bújìn zétuì.
공부는 물을 거슬러 배를 움직이는 것과 같아서, 나아가지 않으면 퇴보한다.
▶ 배움의 중요성을 강조하기 위해 사용되는 격려의 표현이에요.

— 확장하기

'顺 shùn'의 반대말인 '逆'는 '반대 방향으로 나아가다'를 의미해요. 두 한자는 '인간'을 통해 의미를 표현한다는 점에서 유사한 점이 있어요.

[顺] shùn = 川 chuān 050 '川' + 页 yè 307 '页'

- 한자 구성: '川'은 물의 흐름, '页'는 인간의 머리를 가리킴
- 본뜻: 사람이 머리부터 발까지 마치 물의 흐름처럼 부드럽게 간다
- 예 顺时针 shùnshízhēn 시계 방향으로

[逆] nì = 屰 + 辶

- 한자 구성: '屰'는 거꾸로 놓인 사람, '辶'는 '걷다'는 뜻
- 본뜻: 사람의 행동이 부드럽게 되지 않는다
- 예 逆时针 nìshízhēn 시계 반대 방향으로

181 6획

nián

해 년

✱ 자원 풀이

한자 '年'은 갑골문에 '🧍'로 쓰여 있는데, 수확한 곡식(🌾)을 등에 진 채 허리를 숙인 사람(亻)처럼 보여, '수확'을 의미한다. '年'의 본뜻은 '익은 곡식'인데, 오늘날에는 사용되지 않는다. 곡식은 한 해에 한 번 익으므로, '年'은 확장된 의미에서 '한 해'를 의미하며, '나이'를 의미하기도 한다.

– 뜻 + 예문

1 몡 해

一年有365天。 일년은 365일이다.
Yī nián yǒu sānbǎi liùshí wǔ tiān.

明年我想去中国留学。
Míngnián wǒ xiǎng qù Zhōngguó liúxué.
내년에 나는 중국으로 유학 가고 싶다.

2 나이

您今年多大年纪了？ 올해 나이가 어떻게 되시나요?
Nín jīnnián duō dà niánjì le?

我们老师已经年过半百了。
Wǒmen lǎoshī yǐjīng nián guò bànbǎi le.
우리 선생님은 이미 반백살이 넘으셨다.

3 몡 새해

我给大家拜年了！ 여러분께 새해 인사 드립니다!
Wǒ gěi dàjiā bàinián le!

– 연관 단어

年龄 niánlíng 몡 연령

年轻 niánqīng 형 젊은

年级 niánjí 몡 학년

– 표현 PLUS+

过年好！ Guònián hǎo! 새해 복 많이 받으세요!

新年快乐！ Xīnnián kuàilè! 즐거운 새해 맞으세요!
▶ 새해를 맞아 축복을 기원할 때 쓰는 표현이에요.

✱ 문화 Tip ✱

猴年马月 원숭이해 말의 달
hóunián mǎyuè

→ 중국에는 원숭이와 말을 포함한 12지가 있어 이것들로 해를 세고 달을 셀 수 있어요. 예를 들어, 2028년은 원숭이의 해이고 음력 6월 6일부터 7월 3일까지는 다섯 번째 음력 월, 즉 말의 달이에요. 다시 말해서, 원숭이해 말의 달은 이 29일을 가리켜요. 원숭이해 말의 달은 매 12년마다 있기에, '猴年马月'라는 말은 종종 불확정의 미래와 미지의 세월을 나타내, '어느 해 어느 달', '언제쯤이나'의 뜻을 나타내고 목표를 달성할 수 있는 시기가 요원함을 가리키기도 해요.

182 5획

niǎo

鸟

새 조 [鳥]

✳ 자원 풀이

한자 '鸟'는 갑골문에 ' '로 쓰여 있는데, 부리와 얇은 발톱이 강조된 새처럼 보인다. '鸟'의 본뜻은 '새'이다.

─ 뜻 + 예문

명 새

树上落了七八只鸟。
Shù shang luò le qībā zhī niǎo.
나무 위에 일고여덟 마리의 새가 있다.

这是一只什么鸟? 이것은 무슨 새지?
Zhè shì yì zhī shénme niǎo?

─ 표현 PLUS+

×××是个职场菜鸟。 XXX는 일터의 새내기이다.
× × × shì ge zhíchǎng càiniǎo.
▶ 누군가가 일터의 새내기이며 경험과 능력이 결여되어 있음을 의미하는 표현이에요.

─ 확장하기

1 다른 한자의 구성 요소로 사용될 때 '鸟'는 종종 우측에 놓여서 의미를 나타내는데, 그 한자들은 대개 '새' 혹은 '가금류'와 관련되어 있어요.

又　　　[鸡] jī 닭
甲　＋　鸟　[鸭] yā 오리
我　　　[鹅] é 거위
牙　　　[鸦] yā 까마귀

2 사물의 모양과 비슷한 형상을 가지고 있는 한자들이 있어요.

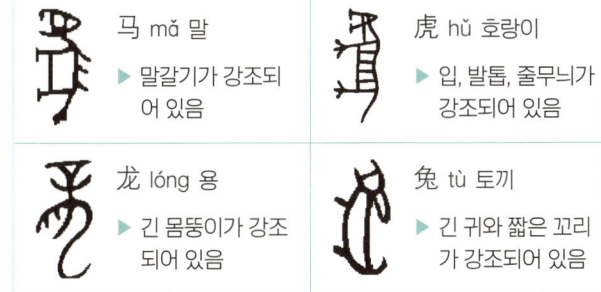

马 mǎ 말
▶ 말갈기가 강조되어 있음

虎 hǔ 호랑이
▶ 입, 발톱, 줄무늬가 강조되어 있음

龙 lóng 용
▶ 긴 몸뚱이가 강조되어 있음

兔 tù 토끼
▶ 긴 귀와 짧은 꼬리가 강조되어 있음

183 4획

niú

牛

소 우

✳ 자원 풀이

한자 '牛'는 갑골문에 ''로 쓰여 있는데, 황소의 머리 모양으로 황소를 나타낸다. '牛'의 본뜻은 '황소'이다. 황소의 엄청난 힘으로 인해 '대단한, 힘센'으로 뜻이 확장되었다.

– 뜻 + 예문

1 [명] 황소

家里卖了一头牛。 집에서 소 한 마리를 팔았다.
Jiāli mài le yì tóu niú.

草原上有很多牛羊。 초원에 많은 소와 양이 있다.
Cǎoyuán shang yǒu hěn duō niúyáng.

2 [형] 대단한, 힘센

大卫太牛了，获得了汉语桥大赛的第一名。
Dàwèi tài niú le, huòdé le Hànyǔqiáo dàsài de dì yī míng.
데이비드는 정말 대단해. 중국어 브릿지 대회에서 1등을 했어.

– 연관 단어

牛肉 niúròu [명] 쇠고기

牛奶 niúnǎi [명] 우유

牛仔裤 niúzǎikù [명] 청바지

– 표현 PLUS+

1 ×××真是牛脾气！ XXX는 정말 황소고집이야!
× × × zhēn shì niúpíqi!
▶ 충고나 제안을 받아들이지 않는 완고한 사람을 묘사할 때 사용되는 표현이에요.

2 牛头不对马嘴。 소머리와 말턱이 맞지 않다.
Niútóu bú duì mǎzuǐ.
▶ 엉뚱한 답변이나 관련 없는 일을 보여 주는 표현이에요. 뚱딴지 같은 소리를 하다 또는 동문서답한다는 의미이지요.

– 확장하기

다음의 유사한 한자들을 구별해 보세요.

[牛] niú 소

[午] 中午 zhōngwǔ 정오

[千] qiān 1000, 천

[干] gàn ~을 하다

[生] shēng 낳다, 생기다

184 3획

nǔ

계집 녀

— 뜻 + 예문

1 형 여성의

开车送我们回家的是一位女司机。
Kāichē sòng wǒmen huí jiā de shì yí wèi nǚ sījī.
차로 우리를 귀가시킨 것은 한 여자 운전기사이다.

2 딸

天下父母都有一颗关爱子女的心。
Tiānxià fùmǔ dōu yǒu yì kē guān'ài zǐnǚ de xīn.
세상의 모든 부모는 자녀를 사랑하는 마음이 있다.

— 연관 단어

女人 nǚrén 명 여인

女性 nǚxìng 명 여성

妇女 fùnǚ 명 부녀, 여성

男女 nánnǚ 명 남녀

— 표현 PLUS+

真是女大十八变。
Zhēn shì nǚ dà shíbā biàn.
여자는 자라면서 모습이 열 번도 더 바뀐다.

▶ 여자의 외모가 크게 바뀌는 것에 놀랄 때 사용되는 표현이에요. 나이 든 사람들은 종종 이 문장을 사용하여 오랜만에 보는 젊은 여성을 칭찬하곤 해요. 이 문장 다음에는 종종 '越变越好看(yuè biàn yuè hǎokàn 점점 더 이뻐지네)'이라는 말이 따라 나올 수 있어요.

✱ 자원 풀이

한자 '女'는 갑골문에 ''로 쓰여 있는데, 가슴을 손에 얹은 채 무릎 꿇고 있는 여자로 보인다. '女'는 본래 '여자'를 나타냈고 그 의미가 '여성' 혹은 '딸'로 확장됐다.

— 확장하기

다른 한자의 구성 요소로 사용될 때 '女'는 좌측에 놓여서 의미를 나타내는데, 그 한자들은 대개 '여성'과 관련되어 있어요.

女 +
- 彐 [妇] 妇女 fùnǚ 부녀
- 马 [妈] mā 엄마
- 乃 [奶] nǎi 할머니
- 古 [姑] gū 고모

185

nüè

몹시 굴 **학**

✱ 자원 풀이

한자 '虐'는 갑골문에 '🐅'로 쓰여 있는데, 상단의 '🐅'는 호랑이 머리이고, 하단의 '🐾'와 '亻(人 rén, 204 '人')'는 각각 호랑이 발톱과 사람을 가리킨다. 이 한자는 발전해 가면서 '亻'가 생략되고, '🐅'와 '🐾'는 '虍'와 '⺕'로 변하였다. 그리하여 이 한자는 '虐'로 쓰게 됐는데, 본뜻은 '학대하다'이다.

— 뜻 + 예문

학대하다

父母虐待子女是违法行为。
Fùmǔ nüèdài zǐnǚ shì wéifǎ xíngwéi.
부모가 자녀를 학대하는 것은 위법행위이다.

— 연관 단어

虐杀 nüèshā 동 학살하다

虐政 nüèzhèng 명 학정

受虐 shòunüè 동 학대받다

暴虐 bàonüè 형 동 포학한; 포학하게 행동하다

— 확장하기

1 '虐'는 한자의 구조상 '虍'과 '⺕'로 구성되어 있어요. 그중 '⺕'와 반대 방향의 '⺕'는 둘 다 '손' 또는 '(짐승의) 앞발'과 관련돼요. '⺕'를 구성 요소로 가지는 한자는 많지는 않지만 '⺕'가 있는 한자는 아주 많은데, 그 차이에 주의를 기울여야 해요.

A 구성 요소 '⺕'가 있는 한자:

[虐] 虐待 nüèdài 학대하다

[疟] 疟疾 nüèji 말라리아

B 구성 요소 '⺕'가 있는 한자:

[争] zhēng 다투다

[妻] 妻子 qīzi 부인

2 '虐'의 상단에 있는 '虍'는 종종 상단에 놓여 다른 한자의 구성 요소로 사용되는데, 예를 들어 다음과 같아요.

 +
几 [虎] hǔ 호랑이
业 [虚] xū 비어 있다
心 [虑] 考虑 kǎolǜ 고려하다
力 [虏] 俘虏 fúlǔ 포로

186 10획

配

짝지을 배

✽ 자원 풀이

한자 '配'는 금문에 '酌'로 쓰여 있는데, 좌측의 '酉'(酉 yǒu, 144 '酒')는 술단지이고 우측의 '卩'는 무릎 꿇고 있는 사람으로, 사람이 술을 섞고 있음을 의미한다. '配'의 본뜻은 '술을 섞다'이고 확장된 의미는 '결혼하다', '배당하다', '짝짓다'이다.

– 뜻 + 예문

1 통 결혼하다
美女配英雄。 미녀는 영웅의 짝이다.
Měinǚ pèi yīngxióng.

2 통 배당하다
把工作任务给大家分配一下。
Bǎ gōngzuò rènwu gěi dàjiā fēnpèi yíxià.
작업 임무를 사람들에게 분배하세요.

3 통 짝짓다, 매치하다
白色短袖配黑色裙子很好看。
Báisè duǎnxiù pèi hēisè qúnzi hěn hǎokàn.
흰 소매에 검은 치마는 아주 보기 좋다.

– 연관 단어

配偶 pèi'ǒu 명 배우자

配合 pèihé 통 배합하다, 협력하다

般配 bānpèi 형 짝이 맞다, 어울리다

搭配 dāpèi 통 짝짓다, 배합하다

– 표현 PLUS+

你们俩真般配。 너희 둘 정말 어울리네.
Nǐmen liǎ zhēn bānpèi.
▶ 한 커플이 외모, 정체성, 지위, 지식 등등에서 잘 어울림을 칭찬할 때 쓸 수 있는 표현이에요.

– 확장하기

'酉'가 다른 한자의 구성 요소로 사용될 때, 한자와 술 사이의 관계가 모호해 보일 때가 있어요. 그러나, 그 한자들의 본래 의미는 대개 '술'과 관련되어 있지요.

한자	본뜻	일반적인 뜻	예
配 pèi	술을 섞다	배합하다	分配 fēnpèi 배치하다
醒 xǐng	술이 깨게 하다	깨어나다	睡醒 shuìxǐng 잠에서 깨다
酷 kù	진한 술	쿨한, 대단한	很酷 hěn kù 매우 쿨한

187 8획

péng

朋

벗 **붕**

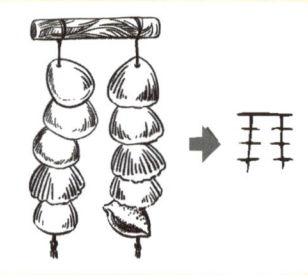

✱ 자원 풀이

한자 '朋'은 금문에 '拜'로 쓰여 있는데, 조개 두 꿰미 모양이다. 고대 중국에서 조개는 통화(通貨)로 사용되었다. 한 꿰미는 조개가 다섯 개이고, 두 꿰미는 '朋'이 된다. '朋'의 본뜻은 '통화 단위'인데, 오늘날에는 사용되지 않고 지금은 '친구'를 가리킨다.

— 뜻 + 예문

친구

大卫是我最好的朋友。
Dàwèi shì wǒ zuì hǎo de péngyou.
데이비드는 나의 가장 좋은 친구이다.

婚礼当天，他的亲朋好友都来了。
Hūnlǐ dàngtiān, tā de qīnpéng hǎoyǒu dōu lái le.
결혼식 당일 그의 친지와 친구들이 모두 왔다.

— 연관 단어

1 你有男/女朋友了吗？ 너 남자 친구/여자 친구 있어?
  Nǐ yǒu nán/nǚpéngyou le ma?
  ▶ 연애중인지 대놓고 묻는 표현이에요.

2 你谈朋友了吗？ 너 연애해?
  Nǐ tán péngyou le ma?
  ▶ 연애중인지 은근하게 묻는 표현이에요.

✱ 문화 Tip ✱

有朋自远方来，不亦乐乎？
Yǒu péng zì yuǎnfāng lái, bú yì lè hū?
벗이 멀리서부터 오면 또한 즐겁지 아니한가?

→ 공자(孔子)의 말로, 멀리서부터 마음 맞는 친구가 오는 것은 큰 즐거움임을 의미해요. 이 말은 중국인들이 고대부터 호의적이고 친절했음을 충분히 보여 주지요. 2008년 베이징올림픽 개막식에서 이 문장은 멀리서 온 손님들을 환영하기 위해 인용되었어요.

188 13획

pèng

부딪칠 **팽**

✳ 자원 풀이

한자 '碰'은 '石(shí, 022 '石')'와 '並 (또는 并 bìng)'으로 구성되어 있다. 좌측의 '石'는 이 한자가 돌과 관계가 있음을 가리키고, 우측의 '並'은 발음을 나타낸다. '碰'의 본뜻은 '두 돌이 부딪치다'이고 확장된 의미는 '부딪치다' 또는 '마주치다'이다.

– 뜻 + 예문

1. 동 부딪치다

    我的腿碰到了桌子腿儿，碰破了皮。
    Wǒ de tuǐ pèngdào le zhuōzi tuǐr, pèngpò le pí.
    내 다리가 탁자 다리에 부딪혀서 살갗이 찢어졌다.

2. 동 마주치다

    去超市的路上，我碰见了我的老师。
    Qù chāoshì de lùshang, wǒ pèngjiàn le wǒ de lǎoshī.
    슈퍼마켓에 가는 길에 나는 우리 선생님과 마주쳤다.

– 연관 단어

碰钉子
pèng dīngzi
못에 부딪치다
(난관에 부딪치다)

碰壁
pèngbì
벽에 부딪치다
(난관에 부딪치다)

✳ 문화 Tip ✳

不碰南墙不回头
bú pèng nánqiáng bù huítóu
남쪽 벽에 부딪치지 않고서는 머리를 돌리지 않는다

→ 과거에 중국인들은 사합원이라는 중국 전통주택에서 살았는데, 햇볕을 많이 받으려고 남쪽을 향한 집들이 많았어요. 정원의 문에는 바깥 사람들이 안을 들여다보지 못하게 하려고 벽을 세웠어요. 그래서 집으로 들어가려는  사람들은 벽을 피해 왼쪽이나 오른쪽으로 돌아가야 했지요. 그래서 이 '不碰南墙不回头'라는 중국 속담은 너무 완고해서 다른 사람의 조언을 들으려 하지 않거나, 어려움을 겪거나 거절당하기 전에는 바꾸려 하지 않는 사람을 묘사할 때 쓰게 되었어요.

189 5획

pí

皮

가죽 **피**

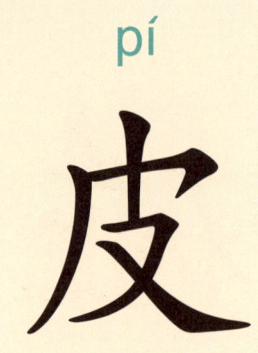

✵ 자원 풀이

한자 '皮'는 금문에 '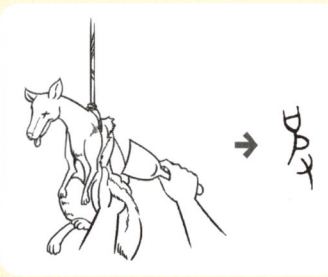'로 쓰여 있는데, 하단의 'ㄱ'는 '又(yòu, 318 '又')'로 '손'이고 하단의 'ㅋ'는 날이 달린 날카로운 삽이기 때문에, '皮'는 '손에 든 삽으로 동물의 가죽을 벗긴다'는 것을 의미한다. 이 한자는 초기에 '숨다'는 뜻이었고 지금은 '피부', '가죽' 혹은 '커버, 싸개'를 가리킨다.

– 뜻 + 예문

1 명 피부

   胳膊不小心擦破了皮。
   Gēbo bù xiǎoxīn cāpò le pí.
   팔에 신경을 안 써서 피부가 까졌어요.

2 명 가죽

   这双鞋是皮的吗?
   Zhè shuāng xié shì pí de ma?
   이 신발은 가죽으로 된 건가요?

3 명 커버, 싸개

   饺子皮做好了吗?   만두피는 다 되었나요?
   Jiǎozipí zuòhǎo le ma?

– 연관 단어

皮肤 pífū 명 피부

皮鞋 píxié 명 가죽신

橡皮 xiàngpí 명 지우개

– 표현 PLUS+

1 別吹牛皮!   허풍치지 마!
   Bié chuī niúpí!
   ▶ 급우나 친구가 허풍칠 때 이 표현을 사용할 수 있어요.

2 这孩子真皮!   얘 정말 버릇없네!
   Zhè háizi zhēn pí!
   ▶ 버릇없는 아이를 묘사하는 표현이에요.

– 확장하기

다른 한자의 구성 요소로 사용될 때, '皮'는 때로 의미를 나타내는데, 예를 들면 '皱(zhòu 주름)'가 있어요. 그러나, 대개는 발음을 나타내는 데에 사용되지요. 이 구성 요소를 가진 한자들은 대개 'b-' 혹은 'p-'로 발음돼요.

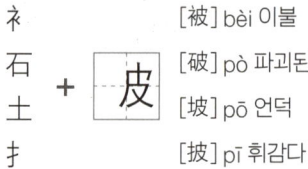

[被] bèi 이불
[破] pò 파괴된
[坡] pō 언덕
[披] pī 휘감다

190 9획

pǐn

물건 품

– 뜻 + 예문

1 물품

  昨天，我去超市买了些日用品。
  Zuótiān, wǒ qù chāoshì mǎi le xiē rìyòngpǐn.
  어제 나는 슈퍼마켓에 가서 일용품을 좀 샀다.

2 성품, 행실

  从小，她就是品学兼优的好学生。
  Cóngxiǎo, tā jiù shì pǐnxué jiānyōu de hǎo xuésheng.
  어려서부터 그녀는 이미 품행과 학업성적이 모두 뛰어난 훌륭한 학생이었다.

– 연관 단어

品德 pǐndé 몡 인품과 덕성

商品 shāngpǐn 몡 상품

– 표현 PLUS+

1 欢迎免费品尝！ 무료로 맛보세요!
  Huānyíng miǎnfèi pǐncháng!
  ▶ 고객에게 무료시식을 제공한다는 표현이에요.

2 推荐您购买正品。 정품 구매를 추천합니다.
  Tuījiàn nín gòumǎi zhèngpǐn.
  ▶ 저렴한 가격으로 가짜 제품을 사는 대신 고품질과 좋은 서비스의 제품들을 사도록 고객에게 권하기 위해 상인들이 하는 표현이에요.

– 확장하기

중국어에는 특정한 특성을 가진 물체를 가리키는 '…品' 형태의 표현이 많이 있는데, 예를 들면 다음과 같아요.

食品 shípǐn 식품   补品 bǔpǐn 보신용품

药品 yàopǐn 약품   工艺品 gōngyìpǐn 공예품

产品 chǎnpǐn 제품   非卖品 fēimàipǐn 비매품

✻ 자원 풀이

한자 '品'은 갑골문에 '𠯬'로 쓰여 있는데, 세 개의 그릇처럼 보여 넓은 범주를 암시한다. '品'의 본뜻은 '아주 많은 물품'이고 확장된 의미는 '물품' 또는 '성품, 행실'을 가리킬 수도 있다.

191 2획

qī

七

일곱 **칠**

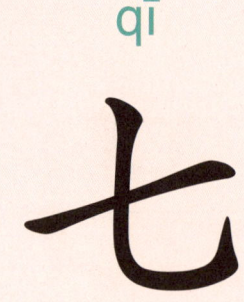

✱ 자원 풀이

한자 '七'는 갑골문에 '十'로 쓰여 있는데, '자르다'는 뜻을 의미하는 십자이다. 그후 칼이라는 뜻의 '刀(dāo, 061 '刀')'가 추가되어 '切 qiē'로 바뀌었다. '七'는 '十'와 구별하기 위해 '七'의 아랫부분이 수직선에서 굽은 획으로 변형되었다. '七'는 숫자 '7, 칠'을 가리킨다.

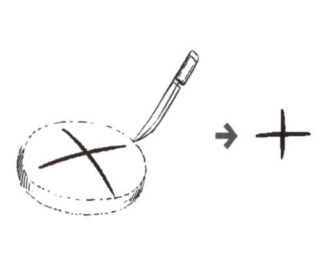

— 뜻 + 예문

㊀ 7, 칠

我们家有**七**口人。 우리 집 식구는 일곱 명이다.
Wǒmen jiā yǒu qī kǒu rén.

今天，我们学习第**七**课。
Jīntiān, wǒmen xuéxí dì qī kè.
오늘 우리는 제7과를 공부한다.

— 연관 단어

1 중국어에서 '七…八…'의 형식은 '많은 수와 어수선함'을 의미해요.

　　七上**八**下 qīshàng bāxià 마음이 혼란하다, 안절부절하다

　　七拼**八**凑 qīpīn bācòu 여기저기서 긁어모으다

　　七手**八**脚 qīshǒu bājiǎo 여러 사람이 합세하여 바쁘게 일하다

　　七嘴**八**舌 qīzuǐ bāshé 제각기 떠들다

2 중국인들은 일상에서 숫자 1~10을 나타내기 위해 다음의 손동작을 취해요.

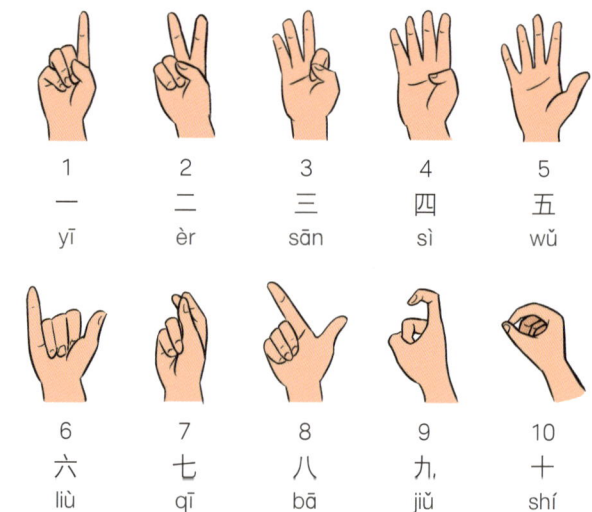

✱ 문화 Tip ✱

中国情人节——**七**夕节
Zhōngguó Qíngrén Jié —— Qīxī Jié
중국의 발렌타인데이 - 칠석

→ 중국의 발렌타인데이인 칠석은 음력 7월 7일이에요. 매년 칠석 밤에 견우와 직녀가 오작교에서 만난다고 하는 이야기가 전해져, 중국의 전통 명절 중에 가장 로맨틱한 날이라고 할 수 있어요.

192 8획

qī

아내 **처**

— 뜻 + 예문

처, 부인

我介绍一下，这是我妻子。
Wǒ jièshào yíxià, zhè shì wǒ qīzi.
제가 소개할게요, 이 쪽은 제 처입니다.

— 연관 단어

妻子 qīzi 명 처, 부인

妻女 qīnǚ 처와 딸

前妻 qiánqī 명 전처

夫妻 fūqī 명 부부

— 확장하기

중국어에는 부부관계에 관한 표현이 많이 있어요. 그 중 '爱人 àiren'은 남편이나 아내를 가리키고, '配偶 pèi'ǒu' 역시 남편이나 아내를 가리키지만, 일반적으로는 법적 문서에서 사용돼요. 이외 다른 표현들은 다음과 같아요.

아내	남편
妻子 qīzi 媳妇 xífu	丈夫 zhàngfu
老婆 lǎopo	老公 lǎogōng
夫人 fūren 太太 tàitai	先生 xiānsheng

✱ 자원 풀이

한자 '妻'는 갑골문에 '𣊬'로 쓰여 있는데, 좌측의 '𠂉'는 긴 머리의 여성으로 보이고, 우측의 '⺕'는 손으로 '그녀와 결혼하기 위해서 여성의 머리카락을 붙잡다'를 의미한다. '妻'의 본뜻은 '부인'이다.

✱ 문화 Tip ✱

未婚妻 wèihūnqī / 未婚夫 wèihūnfū
약혼녀 / 약혼남

→ 남자와 여자가 약혼을 하고 곧 결혼할 것이라면, 여자는 남자의 '未婚妻(약혼녀)'라고 하지요. 이 표현은 많은 사람들이 결혼 전에 약혼하기를 선택하기 때문에 생겨났는데, 이는 여자 친구에서 부인으로의 변화 단계라고 할 수 있어요. '未婚夫(약혼남)'도 있어요.

193 6획

qí

가지런할 제 [齊]

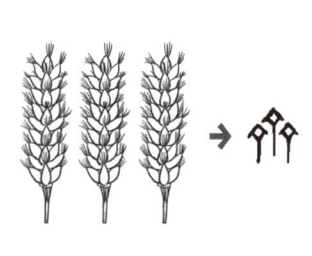

✱ 자원 풀이

한자 '齐'는 금문에 ' '로 쓰여 있는데, 이삭이 나온 채 가지런히 서 있는 묘종처럼 보인다. '齐'의 본뜻은 '가지런한'이고 확장된 의미는 '함께' 혹은 '같은 높이에 도달하다'이다.

— 뜻 + 예문

1 형 가지런한

他房间里的物品摆放得很齐。
Tā fángjiān li de wùpǐn bǎifàng de hěn qí.
그 사람 방의 물건들은 가지런히 잘 놓여 있다.

2 부 함께

大家齐努力，一定能取得成功。
Dàjiā qí nǔlì, yídìng néng qǔdé chénggōng.
모두 함께 노력하면 반드시 성공할 수 있을 것이다.

— 표현 PLUS+

1 立正！齐步走！ 차렷! 앞으로 가!
Lìzhèng! Qíbù zǒu!
▶ 부대를 정렬한 다음 질서정연하게 앞으로 가라고 명령하는 데에 사용되는 표현이에요.

2 向右看齐！ 우향우!
Xiàng yòu kànqí!
▶ 우측 첫 사람을 기준으로 삼음으로써 부대를 정렬시키는 데에 사용돼요.

3 祝您福寿齐天！
Zhù nín fúshòu qítiān!
행복과 장수가 하늘에 닿기를 바랍니다!
▶ 어르신의 행복과 장수를 비는 표현이에요.

✱ 문화 Tip ✱

比翼齐飞
bǐyì qífēi
비익조가 짝지어 날다, 날개를 나란히 하여 날다

→ 중국어에서는 부부를 종종 새 두 마리에 비유해요. 애정이 깊은 부부는 날개를 나란히 하고 나는 두 마리 새처럼 함께 나아간다고 하여 '比'는 '나란히'를 의미하고 '齐'는 '함께' 혹은 '동시에'를 의미하지요. 그러므로, 이 관용어는 화목하게 살면서 백년해로하는 커플 또는 부부를 칭찬하는 데에 자주 사용해요.

194 4획

qì

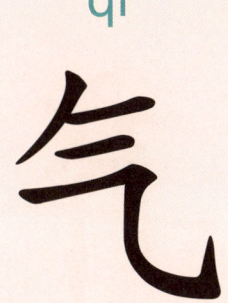

기운 기 [氣]

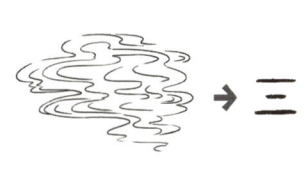

— 뜻 + 예문

1 명 기류, 가스
   打开窗户透透气吧。 창문을 열고 환기시키자.
   Dǎkāi chuānghu tòutou qì ba.

2 날씨
   今天天气真好，我们去爬山吧。
   Jīntiān tiānqì zhēn hǎo, wǒmen qù pá shān ba.
   오늘 날씨가 정말 좋으니, 우리 등산 가자.

3 동 약올리다, 화나게 하다
   我是故意气他的。 나는 고의로 그를 놀렸다.
   Wǒ shì gùyì qì tā de.

— 연관 단어

气体 qìtǐ 명 기체

气候 qìhòu 명 기후

气球 qìqiú 명 기구, 풍선

空气 kōngqì 명 공기

客气 kèqi 형 예의 차리는

脾气 píqi 명 성격, 기질, 성깔

— 표현 PLUS+

1 不客气。| 别客气。 별말씀을요.
   Bú kèqi. Bié kèqi.
   ▶ '감사할 필요 없다', '당연한 일을 했다'는 등의 겸손한 표현을 하기 위해서 '谢谢(xièxie 감사합니다)'와 함께 종종 사용되는 정중한 표현이에요.

2 您太客气了。 너무 정중하시네요.
   Nín tài kèqi le.
   ▶ 지나치게 정중할 필요가 없음을 알리기 위해 사용되는 정중한 표현이에요.

✱ 자원 풀이

한자 '气'는 갑골문에 '三'로 쓰여 있는데, 공기의 흐름처럼 보인다. '三(sān, 숫자 3)'과 구별하기 위해서 위와 아래에 두 획이 추가되었고, 아랫부분은 휘어졌다. '气'의 본뜻은 '기류, 가스'이고, 확장된 의미는 '날씨'이다. '사람의 기분' 등을 가리킬 수도 있는데, 그 예로 '生气(shēngqì 화나다)'가 있다.

195 7획

qì

弃

버릴 기

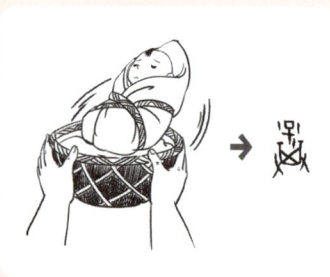

✴ 자원 풀이

한자 '弃'는 갑골문에 '🝢'로 쓰여 있는데, 두 손(⺕⺕)으로 아기(子)를 던지는 것처럼 보이며, '내버리다'를 의미한다. 가운데의 '凵'는 쓰레받기를 가리킨다. '弃'의 본뜻은 '던져버리다, 내버리다'이고, 확장된 의미는 '포기하다'이다.

– 뜻 + 예문

1 던져버리다, 내버리다

她抛弃了刚出生不久的孩子。
Tā pāoqì le gāng chūshēng bù jiǔ de háizi.
그녀는 태어난 지 얼마 안 된 아이를 내다버렸다.

2 포기하다

做任何事情都不要轻易放弃。
Zuò rènhé shìqing dōu búyào qīngyì fàngqì.
어떤 일을 하든 쉽게 포기해서는 안 된다.

– 확장하기

'弃'와 '弄'의 하단에 있는 '廾'는 모두 손을 가리켜요.

 [弃] qì 포기하다

- 한자 구성: 두 손으로 아기를 던지다
- 본뜻: 던져버리다
- 흔히 사용되는 의미: 포기하다

 [弄] nòng ~하다

- 한자 구성: 두 손으로 옥꿰미를 가지고 놀다
- 본뜻: 가지고 놀다
- 흔히 사용되는 의미: ~하다

✴ 문화 Tip ✴

食之无味，弃之可惜。
Shízhī wúwèi, qìzhī kěxī.
먹기에는 맛없고 버리기엔 아깝다.

→ 조조(曹操)는 고대 중국의 유명한 전략가인데, 한번은 전쟁 중에 '계륵'이라는 암호를 부하에게 내렸어요. 부하인 양수는 그 암호를 듣고 조조가 이번 전쟁을 무의미하지만 물러나면 아까운 것이라 간주하고 있다는 결론을 내렸어요. 왜냐하면 계륵은 고기도 없고 맛도 없지만 버리기는 아깝기 때문이에요. 그후 양수는 병사들에게 짐을 싸서 집에 가도록 명령했고, 마침내는 조조에 의해 참수되었어요.

196 10획

qián

钱

돈 전 [錢]

✱ 자원 풀이

'钱'은 '钅'과 '戋 jiān'으로 이루어져 있는데, '钅'은 '금속'이라는 의미를 나타내며, '戋'은 발음을 나타낸다. '钱'의 본뜻은 '금속 농기구'인데, 지금은 사용되지 않는다. 이후 '돈'을 가리키게 되었으며 '지출'의 뜻으로 의미가 확장되었다.

─ 뜻 + 예문

1. 몡 돈

   买这件衣服需要800块钱。
   Mǎi zhè jiàn yīfu xūyào bābǎi kuài qián.
   이 옷을 사려면 800위안이 필요하다.

2. 몡 지출

   他用半年时间节省出来的饭钱买了这台电脑。
   Tā yòng bàn nián shíjiān jiéshěng chulai de fànqián mǎi le zhè tái diànnǎo.
   그는 반년간 절약한 밥값으로 이 컴퓨터를 샀다.

─ 연관 단어

钱币 qiánbì 몡 동전

金钱 jīnqián 몡 금전, 돈

花钱 huā qián 돈을 쓰다

─ 확장하기

다른 한자의 구성 요소로 사용될 때, '钱'의 우측에 있는 '戋'은 종종 우측에 놓여 발음을 나타내요. 그 한자들은 대개 '-ian' 혹은 '-an'으로 발음되지요.

[浅] qiǎn 얕은
[贱] jiàn 값싼
[线] xiàn 실
[残] cán 결함이 있는

✱ 문화 Tip ✱

中国的 "钱" ： 人民币 중국의 돈: 인민폐
Zhōngguó de "qián": Rénmínbì

→ 중국에서 흔히 쓰는 돈을 알아보아요.

197 4획

qiàn

欠

하품 **흠**

✳ 자원 풀이

한자 '欠'은 갑골문에 ''로 쓰여 있는데, 입을 벌린 채 하품하는 무릎꿇고 있는 사람처럼 보인다. '欠'의 본뜻은 '하품하다'이고 확장된 의미는 '결핍하다' 혹은 '빚지다'이다.

- 뜻 + 예문

1 하품하다

昨晚没睡好，早晨起来我就一直打哈欠。
Zuówǎn méi shuìhǎo, zǎochen qǐlai wǒ jiù yìzhí dǎ hāqian.
어젯밤에 잠을 잘 못 자서, 나는 아침 일찍부터 줄곧 하품을 한다.

2 동 결핍하다

你这么做其实还有点儿欠考虑。
Nǐ zhème zuò qíshí hái yǒudiǎnr qiàn kǎolǜ.
네가 이렇게 한 것은 사실 아직 좀 사려가 부족해서이다.

3 동 빚지다

他还欠你多少钱没还？
Tā hái qiàn nǐ duōshao qián méi huán?
그가 너에게 얼마를 빚지고 갚지 않았지?

- 연관 단어

欠缺 qiànquē 동 결핍하다

欠款 qiànkuǎn 명 빚

欠安 qiàn'ān 동 몸이 편찮다

哈欠 hāqian 명 하품

拖欠 tuōqiàn 동 빚을 질질 끌다

亏欠 kuīqiàn 동 결핍하다, 부족하다

- 확장하기

다른 한자의 구성 요소로 사용될 때, '欠'은 종종 우측에 놓이는데, 예를 들어 다음의 한자가 있어요.

哥　　　　　[歌] gē 노래
丶　　　　　[次] cì 순서
车 + 欠　　[软] ruǎn 부드러운
区　　　　　[欧] 欧洲 Ōuzhōu 유럽
又　　　　　[欢] 欢乐 huānlè 행복한

198 12획

qiào

발돋움할 교 [翹]

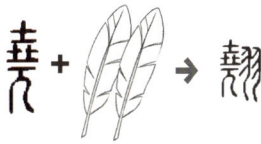

✱ 자원 풀이

'翹'는 발음을 나타내는 '尧 yáo'와 깃털과의 관계를 암시하는 '羽 yǔ'로 이루어져 있다. '翹'의 본뜻은 '새꼬리의 긴 깃'인데, 오늘날은 더 이상 사용되지 않는다. 새꼬리는 종종 위쪽으로 달라붙어 있기 때문에, 확장된 의미는 '위로 방향을 틀다'이다.

— 뜻 + 예문

⑧ 위로 방향을 틀다

他的腿翘得很高，一副傲慢的样子。
Tā de tuǐ qiào de hěn gāo, yí fù àomàn de yàngzi.
그는 다리를 높이 꼬고 있는데, 교만해 보인다.

— 연관 단어

翘尾巴
qiào wěiba
꼬리를 높이 들다

翘二郎腿
qiào èrlángtuǐ
다리를 꼬고 앉다

— 확장하기

'翹'의 본뜻은 '새꼬리의 긴 깃'이며, '羽'는 '翹'의 구성 요소예요. '羽'를 구성 요소로 가진 다른 많은 한자 역시 '새'와 관련되어 있어요.

[翅] chì 날개

[扇] shān 부채질하다

[翼] yì 날개

✱ 문화 Tip ✱

翘大拇指 엄지척하다
qiào dàmǔzhǐ

→ 중국에서 누군가에게 엄지를 치켜세우는 것은 상대의 행위나 행동에 찬성할 때 또는 칭찬을 할 때 써요.

199 9획

qīng

轻

가벼울 경 [輕]

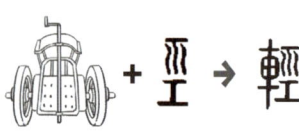

✻ 자원 풀이

'轻'은 번체자로는 '輕'이라고 쓴다. 좌측의 '車(车 chē, 044 '车')'는 이 한자가 '탈것'과 관련이 있음을 나타내고 우측의 '巠 jīng'은 발음을 나타낸다. '轻'의 본뜻은 '가벼운 탈것'이고 흔히 가리키는 것은 '무게가 가벼운'이다. 확장된 의미에서 '수가 적은', '정도가 낮은', '힘이 약한' 등을 가리킨다.

– 뜻 + 예문

1 [형] 무게가 가벼운

   冰比水轻。 얼음이 물보다 가볍다.
   Bīng bǐ shuǐ qīng.

   箱子很轻，我一个人拿得动。
   Xiāngzi hěn qīng, wǒ yí ge rén ná de dòng.
   상자가 가벼워서 나 혼자 들 수 있다.

2 [형] 수가 적은

   他年纪轻，社会经验不足。
   Tā niánjì qīng, shèhuì jīngyàn bùzú.
   그는 나이가 어려서 사회 경험이 부족하다.

3 [형] 힘이 약한

   妈妈轻轻地走过来，给她盖上了被子。
   Māma qīngqīng de zǒu guolai, gěi tā gàishàng le bèizi.
   엄마는 조용히 걸어와서, 그녀에게 이불을 덮어 주었다.

– 표현 PLUS+

小心轻放。 살살 다뤄 주세요.
Xiǎoxīn qīng fàng.
▶ 깨지기 쉬운 물건을 주의해서 다뤄달라고 일깨우는 데 사용되는 경고의 말이에요.

– 확장하기

1 '轻'의 우측 부분인 '巠'는 다른 한자의 구성 요소로 사용될 때 종종 발음을 나타내요. 그 한자들은 대개 'jing'으로 발음되지요.

   [经] 经济 jīngjì 경제
   [茎] jīng 줄기
   [径] 半径 bànjìng 반지름

2 중국어에는 성조가 있는데, 어떤 한자들은 '轻声(qīngshēng 경성)'으로 읽어요.

   豆腐 dòufu 두부
   耳朵 ěrduo 귀
   孩子 háizi 아이
   木头 mùtou 목재

200 8획

qǔ

取

취할 취

— 뜻 + 예문

1 **⑧ 취하다**

取款 qǔ kuǎn 예금을 인출하다

我去取行李。 나는 짐 가지러 간다.
Wǒ qù qǔ xíngli.

2 **⑧ 고르다, 선택하다**

这次比赛，取前三名发奖品。
Zhè cì bǐsài, qǔ qián sān míng fā jiǎngpǐn.
이번 경기에서는 앞에 세 명을 골라 상품을 준다.

— 연관 단어

取消 qǔxiāo ⑧ 취소하다

取得 qǔdé ⑧ 취득하다

取笑 qǔxiào ⑧ 비웃다

采取 cǎiqǔ ⑧ 채용하다, 채택하다

录取 lùqǔ ⑧ 채용하다

争取 zhēngqǔ ⑧ 쟁취하다

自动取款机
zìdòng qǔkuǎnjī
현금인출기

排队取号机
páiduì qǔhàojī
대기표 발행기

行李提取处
xíngli tíqǔchù
짐 찾는 곳

✻ 자원 풀이

한자 '取'는 갑골문에 '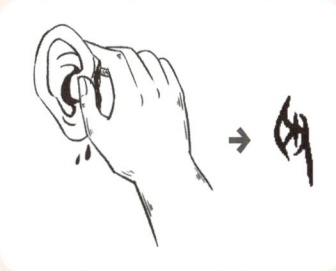'로 쓰여 있는데, 손(彐)으로 귀(耳)를 아래로 잡아당기는 것처럼 보인다. 고대 중국에서는 전쟁에서 이기면 포로의 귀를 자르곤 했기에 '取'의 본뜻은 '취하다'이고 확장된 의미는 '고르다, 선택하다'이다.

— 표현 PLUS+

你就别取笑我了！ 나 놀리지 마!
Nǐ jiù bié qǔxiào wǒ le!

▶ 대체로 지인이나 친구에게 자기를 놀리지 말라고 설득하기 위해 사용되는 표현이에요.

201 5획

去 qù

갈 거

✱ **자원 풀이**

한자 '去'는 갑골문에 '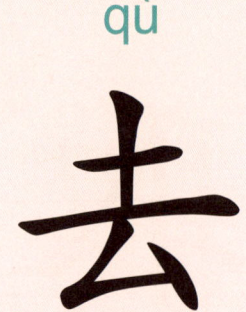'로 쓰여 있는데, 상단의 '大'는 서 있는 사람이고, 하단의 'ㅂ'은 동굴로, 사람이 동굴에서 나오는 것을 의미한다. '去'의 본뜻은 '떠나다'이고 확장된 의미는 '가다, 도착하다' 혹은 '제거하다'이다.

– 뜻 + 예문

1. 동 가다, 도착하다

   A 今天下午你去哪儿了?
   Jīntiān xiàwǔ nǐ qù nǎr le?
   오늘 오후에 어디 갔었어?

   B 我去商店买东西了。
   Wǒ qù shāngdiàn mǎi dōngxi le.
   상점에 가서 물건을 샀어.

2. 동 제거하다

   去掉这一段，这篇文章就更好了。
   Qùdiào zhè yí duàn, zhè piān wénzhāng jiù gèng hǎo le.
   이 문단을 제거하면 이 글은 더 좋아질 거야.

– 연관 단어

去除 qùchú 동 제거하다

去年 qùnián 명 지난해

过去 guòqù 명 과거

失去 shīqù 동 잃어버리다

– 표현 PLUS+

真有点儿过意不去。 정말 죄송합니다.
Zhēn yǒudiǎnr guò yì bú qù.
▶ 타인에게 곤란이나 나쁜 영향을 끼친 다음 죄책감이나 후회를 표현할 때 사용하는 사죄의 표현이에요.

– 확장하기

중국어에서 '去'와 '来'는 행동의 방향을 가리킬 수 있어요. 자주 쓰는 표현은 다음과 같아요.

上去 shàngqu 올라가다	上来 shànglai 올라오다
下去 xiàqu 내려가다	下来 xiàlai 내려오다
进去 jìnqu 들어가다	进来 jìnlai 들어오다
出去 chūqu 나가다	出来 chūlai 나오다
回去 huíqu 돌아가다	回来 huílai 돌아오다
过去 guòqu 저쪽으로 가다	过来 guòlai 이쪽으로 오다
	起来 qǐlai 일어나다

202 12획

rán

然

그러할 연

✽ 자원 풀이

한자 '然'은 세 부분으로 이루어져 있다. 하단의 '灬'는 불, 좌측 상단의 '夕'는 '月(肉 ròu, 206 '肉')', 우측 상단의 '犬 quǎn'은 '개'를 가리킨다. '然'은 불에 구운 개고기를 나타내며, 본뜻은 '불태우다'이다. 나중에 '火(huǒ, 118 '火')'가 좌측에 덧붙여져서 '燃 rán'이 '불태우다'는 뜻으로 사용되고, '然'은 대명사나 접속사로 사용되게 되었다. 대명사로서 이 한자는 '그렇게', '이와 같이'를 의미하고, 접속사로서 역접의 의미로 '그러나'를 뜻한다.

— 뜻 + 예문

1 접 그렇게, 이와 같이

天气预报说明天有大雪，现在天果然阴了。
Tiānqì yùbào shuō míngtiān yǒu dàxuě, xiànzài tiān guǒrán yīn le.
일기예보에서 내일 눈이 많이 올 거라고 했는데, 과연 지금 하늘이 흐리다.

2 접 그러나

虽然这次HSK三级考试没通过，然而他并没有灰心。
Suīrán zhè cì HSK sān jí kǎoshì méi tōngguò, rán'ér tā bìng méiyǒu huīxīn.
비록 이번 HSK 3급 시험은 통과하지 못했지만, 그러나 그는 결코 낙심하지 않는다.

— 확장하기

'火'가 다른 문자의 구성 요소로 사용될 때, 종종 '灬'로 표기되어 한자의 맨 아래에 배치되요. '然'의 문자 형성을 바탕으로 다음 두 문자 '焦(jiāo, 135 '焦')와 '羔(gāo)'에 대해 알아봐요.

  [焦] jiāo 타다

- 한자 구조: 焦 = 隹 + 灬
- 자형: '隹'는 '새', '灬'는 '불'과의 연관성을 나타내요.
- 본뜻: 새를 불에 태우다
- 자주 쓰는 뜻: 타다
  예 烧焦 shāojiāo 타서 눋다

  [羔] gāo 양

- 한자 구조: 羔 = 羊 + 灬
- 자형: '羊'은 '양', '灬'는 '불'과의 연관성을 나타내요.
- 본뜻: 불에 구운 양고기
- 자주 쓰는 뜻: 양
  예 羊羔 yánggāo 어린(새끼) 양

203 9획

ráo
饶

넉넉할 요 [饒]

✱ 자원 풀이

한자 '饶'는 '음식'과 관계가 있음을 가리키는 '饣'과 발음을 나타내는 '尧 yáo'의 결합으로 이루어져 있다. '饶'의 본뜻은 '가득 차다, 배부르다'인데, 더 이상 그 의미로는 사용되지 않는다. '饶'의 확장된 의미는 '부유하다, 풍부하다'이고, '용서하다'를 의미할 수도 있다.

− 뜻 + 예문

1 부유하다, 풍부하다

如今，人民生活富饶，百姓安居乐业。
Rújīn, rénmín shēnghuó fùráo, bǎixìng ānjū lèyè.
현재 국민들은 생활이 부유하고 편안히 살면서 즐겁게 일한다.

2 동 용서하다

这次就饶了你了。
Zhè cì jiù ráo le nǐ le.
이번에는 너 용서할게.

− 연관 단어

饶命 ráomìng 동 목숨을 살려주다

饶恕 ráoshù 동 용서하다

富饶 fùráo 형 풍부하다

丰饶 fēngráo 형 풍요롭다

− 표현 PLUS+

1 饶命啊！ 처벌하지 말아 주세요!
Ráomìng a!
▶ 다른 사람에게 자신을 벌하지 말라고 요청할 때 사용해요.

2 你就饶了我吧！ 저를 처벌하지 마세요!
Nǐ jiù ráo le wǒ ba!
▶ 용서와 처벌 면제를 요청할 때 사용하는 표현이에요.

− 확장하기

'饶'의 우측 부분 '尧'는 다른 한자들의 구성 요소로 사용될 때 종종 우측에 놓여서 발음을 가리켜요. 그러한 한자들은 대개 '-ao' 혹은 '-iao'로 발음되지요.

A -ao [烧] shāo 불타다

[绕] rào 두르다, 휘감다

B -iao [晓] 拂晓 fúxiǎo 새벽녘

[翘] qiào 불쑥 튀어나오다

204 2획

rén

人

사람 인

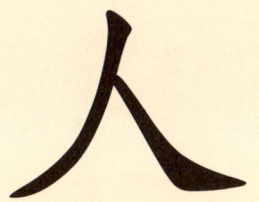

– 뜻 + 예문

1 몡 인간

他是美国人。 그는 미국인이다.
Tā shì Měiguórén.

2 몡 특정한 상황에 처한 인물

我爸爸是一名工人。 우리 아빠는 노동자다.
Wǒ bàba shì yì míng gōngrén.

– 연관 단어

人们 rénmen 몡 사람들

人口 rénkǒu 몡 인구

别人 biéren 대 다른 사람

客人 kèren 몡 손님

– 표현 PLUS+

你是哪国人? | 你是哪儿人?
Nǐ shì nǎ guó rén? Nǐ shì nǎr rén?
넌 어느 나라 사람이니? 넌 어디 사람이니?
▶ 어느 나라 혹은 어느 곳에서 왔는지 물을 때 사용해요.

– 확장하기

다른 한자들의 구성 요소로 쓰일 때 '人'은 종종 좌측에 놓이고 '亻'로 변형되어 의미를 나타내며, 대부분 '사람'과 관련이 있어요.

 → [化] huà 변하다

- 구조: 化 = 亻 + 匕
- 한자 구성: 한 사람이 똑바로 서 있고 또 다른 사람이 거꾸로 서 있다.
- 본뜻: 변하다
- 예 变化 biànhuà 변화(하다)

 → [休] xiū 쉬다

- 구조: 休 = 亻 + 木
- 한자 구성: 사람이 나무에 기대 쉬고 있다.
- 본뜻: 휴식하다
- 예 休息 xiūxi 휴식하다

✱ 자원 풀이

한자 '人'은 갑골문에 '𠆢'로 쓰여 있는데, 옆으로 서서 팔을 뻗고 있는 사람처럼 보인다. '人'의 본뜻은 '인간'이고, 확장된 뜻은 '특정한 상황에 처한 인물'이다.

205 4획

날 일

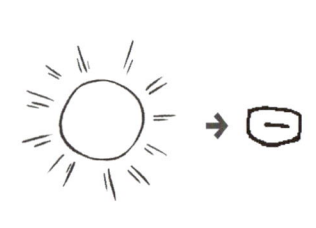

✳ 자원 풀이

한자 '日'는 갑골문에 '⊙'로 쓰여 있는데, 태양처럼 보인다. '日'의 본뜻은 '태양'이다. 태양은 매일 뜨기 때문에, 확장된 의미로 '날'을 가리킨다.

— 뜻 + 예문

1 [명] 태양

在中国古代农村，人们讲究日出而作，日落而息。
Zài Zhōngguó gǔdài nóngcūn, rénmen jiǎngjiu rì chū ér zuò, rì luò ér xī.
중국 고대 농촌에서 사람들은 해가 뜨면 일어나서 일하고 해가 지면 쉬는 것을 중시했다.

2 [명] 날

今天天很晚了，我们明日再谈吧。
Jīntiān tiān hěn wǎn le, wǒmen míngrì zài tán ba.
오늘은 날이 늦었으니 우리 내일 다시 이야기하자.

— 연관 단어

日子 rìzi [명] 날

日记 rìjì [명] 일기

生日 shēngrì [명] 생일

节日 jiérì [명] 기념일

— 표현 PLUS+

早日康复！ 빨리 회복하세요!
Zǎorì kāngfù!
▶ 환자가 빨리 회복하여 건강을 되찾기를 바라는 마음을 표현하는 인사말이에요.

— 확장하기

'日'는 다른 한자들의 구성 요소로 종종 사용되는데, 좌측이나 상단에 놓여 의미를 나타낼 수 있어요. 이러한 한자들은 대개 '태양'이나 '시간'과 관련돼요.

A '日'가 좌측에 있을 때:

 + 月 [明] 明天 míngtiān 내일
免 [晚] wǎn 늦다
寸 [时] shí 시간

B '日'가 상단에 있을 때:

 + 干 [旱] hàn 가뭄
十 [早] zǎo 아침
辰 [晨] 早晨 zǎochen 이른 아침

206 6획

ròu

肉

고기 육

✱ 자원 풀이

'肉'는 초기에 'ⓓ'라고 썼는데 잘라 놓은 고깃덩어리처럼 보인다. 금문에는 'ⓕ'라고 쓰여 있는데, 살의 조직을 가리키는 비스듬한 선이 덧붙여졌다. '肉'의 본뜻은 '동물의 근육'이고 보통 사용되는 뜻은 '고기, 살'이다.

– 뜻 + 예문

명 고기, 살

他不喜欢吃肉, 只喜欢吃蔬菜。
Tā bù xǐhuan chī ròu, zhǐ xǐhuan chī shūcài.
그는 고기 먹는 걸 좋아하지 않고, 그저 채소 먹기만 좋아한다.

– 연관 단어

鸡肉 jīròu 명 닭고기

牛肉 niúròu 명 쇠고기

猪肉 zhūròu 명 돼지고기

羊肉 yángròu 명 양고기

– 확장하기

1 다음의 유사한 한자들을 구별해 보세요.

[肉] ròu 고기, 살

[丙] bǐng 병, 십간 중 세 번째

[内] nèi 안, 내부

[网] wǎng 그물, 인터넷

2 '肉'는 초기에 'ⓓ'로 썼는데, 금문에서는 살의 조직을 강조하는 비스듬한 선들이 덧붙어 'ⓕ'로 쓰였어요. 'ⓕ'는 '月 (yuè, 328 '月')'와 매우 유사하지요.

다른 한자들의 구성 요소로 사용될 때 '肉'는 종종 '月'라고 쓰며 좌측이나 상단에 놓여 의미를 나타내요. 이러한 한자들은 대개 '인간이나 동물의 조직 혹은 기관'과 관련돼요.

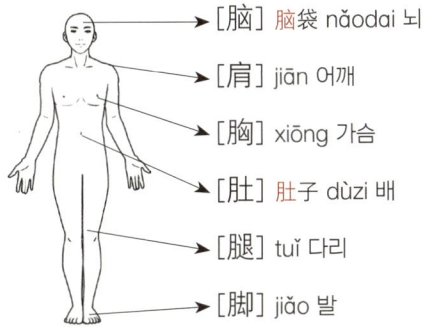

[脑] 脑袋 nǎodai 뇌

[肩] jiān 어깨

[胸] xiōng 가슴

[肚] 肚子 dùzi 배

[腿] tuǐ 다리

[脚] jiǎo 발

207 8획

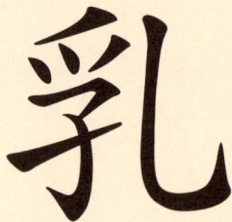

젖 유

✻ 자원 풀이

한자 '乳'는 갑골문에 '🐚'로 쓰여 있는데, 아기를 안고 젖을 먹이는 어머니인 것으로 보인다. '乳'의 본뜻은 '낳다'이고 확장된 뜻은 '젖, 우유' 혹은 '갓 태어난'이다.

뜻 + 예문

젖, 우유

现在都提倡母乳喂养孩子。
Xiànzài dōu tíchàng mǔrǔ wèiyǎng háizi.
지금은 모두 아이에게 모유를 먹여 키울 것을 제창한다.

母亲用甘甜的乳汁把我们喂养大。
Mǔqīn yòng gāntián de rǔzhī bǎ wǒmen wèiyǎng dà.
어머니는 달콤한 젖으로 우리를 먹여 키우셨다.

연관 단어

乳房 rǔfáng 몡 유방

乳名 rǔmíng 몡 아명, 별명

母乳 mǔrǔ 몡 모유

哺乳 bǔrǔ 동 젖을 먹이다

✻ 문화 Tip ✻

乳名(小名) 아명
rǔmíng(xiǎomíng)

→ 중국인들은 공식적으로 부르는 이름 이외에 일반적으로 가족이나 친한 사람들이 부르는 이름, 즉 '아명'이 있어요. 대체로 태어나자마자 가족이 지어 주는데, 귀엽고 발음하기 쉬운 이름으로 지어요. 아명은 '공식적 이름'과 연관되어 있을 수도 있고 그 자체에 특별한 의미를 가질 수도 있지요. 예를 들어, 장훙(张红 Zhāng Hóng)이라는 이름의 인물은 소훙(小红 Xiǎohóng) 혹은 훙훙(红红 Hónghong)을 아명으로 가질 수 있어요. 단지 태어날 때 몸이 따뜻했다는 이유로 놘놘(暖暖 Nuǎnnuan 따뜻하다)이라는 아명을 가질 수도 있지요.

208 6획

sǎo

쓸 소 [掃]

※ 자원 풀이

한자 '扫'의 번체자는 '掃'인데, '扌'와 '帚 zhǒu'로 이루어져 있다. '扌'는 '손'을, '帚'는 먼지를 제거하는 도구, 즉 빗자루를 말해 한자 '扫'는 '청소를 위해 빗자루를 손에 쥐다'를 의미한다. '扫'의 본뜻은 '쓸다'이며 확장된 뜻은 '제거하다'이다. 최근에는 '스캔하다'라는 의미가 추가되었다.

- 뜻 + 예문

1 통 쓸다

同学们放学以后打扫下教室。
Tóngxuémen fàngxué yǐhòu dǎsǎo xià jiàoshì.
학우 여러분, 방과 후에 교실을 청소하세요.

2 통 스캔하다

帮我把这份合同扫一下，发我电子版。
Bāng wǒ bǎ zhè fèn hétong sǎo yíxià, fā wǒ diànzǐbǎn.
이 계약서를 스캔해서 내게 전자파일로 보내 주세요.

- 연관 단어

扫除 sǎochú 통 쓸어내다, 청소하다

扫货 sǎohuò 통 쇼핑하다

扫描 sǎomiáo 통 스캔하다

打扫 dǎsǎo 통 청소하다

- 표현 PLUS+

扫码 sǎo mǎ QR코드를 스캔하다

扫描二维码 sǎomiáo èrwéimǎ | 扫一扫 sǎo yi sǎo

▶ 사용자가 관련 웹페이지를 탐색하거나 더 많은 정보를 알 수 있도록 광고, 상품의 포장, TV 화면의 QR 코드를 휴대폰 카메라로 스캔하도록 권장하는 운영 명령이에요.

- 확장하기

많은 한자가 '扫'의 우측 부분인 '彐'를 구성 요소로 가지고 있는데, 예를 들면, 다음과 같아요.

[寻] xún 찾다

[灵] líng 영리하다

[妇] 妇女 fùnǚ 여자

[当] dāng ~노릇을 하다

209 12획

sēn

森

나무 빽빽할 삼

* **자원 풀이**

한자 '森'은 '木(mù, 176 '木')' 자 세 개로 구성되어, 많은 수의 나무가 있음을 가리킨다. '森'의 본뜻은 '숲'이다.

— 뜻 + 예문

숲

一片大森林 큰 삼림
yí piàn dà sēnlín

原始森林 원시삼림
yuánshǐ sēnlín

冬季是森林火灾的高发期。
Dōngjì shì sēnlín huǒzāi de gāofāqī.
겨울은 삼림화재가 빈발하는 계절이다.

— 확장하기

'森'은 세 개의 똑같은 구성 요소로 이루어져 있는데, 이와 구성이 유사한 한자들은 다음과 같아요.

水 + 水 + 水 → [淼] miǎo 광범한

金 + 金 + 金 → [鑫] xīn 사업이 잘 되는

石 + 石 + 石 → [磊] lěi 돌무더기

火 + 火 + 火 → [焱] yàn 불꽃

口 + 口 + 口 → [品] pǐn 물건

* **문화 Tip** *

森 — 林 — 木 — 十
삼 - 림 - 목 - 십
sēn lín mù shí

→ 베이징 남부 교외에 있는 난하이즈 습지 공원은 나무로 만든 '森', '林', '木', '十'의 네 글자가 있는 명승지로, 이 네 글자는 '木(나무)'가 점점 줄어들면 '十(십)'가  된다는 뜻이에요. 나무를 베어내고 숲이 사라지면 고통을 상징하는 십자가만 남게 된다는 의미로 숲을 보호하자는 소중한 의미가 담긴 조형물이에요.

210 3획

shān

山

메 산

✳ 자원 풀이

한자 '山'은 갑골문에 ''로 쓰여 있는데, 산봉우리 세 개가 연결된 모양이다. 그 봉우리 셋은 처음에는 대략 같은 높이였으나 가운데 봉우리가 나머지 둘보다 높아졌다. '山'의 본뜻은 '산'이다.

— 뜻 + 예문

몡 산

学校组织同学们周末去爬山。
Xuéxiào zǔzhī tóngxuémen zhōumò qù pá shān.
학교에서 학생들을 조직해 주말에 등산을 간다.

— 연관 단어

➤ 山顶 shāndǐng 산정상
➤ 山腰 shānyāo 산허리
➤ 山脚 shānjiǎo 산기슭

— 표현 PLUS+

没有比人更高的山。 사람보다 높은 산은 없다.
Méiyǒu bǐ rén gèng gāo de shān.

▶ 어떠한 어려움도 극복할 수 있고 어떠한 목표도 달성할 수 있다는 의미의 격려 문구예요. 산은 어려움이나 목표에 비유되어 종종 '没有比脚更长的路(méiyǒu bǐjiǎo gèng cháng de lù 발보다 더 긴 길은 없다)'와 함께 사용해요.

✳ 문화 Tip ✳

五岳 오악(중국의 다섯 개의 명산)
Wǔ Yuè

→ 중국에는 다섯 개의 명산이 있는데, 즉 헝산(恒山 Héng Shān, 산시성), 화산(华山 Huà Shān, 샨시성), 숭산(嵩山 Sōng Shān, 허난성), 타이산(泰山 Tài Shān, 산둥성), 헝산(衡山 Héng Shān, 후난성)이에요. 그 산들은 각각 중국의 북, 서, 중앙, 동, 남쪽에 있기에 백악, 서악, 중앙, 동악, 남악이라고도 불리며, 합해서 '오악'이라고 해요. 그중 동쪽의 타이산이 가장 유명해요.

211 10획

shàn/shān

扇

부채 **선**

✳ 자원 풀이

한자 '扇'은 '户 hù'와 '羽 yǔ'로 이루어져 있다. '户'는 '문'과의 연관을 나타내며 '羽'는 '깃털'과의 관계를 나타내는데, 문이 새의 날개처럼 흔들림을 의미한다. '扇'의 본뜻은 '문, 문짝'이며, 확장된 의미는 '부채'이다. '扇'을 'shān'으로 읽으면 '부채질하다'를 의미한다.

– 뜻 + 예문

1 부채

傍晚的时候，很多老年人会拿着扇子去跳舞。
Bàngwǎn de shíhou, hěn duō lǎoniánrén huì názhe shànzi qù tiàowǔ.
저녁에 많은 노인들이 부채를 쥐고 춤을 춘다.

2 양 짝, 틀

▶ 문, 창문, 유리, 병풍 등을 세는 단위예요.

这个房子只有两扇窗户。 이 집은 창문이 두 개뿐이다.
Zhège fángzi zhǐ yǒu liǎng shàn chuānghu.

3 동 부채를 부치다

夏天的夜晚，很多人会聚在一起，一边扇扇子一边聊天儿。
Xiàtiān de yèwǎn, hěn duō rén huì jù zài yìqǐ, yìbiān shān shànzi yìbiān liáotiānr.
여름 밤에 많은 사람들이 한데 모여 부채를 부치면서 잡담을 한다.

– 연관 단어

门扇	电扇	扇子
ménshàn	diànshàn	shànzi
문선	선풍기	부채

– 확장하기

'扇'의 일부인 '户'는 다른 한자의 구성 요소로 사용될 때 종종 상단에 놓여요.

户 +
方 [房] fáng 집
册 [扁] biǎn 납작한
月 [肩] jiān 어깨
隹 [雇] gù 고용하다

212 3획

위 상

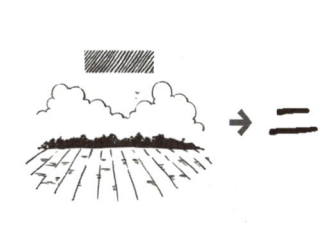

– 뜻 + 예문

1 명 위
请大家抬头往上看。 여러분 머리를 들고 위를 보세요.
Qǐng dàjiā táitóu wǎng shàng kàn.

2 동 올라가다
大家上楼坐吧。 여러분 위층으로 올라가서 앉으세요.
Dàjiā shàng lóu zuò ba.

3 동 정해진 시간에 일을 시작하거나 공부하다
上课不许玩儿手机。
Shàngkè bùxǔ wánr shǒujī.
수업중에는 휴대폰을 가지고 놀아서는 안 된다.

– 연관 단어

上午 shàngwǔ 명 오전
上学 shàngxué 동 통학하다
上网 shàngwǎng 동 인터넷에 접속하다
早上 zǎoshang 명 아침
晚上 wǎnshang 명 저녁
马上 mǎshàng 부 곧, 즉시

– 표현 PLUS+

祝您事业蒸蒸日上。
Zhù nín shìyè zhēngzhēng rìshàng.
사업이 날로 번창하기를 바랍니다.
▶ 직업상 늘 발전이 있기를 바랄 때 사용할 수 있는 축복의 말이에요.

– 확장하기

'上…'와 '下…'의 예를 살펴보아요.

上	下
上课 shàngkè 수업에 참석하다	下课 xiàkè 수업을 마치다
上班 shàngbān 출근하다	下班 xiàbān 퇴근하다
上场 shàngchǎng (배우, 선수 등이) 들어가다, 입장하다	下场 xiàchǎng 경기장을 떠나다

✳ 자원 풀이

한자 '上'은 갑골문에 '⼆'로 쓰여 있는데, 바닥의 긴 선은 기준치를 나타내고 상단의 짧은 선이 '기준치를 초과한 것'을 나타낸다. '⼆ èr'과 구별하기 위해 수직선이 추가되어 자형이 바뀌었다. '上'의 확장된 의미는 '올라가다' 혹은 '고정된 시간에 일이나 학습을 시작하다'이다.

213 8획

shàng

숭상할 상

✱ 자원 풀이

한자 '尚'은 금문에 '⿸' 로 쓰여 있는데, 상단의 '八'는 '八(bā, 003 '八')' 로 이 한자가 '나눔'과 관련되어 있음을 나타내고, 하단의 '向'은 '向 xiàng'으로 발음을 나타낸다. '尚'은 '남들과 공유함으로써 무언가의 수를 늘린다'는 것을 의미한다. '尚'의 본뜻은 '늘리다'이며 보통 사용되는 의미는 '숭배하다' 혹은 '유행'이다.

– 뜻 + 예문

1 숭배하다

年轻人崇尚流行音乐，老年人崇尚戏曲。
Niánqīngrén chóngshàng liúxíng yīnyuè, lǎoniánrén chóngshàng xìqǔ.
젊은이는 유행음악을 숭배하고, 노인은 희곡을 숭배한다.

2 유행

如今，网络购物成为新时尚。
Rújīn, wǎngluò gòuwù chéngwéi xīn shíshàng.
지금 인터넷 쇼핑은 새로운 유행이 되었다.

3 부 아직

这一发现尚待论证。
Zhè yì fāxiàn shàng dài lùnzhèng.
이 발견은 아직 논증이 필요하다.

– 연관 단어

尚且 shàngqiě 접 심지어

高尚 gāoshàng 형 고상하다

– 확장하기

다른 한자들의 구성 요소로 사용될 때 '尚'은 종종 발음을 나타내는데, 이러한 한자들은 대개 '-ang'으로 발음돼요.

[趟] tàng 차례, 번

[躺] tǎng 눕다

[敞] chǎng 공간이 넓다

✱ 문화 Tip ✱

当一天和尚撞一天钟
dāng yì tiān héshang zhuàng yì tiān zhōng
하루 승려 노릇을 하면 하루 종을 친다

→ 승려로 있으면서 종 치는 것 밖에는 생각하는 것이 없다는 뜻의 속담이에요. 즉 하루하루 적당히 살아가거나 환경의 지배를 받으며 생활에 순종하며 그럭저럭 지낸다는 비판의 뜻이 있어요.

214 3획

sháo

勺

구기 작

✱ 자원 풀이

한자 '勺'는 갑골문에 ' '로 쓰여 있는데, 술을 뜨는 숟가락 모양으로, 숟가락 속에 사물을 나타내는 점이 있다. '勺'의 본뜻은 '숟가락'이고, 액체를 담은 사물을 세는 양사로도 사용된다.

– 뜻 + 예문

1 몡 숟가락

我去超市买把勺子。
Wǒ qù chāoshì mǎi bǎ sháozi.
나는 슈퍼마켓에 숟가락을 사러 갈 것이다.

2 양 국자, 스푼 등
▶ 물, 와인, 수프 등에 사용되는 양사예요.

你多喝几勺汤吧! 몇 국자 더 마셔!
Nǐ duō hē jǐ sháo tāng ba!

再加两勺酱油。 간장 두 스푼 더 넣으세요.
Zài jiā liǎng sháo jiàngyóu.

– 연관 단어

小勺 xiǎosháo
티스푼

漏勺 lòusháo
건지기 국자

饭勺 fànsháo
주걱

汤勺 tāngsháo
국자

– 확장하기

다음의 유사한 한자들을 구별해 보세요.

[勺] sháo 숟가락

[匀] yún 균등하다

[勾] gōu (선을 그어) 지우다

[句] 句子 jùzi 문장

[旬] xún 열흘

S 223

215 6획

shé

舌

혀 **설**

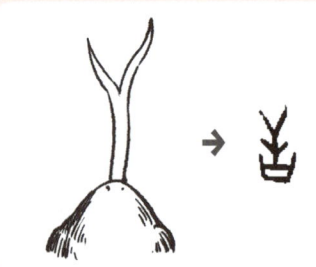

✱ 자원 풀이

한자 '舌'는 갑골문에 ''로 쓰여 있는데, 하단의 'ㅂ'는 입을 가리키고 상단의 'Y'는 툭 튀어나온 혀를 가리켜 혀를 입 밖으로 내밀고 있는 것처럼 보인다. '舌'의 본뜻은 '혀' 이다.

— 뜻 + 예문

명 혀

我想买点儿鸭舌吃。
Wǒ xiǎng mǎi diǎnr yāshé chī.
나는 오리혀를 좀 사서 먹고 싶다.

有的人舌头可以卷起来，有的人不能。
Yǒude rén shétou kěyǐ juǎn qilai, yǒude rén bù néng.
어떤 사람은 혀를 말 수 있고 어떤 사람은 말 수 없다.

— 연관 단어

鸭舌帽
yāshémào
헌팅캡

吐舌头
tǔ shétou
혀를 내밀다

— 표현 PLUS+

跟你真是白费口舌！
Gēn nǐ zhēn shì báifèi kǒushé!
너한테 말해봤자 정말 소용없네!

▶ 충고를 받아들이지 않기에 말해봤자 소용없음을 표현할 때 사용되는 비판의 말이에요. 대개 나이든 사람이 젊은 사람에게 말할 때 써요.

✱ 문화 Tip ✱

中医看舌苔 한의사는 설태를 본다
zhōngyī kàn shétāi

→ 한의사는 혓바닥의 색을 살핌으로써 병의 상태를 판단할 수 있는데, 이는 중국 전통의학의 수단 중 하나예요. 일반적으로 사람들은 혀의 표면에 흰색으로 된 얇은 크림같은 막을 가지고 있는 것이 정상인데, 몸이 약해지거나 아프면 혓바닥의 색은 변하게 돼요. 한의사는 그것에 기반해 진단을 한다고 하네요.

216 7획

shé/zhé

꺾을 절

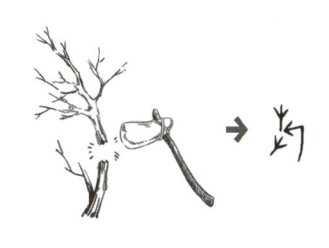

✱ 자원 풀이

한자 '折'는 갑골문에 '折'로 쓰여 있는데, 좌측의 '屮'는 두 개의 부러진 나뭇가지를 나타내고 우측의 '斤'는 '斤(jīn, 140 '斤')'으로 도끼를 가리킨다. '折'는 '도끼로 나무를 자르다'를 의미한다. '折'의 본뜻은 '부수다'이고, 확장된 의미는 '접다', '방향을 틀다', '할인' 등이다.

— 뜻 + 예문

1 동 꺾어지다, 부서지다

   骨折 gǔzhé 골절

   这支铅笔被我弄折了。 이 연필은 내가 부러뜨렸다.
   Zhè zhī qiānbǐ bèi wǒ nòngshé le.

2 접다

   把信折好装进信封里。
   Bǎ xìn zhéhǎo zhuāngjìn xìnfēng li.
   편지를 잘 접어서 편지 봉투 안에 넣어라.

3 동 방향을 틀다, 뒤집다

   事情出现了转折。 일에 전환이 생겼다.
   Shìqing chūxiàn le zhuǎnzhé.

4 명 할인

   各个商场在新年或其他节日时，总会打折促销。
   Gègè shāngchǎng zài xīnnián huò qítā jiérì shí, zǒng huì dǎzhé cùxiāo.
   각 매장은 새해 혹은 기타 기념일에 늘 할인행사를 한다.

— 연관 단어

折扣 zhékòu 명 할인

折磨 zhémó 동 학대하다, 괴롭히다

转折 zhuǎnzhé 동 전환하다

挫折 cuòzhé 동 좌절하다

— 표현 PLUS+

1 现在打折吗? 打几折?
   Xiànzài dǎzhé ma? Dǎ jǐ zhé?
   지금 할인하나요? 몇 퍼센트 할인인가요?
   ▶ 물건을 살 때 사용하는 흔한 표현이에요. 할인을 하는지, 한다면 얼마나 하는지 점원에게 물어볼 때 사용해요.

2 一美元折合多少人民币?
   Yì Měiyuán zhéhé duōshao Rénmínbì?
   1달러는 인민폐로 얼마인가요?
   ▶ 달러와 인민폐 사이의 환율을 물을 때 사용되는 표현이에요.

217 7획

shēn

身

몸 신

✱ 자원 풀이

한자 '身'은 갑골문에 '𣎴'로 쓰여 있는데, 배가 튀어나온 여인이 옆으로 서 있는 것처럼 보이며, 여인의 배는 임신을 했음을 가리킨다. '身'의 본 뜻은 '임신'이지만 오늘날은 사용되지 않고, 오늘날에는 '사람의 몸'을 가리킨다. '身'의 확장된 의미는 '인간 생명' 혹은 '사람들의 사회적 지위'이다.

— 뜻 + 예문

1 명 (사람의) 몸

他上身穿了一件白色的T恤，下身穿了一条蓝色的牛仔裤。
Tā shàngshēn chuān le yí jiàn báisè de T xù, xiàshēn chuān le yì tiáo lánsè de niúzǎikù.
그는 상반신은 흰색 티셔츠를 입었고 하반신은 파란색 청바지를 입었다.

2 인간 생명

消防员每次救人都奋不顾身。
Xiāofángyuán měi cì jiù rén dōu fènbúgùshēn.
소방관들은 매번 사람을 구하면서도 자기 생명은 돌보지 않는다.

3 사람들의 사회적 지위

我以你上司的身份命令你，立即开展市场调查。
Wǒ yǐ nǐ shàngsi de shēnfèn mìnglìng nǐ, lìjí kāizhǎn shìchǎng diàochá.
상사로서 명령하는 것이니, 즉각 시장조사를 실시하세요.

— 연관 단어

身体 shēntǐ 명 신체

身材 shēncái 명 몸매

随身 suíshēn 형 휴대하는

— 표현 PLUS+

1 最近身体怎么样？ | 身体还好吧？
Zuìjìn shēntǐ zěnmeyàng? Shēntǐ hái hǎo ba?
요즘 몸은 좀 어떠세요? 몸은 여전하시죠?
▶ 환자 또는 오랜만에 보는 중노년의 사람을 만났을 때 사용하는 인사말이에요.

2 祝您身体健康，万事如意。
Zhù nín shēntǐ jiànkāng, wànshì rúyì.
건강하시고, 뜻하는 대로 잘되기 바랍니다.
▶ 건강과 만사에 행운이 있기를 바라는 데 사용되는 축복의 표현으로, 젊은 사람이 나이든 사람에게 올릴 수 있어요.

218 9획

귀신 신

✻ 자원 풀이

한자 '神'은 금문에 '祕'로 쓰여 있는데, 좌측의 '示(礻)'은 이 한자가 '희생'과 관련되어 있음을 나타내고, 우측의 '申 shēn'은 '번개'를 의미한다. 고대 중국인들은 번개가 예측불가능하며 신비하고 강력했기 때문에 번개를 신으로 간주했다. '神'의 본뜻은 '신'이고, 확장된 의미는 '마법의', '정신' 등으로 사용된다.

— 뜻 + 예문

1 [명] 신

很多商家的家里都供奉财神。
Hěn duō shāngjiā de jiāli dōu gòngfèng cáishén.
사업을 하는 많은 집에서는 재물신을 모신다.

中国古代有很多著名的神话。
Zhōngguó gǔdài yǒu hěn duō zhùmíng de shénhuà.
중국고대에는 많은 유명한 신화가 있다.

2 [형] 마법의

你讲的故事真是太神奇了！
Nǐ jiǎng de gùshi zhēn shì tài shénqí le!
네가 말한 이야기 정말 너무 신기하다!

3 [명] 정신

他的精神有些异常。 그는 정신이 조금 이상하다.
Tā de jīngshén yǒuxiē yìcháng.

— 연관 단어

神秘 shénmì [형] 신비롭다
神仙 shénxiān [명] 신선
眼神 yǎnshén [명] 눈빛, 시력
出神 chūshén [동] 어떤 일에 너무 정신을 집중해서 표정이 멍청해지다, 넋을 놓다

— 표현 PLUS+

留神! 조심해!
Liúshén!
▶ 정신 차리라고 일깨울 때 사용하는 경고예요.

— 확장하기

한자 '神'의 우측에 있는 '申'은 다른 한자들의 구성 요소로 사용될 때 종종 한자의 우측에 놓여서 발음을 나타내요. 이 구성 요소를 가진 한자들은 대개 'shēn'으로 발음되지요.

[伸] shēn 뻗다
[呻] 呻吟 shēnyín 신음하다
[绅] 绅士 shēnshì 신사

219 5획

sheng

生

날 생

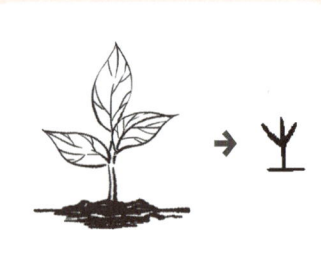

✱ 자원 풀이

한자 '生'은 갑골문에 '凵'로 쓰여 있는데, 땅에서 막 자라나고 있는 싹처럼 보인다. '生'의 본뜻은 '태어나다' 혹은 '성장하다'이며, 확장된 의미는 '목숨', '생존' 혹은 '생산하다, 발생하다'이다.

— 뜻 + 예문

1 [동] 태어나다

他生于北京。 그는 베이징에서 태어났다.
Tā shēngyú Běijīng.

2 목숨

很不幸，他在地震中丧生了。
Hěn búxìng, tā zài dìzhèn zhōng sàngshēng le.
불행히도 그는 지진 중에 목숨을 잃었다.

3 [동] 생산하다, 발생하다

大卫生病了，我们去看看他吧。
Dàwèi shēngbìng le, wǒmen qù kànkan tā ba.
데이비드가 병이 났으니 우리가 가 보자.

你怎么又生气了？ 넌 또 왜 화가 났어?
Nǐ zěnme yòu shēngqì le?

— 표현 PLUS+

生日快乐！ ｜ 祝你生日快乐！ 생일 축하해!
Shēngrì kuàilè!　Zhù nǐ shēngrì kuàilè!

▶ 생일을 축하할 때 쓰는 표현이에요.

✱ 문화 Tip ✱

十二生肖 열두 띠
shí'èr shēngxiào

→ 중국에는 십이지(열두 띠)가 있는데, 각각 다음의 열두 가지 동물이 대표해요. -쥐(鼠 shǔ), 소(牛 niú), 범(虎 hǔ), 토끼(兔 tù), 용(龙 lóng), 뱀(蛇 shé), 말(马 mǎ), 양(羊 yáng), 원숭이(猴 hóu), 닭(鸡 jī), 개(狗 gǒu), 돼지(猪 zhū)- 음력으로 계산한 한 해는 각각 한 가지 동물로 대표되며 그해 태어난 사람들의 띠는 그 동물의 특징을 지닌다고 해요. 예를 들어, 2025년은 뱀의 해이고, 2025년에 태어난 사람들은 뱀의 특징을 가진다고 하지요.

2020	2021	2022	2023	2024	2025
2026	2027	2028	2029	2030	2031

220 3획

shī

주검 시

– 뜻 + 예문

시체

树底下有很多虫子的尸体。
Shù dǐxià yǒu hěn duō chóngzi de shītǐ.
나무 아래에 벌레 시체가 많이 있다.

– 연관 단어

尸身 shīshēn 명 시신

尸骨 shīgǔ 명 해골

尸检 shījiǎn 통 부검하다

死尸 sǐshī 명 시체, 송장

僵尸 jiāngshī 명 강시

验尸 yànshī 통 시신을 부검하다

– 확장하기

'尸'의 뜻은 '시체'인데, 다른 한자들의 구성 요소로 사용될 때 종종 의미를 나타내요. 이 구성 요소를 가진 한자들은 대개 '인간' 혹은 '인간의 육체'와 관련되지요.

尸 +
- 比 [屁] pì 방귀
- 米 [屎] shǐ 대변
- 水 [尿] niào 소변
- 古 [居] 居住 jūzhù 살다
- 至 [屋] wū 집
- 毛 [尾] 尾巴 wěiba 꼬리

✱ 자원 풀이

한자 '尸'는 갑골문에 ' ⺈ '로 쓰여 있는데, 옆으로 앉은 사람으로 보인다. '尸'의 본뜻은 '제사 지내는 동안 고인의 영혼(귀신)을 대신하여 앉아 있는 사람'인데, 나중에는 '시체'를 가리키게 되었다.

221 2획

shí

열 십

✱ **자원 풀이**

한자 '十'는 갑골문에 '│'로 쓰여 있는데, 고대 중국에서 가로획은 '일 一 yī', '이 二 èr', '삼 三 sān'처럼 숫자를 나타내는 데에 사용되고, 세로획 '│'는 '십'을 나타내는 데에 사용되었다. 나중에는 점 혹은 짧은 가로획이 추가되었고, '10'은 '十'으로 쓰게 되었다. '十'의 본뜻은 '십, 10'이고 확장된 의미는 '최고의'이다.

– 뜻 + 예문

1 ㈜ 10, 십

他今年十岁了。 그는 올해 열 살이다.
Tā jīnnián shí suì le.

公司成立十年了。 회사 창립 10년이 되었다.
Gōngsī chénglì shí nián le.

2 최고의

我对这次考试有十足的信心。
Wǒ duì zhè cì kǎoshì yǒu shízú de xìnxīn.
나는 이번 시험에 대해 충분한 확신이 있다.

– 표현 PLUS+

1 这事儿八九不离十了。 이 일은 거의 다 되었다.
Zhè shìr bā jiǔ bù lí shí le.
▶ 8과 9 다음이 10이고, 10은 중국어로 '완전한 것'을 나타내기에, 이 문장은 어떤 일이 거의 성공했음을 보여 줄 때 사용해요.

2 ×××不可能十全十美。 XXX는 완벽할 수는 없다.
x x x bù kěnéng shíquán shíměi.
▶ 어떤 사람이나 일이 무결점할 수는 없음을 나타낼 때 종종 사용되는 표현이에요.

– 확장하기

壹佰叁拾陆元捌角肆分
yìbǎi sānshíliù yuán bā jiǎo sì fēn, ¥136.84

중국에서는 아라비아 숫자를 표기할 때 실수나 변경을 피하기 위해 기업 거래나 은행 거래 등 공식적인 경우에 대문자로 된 중국 숫자를 자주 표기해요. 예를 들면, **壹佰叁拾陆元捌角肆分** (yìbǎi sānshíliù yuán bā jiǎo sì fēn, ¥136.84)이 있어요. 아랍어 숫자와 한자의 대응은 다음과 같아요.

0	1	2	3	4	5	6	7	8	9	10
líng	yī	èr	sān	sì	wǔ	liù	qī	bā	jiǔ	shí
〇	一	二	三	四	五	六	七	八	九	十
零	壹	贰	叁	肆	伍	陆	柒	捌	玖	拾

222 5획

돌 석

— 뜻 + 예문

몡 돌

这条山路碎石很多，走路要小心。
Zhè tiáo shānlù suì shí hěn duō, zǒulù yào xiǎoxīn.
이 산길에는 자갈이 많으니 길을 걸을 때 조심해야 해.

— 표현 PLUS+

你这是搬起石头砸自己的脚。
Nǐ zhè shì bānqǐ shítou zá zìjǐ de jiǎo.
돌을 옮기다 자기 발을 다치게 한다.
▶ 남을 해치려다가 자기를 해치고 마는 것을 나타내는 생생한 표현으로, '제 발등을 제가 찍다', '자업자득이다'의 뜻이에요.

— 확장하기

다른 한자들의 구성 요소로 사용될 때 '石'는 종종 한자의 좌측에 놓여서 의미를 나타내는데, 그 한자들은 대개 '돌'과 연관되어 있어요.

石 + 专 [砖] zhuān 벽돌
宛 [碗] wǎn 주발
更 [硬] yìng 딱딱하다
卒 [碎] suì 깨어지다
而 [砸] zá 박살내다

✽ 자원 풀이

한자 '石'는 갑골문에 'ꜰ'로 쓰여 있는데, 돌(ㅂ) 옆에 있는 절벽(ꜰ)처럼 보인다. '石'의 본뜻은 '돌'이다.

✽ 문화 Tip ✽

石头剪刀布 가위바위보
shítou jiǎndāo bù

→ 중국에서 시작해서 현재는 전 세계 사람들이 사용하는 손가락 맞히기 게임이에요. 보(布)를 내는 사람은 바위(剪刀)를 선택한 사람에게 이기지만 가위(石头)를 선택한 사람에겐 지고, 바위를 내면 가위를 낸 사람을 이겨요. 이 게임은 순서를 정할 때 종종 사용해요.

223 8획

shí

实

열매 실 [實]

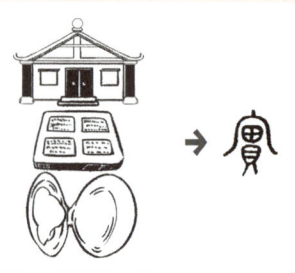

✱ 자원 풀이

한자 '实'는 금문에 ''로 쓰여 있는데, 상단의 '宀(宀)'는 집, 중간의 '田'는 '땅(田 tián, 249 '田')'을 나타내고, 하단의 '貝'는 부를 나타내는 '贝(bèi, 016 '贝')'이다. 그러므로 '实'는 '부유하다'를 나타낸다. 나중에 '田'과 '贝'는 '贯'으로 발전했다. '实'의 본뜻은 '부유하다'이며, 확장된 의미는 '가득차다', '진실하다' 혹은 '사실, 진실'이다.

- 뜻 + 예문

1 [형] 가득차다

这个铁球是实心的。 이 쇠공은 속이 꽉 차 있다.
Zhège tiěqiú shì shíxīn de.

2 진실한

说实话，我真的很喜欢她。
Shuō shíhuà, wǒ zhēn de hěn xǐhuan tā.
사실대로 말하면, 나는 그녀를 정말 좋아한다.

3 사실, 진실

实际上，学习外语并不难。
Shíjìshang, xuéxí wàiyǔ bìng bù nán.
사실, 외국어 학습은 결코 어렵지 않다.

- 연관 단어

实际 shíjì [명][형] 실제; 실제적인

实在 shízài [형] 실재의

实现 shíxiàn [동] 실현하다

确实 quèshí [형][부] 확실한; 확실히

现实 xiànshí [명] 현실

其实 qíshí [부] 사실

- 표현 PLUS+

说实话, …… 사실대로 말하자면
Shuō shíhuà, ……

▶ 다음에 나올 말은 사실이며 진실됨을 보여 주고자 할 때 쓰는 흔한 표현이에요.

- 확장하기

번체자 '實'는 한자 안에 구성 요소로서 '貝(돈)'를 가지고 있는데, 간체자 '实'가 되면서 '貝'가 사라졌어요. 유사한 한자로는 '买(사다)'와 '卖(팔다)'가 있는데, 본래 이 '貝'는 '돈'과 관련이 있어요.

买[買] mǎi 사다

卖[賣] mài 팔다

224 9획

shí

먹을 식

– 뜻 + 예문

1 음식

我早上没吃主食，现在有点儿饿了。
Wǒ zǎoshang méi chī zhǔshí, xiànzài yǒudiǎnr è le.
나는 아침에 주식을 먹지 않았더니 이제 좀 배고파졌다.

2 동 먹다

老虎、狮子都是食肉动物。
Lǎohǔ、shīzi dōu shì shí ròu dòngwù.
호랑이와 사자는 모두 육식동물이다.

– 연관 단어

食堂 shítáng 명 식당

食盐 shíyán 명 식염, 소금

零食 língshí 명 간식

– 확장하기

다른 한자의 구성 요소로 사용될 때 '食'는 종종 '饣'로 쓰이고 한자의 좌측에 놓여 의미를 나타내요. 이 구성 요소를 가진 한자들은 대개 '음식'이나 '먹는 것'에 관한 것이에요.

 +
包　[饱] bǎo 배부르다
交　[饺] 饺子 jiǎozi 교자
反　[饭] fàn 밥

✱ 자원 풀이

한자 '食'는 갑골문에 ''로 쓰여 있는데, 음식을 담는 용기처럼 생겼다. '食'의 본뜻은 '음식'이고 확장된 의미는 '먹다'이다.

✱ 문화 Tip ✱

日食 일식
rìshí

→ 달과 해, 지구가 일직선 안에서 움직이게 되어 달이 태양과 지구 사이에 있을 때, 달이 햇빛을 가려 그 그림자가 지구에 떨어지는데, 이것을 일식이라 해요. 고대 중국에서는 과학기술이 발전하지 않았기 때문에 사람들은 하늘의 개가 태양을 먹었다고 생각했기에 그 현상을 '일식'이라고 불렀어요.

225　5획

shǐ

사관 사

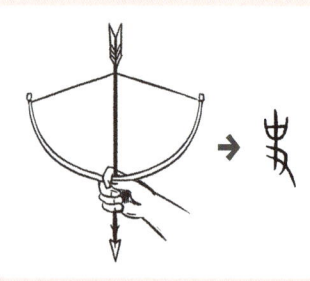

✳ 자원 풀이

한자 '史'는 갑골문에 ' '로 쓰여 있는데, 상단의 ' '는 사냥 도구처럼 보이고, 하단의 ' '는 '又(yòu, 318 '又')'이다. '史'의 본뜻은 '뭔가를 하다'이지만, 오늘날에는 더 이상 사용되지 않는다. '史'의 확장된 의미는 '역사 기록을 담당하는 관리'와 '역사'이다.

— 뜻 + 예문

역사

我的专业是世界史。
Wǒ de zhuānyè shì shìjièshǐ.
내 전공은 세계사이다.

— 연관 단어

史书 shǐshū 명 역사서

史学 shǐxué 명 역사학

历史 lìshǐ 명 역사

正史 zhèngshǐ 명 정사, 공식적 역사, 전기 형식으로 쓰인 역사서

— 표현 PLUS+

历史是一面镜子。　역사는 거울이다.
Lìshǐ shì yí miàn jìngzi.
▶ 역사가 마치 거울처럼 동시대 사람들에게 참고가 되고 영감을 주며 오늘날 우리는 역사에서 교훈을 얻을 수 있다는 것을 묘사하기 위해 사용되는 말이에요.

— 확장하기

다음의 유사한 한자들을 구별해 보세요.

[史] 历史 lìshǐ 역사

[丈] 丈夫 zhàngfu 남편

[吏] 官吏 guānlì 정부의 관리

[更] gèng 더, 더욱

226 5획

shì

示

보일 시

✱ 자원 풀이

한자 '示'는 갑골문에 'ㅜ'로 쓰여 있는데, 제사에서 제물을 두는 제단처럼 보인다. '示'의 본뜻은 '행운과 불운을 알려달라고 신에게 기도하는 것'이고, 확장된 의미는 '알려주다, 보여 주다'이다.

– 뜻 + 예문

알리다, 보여 주다

请示领导意见 상사에게 의견을 여쭙다(구하다)
qǐngshì lǐngdǎo yìjiàn

有不明白的，请举手示意。
Yǒu bù míngbai de, qǐng jǔ shǒu shìyì.
이해가 안 되는 것이 있으면 손을 들어 주세요.

– 연관 단어

示范 shìfàn 통 시범을 보이다
示意 shìyì 통 의사를 표시하다
示威 shìwēi 통 시위하다
展示 zhǎnshì 통 전시하다
出示 chūshì 통 내보이다
表示 biǎoshì 통 표시하다

– 확장하기

1 '示'의 본뜻은 '제사'와 관련되는데, 다른 한자의 구성 요소로 사용될 때 '示'는 좌측 부분에 놓여서(종종 '礻'로 쓰임) 의미를 나타낼 수 있어요. 그러한 한자들은 대개 '제사지내다' 혹은 '기도하다'에 관한 것이에요.

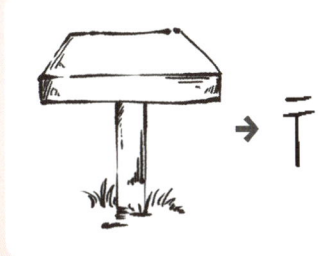

礻 +
乚 [礼] lǐ 예식
兄 [祝] zhù 축원하다
且 [祖]祖宗 zǔzong 조상
申 [神] shén 신

2 '礻'와 '衤'의 차이에 유의하세요.

A 礻 (示 shì 기도하다)

[祝] zhù 바라다
[福] 祝福 zhùfú 축복하다
[祖] 祖宗 zǔzong 조상

B 衤 (衣 yī 옷)

[袜] 袜子 wàzi 양말
[裙] 裙子 qúnzi 치마
[裤] 裤子 kùzi 바지

227 8획

shì

视

볼 시 [視]

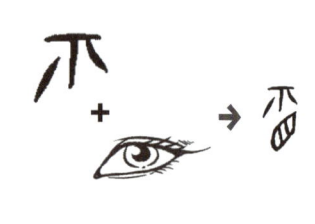

✱ 자원 풀이

한자 '视'는 갑골문에 '👁'로 쓰여 있다. 상단의 '朩'는 '示 shì'로 한자에서 좌측 부분에 놓일 때 '礻'라고 쓰고 발음을 나타낸다. 하단의 '👁'는 '见(jiàn, 130 '见')으로 이 한자가 '무언가를 봄'과 관련된다는 것을 나타낸다. '视'의 본뜻은 '보다'이며 확장된 의미는 '감시하다'이다.

— 뜻 + 예문

1 보다

人老了，视力下降了。
Rén lǎo le, shìlì xiàjiàng le.
사람이 늙으면 시력이 저하된다.

现在很多小学生就已经是近视眼了。
Xiànzài hěn duō xiǎoxuéshēng jiù yǐjīng shì jìnshìyǎn le.
요즘은 많은 초등학생이 이미 근시이다.

2 감시하다 (＊监视 jiānshì 동 감시하다)

节日期间，领导多次来视察工作。
Jiérì qījiān, lǐngdǎo duō cì lái shìchá gōngzuò.
명절 기간에 지도자가 여러 차례 작업을 시찰하였다.

— 연관 단어

视力 shìlì 명 시력

视线 shìxiàn 명 시선

视频 shìpín 명 동영상

电视 diànshì 명 TV, 텔레비전

重视 zhòngshì 동 중시하다

忽视 hūshì 동 무시하다

— 표현 PLUS+

1 注意保护视力！ 시력 보호에 유의하세요!
Zhùyì bǎohù shìlì!
▶ 시력을 보호하라고 환기시키는 말이에요.

2 视情况而定。 상황을 봐 가면서 결정할게.
Shì qíngkuàng ér dìng.
▶ 확정된 계획이나 해결책이 없으며 결정은 현실에 따라 유동적일 필요가 있음을 나타낼 때 사용해요.

228 9획

shì

室

집 실

뜻 + 예문

명 방

我想租一套有厨房和客厅的一居室。
Wǒ xiǎng zū yí tào yǒu chúfáng hé kètīng de yì jūshì.
나는 주방과 거실이 하나씩 있는 원룸을 월세로 구하고 싶다.

我们在主楼301教室上课。
Wǒmen zài zhǔlóu sān líng yāo jiàoshì shàngkè.
우리는 본관 301호 교실에서 수업한다.

연관 단어

室外 shì wài 실외
室内 shì nèi 실내
教室 jiàoshì 명 교실
卧室 wòshì 명 침실

표현 PLUS+

室内禁止吸烟! 실내 흡연 금지!
Shì nèi jìnzhǐ xī yān!
▶ 실내에서 흡연하지 않도록 환기시키는 데에 사용하는 경고문이에요.

확장하기

집의 정확한 명칭을 알아보아요.

阳台 yángtái 발코니
卧室 wòshì 침실
卫生间 wèishēngjiān 화장실
厨房 chúfáng 주방
客厅 kètīng 거실

✱ 자원 풀이

한자 '室'는 갑골문에 '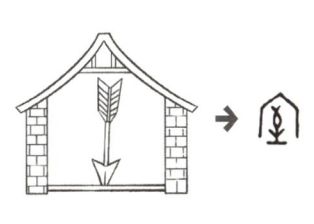'로 쓰여 있는데, 겉을 싸고 있는 '∩(宀)'는 방을 나타내고, '❤'는 '至(zhì, 345 '至')'로 안쪽에서는 화살이 그 자리에 발사되었음을 의미하기에, '室'는 화살이 떨어지는 장소를 가리킨다. '室'의 본뜻은 '방'이고, 현재는 일반적으로 '집'을 나타낸다.

229

shǒu

손 수

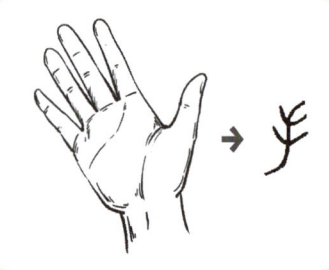

✻ 자원 풀이

한자 '手'는 금문에 ' '로 쓰여 있는데, 오른손처럼 보인다. '手'의 본뜻은 '손'이고, 확장된 의미는 '어떤 일을 잘 하는 사람'이다.

– 뜻 + 예문

1 명 손
   有问题大家可以举手提问。
   Yǒu wèntí dàjiā kěyǐ jǔ shǒu tíwèn.
   여러분 문제가 있으면 손을 들어 질문하세요.

2 특정 직업에 능숙한 사람
   她是香港很有名的歌手。
   Tā shì Xiānggǎng hěn yǒumíng de gēshǒu.
   그녀는 홍콩의 유명한 가수이다.

– 연관 단어

手表 shǒubiǎo 명 손목시계
手机 shǒujī 명 핸드폰
手术 shǒushù 명 동 수술(하다)
握手 wòshǒu 동 악수하다
分手 fēnshǒu 동 헤어지다
对手 duìshǒu 명 호적수, 상대

– 확장하기

다른 한자의 구성 요소로 사용될 때 '手'는 좌측에 놓일 수 있고 (종종 '扌'로 쓴다) 하단에 놓일 때는 주로 의미를 나타내요. 그러한 한자들은 대개 '손'과 관련되지요.

A '手'가 좌측에 있을 때:

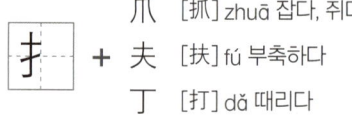

扌 + 爪 [抓] zhuā 잡다, 쥐다
    夫 [扶] fú 부축하다
    丁 [打] dǎ 때리다

B '手'가 하단에 있을 때:

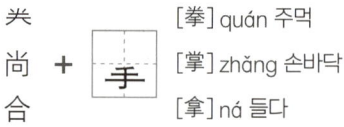

关   [拳] quán 주먹
尚 + 手 [掌] zhǎng 손바닥
合   [拿] ná 들다

230 8획

shòu

받을 수

— 뜻 + 예문

1 동 받다

受到帮助的当地群众都非常感谢政府。
Shòudào bāngzhù de dāngdì qúnzhòng dōu fēicháng gǎnxiè zhèngfǔ.
도움을 받은 현지의 군중은 모두 정부에 매우 감사했다.

2 동 겪다, 받다

受批评 shòu pīpíng 비판을 받다

我的腿受伤了。 내 다리에 상처가 났다.
Wǒ de tuǐ shòushāng le.

3 동 견디다

北方人受不住南方夏季的高温。
Běifāngrén shòu bu zhù nánfāng xiàjì de gāowēn.
북쪽 사람들은 남쪽의 여름 더위를 견디지 못한다.

— 연관 단어

受气 shòuqì 동 모욕을 당하다

受累 shòulèi 동 고생하다, 수고하다

感受 gǎnshòu 명 동 인상, 느낌; (영향을) 받다

难受 nánshòu 형 견딜 수 없는, 괴로운

— 표현 PLUS+

1 您受累了！ 수고하셨습니다!
Nín shòulèi le!
▶ 도움을 준 사람에게 감사함을 표현할 때 쓰는 정중한 표현이에요. 짐을 들어주는 등 다른 사람을 돕는 데 많은 힘이나 에너지를 소비했을 때 써요.

2 让你受委屈了！ 섭섭하게 해 드렸네요!
Ràng nǐ shòu wěiqu le!
▶ 다른 사람이 어떤 이유로 누명을 쓰거나 억울함을 당했을 때 이해나 감사를 표현하기 위해 사용해요. 위로의 의미로 나이든 사람이 젊은 사람에게 사용할 수 있어요.

✳ 자원 풀이

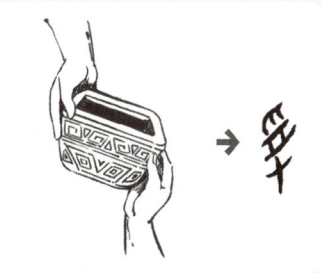

한자 '受'는 갑골문에 '🦴'로 쓰여 있는데, 상단의 '⺈'와 하단의 '又'는 둘 다 손이며, 중간에 있는 '冖'는 음식을 담는 용기를 가리켜 사람이 다른 사람에게 물건을 넘겨줌을 의미한다. '受'는 본래 '주다'와 '받다' 모두를 의미했지만 나중에는 '받다'만 의미하게 되었다. '受'의 확장된 의미는 '고통받다' 혹은 '견디다'이다. '扌'가 추가된 '授(shòu, 231 授)'는 '주다'를 의미한다.

231 11획

shòu

줄 수

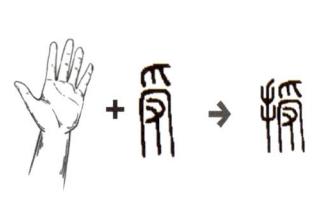

뜻 + 예문

1 주다

学校授予李老师"先进工作者"的称号。
Xuéxiào shòuyǔ Lǐ lǎoshī "xiānjìn gōngzuòzhě" de chēnghào.
학교는 이 선생님에게 '선진작업자'의 칭호를 수여했다.

省政府授权市政府处理此事。
Shěngzhèngfǔ shòuquán shìzhèngfǔ chǔlǐ cǐ shì.
성정부는 시정부에 이 일을 처리할 권한을 주었다.

2 전수하다, 가르치다

教师传授知识，学生接受教育。
Jiàoshī chuánshòu zhīshi, xuésheng jiēshòu jiàoyù.
교사는 지식을 전수하고 학생은 교육을 받는다.

今天，由李教授给大家授课。
Jīntiān, yóu Lǐ jiàoshòu gěi dàjiā shòukè.
오늘 이 교수가 모두에게 수업을 한다.

✱ 자원 풀이

한자 '授'는 '손'과 관련이 있음을 나타내는 '扌'와 발음을 나타내는 '受(shòu, 230 '受')'로 구성되어 있다. 실제로 '授'는 '受'에서 나왔다. '受'는 본래 '주다'와 '받다'를 모두 다 나타냈지만 나중에는 '받다'만 의미하게 되었고, 후에 '扌'가 붙은 '授'가 '주다'를 나타내기 위해 사용됐다.

✱ 문화 Tip ✱

授人以鱼不如授人以渔。
Shòu rén yǐ yú bùrú shòu rén yǐ yú.
물고기를 주는 것보다 물고기 잡는 법을 가르쳐 주는 것이 낫다.

→ 뭔가를 바로 주는 것보다 그것을 하는 방법을 알려주는 것이 더 낫다는 뜻을 전달할 때 사용하는 관용구예요. 예를 들어, 교사가 학생들에게 지식을 그냥 알려주는 것보다 지식을 얻을 수 있는 학습 방법을 가르쳐 주는 것이 더 낫다고 말할 수 있어요.

232 4획

shū

书

글 서 [書]

— 뜻 + 예문

1 쓰다, 기록하다
现在很多小学生学习书法。
Xiànzài hěn duō xiǎoxuéshēng xuéxí shūfǎ.
현재 많은 초등학생이 서예를 배운다.

2 몡 책
我想买一本学习汉字的书。
Wǒ xiǎng mǎi yì běn xuéxí Hànzì de shū.
나는 한자학습서 한 권을 사고 싶다.

3 문서
我看不懂这个中文说明书。
Wǒ kàn bu dǒng zhège Zhōngwén shuōmíngshū.
나는 이 중국어 설명서를 보고도 이해를 못 하겠다.

— 연관 단어

书店 shūdiàn 몡 서점

书包 shūbāo 몡 책가방

图书 túshū 몡 도서, 책

证书 zhèngshū 몡 증서

楷书 kǎishū 몡 해서(한자 자체의 한 가지로 예서(隷書)에서 변형 됨)

书生　　　　书呆子　　　书虫
shūshēng　　shūdāizi　　shūchóng
서생　　　　독서광　　　책벌레

✱ 자원 풀이

한자 '书'는 금문에 '𦘒'로 쓰여 있는데, 상단의 '𦘒(聿 yù)'는 쓰기 위해서 손(⺕)으로 붓(丨)을 잡고 있는 것을 보여 주어 이 한자가 '쓰기'와 관련 있음을 나타낸다. 하단의 '者'(者 zhě)'는 발음을 나타낸다. 번체자 '書'는 '书'로 간화되었다. '书'의 본뜻은 '쓰다' 혹은 '기록하다'이며, 확장된 뜻은 '책' 혹은 '문서'이다.

✱ 문화 Tip ✱

中国书法 중국 서예
Zhōngguó shūfǎ

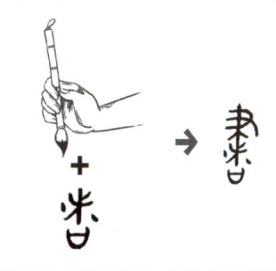

→ 텍스트의 미를 표현하는 한 형식인 서예는 독특한 중국 전통예술로서, 펜 서예, 붓 서예 등을 포함해요. 일반적으로, 서예는 붓으로 한자를 쓰는 기술을 가리키는데, 중국 서예는 소리 없는 음악과 같고 보이지 않는 춤과 같다고 이야기해요.

233 7획

shù

묶을 속

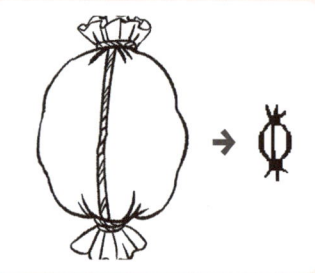

✳ 자원 풀이

한자 '束'는 금문에 '🗘'로 쓰여 있는데, 밧줄로 묶은 주머니로 보인다. '束'의 본뜻은 '묶다'이다. 함께 묶인 사물들을 나타내는 양사로도 사용된다. 또한 '구속하다'라는 의미로도 확대된다.

─ 뜻 + 예문

1 동 묶다

   她喜欢穿束腰的裙子。
   Tā xǐhuan chuān shù yāo de qúnzi.
   그녀는 허리를 묶는 치마를 즐겨 입는다.

2 양 다발, 묶음

   ▶ 꽃, 빨대 등 다발, 묶음을 세는 양사예요.
   先生，买一束花吧。
   Xiānsheng, mǎi yí shù huā ba.
   선생님, 꽃 한 다발 사세요.

3 억누르다, 제지하다

   孩子到了别人家，都觉得有点儿拘束。
   Háizi dào le biéren jiā, dōu juéde yǒudiǎnr jūshù.
   아이들은 남의 집에 가면 모두 조금 어색함을 느낀다.

─ 연관 단어

束缚 shùfù 동 속박하다

束手 shùshǒu 동 손을 묶다

拘束 jūshù 형 어색한, 불편한

约束 yuēshù 동 구속하다

─ 확장하기

'束'는 '木(mù, 176 '木')'와 '口 kǒu'로 이루어져 있어요. 두 부분은 다른 장소에 놓여 다른 한자들을 형성할 수 있어요.

A '木' 위에 '口'가 있을 때:

   口 + 木 = [呆] dāi 둔하다

B '木' 안에 '口'가 있을 때:

   口 + 木 = [束] shù 묶다

C '木' 아래에 '口'가 있을 때:

   口 + 木 = [杏] xìng 자두

234 9획

shù

나무 수 [樹]

– 뜻 + 예문

1 몡 나무

夏天，孩子们常在大树下玩耍。
Xiàtiān, háizimen cháng zài dà shù xià wánshuǎ.
여름에 아이들은 종종 큰 나무 아래에서 논다.

公园的四周有很多杨树。
Gōngyuán de sìzhōu yǒu hěn duō yángshù.
공원의 사방에는 수양나무가 많이 있다.

2 통 세우다

他一直想树立一个救世主的形象。
Tā yìzhí xiǎng shùlì yí ge jiùshìzhǔ de xíngxiàng.
그는 줄곧 구세주의 이미지를 수립하고 싶어 했다.

– 연관 단어

树木 shùmù 몡 수목

树苗 shùmiáo 몡 묘목

柳树 liǔshù 몡 버드나무

果树 guǒshù 몡 과일나무

✻ 생각해 보기 한자 추측하기

'又进村了 yòu jìn cūn le'에 해당하는 한자는?

▷ 답 树 shù 나무

'又'는 '다시'의 뜻이 아니라 '又' 자체로 해석되어야 하고, '村'은 자형 자체를 의미하므로, '木 + 又 + 寸'를 합하면 '树'가 답!

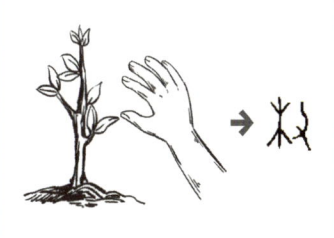

✻ 자원 풀이

한자 '树'는 갑골문에 '𣏂'로 쓰여 있는데, 손(又, 손의 측면)으로 나무(木)를 심는 것처럼 보인다. '树'는 본래 '심다'를 의미하며, 확장된 의미로는 '세우다'를 의미한다. '나무'를 가리킬 수도 있다.

✻ 문화 Tip ✻

植树节 식목일
Zhíshù Jié

→ 나라마다 고유한 식목일이 있는데, 중국의 식목일은 매해 3월 12일이에요. 식목일은 땅을 푸르게 하고 환경을 보호하기 위해 나무를 심도록 격려하기 위해 정해졌어요.

235 4획

shuāng

쌍 쌍 [雙]

✵ 자원 풀이

한자 '双'은 초기에는 '雙'로 쓰였다. '雔(雔)'는 새 두 마리로 보이고, '㕛(又 yòu, 318 '又')'는 손처럼 보이기에, '雙'는 한 손으로 새 두 마리를 잡는 것을 나타낸다. '双'의 본 뜻은 '새 두 마리'이고, 후에 그 한자는 일반적으로 '쌍'을 가리키게 되었고, 그 의미는 '짝수'로 확장되었다. 또 싹을 이룬 사물들을 묘사하는 양사로도 사용될 수 있다.

– 뜻 + 예문

1 형 한 쌍의

双胞胎 shuāngbāotāi 쌍둥이

北京有很多双层公交车。
Běijīng yǒu hěn duō shuāng céng gōngjiāochē.
베이징에는 많은 이층버스가 있다.

2 형 짝수의

2、4、6、8等是双数。
Èr, sì, liù, bā děng shì shuāngshù.
2, 4, 6, 8 등은 짝수이다.

3 양 짝, 켤레

▶ 짝을 이룬 사물들을 가리킬 때 쓰는 양사예요.

一双鞋 신발 한 켤레
yì shuāng xié

三双袜子 양말 세 켤레
sān shuāng wàzi

– 표현 PLUS+

双喜临门，恭喜恭喜！
Shuāngxǐ línmén, gōngxǐ gōngxǐ!
좋은 일이 겹쳐서 오네요, 축하합니다!

▶ 좋은 일이 여러 가지 있을 때 축하하기 위해 사용해요. 예를 들어, 결혼이 예정되어 있는데 승진까지 하게 됐을 때 쓸 수 있어요.

✵ 문화 Tip ✵

小客车单双号限行 차량이부제
xiǎo kèchē dān shuānghào xiànxíng

→ 도시에 차량 수가 증가하면서, 교통체증이 더욱더 심각해졌어요. 여러 도시에서는 정부의 승인을 받아, 원활한 교통을 확보하기 위해 중요한 날에 차량 2부제를 실시하고 있어요. 일반적으로, 번호판의 마지막 숫자가 홀수인 차는 홀수날에 운행할 수 있고, 짝수인 차는 짝수날에 운행할 수 있지요.

236 4획

shuǐ

水

물 수

＊ 자원 풀이

한자 '水'는 갑골문에 ''로 쓰여 있는데, 한자의 가운데 부분은 물이 굽이쳐 흐르는 것으로 보이고, 좌우의 점들은 물방울을 나타낸다. '水'의 본뜻은 '강'이고, 후에 '물'을 가리키게 되었다. '水'의 확장된 의미는 '액체같은 물'이다.

— 뜻 + 예문

1 명 물

我有点儿渴, 给我倒杯水吧。
Wǒ yǒudiǎnr kě, gěi wǒ dào bēi shuǐ ba.
나 목이 좀 마르네, 물 한 잔 줘.

2 명 즙, 용액

这种药水太苦了。 이 물약은 너무 쓰다.
Zhè zhǒng yàoshuǐ tài kǔ le.

— 연관 단어

水果 shuǐguǒ 명 과일

水平 shuǐpíng 명 수준

冰水 bīngshuǐ 명 얼음물

开水 kāishuǐ 명 끓인 물

— 표현 PLUS+

请节约用水。 물을 아껴 쓰세요.
Qǐng jiéyuē yòng shuǐ.
▶ 물의 귀중함과 물 절약의 필요성을 보여주기 위해 사용되는 환경보호용 홍보 슬로건이에요.

— 확장하기

다른 한자의 구성 요소로 사용될 때 '水'는 종종 좌측에 놓여 '氵'로 쓰여서 의미를 나타내요. 이 구성 요소를 가진 한자들은 대개 '물'이나 '강'과 관련되지요.

氵 + 工 [江] jiāng 강
可 [河] hé 강
胡 [湖] hú 호수
每 [海] hǎi 바다
良 [浪] làng 파도

237 5획

SĪ

司

맡을 사

✱ 자원 풀이

한자 '司'는 갑골문에 '𠮷'로 쓰여 있는데, '㇀'는 옆으로 서 있는 사람으로 보이며 팔이 바깥으로 뻗어 있다. 'ㅂ'는 '口 kǒu'이며 '말하다'를 의미한다. '司'는 사람이 말을 하는 동안 손을 뻗고 있음을 보여주는데, 그가 지시를 내리고 있음을 암시한다. '司'의 본뜻은 '담당하다, 주관하다'이다.

— 뜻 + 예문

담당하다, 주관하다

他是军队的司令，威望很高。
Tā shì jūnduì de sīlìng, wēiwàng hěn gāo.
그는 군대의 사령관으로서, 위엄과 명망이 높다.

— 연관 단어

司机 sījī 몡 운전사

司法 sīfǎ 동 사법

公司 gōngsī 몡 회사

官司 guānsi 몡 소송

— 확장하기

'司'가 포함된 몇몇 단어의 의미는 '司'의 분석을 바탕으로 결론 내릴 수 있어요.

司机 sījī → 司 + 机 기계 = 기계를 담당하는 사람, 기사

司令 sīlìng → 司 + 令 지시 = 지시를 내리는 사람, 사령관

司仪 sīyí → 司 + 仪 예의 = 예절 담당자, 의식 주관자

✱ 문화 Tip ✱

司南——指南针 나침반
sīnán — zhǐnánzhēn

→ 고대 중국은 네 개의 중요한 발명 즉, 제지(製紙), 인쇄, 화약, 나침반에 기여했어요. 나침반의 선구자인 '司南'은 '남쪽을 가리키는 도구'를 의미해요. 여기서 '南'은 방향을 가리키는데, 즉 자석이 남쪽을 가리킨다는 원리에 기반하여 만들어졌고, 의미도 거기에서 나왔어요.

238 5획

sī

명주실 **사** [絲]

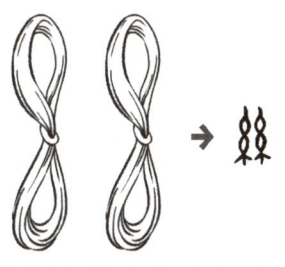

✱ 자원 풀이

한자 '丝'는 금문에 ''로 쓰여 있는데, 비단실 두 줄로 보인다. '丝'는 본래 '비단'을 의미하며, 나중에 '비단직물' 일반을 가리키게 되었다. 그 한자는 '얇고 비단같은 것', '극히 작다'로 의미가 확장되었다.

— 뜻 + 예문

1. 몡 비단

   中国的丝绸世界闻名。
   Zhōngguó de sīchóu shìjiè wénmíng.
   중국의 비단은 세계적으로 유명하다.

2. 몡 가늘고 비단같은 것

   我爱吃炒土豆丝。 나는 감자채볶음을 먹기 좋아한다.
   Wǒ ài chī chǎotǔdòusī.

3. 양 오라기, 가닥
   ▶ 극소량을 의미해요.

   丝毫不差，完全准确。
   Sīháo bú chà, wánquán zhǔnquè.
   조금도 틀리지 않고 완전히 정확하다.

   张老师是个一丝不苟的人。
   Zhāng lǎoshī shì ge yìsī bùgǒu de rén.
   장 선생님은 빈틈없는 사람이다.

— 확장하기

다른 한자의 구성 요소로 사용될 때 '丝'는 종종 좌측 부분에서 '纟'로 쓰여 의미를 나타내요. 이 구성 요소를 가진 한자들은 대개 '비단' 혹은 '줄'과 관련되지요.

	戋	[线] xiàn 선
	周	[绸] 丝绸 sīchóu 비단
纟 +	吉	[结] jié 매듭
	只	[织] zhī 직조하다
	氏	[纸] zhǐ 종이
	黾	[绳] shéng 밧줄

✱ 문화 Tip ✱

丝绸之路 비단길, 실크로드
sīchóu zhī lù

→ 비단은 고대 중국에서 발명되었는데, 많은 비단과 비단직물들이 중국의 깐쑤성(甘肅省)과 신장위구르자치구(新疆維吾尔自治区)에서 서아시아와 유럽으로 옮겨졌어요. 그때 운반에 쓰였던 길이 나중에 '비단길(丝绸之路)'로 불리게 되었지요. 비단을 배달하던 바닷길은 '해상비단길'로 불려요.

239 7획

SĪ

사 사

✻ 자원 풀이

한자 '私'는 소전에 '🔣'로 쓰여 있는데, 좌측의 '🔣'은 '禾 hé'로 그 한자가 '수확'과 연관됨을 나타내고, 우측의 '🔣'는 'ㄙ sī'로서 이 한자의 발음을 나타낸다. 이 한자는 본래 개인적으로 소유한 일종의 '禾'를 의미하는데, 지금은 '사적이다'를 의미한다. '私'의 확장된 의미는 '이기적이다' 혹은 '밀수하다'이다.

─ 뜻 + 예문

1 사적인

   他拥有一架私人飞机。
   Tā yōngyǒu yí jià sīrén fēijī.
   그는 전용비행기를 한 대 가지고 있다.

   我找你有点儿私事。
   Wǒ zhǎo nǐ yǒu diǎnr sīshì.
   내가 너한테 조금 사적인 일을 말해 줄게.

2 이기적이다

   大公无私 공평무사하다, 공평하여 사사로움이 없다
   dàgōng wúsī

   这孩子从小就很自私。
   Zhè háizi cóngxiǎo jiù hěn zìsī.
   이 아이는 어려서부터 이기적이었다.

─ 연관 단어

私人 sīrén 명 개인, 민간

私自 sīzì 부 제멋대로, 몰래

隐私 yǐnsī 명 사생활

走私 zǒusī 동 밀수하다

─ 표현 PLUS+

你是不是藏私房钱了？
Nǐ shì bu shì cáng sīfángqián le?
당신 쌈짓돈 감춘 거 있죠?

▶ 상대방에게 감춰둔 돈이 있는지 묻는 표현으로, 주로 부부간에 대개는 아내가 남편에게 사용해요.

─ 확장하기

'私'는 본래 'ㄙ'라고 썼는데, 'ㄙ'를 구성 요소로 가진 한자들은 다음과 같아요.

[公] 公司 gōngsī 회사

[勾] 勾结 gōujié 공모하다, 결탁하다

[么] 怎么 zěnme 어떻게

[弘] 弘扬 hóngyáng 확대·발전시키다

240 6획

sǐ

死

죽을 사

✱ 자원 풀이

한자 '死'는 금문에 ' ' 로 쓰여 있는데, 사람(, 人 rén, 204 '人')이 시체( ) 앞에 무릎을 꿇고서 애도하는 것을 의미한다. '死'의 본뜻은 '죽다'이나 이제는 '극히 심하다'를 의미한다.

— 뜻 + 예문

1. 동 죽다 (*死亡 sǐwáng 명 사망)

    这些树苗都死了。 이 묘목들은 다 죽었다.
    Zhèxiē shùmiáo dōu sǐ le.

2. 형 극히 심한

    热死了。 더워 죽겠어.
    Rèsǐ le.

    我要饿死了。 나 배고파 죽겠어.
    Wǒ yào èsǐ le.

— 표현 PLUS+

1. 你就死心吧！ 단념해!
    Nǐ jiù sǐxīn ba!
    ▶ 희망을 버리라고, 마음을 접으라고 조언할 때 사용해요.

2. 人死不能复生，请节哀。
    Rén sǐ bù néng fùshēng, qǐng jié'āi.
    죽은 사람은 살아날 수 없으니, 그만 슬퍼하세요.
    ▶ 고인의 가족이나 친척을 위로하려고 할 때, 지나치게 슬퍼하지 않도록 설득하는 표현이에요.

— 확장하기

1. '葬 zàng'은 '죽음'과 관련되고, 그 의미는 '시신을 묻다'예요.

     (갑골문)
    안(囗)에 시신( )이 있는 관을 묻은 다음, 풀( )이 무덤 위로 자라난 모습.

     (소전체)
    상단과 하단의 ' '는 '풀'이고 중간 부분의 ' '는 '죽음 + 짚풀로 만든 자리'로 '수풀 속에 묻다'는 뜻.

    葬 (간체자)
    상단 부분은 '艹(풀)'이고, 중간 부분은 '死(죽음)'이며, 하단 부분은 '廾'.

2. '죽음'을 나타내는 완곡한 중국어 표현들

    去世 qùshì ǀ 逝世 shìshì ǀ 离世 líshì

241 5획

sì

四

넉 사

✻ 자원 풀이

한자 '四'는 초기에는 '𦘒'로 썼는데, 본뜻은 '코의 점액'이다. 숫자 '四'는 갑골문에 '亖'로 쓰여 있는데, 날숨 소리가 '亖'의 발음과 유사하기에, 본래 호흡을 나타내던 '四'는 숫자 '4'를 가리키기 위해 사용된다.

— 뜻 + 예문

수 4, 사

我们放四天假。 우리는 나흘간 휴가다.
Wǒmen fàng sì tiān jià.

我们班的学生来自四面八方。
Wǒmen bān de xuésheng láizì sìmiàn bāfāng.
우리 반의 학생은 방방곡곡에서 왔다.

— 연관 단어

四季 sìjì 명 사계절

四处 sìchù 명 모든 곳

四周 sìzhōu 명 사방

四肢 sìzhī 명 사지

— 확장하기

중국어 음절에는 네 개의 성조가 있어요. ā(1성), á(2성), ǎ(3성), à(4성). 다음의 표로 성조를 익히는 법을 익혀 보세요.

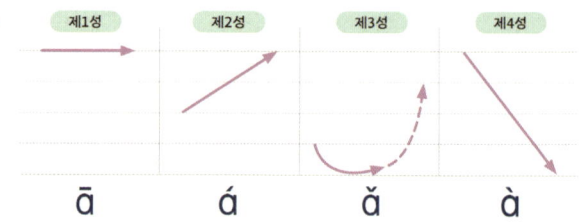

✻ 문화 Tip ✻

四合院 사합원
sìhéyuàn

→ 사합원은 중국의 전통적인 건축스타일이에요. 사방의 방들로 둘러싸인 한 가운데에 정원이 있기에 이러한 이름이 생겼지요. 지금도 여전히 베이징의 후통(胡同 hútòng)에는 사합원들이 있어요.

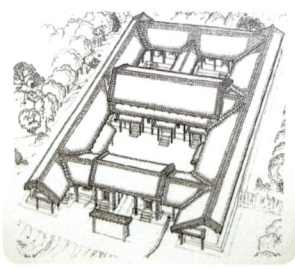

242 12획

sōu

搜

찾을 수

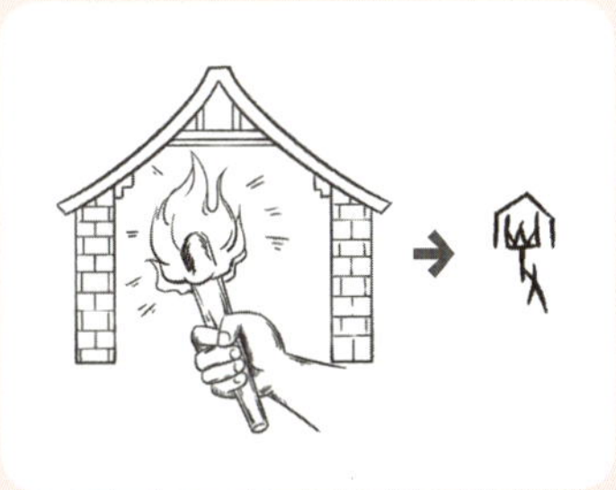

✳ 자원 풀이

한자 '搜'는 갑골문에 '(叟)'로 쓰여 있는데, 상단에 '(宀)'가 있고, 중간에 '(횃불)'이 있으며, 하단에 '(又 yòu, 손, 318 '又')'가 있다. 이 한자는 '손에 횃불을 들고 무언가를 찾다'를 의미하였으나, 나중에 '扌'가 '叟'의 좌측에 붙어 '搜'가 되어 손과의 관련성을 더 분명히 보여 준다. '搜'의 확장된 의미는 '수색하다'이다.

– 뜻 + 예문

1 동 찾다

上网搜一下就知道了。
Shàngwǎng sōu yíxià jiù zhīdào le.
인터넷에서 찾아보면 금방 안다.

2 동 체크하다

警察正在门口对犯人进行搜身。
Jǐngchá zhèngzài ménkǒu duì fànrén jìnxíng sōushēn.
경찰은 입구에서 범인을 수색하고 있다.

什么也没搜着。 아무 것도 못 찾았다.
Shénme yě méi sōuzháo.

– 연관 단어

搜查 sōuchá 동 수사하다

搜寻 sōuxún 동 찾다

搜救 sōujiù 동 찾아서 구조하다

搜刮 sōuguā 동 수탈하다

搜集 sōují 동 수집하다

搜捕 sōubǔ 동 수사하여 체포하다

– 확장하기

'搜'의 우측 부분인 '叟'는 다른 한자의 구성 요소로 사용될 때 종종 우측 부분에 놓여 발음을 가리키며, 그 한자들은 대개 'sōu/shòu'로 발음돼요.

A sōu [艘] sōu 척 [배를 세는 양사]
[馊] sōu (음식이) 쉬다, 쉰내가 나다
[嗖] sōu 윙, 휙 [신속하게 지나가는 소리를 나타냄]

B shòu [瘦] shòu (몸매가) 마르다

243

suì

해 세 [歲]

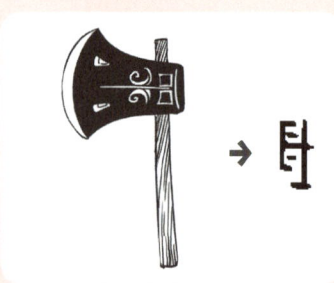

✻ 자원 풀이

한자 '岁'는 갑골문에 '탉'로 쓰여 있는데, 장식된 도끼 모양이다. '岁'의 본뜻은 '알곡을 거두다'인데, 오늘날에 이 뜻은 사용되지 않는다. 알곡들은 한 해에 한 번 추수되기 때문에, 확장된 의미로 '岁'는 '해, 년'을 가리킨다. 매해 한 살씩 먹기 때문에 '나이'도 의미한다.

뜻 + 예문

1. 해, 년

   岁末，很多商家都在打折促销。
   Suìmò, hěn duō shāngjiā dōu zài dǎzhé cùxiāo.
   연말에 많은 상가가 할인 프로모션을 한다.

2. 수 나이

   我女儿今年四岁了。 우리 딸은 올해 네 살이 됐다.
   Wǒ nǚ'ér jīnnián sì suì le.

연관 단어

岁月 suìyuè 명 세월

岁数 suìshu 명 나이

年岁 niánsuì 명 나이

岁岁平安 suìsuì píng'ān 해마다 평안하다

표현 PLUS+

1. 你今年几岁了？ 너는 올해 몇 살이니?
   Nǐ jīnnián jǐ suì le?
   ▶ 아이에게 나이를 물을 때 써요.

2. 祝您长命百岁！ 장수하세요!
   Zhù nín chángmìng bǎisuì!
   ▶ 나이 든 어른의 생신에 건강하고 오래 사시도록 축복을 빌 때 사용해요.

✻ 문화 Tip ✻

压岁钱 세뱃돈
yāsuìqián

→ 춘제에 중국인들은 아이들에게 세뱃돈을 줘요. 악의 기운과 귀신을 쫓음으로써 아이들이 건강하고 안전해져 운이 좋기를 바라는 것이지요. 세뱃돈은 행운을 상징하는 붉은 봉투에 담아야 하는데, 오늘날 사람들의 생활수준이 향상됨과 함께 액수도 커지고 있어요.

244 6획

sūn

孙

손자 손 [孫]

✱ 자원 풀이

한자 '孙'은 소전에 ''로 쓰여 있는데, 좌측의 '𤰔'는 '子(zǐ 아들, 357 '子')'이고, 우측의 '𢆶'는 '系(xì, 271 '系')'로, '계승, 상속'을 가리킨다. '孫'은 본뜻이 '손자'인데, 아들의 아들로 혈통이 연속됨을 보여 준다. '孫'의 확장된 의미는 '손자와 같은 세대의 친척'이다. 간체자 '孙'에서 좌측 부분은 '子'이고 우측 부분은 '小(xiǎo 작다, 283 '小')'이다.

– 뜻 + 예문

1 손자

国家的发展要考虑子孙后代的未来。
Guójiā de fāzhǎn yào kǎolǜ zǐsūn hòudài de wèilái.
국가의 발전은 자손 후대의 미래를 고려해야 한다.

2 손자와 같은 항렬의 친족

我外孙学习很好。 외손자가 공부를 잘 한다.
Wǒ wàisūn xuéxí hěn hǎo.

– 확장하기

다음 '家族树(가족 관계도)'를 알아보세요.

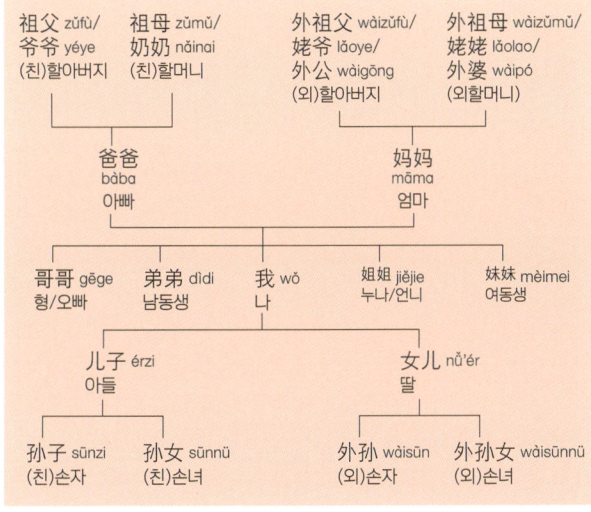

✱ 문화 Tip ✱

孙悟空 손오공
Sūn Wùkōng

→ 손오공은 중국의 '사대기서(四大奇书)' 중 하나인 《서유기(西游记 Xīyóu Jì)》에 나오는 영리하고 용감한 캐릭터예요. 손오공은 자신의 엄청난 능력으로, 불경을 구하러 서방으로 가는 당나라 승려를 보호하고, 여러 곤경에도 굴하지 않고 마침내 성공해내지요. 손오공은 '미후왕(美猴王)'이라고도 불려요.

245 10획

suǒ

索

노 삭, 찾을 색

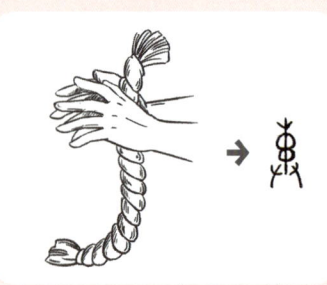

✳ **자원 풀이**

한자 '索'는 갑골문에 ''로 쓰여 있는데, 두 손()으로 줄()을 비비는 것 같다. '索'의 본뜻은 '굵은 밧줄'이고, 오늘날 보통 사용되는 의미는 '찾다'이다.

— 뜻 + 예문

1 굵은 밧줄 혹은 줄 같은 것
这里有一座铁索桥。
Zhèli yǒu yí zuò tiěsuǒqiáo.
여기에는 현수교가 있다.

2 찾다
警察们四处搜索也没有找到那名逃犯。
Jǐngchámen sìchù sōusuǒ yě méiyǒu zhǎodào nà míng táofàn.
경찰들이 도처에서 수색했으나 그 도주범을 찾지 못했다.

— 연관 단어

索取 suǒqǔ 통 독촉하여 받아내다
索赔 suǒpéi 통 배상을 청구하다
绳索 shéngsuǒ 명 로프
线索 xiànsuǒ 명 단서

— 확장하기

'索'의 하단은 '糸 mì'로, '丝(sī 실크, 238 '丝')' 중 하나예요. 이 한자는 다른 한자의 구성 요소로 사용될 때 종종 하단에 배치되며, 이는 '纟'와 마찬가지의 의미를 나타내요. 이 구성 요소를 지닌 한자들은 대부분 '줄'이나 '실크'와 관련이 있지요. 오늘날 여러 문자들이 이제 더 이상 '실크'와 관련이 없지만, 원래 의미는 이와 관련이 있어요.

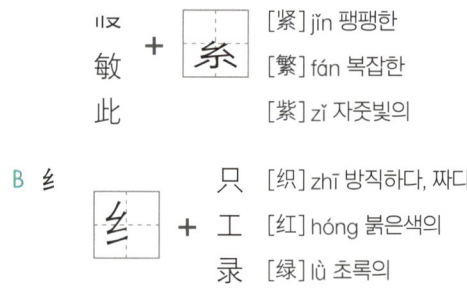

A 糸 田   [累] lèi 피곤한
        臤   [紧] jǐn 팽팽한
        敏 + 糸 [繁] fán 복잡한
        此   [紫] zǐ 자줏빛의

B 纟   只   [织] zhī 방직하다, 짜다
       工   [红] hóng 붉은색의
       录   [绿] lǜ 초록의

246 5획

tā

它

다를 **타**

- 뜻 + 예문

[대명] 그것

牛奶对身体好，你把它喝了吧。
Niúnǎi duì shēntǐ hǎo, nǐ bǎ tā hē le ba.
우유는 건강에 좋으니 너 그거 마셔.

- 확장하기

1 다른 한자의 구성 요소로 사용될 때 '它'는 종종 우측에 놓여서 발음을 가리키는데, 그 한자들은 대개 'tuó'로 발음돼요.

鸟			[鴕] 鸵鸟 tuóniǎo 타조
马	+	它	[驼] 骆驼 luòtuo 낙타
石			[砣] 秤砣 chèngtuó 저울추
土			[坨] tuó 덩어리, 더미

2 중국어의 세 번째 인칭 대명사로 쓰여요.

他 tā 그	她 tā 그녀	它 tā 그것
他们 tāmen 그들(적어도 한 명이 남성임)	她们 tāmen 그녀들(모두가 여성)	它们 tāmen 그것들(모두가 동물이거나 사물)

他们 그들 　 她们 그녀들 　 它们 그것들

✹ 자원 풀이

한자 '它'는 금문에 '𠃓'로 쓰여 있는데, 뱀처럼 보인다. '它'의 본뜻은 '뱀'인데, 오늘날에는 더 이상 그런 뜻으로 사용되지 않는다. 후에 '그것'을 의미하는 대명사로 사용되었으며, '它'의 왼쪽에 '虫(chóng 벌레, 047 '虫')'을 덧붙인 '蛇'로서 뱀을 가리킨다.

247 10획

téng

아플 동

✱ 자원 풀이

한자 '疼'은 '疒'와 '冬 dōng'으로 이루어져 있다. '疒'는 병 때문에 침상에 누워 땀을 흘린다는 의미이고, '冬'은 발음을 나타낸다. '疼'의 본뜻은 '병'이다. 다치거나 아플 때에는 불편함을 느낄 것이기에, '疼'은 확장된 의미로 '질병', '고통스러운'을 가리킨다. 또 '~을 좋아한다'를 의미하기도 한다.

– 뜻 + 예문

1 [형] 고통스러운

头疼 tóu téng 두통 | 牙疼 yá téng 치통

大夫，我嗓子疼。 의사선생님, 저 목이 아파요.
Dàifu, wǒ sǎngzi téng.

2 [동] 좋아하다

丈夫很疼他妻子。 남편은 아내를 몹시 아낀다.
Zhàngfu hěn téng tā qīzi.

– 연관 단어

疼痛 téngtòng [형] 고통스러운

疼爱 téng'ài [동] 좋아하다

心疼 xīnténg [동] 몹시 아끼다

– 표현 PLUS+

真让人心疼。 정말 사람 마음 아프게 하네.
Zhēn ràng rén xīnténg.

▶ 무언가를 꺼리거나 무언가가 아쉽다는 것을 보여 주는 일반적인 표현이에요. 예를 들어 새로 구입한 휴대폰이 고장 나서 사람들을 안타깝게 한다는 표현을 할 때 써요.

– 확장하기

'疼'의 일부인 '疒'는 다른 한자의 구성 요소로 사용될 때 종종 의미를 나타내는데, 그 한자들은 대개 '아픔' 혹은 '통증'과 관련되지요.

疒 + 丙 [病] bìng 병
　　 甬 [痛] tòng 통증
　　 矢 [疾] 疾病 jíbìng 질병
　　 艮 [痕] 痕迹 hénjì 흔적
　　 正 [症] 病症 bìngzhèng 병의 증세

248 4획

tiān

하늘 천

— 뜻 + 예문

1 [명] 하늘

我喜欢去草原旅游，那里有干净的蓝天、白云。
Wǒ xǐhuan qù cǎoyuán lǚyóu, nàli yǒu gānjìng de lántiān、báiyún.
나는 초원 여행을 좋아하는데, 그곳에는 깨끗한 푸른 하늘과 흰 구름이 있다.

2 [명] 날씨

夏天了，天越来越热了。
Xiàtiān le, tiān yuèláiyuè rè le.
여름이 되면 날씨가 점점 더워진다.

3 [명] 24시간, 하루

今天是2017年7月15号。
Jīntiān shì èrlíngyīqī nián qī yuè shíwǔ hào.
오늘은 2017년 7월 15일이다.

— 연관 단어

天气 tiānqì [명] 날씨

天真 tiānzhēn [형] 천진한

航天 hángtiān [동] 항공

聊天儿 liáotiānr [동] 한담(閑談)하다

— 표현 PLUS+

1 明天天气怎么样？ 내일 날씨는 어때?
Míngtiān tiānqì zěnmeyàng?
▶ 내일의 날씨를 물을 때 흔히 쓰는 표현이에요.

2 我的天哪！ 맙소사!
Wǒ de tiān na!
▶ 놀라움을 표현할 때 사용해요.

✱ 자원 풀이

한자 '天'은 금문에 ' '로 쓰여 있는데, 머리 꼭대기에 초점을 둔 채 서 있는 사람으로 보인다. '天'의 본뜻은 '머리꼭대기'이다. 하늘이 머리 꼭대기 위에 있기 때문에 '하늘'도 가리킨다. '天'의 확장된 의미에는 '날씨', '천성', 혹은 '24시간, 하루'가 포함된다.

— 확장하기

흔한 날씨 현상을 중국어로 어떻게 말하는지 알아봐요.

晴	多云	阴	小雨	小雪	雾
qíng	duōyún	yīn	xiǎoyǔ	xiǎoxuě	wù
맑음	구름 많음	흐림	비가 조금 내림	눈이 조금 내림	안개

249 5획

tián

田

밭 전

✳ **자원 풀이**

한자 '田'은 갑골문에 '田'로 쓰여 있는데, 사각형 들판처럼 보인다. 네 면은 농사를 짓는 땅을 나타내고 가운데는 능선을 나타낸다. '田'의 본 뜻은 원래 '농지'를 의미하며, 확장된 의미로 '광업 지역'을 의미한다.

— 뜻 + 예문

1 몡 밭

我们应该保护农田。　우리는 농지를 보호해야 한다.
Wǒmen yīnggāi bǎohù nóngtián.

我家种了几亩水田、几亩旱田。
Wǒ jiā zhòng le jǐ mǔ shuǐtián、jǐ mǔ hàntián.
우리 집은 몇 묘의 논과 밭이 있다.

2 채굴 지역

这里有个大型油田。　여기에는 대형 유전이 있다.
Zhèli yǒu ge dàxíng yóutián.

— 연관 단어

田野 tiányě 몡 들판　　麦田 màitián 몡 보리밭
田径 tiánjìng 몡 육상 경기　稻田 dàotián 몡 논

— 확장하기

1 다른 한자의 구성 요소로 사용될 때 '田'은 상단과 하단 혹은 좌측에 위치할 수 있어요.

A '田'이 상단에 있을 때:

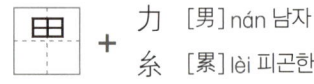 + 力　[男] nán 남자
　　　　　　 糸　[累] lèi 피곤한

B '田'이 하단에 있을 때:

　[备] 准备 zhǔnbèi 준비(하다)
　　　　　　[留] liú 머물다

C '田'이 좌측에 있을 때:

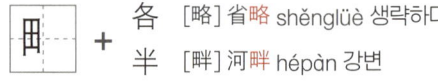　各　[略] 省略 shěnglüè 생략하다
　　　　　　 半　[畔] 河畔 hépàn 강변

2 밭에서 흔히 보는 작물의 중국어 이름을 알아봐요.

玉米　　　　大豆　　　　小麦
yùmǐ　　　　dàdòu　　　　xiǎomài
옥수수　　　대두　　　　밀

250 9획

tíng

亭

정자 **정**

✻ 자원 풀이

'亭'은 '亠'과 '丁 dīng'으로 이루어져 있다. '亠'는 그 한자가 '高 gāo 높은'와 연관되어 있음을 가리키는데, 이는 사실상 '高'에서 '口 kǒu'가 빠진 것이기 때문이다. 이 한자에서 '丁'은 발음을 가리킨다. '亭'의 본뜻은 쉬고자 하는 사람을 위해 길 위에 설치되어 있는 '정자'이고, 확장된 의미는 '정자를 닮은 집'이다.

— 뜻 + 예문

1 정자
游人在公园里的亭子下休息。
Yóurén zài gōngyuán li de tíngzi xià xiūxi.
여행객들이 공원 안의 정자에서 쉰다.

2 정자를 닮은 집
马路两边常有卖报纸杂志的报亭。
Mǎlù liǎng biān cháng yǒu mài bàozhǐ zázhì de bàotíng.
대로 양쪽에는 늘 신문잡지를 파는 가판대가 있다.

— 연관 단어

电话亭
diànhuàtíng
전화부스

报刊亭
bàokāntíng
신문잡지 가판대

凉亭
liángtíng
정자

— 확장하기

'亠'는 '亭'의 일부예요. '亠'는 종종 한자의 상단에 위치하며, 다른 한자들의 구성 요소로 사용될 때 그 한자가 '높이'와 관련이 있음을 가리켜요. 예를 들면 한자 '亮(liàng 밝음)'에서는 발음을 가리키며, 그 한자들은 대개 'háo'라고 발음돼요.

 +
几 [亮] liàng 밝은
毛 [毫] 毫米 háomǐ mm, 밀리미터
豕 [豪] 自豪 zìháo 자랑스러워하는

251 10획

통할 통

✱ 자원 풀이

'通'은 '걷다'와 연관되어 있음을 가리키는 '辶'와 발음을 가리키는 '甬 yǒng'로 구성되어 있다. '通'의 본뜻은 '분명하고 방해받지 않는'이고 확장된 뜻은 '전달하다, 의사소통하다' 이다. '방해받지 않는'을 의미하기에, 그 의미는 '~를 통해서'로까지 확장된다.

– 뜻 + 예문

1 통 관통하다, 방해받지 않다

水管是通的。 수관은 뚫려 있다.
Shuǐguǎn shì tōng de.

2 통 전달하다, 전하다

放假通知 휴가 통지
fàngjià tōngzhī

给他通个电话。 그에게 전화해 봐.
Gěi tā tōng ge diànhuà.

3 일반적인

通常，夏天和冬天学校要放暑假和寒假。
Tōngcháng, xiàtiān hé dōngtiān xuéxiào yào fàng shǔjià hé hánjià.
통상적으로 여름과 겨울에 학교는 여름방학과 겨울방학을 한다.

– 연관 단어

通过 tōngguò 통접 ~을 통하다; ~을 통해서

通行 tōngxíng 통 통행하다, 지나가다

通常 tōngcháng 부 통상

畅通 chàngtōng 통 막힘없이 잘 통하다

流通 liútōng 통 유통되다

精通 jīngtōng 통 정통하다

– 표현 PLUS+

条条大路通罗马。 모든 길은 로마로 통한다.
Tiáotiáo dàlù tōng Luómǎ.
▶ 목표가 다양한 방식으로 성취될 수 있음을 보여 주는 데에 사용된다. 로마는 목적 혹은 목표를 상징한다.

– 확장하기

'通'의 일부인 '甬'은 다른 한자의 구성 요소로 사용될 때 종종 발음을 나타내는데, 그 한자들은 대개 'tong/yong'으로 읽혀요.

A tong
[痛] tòng 고통
[桶] tǒng (원형) 통

B yong
[勇] yǒng 용감한
[涌] yǒng 물이 솟아나다

252 6획

tóng

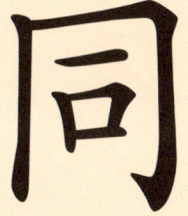

같을 동

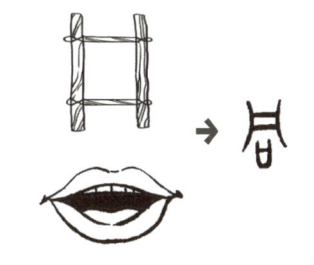

— 뜻 + 예문

1 [형] 동일한

我们班的同学虽然来自不同的国家，但大家关系特别好，像一家人一样。
Wǒmen bān de tóngxué suīrán láizì bù tóng de guójiā, dàn dàjiā guānxì tèbié hǎo, xiàng yì jiā rén yíyàng.
우리 반의 학생들은 비록 서로 다른 나라에서 왔지만 모두들 관계가 특별히 좋아서 마치 한가족과 같다.

2 공통된

这是我们共同的心愿。
Zhè shì wǒmen gòngtóng de xīnyuàn.
이것은 우리의 공통된 바람이다.

— 연관 단어

同心 tóngxīn [동] 한 마음이다

同意 tóngyì [동] 동의하다

同学 tóngxué [명] 급우

陪同 péitóng [동] 동반하다

连同 liántóng [접] ~와 함께, ~와 같이

合同 hétong [명] 계약

— 표현 PLUS+

祝你们永结同心，百年好合。
Zhù nǐmen yǒngjié tóngxīn, bǎinián hǎohé.
너희들 영원히 한마음 한뜻으로 백년해로하기를 바라.
▶ 신혼부부에게 영원히 행복하게 사랑하기를 바라는 축하의 말이에요.

— 확장하기

다음의 유사한 한자들을 구별해 보세요.

[同] tóng 동일한

[内] nèi 내부의

[肉] ròu 고기, 살

[网] wǎng 그물

✻ 자원 풀이

한자 '同'은 갑골문에 '冃'로 쓰여 있는데, 상단의 '冂'는 네 사람이 모여 운반해야 하는 도구와 같고, 하단의 '廿'는 '口 kǒu'인데 '말하다'를 의미한다. '同'은 네 사람이 비밀번호를 이용해, 일치된 행동을 취한다는 것을 보여 준다. '同'의 본뜻은 '함께 무슨 일을 하다'이고, 확장된 의미는 '동일한' 혹은 '공통된'이다.

253 9획

tū

突

부딪칠 돌

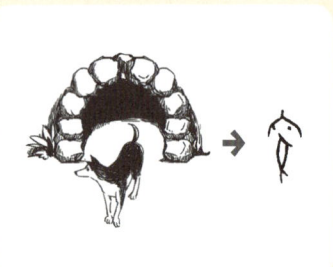

✶ 자원 풀이

한자 '突'는 '穴(xué, 295 '穴')와 '犬 quǎn'으로 구성된다. '穴'가 '동굴'을 의미하고 '犬'이 개를 의미하기에, 개가 갑자기 동굴에서 뛰쳐나옴을 보여준다. '突'의 본뜻은 '앞으로 돌진하다, 뛰쳐나오다'이며, 확장된 의미는 '갑자기'이다.

– 뜻 + 예문

1 [동] 돌진하다, 뛰쳐나오다

大家共同努力，突破难关，一定能取得胜利。
Dàjiā gòngtóng nǔlì, tūpò nánguān, yídìng néng qǔdé shènglì.
모두들 함께 노력하여 난관을 돌파해 반드시 승리를 얻을 수 있을 것이다.

2 [부] 갑자기 (*突然 tūrán [부] 갑자기)

事情发生得太突然了。 일이 갑자기 생겼다.
Shìqing fāshēng de tài tūrán le.

– 연관 단어

突破 tūpò [동] 돌파하다

突出 tūchū [동] 두드러지다

突起 tūqǐ [동] 갑자기 출현하다

冲突 chōngtū [동] 충돌하다

– 확장하기

'突'는 동굴에서 뛰쳐나오는 개의 이미지에서 '갑자기'라는 추상적 의미가 생겼어요. 이처럼 '犬(quǎn 개/狗 gǒu)'과 별개로 '豕(shǐ 돼지/猪 zhū)'도 한자를 형성하는 데에 이용돼요.

A 犬

[哭] kū = 吅 + 犬
– 본뜻: 짖다
– 흔히 사용되는 의미: 울다

[然] rán = 夕 + 犬 + 灬
– 본뜻: 불(灬)에서 구운 개(犬)고기(夕), 불태움을 가리킴
– 흔히 사용되는 의미: 그러함

B 豕

[家] jiā = 宀 + 豕
– 본뜻: 집(宀) 아래에 있는 돼지, 거주하는 장소를 가리킴
– 흔히 사용되는 의미: 가족

[逐] zhú = 豕 + 辶
– 본뜻: 돼지를 따라 달리는(辶) 사람, '쫓아가다'를 의미함
– 흔히 사용되는 의미: 쫓아가다

254 3획

tŭ

土

흙 토

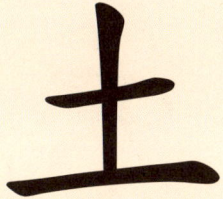

✱ 자원 풀이

한자 '土'는 갑골문에 ''로 쓰여 있는데, 땅 위에 있는 무언가의 더미처럼 보인다. '土'의 본뜻은 '흙, 땅'이고, 확장된 의미는 '영토'이다.

— 뜻 + 예문

1 [명] 흙, 땅

门前的土路，下雨天很不好走。
Ménqián de tǔlù, xià yǔ tiān hěn bù hǎo zǒu.
문 앞의 흙길은 비오는 날에는 걷기가 힘들다.

2 영토

你们国家的国土面积是多少?
Nǐmen guójiā de guótǔ miànjī shì duōshao?
너희 나라의 국토 면적은 얼마야?

— 연관 단어

土地 tǔdì [명] 토지

土豆 tǔdòu [명] 감자

国土 guótǔ [명] 국토

风土 fēngtǔ [명] 풍토

— 확장하기

'土'가 다른 한자의 구성 요소로 사용될 때에는 한자의 좌측이나 하단에 놓여서 종종 의미를 나타내는데, 그 한자들은 대개 '흙, 땅'과 관련돼요.

A '土'가 좌측에 있을 때:

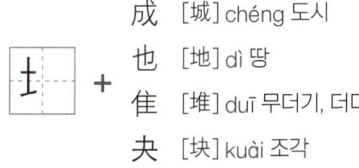

成 [城] chéng 도시
也 [地] dì 땅
隹 [堆] duī 무더기, 더미
夬 [块] kuài 조각

B '土'가 하단에 있을 때:

莫
其
小 +
ㅆㅆ

[墓] mù 무덤
[基] 基本 jīběn 기본
[尘] 尘土 chéntǔ 먼지
[坐] zuò 앉다

255 8획

tù

兔

토끼 **토**

✳ 자원 풀이

한자 '兔'는 갑골문에 ''로 쓰여 있는데, 귀와 꼬리가 강조된 토끼의 측면같다. '兔'의 본뜻은 '토끼'이다.

– 뜻 + 예문

몡 토끼

我家养了两只小白兔。
Wǒ jiā yǎng le liǎng zhī xiǎo bái tù.
우리 집에서는 두 마리 작은 흰 토끼를 키웠다.

兔子非常可爱。 토끼는 매우 귀엽다.
Tùzi fēicháng kě'ài.

– 확장하기

'兔'를 '免 miǎn'과 혼동하기 쉬운데, 이들 사이의 유일한 차이점이 점의 유무뿐이기 때문이에요. 이처럼 유사한 형태의 한자 세트들은 다음과 같으니 함께 알아보아요.

A [矛] 矛盾 máodùn 모순
　　[予] 给予 jǐyǔ 주다

B [龙] lóng 용
　　[尤] 尤其 yóuqí 특히

C [幼] 幼儿 yòu'ér 유아
　　[幻] 幻想 huànxiǎng 환상

D [叉] chā 포크
　　[又] yòu 다시, 또

E [户] 开户 kāihù 계좌를 개설하다
　　[尸] 尸体 shītǐ 시체

✳ 문화 Tip ✳

龟兔赛跑 토끼와 거북의 경주
guī tù sàipǎo

→ 토끼와 거북이라는 유명한 우화예요. 어느날, 거북과 토끼가 경주를 하게 되었어요. 토끼는 한참을 달리다가 거북이 한참 뒤쳐졌음을
발견하고는 우쭐해하며 잠들었어요. 그러나 거북은 쉬지 않고 달려서 비로소 도착점에 도착했고 토끼는 그제서야 겨우 깨어났어요. 이 이야기는 겸손함이 앞으로 나아가는 데 도움을 주는 반면, 자만심은 뒤쳐지게 만든다는 교훈을 알려줘요.

256 5획

wài

밖 외

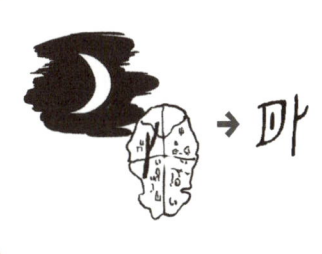

– 뜻 + 예문

1 밀접한 관련이 없다, 소원하다

外人是看不明白的。 외부인은 알아볼 수 없다.
Wàirén shì kàn bu míngbai de.

2 명 외부

外面下雨了。 바깥에 비가 온다.
Wàimiàn xià yǔ le.

3 명 너머

他已经到了八百公里以外的地方了。
Tā yǐjīng dào le bābǎi gōnglǐ yǐwài de dìfang le.
그는 이미 800킬로미터 바깥에 도착했다.

– 연관 단어

外表 wàibiǎo 명 겉모습

外交 wàijiāo 명 외교

另外 lìngwài 대명 부 그밖에; 달리

例外 lìwài 명 동 예외(로 하다)

– 표현 PLUS+

别见外, 多吃点儿。 사양 마시고, 많이 드세요.
Bié jiàn wài, duō chī diǎnr.

▶ 주인이 집에서 음식을 대접할 때 손님에게 하는 정중한 표현이에요. 손님에게 너무 점잔 차릴 필요 없이 음식을 들라는 의미이지요.

✻ 자원 풀이

한자 '外'는 금문에 '㐅'로 쓰여 있는데, 왼쪽의 '刀'는 '달(月 yuè, 328 '月')'이고 오른쪽의 'ㅏ'는 '점치기(卜 bǔ)'이다. 고대인들은 항상 낮에 신을 모셨으며 밤에 신을 모시는 것은 예외적인 일이었다. '外'의 확장된 의미는 '밀접한 관련이 없다' 또는 '멀리 있다'이다. 이제 일반적으로 '밖'과 '너머'를 의미한다.

✻ 문화 Tip ✻

母亲、姐妹和女儿方面的亲属
mǔqīn、jiěmèi hé nǚ'ér fāngmiàn de qīnshǔ
어머니, 자매 그리고 딸 쪽의 친척

→ 중국에서 친족은 친가와 외가로 엄격히 나뉘어요. 어머니쪽 친척은 '외(外)'를 붙여 예를 들어, 어머니의 아버지를 '외조부(外祖父 wàizǔfù)', 어머니의 어머니는 '외조모(外祖母 wàizǔmǔ)'라고 불러요. 여기서 '나'는 '외조부'와 '외조모'의 '외손(外孙 wàisūn)' 혹은 '외손녀(外孙女 wàisūnnǚ)'예요.

257 3획

wàn

일만 **만** [萬]

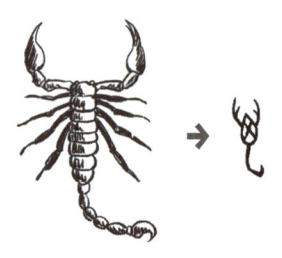

✽ 자원 풀이

한자 '万'은 갑골문에 ' '로 쓰여 있는데, 전갈 모양이다. '万'의 본뜻은 '전갈같은 벌레'인데, 오늘날은 사용되지 않는다. 후에 '万'은 숫자 '만'을 가리키게 되었고 '많은' 혹은 '절대적으로, 극단적으로'로 의미가 확장되었다.

— 뜻 + 예문

1 ㈜ 10000, 일만
   这个足球场可以容纳三万人。
   Zhège zúqiúchǎng kěyǐ róngnà sānwàn rén.
   이 축구장은 3만 명을 수용할 수 있다.

2 많은
   春天，万物都复苏了。
   Chūntiān, wànwù dōu fùsū le.
   봄에는 만물이 다 소생한다.

3 ㈜ 대단히, 매우
   这种伤害别人的事，万不能做。
   Zhè zhǒng shānghài biéren de shì, wàn bù néng zuò.
   남을 해치는 이런 일은 절대 해서는 안 된다.

— 표현 PLUS+

祝您万事如意！ 모든 일이 뜻대로 되기를 바랍니다!
Zhù nín wànshì rúyì!
▶ 매사 행운과 성공을 기원할 때 사용하는 축복의 말이에요.

— 확장하기

중국어에서의 계산 단위는 오름차순으로 '십(十 shí)', '백(百 bǎi)', '천(千 qiān)', '만(万 wàn)', '십만(十万)', '백만(百万)', '천만(千万)', '억(亿 yì)'이에요. 예를 들면, 다음과 같이 읽을 수 있어요.

예 5,984,376,912
오십구억팔천사백삼십칠만육천구백일십이
五十九亿八千四百三十七万六千九百一十二

✽ 문화 Tip ✽

麻将 마작
májiàng

→ 마작은 고대 중국에서 발명된 4인용 게임이에요. 마작에는 세 가지 종류의 간단한 패가 있는데, 즉 '만(万 wàn)', '병(饼 bǐng)', '조(条 tiáo)'예요. 일반적으로 마작은 통용되는 고정된 룰이 있지만, 지역에 따라 세부적으로 차이가 있어요.

258 6획

wǎng

网

그물 **망** [網]

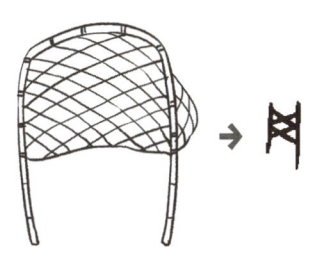

✻ 자원 풀이

한자 '网'은 갑골문에 'ᙏ'로 쓰여 있는데, 새나 짐승을 잡는 큰 그물 모양으로, 이 한자의 본뜻이기도 하다. 후에 '网'은 '여러 종류의, 그물 모양의 것'을 가리키게 되었고, 현대사회에서는 '컴퓨터 네트워크, 인터넷'을 가리킨다.

— 뜻 + 예문

1. 몡 그물

   他织了一张大网。 그는 큰 그물 하나를 짰다.
   Tā zhī le yì zhāng dà wǎng.

2. 몡 컴퓨터 네트워크, 인터넷

   网吧 pc방 | 网络 네트워크 | 互联网 인터넷
   wǎngbā   wǎngluò   hùliánwǎng

   他每天上一个小时网。
   Tā měi tiān shàng yí ge xiǎoshí wǎng.
   그는 매일 한 시간씩 인터넷 서핑을 한다.

   我的银行卡没有开通网上银行业务。
   Wǒ de yínhángkǎ méiyǒu kāitōng wǎngshàng yínháng yèwù.
   나의 은행카드는 인터넷 뱅킹을 개통하지 않았다.

— 연관 단어

鱼网	蜘蛛网	球网
yúwǎng	zhīzhūwǎng	qiúwǎng
그물	거미줄	골망, 네트

— 표현 PLUS+

1. 这儿能上网吗? 여기서 인터넷에 접속할 수 있나요?
   Zhèr néng shàngwǎng ma?
   ▶ 방에 인터넷이 되는지 여부를 물을 때 사용해요.

2. 这儿有wifi吗? 여기에 와이파이가 있나요?
   Zhèr yǒu wifi ma?
   ▶ 그 장소에 무료 와이파이가 있는지 물을 때 사용해요.

3. 三天打鱼，两天晒网。
   Sāntiān dǎyú, liǎngtiān shàiwǎng.
   사흘 고기를 잡으려고 이틀 그물을 말린다.
   ▶ '작심삼일'의 뜻으로, 공부나 작업에서의 인내심을 묘사할 때 흔히 사용되는 표현이에요.

259 11획

望
wàng
바라볼 망

✱ 자원 풀이

한자 '望'은 갑골문에 ' '로 쓰여 있는데, 눈이 강조된 채 서 있는 사람으로 보이며, 먼 곳을 보려고 일어서 있는 사람을 나타낸다. 후에 '月(yuè, 328 '月')'가 덧붙여져 '먼 거리를 쳐다보다'의 의미를 더 분명히 보여 주게 되었다. '望'의 본뜻은 '먼거리를 쳐다보다'이고 확장된 의미는 '방문하다' 혹은 '희망하다, 바라다'이다.

- 뜻 + 예문

1. 통 먼 거리를 쳐다보다

    望远镜 wàngyuǎnjìng 망원경

    我喜欢登高远望。
    Wǒ xǐhuan dēnggāo yuǎn wàng.
    나는 높은 곳에 올라가 먼 곳을 바라보기를 좋아한다.

2. 방문하다 (*探望 tànwàng 통 방문하다, 살피다)

    李老师生病了，同学们都去看望她。
    Lǐ lǎoshī shēngbìng le, tóngxuémen dōu qù kànwàng tā.
    이 선생님이 병이 나서, 학생들은 모두 그녀를 보러 갔다.

3. 통 희망하다, 바라다 (*希望 xīwàng 명통 희망(하다))

    明天的大会望大家都能准时参加。
    Míngtiān de dàhuì wàng dàjiā dōu néng zhǔnshí cānjiā.
    내일 대회에 모두들 시간 맞춰 참가하시기 바랍니다.

- 연관 단어

失望 shīwàng 통형 실망하다; 실망한

指望 zhǐwàng 통 기대하다

绝望 juéwàng 통 절망하다

渴望 kěwàng 통 갈망하다

✱ 문화 Tip ✱

望梅止渴
wàngméi zhǐkě
매실을 생각하며 갈증을 풀다

→ 자주 사용되는 성어예요. 삼국 시대 조조(曹操 Cáo Cāo)가 군사들을 이끌고 싸우다가 어느 장소에 이르렀는데 물이 없었어요. 군사들이 너무 목이 말라 움직일 수 없게 되자, 조조는 전방에 매실 숲이 있을 것이라고 거짓말을 했어요. 매실이라는 말을 듣자 군사들은 더 이상 목마름을 느끼지 않았고, 진군할 힘을 얻게 되었지요. 이 성어는 환상을 통해 자기를 위로하거나 실현할 수 없는 소망을 환상에 의지하여 잠시 자위함을 묘사할 때 사용해요.

260 9획

wēi

위엄 위

✱ 자원 풀이

한자 '威'는 금문에 '[图]'로 쓰여 있는데, '中'는 '여자(女 nǚ, 184 '女')'이고 '犬'는 '戌 xū'로 '무기'를 가리켜 '강력한'을 의미한다. '威'의 본뜻은 '힘'이고 확장된 의미는 '위협'이다.

— 뜻 + 예문

1 힘

台风的威力常常让人难以想象。
Táifēng de wēilì chángcháng ràng rén nányǐ xiǎngxiàng.
태풍의 위력은 종종 상상하기 어렵다.

2 위협하다

不要威胁他。 그를 위협하지 마라.
Búyào wēixié tā.

— 연관 단어

威风 wēifēng 명 위풍

威信 wēixìn 명 위신

权威 quánwēi 명 권위

发威 fāwēi 동 위력을 발하다

— 확장하기

다음의 비슷한 한자들을 구별해 보세요.

[威] 威力 wēilì 힘, 위력

[戚] 亲戚 qīnqi 친척

[咸] xián (맛이) 짠

[成] chéng 되다

✱ 문화 Tip ✱

狐假虎威
hújiǎ hǔwēi
여우가 호랑이의 위세를 빌리다

→ 옛 우화에서 나온 성어예요. 여우가 호랑이 앞에 서서 토끼, 돼지, 기타 동물들을 호랑이의 위력으로써 겁을 주었어요. 그러나 호랑이는 동물들이 호랑이인 자기가 아니라 여우를 두려워하여 도망간다고 생각했지요. 이 성어는 남의 권세를 빌어 위세를 부린다는 은유적 의미를 가지고 있어요.

261 7획

wěi

尾

꼬리 **미**

✱ 자원 풀이

한자 '尾'는 갑골문에 ''로 쓰여 있는데, '꼬리'의 의미를 분명히 보여 준다. 소전에는 '尾'로 쓰여 있는데, '尸'는 '尸(shī, 220 '尸')'로 '시체'를 의미하고 '毛'는 '毛(máo, 165 '毛')'로 '머리카락'을 의미한다. 이 한자는 이후 '尾'로 바뀌어, 그 본뜻은 '꼬리'이고 확장된 의미는 '끝'이다.

– 뜻 + 예문

1 꼬리

狗在高兴的时候总是不停地摇尾巴。
Gǒu zài gāoxìng de shíhou zǒngshì bù tíng de yáo wěiba.
개는 기쁠 때 늘 멈추지 않고 꼬리를 흔든다.

2 끝

做事要有头有尾。
Zuò shì yào yǒu tóu yǒu wěi.
일을 할 때는 시작과 끝이 있어야 한다

– 연관 단어

马尾辫   车尾灯   鸡尾酒
mǎwěibiàn   chēwěidēng   jīwěijiǔ
포니테일, 말총머리   후미등   칵테일

– 표현 PLUS+

兔子尾巴长不了。 토끼의 꼬리는 자라지 않는다.
Tùzi wěiba cháng bu liǎo.

▶ 토끼의 꼬리가 길어질 수 없듯, 일을 오래 지속하지 못함을 묘사하는 표현이에요.

✱ 문화 Tip ✱

中国人喜欢的数字 중국인이 좋아하는 숫자
Zhōngguórén xǐhuan de shùzì

→ 0(零 líng)부터 9(九 jiǔ)까지의 수 중에서 중국인들은 6(六 liù), 8(八 bā), 9를 매우 좋아하고 4(四 sì)를 매우 싫어해요. 6은 '顺利(shùnlì 순조롭다)'의 '顺(顺)'과 발음이 같고, 8은 '发财(fācái 돈을 벌다)'의 '发'와 발음이 같고 9는 '长久(chángjiǔ 영원하다)'의 '久'와 발음이 같아요. 반면에 4는 '死亡(sǐwáng 사망)'의 '死'와 유사한 발음이에요. 그러므로, 중국인들은 방번호의 마지막 번호나 자동차 번호판의 숫자, 그리고 휴대폰 번호에 숫자 6, 8, 9를 넣는 것을 매우 좋아해요.

262 9획

wèi

畏

두려워할 외

— 뜻 + 예문

1 두려워하다

他不畏困难，艰苦奋斗，终于取得了成功。
Tā bú wèi kùnnan, jiānkǔ fèndòu, zhōngyú qǔdé le chénggōng.
그는 곤란을 두려워하지 않고 각고분투하여 마침내 성공하였다.

2 경외하다

后生可畏。
Hòushēng kěwèi.
젊은 세대는 쉽게 선배를 능가하므로 경외할 만하다.

— 표현 PLUS+

做事不能畏首畏尾。
Zuò shì bù néng wèishǒu wèiwěi.
일을 할 때는 이것저것 걱정하면 안 된다.
▶ 불안과 두려움으로 가득 차는 대신 용기와 투지로 일을 하도록 격려할 때 사용하는 표현이에요.

— 확장하기

1 다른 한자의 구성 요소로 사용될 때, '畏'는 우측에 놓여서 발음을 가리키는데, 그 한자들은 대개 'wei'로 발음돼요.

[喂] wèi 어이, 여보세요
[煨] wēi 삶다, 고다
[偎] wēi 바싹 달라붙다

2 '畏'의 동의어를 알아보아요.

[怕] pà 두려워하다
[怯] 胆怯 dǎnqiè 겁내다
[恐] 惊恐 jīngkǒng 질겁하다
[惧] 恐惧 kǒngjù 겁먹다

✳ 자원 풀이

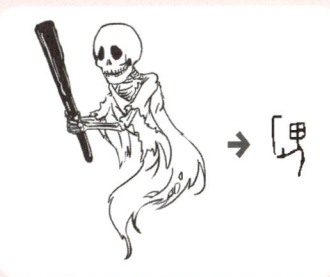

한자 '畏'는 갑골문에 '𤞤'로 쓰여 있는데, 우측의 '𤞤'는 갑골문 '鬼(guǐ, 104 '鬼')'이고 좌측의 '丨'는 몽둥이를 나타낸다. '畏'는 손에 몽둥이를 든 귀신의 모습을 보여 준다. '畏'의 본뜻은 '두려워하다'이고 확장된 의미는 '경외하다'이다.

263 4획

wén

文

글월 문

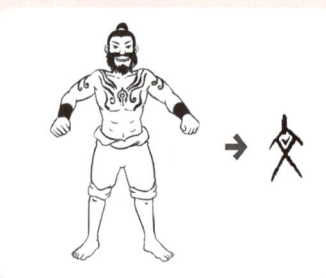

✳ **자원 풀이**

한자 '文'은 갑골문에 '文'로 쓰여 있는데, 문신을 한 사람처럼 보인다. '文'의 본뜻은 '문신'이고 확장된 의미는 '문자', '글', '문서' 혹은 '문화, 문명' 등이다.

― **뜻 + 예문**

1 문자
他会写很多国家的文字。
Tā huì xiě hěn duō guójiā de wénzì.
그는 여러 나라의 문자를 쓸 줄 안다.

2 글, 문서
要保存好这些重要公文。
Yào bǎocún hǎo zhèxiē zhòngyào gōngwén.
이 중요한 공문들을 보존해야 한다.

3 문화, 문명
中国有五千年灿烂的文化。
Zhōngguó yǒu wǔqiān nián cànlàn de wénhuà.
중국은 오천 년의 찬란한 문화가 있다.

― **연관 단어**

文章 wénzhāng 명 문장   文明 wénmíng 명 문명
文件 wénjiàn 명 문건   作文 zuòwén 명 작문
文具 wénjù 명 문구   论文 lùnwén 명 논문

― **표현 PLUS+**

你会说中文吗?   중국어를 할 줄 아세요?
Nǐ huì shuō Zhōngwén ma?
▶ 중국어를 할 줄 아는지 물어볼 때 사용하는 표현이에요.

― **확장하기**

1 다른 한자의 구성 요소로 사용될 때, '文'은 종종 발음을 가리켜요. 이 구성 요소를 가진 한자들은 대개 'wen'으로 발음되지요.

[蚊] 蚊子 wénzi 모기

[纹] 皱纹 zhòuwén 주름

[紊] 紊乱 wěnluàn 문란한

2 다음의 유사한 한자들을 구별해 보세요.

[文] 文字 wénzì 문자

[交] jiāo 넘겨주다

[艾] 艾滋病 àizībìng 에이즈(AIDS)

264 7획

wǒ

我

나 아

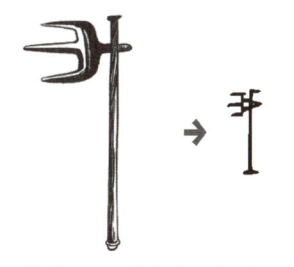

✱ 자원 풀이

한자 '我'는 갑골문에 '🗡'로 쓰여 있는데, 긴 손잡이와 세 개의 이빨을 가진 무기처럼 보이는데, 이것이 '我'의 본뜻이다. 이후 '我'는 일인칭 대명사로 사용되었다.

─ 뜻 + 예문

[대명] 나

我是韩国人，他是日本人。
Wǒ shì Hánguórén, tā shì Rìběnrén.
나는 한국인이고, 그는 일본인이다.

告诉我发生了什么事。
Gàosu wǒ fāshēng le shénme shì.
무슨 일이 일어났는지 내게 말해 봐.

─ 표현 PLUS+

1 我爱你。 나는 너를 사랑해.
　Wǒ ài nǐ.
　▶ 연인들 혹은 부부 사이에서 사용하는 표현이에요.

2 吓我一跳！ 깜짝이야!
　Xià wǒ yí tiào!
　▶ 놀랐을 때 사용해요.

─ 확장하기

중국어의 인칭 대명사를 알아보아요.

단수형	복수형
我 wǒ 나	我们 wǒmen 우리
你 nǐ 너	你们 nǐmen 너희
他 tā 그	他们 tāmen 그들
她 tā 그녀	她们 tāmen 그녀들
它 tā 그것	它们 tāmen 그것들

✱ 문화 Tip ✱

三人行必有我师。
Sān rén xíng bì yǒu wǒ shī.
세 사람이 있으면 그 중에 반드시 나의 스승이 있다.

→ 공자의 유명한 격언이에요. 남에게서 좋은 점을 배워야 하며, 설령 더 젊거나 경험이 적더라도 나의 스승이 될 수 있음을 강조하는 표현이에요.

265 4획

wǔ

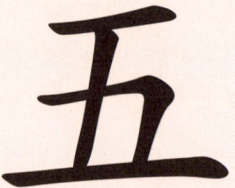

다섯 오

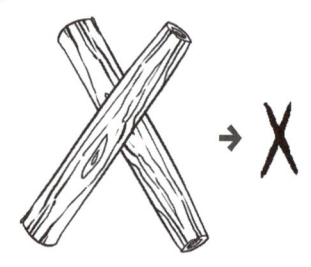

✻ 자원 풀이

한자 '五'는 갑골문에 'X'로 쓰여 있는데, 고대 중국인들은 '一 yī', '二 èr', '三 sān', '亖 sì'를 짧은 가로선으로 나타냈지만, '5' 이상을 나타내기에는 불편하여 'X'와 '𠄡'가 '五'를 상징하는 데에 사용되었다. '五'의 본뜻은 숫자 '5'이다.

− 뜻 + 예문

㊄ 5, 오

我家有五口人。 우리 집에는 다섯 식구가 있다.
Wǒ jiā yǒu wǔ kǒu rén.

中国的国旗是五星红旗。
Zhōngguó de guóqí shì Wǔxīng Hóngqí.
중국의 국기는 오성홍기이다.

− 연관 단어

五花肉　　　　五环旗　　　　五线谱
wǔhuāròu　　　wǔhuánqí　　　wǔxiànpǔ
삼겹살　　　　오륜기　　　　오선지

− 표현 PLUS+

1 他三下五除二就把工作做完了。
　Tā sān xià wǔ chú èr jiù bǎ gōngzuò zuòwán le.
　그는 재빨리 일을 마쳤다.
　▶ 일을 매우 빨리 마쳤음을 표현할 때 사용되는 말이에요. '三下五除二'은 주산(籌算)의 한 공식으로 셋을 더하는 가감법의 하나인데, 일이나 동작이 민첩함을 나타내는 말로도 써요.

2 伸手不见五指。
　Shēnshǒu bú jiàn wǔzhǐ.
　손을 펴고도 다섯 손가락을 보지 못한다.
　▶ 내부 혹은 외부가 너무 어두워서 손가락조차도 볼 수 없음을 표현할 때 사용해요.

266 _{3획}

XĪ

夕

저녁 석

✽ 자원 풀이

한자 '夕'는 갑골문에 ' ' 로 쓰여 있는데, 반달처럼 보이며 달이 막 나타남을 보여 준다. 본래는 '저녁'을 의미하며 지금은 일반적으로 '밤'을 가리킨다.

― 뜻 + 예문

1. 저녁
   夕阳非常美丽。 석양이 매우 아름답다.
   Xīyáng fēicháng měilì.

2. 밤
   除夕，全家人要一起吃年夜饭。
   Chúxī, quán jiā rén yào yìqǐ chī niányèfàn.
   설 전날, 온 식구가 함께 녠예판을 먹는다.

― 확장하기

'夕'는 '저녁' 혹은 '밤'을 의미하는데, 유사한 의미를 가진 한자들은 다음과 같아요.

[暮] 暮色 mùsè 저녁 빛, 황혼

[昏] 黄昏 huánghūn 황혼

[宵] 夜宵 yèxiāo 야식

✽ 문화 Tip ✽

除夕 설 전날, 섣달그믐날
chúxī

→ '除夕'는 바로 춘제(음력 설날) 전날을 말하는데, 그때부터 춘제 행사는 절정에 이르지요. 그날 아침에는 춘롄을 붙이고, 저녁에는 온 가족이 함께 저녁 '年夜饭'을 먹고 늦게까지 머물면서 새해가 오는 것을 기다려요. 자정(춘제의 0시)이 되면 모든 가정에서는 불꽃놀이를 하고 폭죽을 터뜨려 밤하늘을 매우 아름답게 만들어요.

贴春联 tiē chūnlián
춘롄을 붙이다

吃年夜饭 chī niányèfàn
녠예판을 먹다

守岁 shǒusuì
밤을 새워 설을 맞이하다

放鞭炮 fàng biānpào
폭죽을 쏘다

267 6획

西

xī

서녘 서

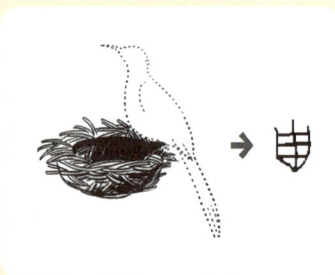

✻ 자원 풀이

한자 '西'는 갑골문에 ''로 쓰여 있는데, 새둥지 모양이다. 후에 '㔾 (새 모양)'이 위에 덧붙여져 소전에서 '覀'로 쓰였는데, 새가 둥지 속에서 막 쉬려고 함을 의미한다. '西'의 본뜻은 '쉬다' 혹은 '횃대에 오르다'이다. 서쪽에서 해가 진 뒤 새들이 둥지로 돌아와 쉬기에, '西'는 '서쪽'을 가리키는 데에 사용하게 됐다. 또 다른 본뜻인 '횃대에 올라가다'를 표현하기 위해 '栖 qī'가 만들어졌다.

– 뜻 + 예문

1 명 서쪽

沿着这条路一直往西走500米，就有一家银行。
Yánzhe zhè tiáo lù yìzhí wǎng xī zǒu wǔbǎi mǐ, jiù yǒu yì jiā yínháng.
이 길을 따라 서쪽으로 곧장 500미터 가면 바로 은행이 나온다.

2 서양

中药和西药配合治病，效果更好。
Zhōngyào hé xīyào pèihé zhì bìng, xiàoguǒ gèng hǎo.
중국약과 서양약을 배합하여 병을 치료하면 효과가 더욱 좋다.

– 연관 단어

西餐 xīcān 명 서양 음식

西北 xīběi 명 서북쪽

中西 zhōngxī 명 중국과 서양

东西 dōngxi 명 물건

– 표현 PLUS+

我都快喝西北风了。 나 곧 입에 거미줄 칠 거야.
Wǒ dōu kuài hē xīběifēng le.

▶ 농담으로 하는 말이에요. 중국의 서북풍은 매우 차가운 바람으로 여겨져 먹을 수 있는 것이 아니지요. 이 표현은 음식과 돈이 부족하다는 것을 과장되게 묘사하는데, 종종 친구들 사이에서 사용해요.

✻ 문화 Tip ✻

拆东墙，补西墙。 동쪽 담을 찢고 서쪽 담을 보수한다.
Chāi dōngqiáng, bǔ xīqiáng.

→ 속담이에요. 동쪽 벽을 헐어서 서쪽 벽을 보수한다는 말로 아랫돌 빼서 웃돌 괴다, 이것을 돌보다 저것을 잃어 곤란한 지경에 처하다라는 뜻이에요. '拆西墙，补东墙 chāi xīqiáng, bǔ dōngqiáng'이라고 할 수도 있어요.

268 8획

析

xī

나눌 석

✱ 자원 풀이

한자 '析'는 갑골문에 ''로 쓰여 있는데, 좌측의 '' 는 '木(mù 나무, 176 '木')'를 나타내고 우측의 '' 는 '斤(jīn 도끼, 140 '斤')'처럼 보이기에, '析'는 도끼로 나무를 베는 것을 나타낸다. '析'의 본뜻은 '나무를 베다'이고 확장된 의미는 '나누다', '분서하다' 혹은 '설명하다'이다.

― 뜻 + 예문

분석하다

这个问题还需要做进一步分析、论证。
Zhège wèntí hái xūyào zuò jìnyíbù fēnxī、lùnzhèng.
이 문제는 한층 더 분석하고 논증해야 한다.

― 확장하기

1 '分', '辨', '解', '析' 네 한자 중 둘은 새로운 단어를 형성할 수 있어요.

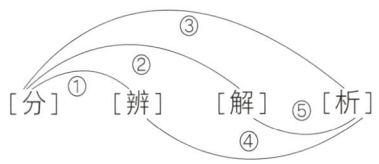

① 分辨 fēnbiàn 구별하다
② 分解 fēnjiě 분해하다
③ 分析 fēnxī 분석하다
④ 辨析 biànxī 판별하여 분석하다
⑤ 解析 jiěxī 해석하다

2 '折'과 '析'을 비교해 보세요.

 [折] shé/zhé = 扌 + 斤

- 한자 형성: '斤(도끼처럼 생긴 무기)'으로 나무를 자르다
- 본뜻: 분리되다
- 흔히 사용되는 의미: 분리되다, 갈라지다
  예 骨折 gǔzhé 골절

 [析] xī = 木 + 斤

- 한자 형성: '斤(도끼처럼 생긴 무기)'로 나무를 나누다
- 본뜻: 나누다
- 흔히 사용되는 의미: 분석하다
  예 辨析 biànxī 판별하여 분석하다

269 3획

xí

배울 습 [習]

✱ 자원 풀이

한자 '习'는 갑골문에 '習'로 쓰여 있는데, 상단의 '羽'는 '羽(yǔ, 새의 날개)'이고, 하단의 '日'는 '日(rì 해, 205 '日')'이다. 후에 '日'는 '白 bái'로 바뀌어 '習'로 쓰이게 되었다. '习'의 본뜻은 '새가 여러 번 날기를 연습하다'이다. '习'의 확장된 의미는 '공부하다, 연습하다' 혹은 '습관'이다.

— 뜻 + 예문

1 공부하다, 연습하다

他坚持每天晚上自习一小时。
Tā jiānchí měi tiān wǎnshang zìxí yì xiǎoshí.
그는 꾸준히 매일 저녁 한 시간씩 공부한다.

新教师都有一年的实习期。
Xīn jiàoshī dōu yǒu yì nián de shíxíqī.
새 교사는 모두 1년의 실습기간이 있다.

2 습관

要想考上理想的大学，从小就应该养成良好的学习习惯。
Yào xiǎng kǎoshàng lǐxiǎng de dàxué, cóngxiǎo jiù yīnggāi yǎngchéng liánghǎo de xuéxí xíguàn.
바라는 대학에 합격하려면 어려서부터 좋은 학습 습관을 길러야 한다.

— 연관 단어

习俗 xísú 명 습속, 습관과 풍속

复习 fùxí 동 복습하다

练习 liànxí 동 연습하다

预习 yùxí 동 예습하다

— 표현 PLUS+

你学习什么专业？ 너는 전공이 뭐니?
Nǐ xuéxí shénme zhuānyè?
▶ 대학 전공이 무엇인지 물을 때 사용되며 학생들끼리 자주 사용해요.

✱ 문화 Tip ✱

学而时习之，不亦说(悦)乎？
Xué ér shí xí zhī, bú yì yuè (yuè) hū?
배워서 때로 익히면 또한 즐겁지 아니한가?

→《논어(论语)》에 나오는 문장이에요. '学'는 '习'와 다른데, '学'는 최초의 공부에 초점을 맞추는 반면 '习'는 복습을 강조해요. 이 문장은 배우고 자주 익히는 것의 즐거움을 의미해요.

270 12획

xǐ

기쁠 희

— 뜻 + 예문

1 형 행복한, 기쁜

女儿找到了理想的工作，父母欢喜得很。
Nǚ'ér zhǎodào le lǐxiǎng de gōngzuò, fùmǔ huānxǐ de hěn.
딸이 이상적인 직업을 찾아서 부모는 매우 기쁘다.

2 축하하고 응원할 가치가 있는

你们班获得了第一名，可喜可贺。
Nǐmen bān huòdé le dì yī míng, kěxǐ kěhè.
너희들 반이 1등을 했으니, 축하해.

— 표현 PLUS+

1 恭喜恭喜！ 축하합니다!
Gōngxǐ gōngxǐ!
▶ 남의 경사나 좋은 소식을 축하할 때 사용해요.

2 ×××有喜了。
×××yǒuxǐ le.
XXX 기쁜 일이 생겼네.
▶ 임신한 여성을 축하할 때 사용해요.

✱ 자원 풀이

한자 '喜'는 갑골문에 ''로 쓰여 있는데, 상단의 ''는 축하 행사에서 연주되는 북을 가리키며, 하단의 ''는 '口 kǒu'로서, 웃는 입을 나타낸다. '喜'는 응원할 무언가가 있음을 의미한다. '喜'의 본뜻은 '행복한, 기쁜'이고 확장된 의미는 '축하하고 응원할 가치가 있는'이다.

✱ 문화 Tip ✱

结婚喜事 결혼이라는 기쁜 일
jiéhūn xǐshì

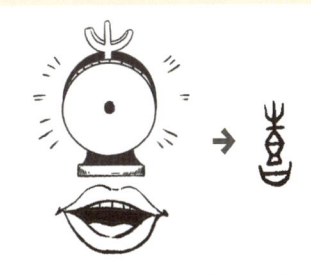

→ 결혼은 인생에서 가장 행복한 사건이지요. 중국에서는 결혼식을 거행하는 것은 '办喜事' 즉 '기쁜 일을 하다'라고 해요. 결혼식 아침에 신랑은 웨딩카로 신부를 마중하고 초대한 하객에게 사탕(喜糖 xǐtáng)을 주며, 하객들과 피로연에 참석해 술을 마시고 즐겁게 보내요. 몇몇 곳에서는 사람들이 신혼방의 문에 대련을 붙이고 창문이나 벽에 '囍(이중의 행복)' 자를 붙여요.

271 7획

xì/jì

系

맬 계 [1、3繫] [1係]

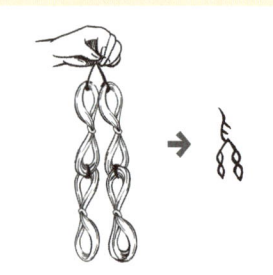

✳ 자원 풀이

한자 '系'는 갑골문에 ''로 쓰여 있는데, 상단의 ' '는 손이고, 하단의 ' '는 두 줄을 가리켜, 글자 전체는 한 손으로 줄을 쥐고 있는 것처럼 보인다. '系'의 본뜻은 '연결하다, 연관짓다'이고, 확장된 의미는, 'xì'라고 읽을 때, '체계'이다. '매다'를 의미하는 '繫'는 간체자로 '系'이며, 'jì'라고 발음한다.

– 뜻 + 예문

1 연결하다, 연관짓다

毕业以后，我还和同学们保持着联系。
Bìyè yǐhòu, wǒ hái hé tóngxuémen bǎochízhe liánxì.
졸업 후에도 나는 아직 급우들과 연락을 유지하고 있다.

2 몡 대학 및 대학 학과

他是北京大学中文系的学生。
Tā shì Běijīng Dàxué Zhōngwénxì de xuésheng.
그는 베이징대학 중문과 학생이다.

3 동 묶다

系领带 jì lǐngdài 넥타이를 매다
系鞋带儿 jì xiédàir 신발끈을 매다

– 연관 단어

系列 xìliè 몡 시리즈
系统 xìtǒng 몡 체계
关系 guānxì 몡 관계

– 표현 PLUS+

没关系。 괜찮아요.
Méi guānxi.

▶ '对不起' 같은 타인의 사과에 반응할 때 사용하는 자주 쓰는 표현으로서, '괜찮다'라는 의미예요. '没事儿(괜찮다)'이라고 할 수도 있어요.

✳ 문화 Tip ✳

解铃还须系铃人。
Jiě líng hái xū xì líng rén.
방울 풀어 내는 건 방울 단 사람이 해야 한다.

→ 방울을 푸는 최선의 방법은 그것을 단 사람을 찾는 일임을 의미하는 관용어예요. 이유는 그가 방울을 단 방법을 알기 때문이에요. 이 문장은 종종 다툼을 시작한 사람이 끝내기도 해야 함을 의미해요. '결자해지(结者解之, 解铃系铃)'라고도 하고 그 일을 시작한 사람이 해결해야 한다는 뜻이에요.

272 3획

xià

下

아래 하

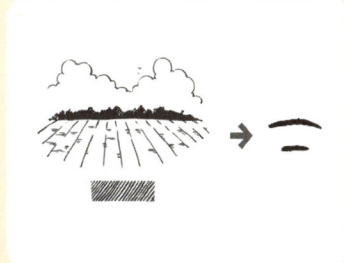

- 뜻 + 예문

1 명 아래
   山下是一片果园。 산 아래는 과수원이다.
   Shān xià shì yí piàn guǒyuán.

2 명 다음의, 후의, 두 번째의
   我想下个月去一趟上海。
   Wǒ xiǎng xià ge yuè qù yí tàng Shànghǎi.
   나는 다음달에 상하이에 한 번 가고 싶다.

3 동 내려가다, 내려오다
   你快下来吧，大家都等你呢。
   Nǐ kuài xiàlai ba, dàjiā dōu děng nǐ ne.
   어서 내려와, 모두 널 기다려.

- 연관 단어

   下载 xiàzài 동 다운로드하다
   下班 xiàbān 동 퇴근하다
   下课 xiàkè 동 수업이 끝나다
   天下 tiānxià 명 천하, 세계
   地下 dìxià 명 지하

- 표현 PLUS+

1 下不为例。 이번에만 이렇게 하는 것을 허락할게.
   Xiàbùwéilì.
   ▶ 이번 한 번뿐이며 다시는 같은 실수를 해서는 안 된다고 경고하는 데 사용해요. 윗사람이 아랫사람에게 하는 말이에요.

2 注意脚下！ 발 아래를 조심해!
   Zhùyì jiǎoxià!
   ▶ 걸을 때 걸음이나 길에 주의를 기울여야 한다고 상기시키기 위해 사용해요.

- 확장하기

중국어로 위치를 나타내는 명사들을 알아보아요.

上 shàng 위	下 xià 아래
前 qián 앞	后 hòu 뒤
里/内 lǐ/nèi 안, 속	外 wài 바깥

✻ 자원 풀이

한자 '下'는 갑골문에 '⌒'로 쓰여 있는데, 상단의 긴 선은 기준선을 나타내고 하단의 짧은 선은 '기준선의 아래'를 의미한다. '下'의 본뜻은 '아래'이다. '二 èr'과 구분하기 위해서 현재의 형태로 바뀌었다. 확장된 의미는 '다음의, 후의, 두 번째의' 혹은 '내려가다, 내려오다'이다.

273

xiān

先

먼저 선

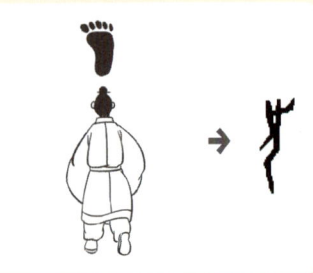

✱ 자원 풀이

한자 '先'은 갑골문에 ' '로 쓰여 있는데, 상단의 ' '는 '止(zhǐ 발, 344 '止')'처럼 보이고 하단의 ' '는 '人(rén, 204 '人')' 즉 인간의 모습이다. '先'은 '앞으로 나아가다' 혹은 '앞서 가다'를 의미하며, 확장된 의미로 '일찍, 먼저'를 가리킨다. 그것은 또 확장된 의미에서 '어떤 행동이나 사건이 먼저 발생하다'를 의미한다.

– 뜻 + 예문

1. 몡 일찍, 먼저

   活动当天来到现场，都有礼品赠送，不分先后。
   Huódòng dàngtiān láidào xiànchǎng, dōu yǒu lǐpǐn zèngsòng, bù fēn xiānhòu.
   행사 당일 현장에 온 사람에게는 모두 선물 증정이 있으며, 순서는 없습니다.

2. 틘 어떤 행동이나 어떤 일이 더 일찍 일어나다

   今天早上他比我先到的教室。
   Jīntiān zǎoshang tā bǐ wǒ xiān dào de jiàoshì.
   오늘 아침에 그가 나보다 먼저 교실에 도착했다.

– 연관 단어

首先 shǒuxiān 틘 맨 먼저

事先 shìxiān 몡 우선

– 표현 PLUS+

我是"笨鸟先飞"。 나는 '둔한 새가 먼저 날은' 거야.
Wǒ shì "bènniǎo xiānfēi".

▶ '笨鸟先飞'는 '둔한 새가 먼저 날다'의 뜻으로, 능력이 모자란 사람이 남보다 뒤질까봐 먼저 일이나 행동을 하는 것을 말하는 겸손한 표현이에요.

– 확장하기

이름을 모르는 사람을 정중하게 부를 때, 다음의 중국어 호칭을 익혀두세요.

先生 xiānsheng 선생	존경스럽고 중요한 성인 남성을 부를 때
小姐 xiǎojiě 아가씨	젊거나 미혼인 여성을 부를 때
女士 nǚshì 여사	존경스럽고 중요한 성인 여성을 부를 때
师傅 shīfu 사부	특정한 기술을 가진 성인을 부를 때
老师 lǎoshī 선생님	학교에서 교사를 부를 때
同学 tóngxué 동학	학교에서 학생을 부를 때

274

14획

xiān

고울 선 [鮮]

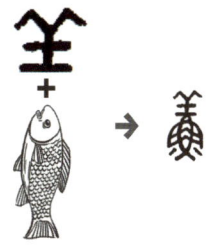

— 뜻 + 예문

1 [형] 맛있는

这个饭店做的汤，味道很鲜。
Zhège fàndiàn zuò de tāng, wèidào hěn xiān.
이 식당에서 만든 탕은 맛이 아주 좋다.

2 [형] 신선한

家里来了客人，妈妈去市场买来了很多新鲜的蔬菜。
Jiāli lái le kèren, māma qù shìchǎng mǎilai le hěn duō xīnxiān de shūcài.
집에 손님이 와서 엄마는 시장에 가서 신선한 채소를 많이 사 왔다.

3 밝은

我新买了一件颜色鲜艳的衣服。
Wǒ xīn mǎi le yí jiàn yánsè xiānyàn de yīfu.
나는 밝은 색 옷을 하나 새로 샀다.

学术论文应该立场鲜明。
Xuéshù lùnwén yīnggāi lìchǎng xiānmíng.
학술논문은 입장이 선명해야 한다.

— 연관 단어

鲜花 xiānhuā [명] 신선한 꽃

鲜红 xiānhóng [형] 선홍, 밝은 홍색

鲜血 xiānxuè [명] 선혈, 피

海鲜 hǎixiān [명] 해산물

— 확장하기

'鲜'의 우측에는 '羊'이 있는데, 다른 한자의 구성 요소로 사용될 때 '羊'은 종종 우측에 놓여서 발음을 나타내요. 이 구성 요소를 가진 한자들은 대개 'yang/xiang'으로 발음되지요.

木
氵 + 羊
讠
礻

[样] yàng 외양
[洋] yáng 바다
[详] 详细 xiángxì 상세
[祥] 吉祥 jíxiáng 길하고 상서로운

✱ 자원 풀이

한자 '鲜'은 금문에 '🐟'로 쓰여 있는데, 상단의 '羊'는 '羊(羴 shān에서 특정 부분이 없음)'으로서 발음을 가리키고 하단의 '🐟'는 '鱼(yú 물고기, 320 '鱼')'로 의미를 가리킨다. '鲜'의 본래 의미는 '신선한 물고기'이고 확장된 의미는 '맛있다', '신선하다' 혹은 '밝다'이다. 후에 글자의 구조가 '상단의 羊과 하단의 鱼'에서 '우측의 羊과 좌측의 鱼'로 바뀐다.

275 8획

xián

贤

어질 현 [賢]

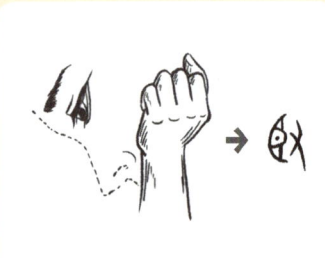

✱ 자원 풀이

한자 '贤'은 갑골문에 '𣪠'로 쓰여 있는데, 좌측의 '𦣻'는 '臣 chén'으로서 머리를 숙이고 눈은 강조된 복종하고 있는 사람으로 보인다. 우측의 '又'는 '又(yòu, 318 '又')로서 손의 측면으로 보인다. '臤'는 복종하는 눈과 사용가능한 손을 가진 사람을 의미한다. '臤'의 본래 의미는 '좋은 노예' 혹은 '좋은 관료'이고, 확장된 의미는 '유능한, 유덕한' 혹은 '덕 있는 유능한 사람'이다. 나중에, '貝 bèi'가 하단에 추가되어 그 한자는 '賢'으로 쓰였으며, 간체자는 '贤'이다.

– 뜻 + 예문

1 유능한, 유덕한

我妈妈是个非常贤惠的女人。
Wǒ māma shì ge fēicháng xiánhuì de nǚrén.
우리 어머니는 매우 현명하고 마음씨가 좋은 여자이다.

2 덕을 갖춘 유능한 사람

读书要读圣贤书。
Dúshū yào dú shèngxiánshū.
책을 읽으려면 성현의 책을 읽어야 한다.

– 연관 단어

贤良 xiánliáng [형][명] 재능있고 덕 있는 (사람)

贤人 xiánrén [명] 현인

圣贤 shèngxián [명] 성현

前贤 qiánxián [명] 선현

– 확장하기

'贤'의 번체자는 '賢'이에요. 본래는 '臤'로 썼었고, '臤'는 후에 'II又'로 간체화되었는데, 유사한 한자들은 다음과 같아요.

[紧] (緊) 紧张 jǐnzhāng 긴장한

[坚] (堅) 坚固 jiāngù 견고한

[竖] (竪) 竖立 shùlì 견고하게 서다

✱ 문화 Tip ✱

见贤思齐 견현사재
jiànxián sīqí

→ 어질고 재능이 있는 사람을 보면 자기도 그렇게 되려고 따르고 노력한다는 뜻의 성어로 《논어》에 나오는 말이에요. '贤'은 덕을 갖춘 능력 있는 사람을 가리켜요.

276 9획

xiǎn

험할 **험** [險]

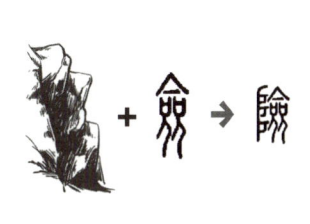

✵ 자원 풀이

'险'의 좌측 'ß'는 흙 언덕과 연관되었음을 가리키고, 우측의 '佥 qiān'은 발음을 나타낸다. '险'의 본래 의미는 '험한, 접근하기 어려운'이며, 확장된 의미는 '위험'이다.

– 뜻 + 예문

1 [형] 험한, 접근하기 어려운

山上的小路很险。 산 위의 작은 길은 험하다.
Shān shang de xiǎo lù hěn xiǎn.

2 위험

有的人喜欢冒险，有的人害怕冒险。
Yǒude rén xǐhuan màoxiǎn, yǒude rén hàipà màoxiǎn.
어떤 사람은 모험을 좋아하고, 어떤 사람은 모험을 무서워한다.

– 연관 단어

险情 xiǎnqíng [명] 위험한 상황

险胜 xiǎnshèng [동] 간발의 차로 이기다

危险 wēixiǎn [명][형] 위험; 위험한

风险 fēngxiǎn [명] 리스크, 위험

保险 bǎoxiǎn [명] 보험

– 표현 PLUS+

应急避险场所 응급 피난처
yìngjí bìxiǎn chǎngsuǒ

▶ 긴급 상황이나 위험 상황에서 피난처로 빨리 가라고 알려주는 안내판을 말해요.

– 확장하기

'险'의 우측 부분 '佥'은 다른 한자의 구성 요소로 사용될 때 종종 발음을 나타내는데, 그러한 한자들은 대개 '-ian'으로 발음돼요.

[验] yàn 테스트하다

[签] qiān 사인하다

[俭] 节俭 jiéjiǎn 검소한

[检] 检察 jiǎnchá 검사하다

[捡] jiǎn 고르다, 뽑다

xiàn

限

경계 **한**

✱ 자원 풀이

한자 '限'은 금문에 '限'로 쓰여 있는데, 좌측의 '𨸏'는 'ß'로 '흙 언덕' 혹은 '고지대'를 가리키고, 우측의 'ϝ'는 눈(👁)이 강조된 사람을 가리킨다. '限'은 시야가 높은 언덕에 의해 가려짐을 보여 주어 본뜻은 '가리다'를 의미한다. 확장된 의미는 '제한하다, 넘어서지 않다' 혹은 '넘어설 수 없는 한계 혹은 범위'이다.

— 뜻 + 예문

1. 동 제한하다

   公司要招聘多名员工，男女不限。
   Gōngsī yào zhāopìn duō míng yuángōng, nánnǚ bú xiàn.
   회사에서 직원 몇 사람을 뽑으려 하는데, 성별에 제한이 없다.

2. 뛰어넘을 수 없는 한계 또는 경계

   双方约定还款日期以年底为限。
   Shuāngfāng yuēdìng huán kuǎn rìqī yǐ niándǐ wéi xiàn.
   쌍방은 상환일자를 연말까지 제한하기로 약정했다.

— 연관 단어

限制 xiànzhì 동명 제한(하다)

限量 xiànliàng 동 양을 정하다, 제한하다

权限 quánxiàn 명 권한

期限 qīxiàn 명 기한

限高	限速	限重
xiàn gāo	xiàn sù	xiàn zhòng
높이 제한	속도 제한	무게 제한

✱ 문화 Tip ✱

小客车尾号限行。
Xiǎo kèchē wěihào xiànxíng.
번호판 마지막 숫자에 따라 차량 운행에 제한을 두다.

→ 최근 몇 년간, 베이징과 같은 대도시에서 차량의 급속한 증가로 인해 교통 정체가 점점 더 심각해졌는데, 출퇴근 시간 러시아워에 특히 그렇지요. 따라서 번호판 마지막 숫자에 기반한 차량 운행 제한이 대도시 위주로 시행되게 되어 주중의 특정한 날에는 차량을 운행할 수 없게 됐고 주말이나 휴일, 축제일에는 운행 제한이 없어요. 보통 교통관리에서 번호판 마지막 숫자는 석달마다 바뀐다고 해요.

278 8획

xiàn

线

실 선 [綫]

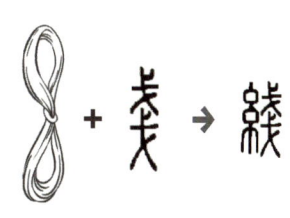

※ 자원 풀이

한자 '线'은 '실'과의 연관을 나타내는 '纟'와 발음을 나타내는 '戋 jiān'으로 구성되어 있다. '线'의 본뜻은 '옷을 만드는 얇은 비단실 혹은 면실'이고, 확장된 의미는 '직선'이나 '전기선'처럼 추상적인 '실 같은 것'이다.

— 뜻 + 예문

1. 명 옷을 만드는 얇은 비단실 혹은 면실

   你这件衣服不是羊毛的，而是棉线的。
   Nǐ zhè jiàn yīfu bú shì yángmáo de, ér shì miánxiàn de.
   네 이 옷은 양모가 아니라 면(실)으로 만든 것이다.

2. 명 실 같은 것

   直线 zhíxiàn 직선

   视线不够清晰。 시선이 그다지 분명하지 않다.
   Shìxiàn búgòu qīngxī.

3. 명 교통 경로, 교통 노선

   北京地铁4号线经过中关村。
   Běijīng dìtiě sì hào xiàn jīngguò Zhōngguān Cūn.
   베이징 지하철 4호선은 중관촌을 지나간다.

   电话占线。 통화중이다.
   Diànhuà zhànxiàn.

— 확장하기

'线'의 우측 부분인 '戋'은 다른 한자의 구성 요소로 쓰일 때 종종 발음을 나타내는데, 이 한자들은 대개 '-ian/-an'으로 발음돼요.

氵
钅
贝   +   戋
歹

[浅] qiǎn 얕은
[钱] qián 돈
[贱] jiàn 값싼
[残] cán 장애를 가진

※ 문화 Tip ※

千里姻缘一线牵
qiānlǐ yīnyuán yí xiàn qiān
천 리의 인연도 실 한 오리에 맺어진다.

→ 중국 문화에서, 남녀 사이의 사랑은 월하노인(月下老人 yuèxià lǎorén)에 의해 결정된다고 여겨져 왔는데, 월하노인은 연인 두 사람이 군중 속에서 만나 사랑에 빠지고 결혼하도록 붉은 실로 두 사람을 이어주는 결혼의 신이에요. 그러므로 '千里姻缘一线牵'은 월하노인이 붉은 선을 맺는 것을 보여 주는 속담이에요. 잘 쓰는 말로 '짚신도 제짝이 있다', '인연이 있으면 아무리 멀리 떨어져 있더라도 결국 맺어지게 된다'는 뜻으로 보면 돼요.

279 10획

xiàn

陷

빠질 함

✱ 자원 풀이

한자 '陷'은 갑골문에 ''로 쓰여 있는데, 상단의 ' 亻 '는 '사람의 모습 (人 rén, 204 '人')'을 나타내고 하단의 '∪'는 함정을 상징해 '陷'은 사람이 함정에 빠지는 것을 보여 준다. '陷'의 본뜻은 '떨어지다, 가라앉다'이고 확장된 의미는 '함정' 혹은 '함정에 빠뜨리다'이다.

— 뜻 + 예문

1. [동] 떨어지다, 가라앉다

   汽车陷入泥中了。 차가 진흙 속에 빠졌다.
   Qìchē xiànrù ní zhōng le.

2. 함정

   小时候，我经常玩儿在沙堆里挖陷阱的游戏。
   Xiǎoshíhou, wǒ jīngcháng wánr zài shāduī li wā xiànjǐng de yóuxì.
   어릴 때 나는 늘 모래밭에서 함정 파는 놀이를 했다.

3. 함정에 빠뜨리다

   有人就是喜欢陷害别人。
   Yǒu rén jiù shì xǐhuan xiànhài biéren.
   어떤 이는 남을 함정에 빠뜨리기를 좋아한다.

— 연관 단어

诬陷 wūxiàn [동] 무함하다, 없는 죄를 뒤집어 씌우다

缺陷 quēxiàn [명] 결함

— 확장하기

1. '陷'의 우측에 있는 '臽'가 다른 한자의 구성 요소로 사용될 때 종종 우측에 놓여 발음을 나타내요. 이 구성 요소를 가진 한자들은 대부분 '-ian/-ia'로 발음되지요.

   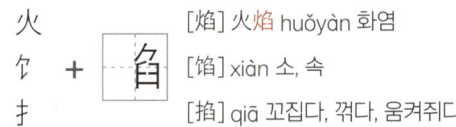

   [焰] 火焰 huǒyàn 화염
   [馅] xiàn 소, 속
   [掐] qiā 꼬집다, 꺾다, 움켜쥐다

2. '臽'와 '舀'의 차이에 대해 알아봐요. '臽'는 상단이 '⺈'이지만, '舀'의 상단은 '爫'인데, 다른 한자의 구성 요소로 사용될 때, '舀'는 종종 우측에 놓여 발음을 나타내요. 이 구성 요소를 가진 한자들은 대부분 'dao/tao'로 읽어요.

   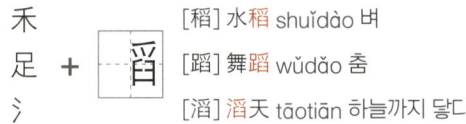

   [稻] 水稻 shuǐdào 벼
   [蹈] 舞蹈 wǔdǎo 춤
   [滔] 滔天 tāotiān 하늘까지 닿다

280 12획

xiàn

羨

부러워할 선 [*羨]

✱ 자원 풀이

한자 '羨'은 원래 '羨'로 썼다. 상단의 '⺶'는 '羊(yáng 양, 302 '羊')'이고 하단은 '次(나중에 涎 xián이 되어 '침, 타액'을 의미함)'이다. '羨'은 양고기 앞에서 침을 흘리는 모습을 나타낸다. '羨'의 본뜻은 '얻고 싶어하다' 혹은 '동경하다'이다.

─ 뜻 + 예문

동경하다

我真羨慕你有这么好的身材。
Wǒ zhēn xiànmù nǐ yǒu zhème hǎo de shēncái.
나는 정말로 네가 이렇게 좋은 몸매를 가진 것이 부러워.

─ 확장하기

자주 사용되는 한자 중 다음 한자들은 '次'를 구성 요소로 가지고 있어요.

A 다음 한자의 구성 요소 '次'는 실제로는 '㳄'예요.

[羨] (羡) xiàn = 羊 + 㳄
 – 의미: 좋아하고 동경하다
   예 羨慕 xiànmù 동경하다

[盜] (盗) dào = 㳄 + 皿 mǐn
 – 의미: 동경하여 훔치다
   예 盜窃 dàoqiè 훔치다

B 다음 한자의 구성 요소는 '次'이며 발음을 나타내요.

[姿] zī = 次 cì + 女
   예 姿态 zītài 자태

[资] zī = 次 cì + 贝
   예 资金 zījīn 자금

[咨] zī = 次 cì + 口
   예 咨询 zīxún 자문하다

✱ 문화 Tip ✱

临渊羨鱼，不如退而结网。
Línyuān xiànyú, bùrú tuì ér jié wǎng.
연못에 가서 물고기를 탐내는 것보다는 물러나서 그물을 뜨는 것이 더 낫다.

→ 관용구로서, 연못 옆에 서서 물고기를 바라보면서 잡고 싶어하는 것보다는 집에 가서 그물을 만들어 오는 것이 낫다는 뜻이에요. 그저 바라기만 하고 실제로 행동을 취하지 않으면 소용 없다는 의미를 가지고 있어요.

281 9획

향기 향

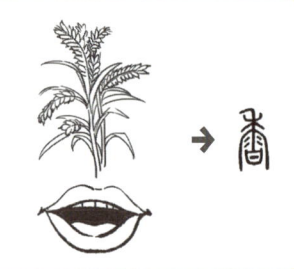

✱ 자원 풀이

한자 '香'은 소전에 '㿝'로 쓰여 있는데, 상단의 '㿝'는 곡물을 의미하고 하단의 '日(甘 gān)'은 달고 맛있음을 의미한다. 이 두 부분이 합쳐져서 '곡물의 향'을 의미하는데, 이것이 '香'의 본뜻이기도 하다. 후에 이 한자는 일반적으로 '향기로운'의 뜻을 나타내게 되며 '맛있는' 혹은 '(맛이) 좋다, (잠이) 달콤하다'로 의미가 확장되었다.

– 뜻 + 예문

1 [형] 향기로운

香味 xiāng wèi 향기

这花真香啊。 이 꽃 참 향기롭네.
Zhè huā zhēn xiāng a.

2 [형] 맛있는

这家饭店做的菜很香。
Zhè jiā fàndiàn zuò de cài hěn xiāng.
이 식당에서 만드는 요리는 매우 맛있다.

3 [형] 맛이 좋은, 잠이 달콤한

孩子们最近胃口很好, 吃得很香。
Háizimen zuìjìn wèikǒu hěn hǎo, chī de hěn xiāng.
아이들은 최근 입맛이 좋아서 매우 맛있게 먹는다.

最近压力太大, 晚上总是睡不香。
Zuìjìn yālì tài dà, wǎnshang zǒngshì shuì bu xiāng.
최근 스트레스가 너무 심해서 저녁에는 잠을 잘 자지 못한다.

– 연관 단어

香水 xiāngshuǐ 향수	香菇 xiānggū 버섯	香瓜 xiāngguā 참외	香蕉 xiāngjiāo 바나나

✱ 문화 Tip ✱

香山 샹산
Xiāng Shān

→ 샹산은 베이징 서쪽 교외에 있는 산이에요. 그 이름의 기원에 대해 몇 가지 전해오는 이야기가 있는데, 그 중 하나는 고대에 샹산에 자두나무가 많아서 봄에 좋은 향기를 뿜어 냈기 때문이라는 이야기가 있어요. 이 이야기는 실제로 '향기'와 연관되어 있는 것으로 보이지요. 현재 샹산은 베이징에서 가을의 단풍을 감상할 수 있는 관광명소로 유명해요.

282 6획

xiàng

向

향할 향 [1嚮]

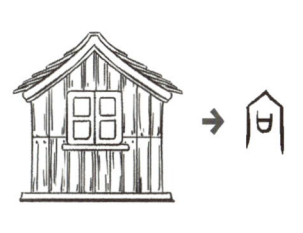

— 뜻 + 예문

1. 방향

现在很多人在大城市里不辨方向。
Xiànzài hěn duō rén zài dà chéngshì li bú biàn fāngxiàng.
현대의 많은 사람들은 대도시 안에서는 방향을 찾지 못한다.

2. 개 ~에게, ~를 향해
▶ 행동의 대상이나 목표를 이끌어요.

我们要向优秀干部学习。
Wǒmen yào xiàng yōuxiù gànbù xuéxí.
우리는 우수한 간부에게 배워야 한다.

向北走五百米就是银行了。
Xiàng běi zǒu wǔbǎi mǐ jiù shì yínháng le.
북쪽으로 5백미터 가면 은행이다.

— 연관 단어

向往 xiàngwǎng 통 동경하다, 지향하다

向阳 xiàngyáng 통 해를 향하다, 남향하다

内向 nèixiàng 형 내향적인

外向 wàixiàng 형 외향적인

— 표현 PLUS+

好好学习，天天向上。 열심히 공부해서 매일 향상한다.
Hǎohǎo xuéxí, tiāntiān xiàngshàng.
▶ 열심히 공부해서 항상 발전하라고 학생에게 조언하는 데에 쓰는 표현이에요.

— 확장하기

방향을 나타내는 중국어를 알아보아요.

西北 서북(쪽)　　北 북(쪽)　　东北 동북(쪽)
xīběi　　　　　　běi　　　　　dōngběi

西 서(쪽)　　　　　　　　　　东 동(쪽)
xī　　　　　　　　　　　　　dōng

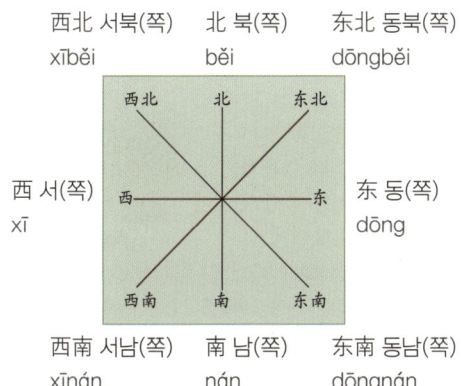

西南 서남(쪽)　　南 남(쪽)　　东南 동남(쪽)
xīnán　　　　　　nán　　　　　dōngnán

✻ 자원 풀이

한자 '向'은 갑골문에 '向'로 쓰여 있는데, 벽에 나 있는 창처럼 보인다. '向'의 본뜻은 '북쪽을 향한 창'으로, '방향'을 가리키기도 한다. 행위의 대상 혹은 목표를 이끄는 개사로 의미가 확장되었다.

283 3획

작을 소

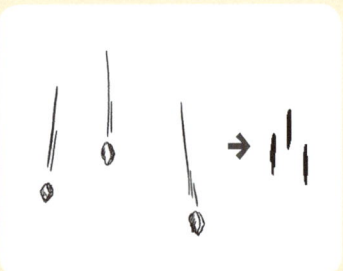

✱ 자원 풀이

한자 '小'는 갑골문에 '⺌'로 쓰여 있는데, 흩어진 알곡처럼 보인다. '小'의 본뜻은 '작은, 아주 작은'이다.

뜻 + 예문

[형] 작은, 아주 작은

这双鞋有点儿小。 이 신발은 좀 작다.
Zhè shuāng xié yǒudiǎnr xiǎo.

我比他小一点儿。 나는 그보다 좀 어리다.
Wǒ bǐ tā xiǎo yìdiǎnr.

연관 단어

小偷儿 xiǎotōur [명] 좀도둑

小心 xiǎoxīn [동] 조심하다

小时 xiǎoshí [명] 시간

渺小 miǎoxiǎo [형] 아주 작은, 미미한

微小 wēixiǎo [형] 미세한

胆小 dǎnxiǎo [형] 소심한

표현 PLUS+

小心点儿！ 조심해!
Xiǎoxīn diǎnr!

▶ 누군가에게 조심하라고 상기시키기 위해 사용하는 경고 표현이에요.

✱ 문화 Tip ✱

小年 소년
xiǎonián

→ '소년'은 음력 12월 23일 혹은 24일을 가리키는데, 설 전날(음력 12월 마지막날)에 하는 활동의 시작과 준비를 하는 날이에요. 설 전날은 '大年 dànián'이라고 부르며, 음력 12월 23일 혹은 24일은 '小年'이라고 하는데, 이는 한 해의 마지막 날은 아니기 때문에 생긴 명칭이에요. 과거에는 이 날 부뚜막신(조왕신)에게 제사를 지냈어요.

284   7획

xiào

孝

효도 효

— 뜻 + 예문

효도

子女应该孝顺父母。   자녀는 부모에게 효도해야 한다.
Zǐnǚ yīnggāi xiàoshùn fùmǔ.

这孩子太不孝了。   이 아이는 너무나 불효한다.
Zhè háizi tài búxiào le.

— 표현 PLUS+

百善孝为先。   백가지 선 중에 효가 먼저이다.
Bǎi shàn xiào wéi xiān.

▶ 모든 덕 중에 효가 가장 중요함을 알리기 위해 사용하는 표현이에요. '善'은 훌륭함을 가리키고 '百'는 추상적으로 '모든'을 가리켜요.

— 확장하기

'孝'의 상단에 있는 '耂'이 다른 한자의 구성 요소로 사용될 때, '耂'는 종종 상단에 놓여요. 예를 들면 다음과 같아요.

   +   匕   [老] lǎo 늙은
              丂   [考] kǎo 시험
              日   [者] zhě 사람

✳ 자원 풀이

한자 '孝'는 금문에 '🀫'로 쓰여 있는데, 하단의 '🀫'는 '子(zǐ 아들, 357 '子')'이고 상단의 '🀫'는 노인을 부축하거나 노인을 등에 업고 가는 것을 나타낸다. '孝'의 본뜻은 '부모를 공경하다' 혹은 '효'이다.

✳ 문화 Tip ✳

孝顺 효순
xiàoshùn

→ '효순'은 중국 전통문화에서 장려되고 요구되는 행동이에요. '孝'는 '부모를 존경하고 부양한다'는 것을 의미하고, '顺'은 '부모의 사랑과 돌봄에 보답하기 위해 부모의 바람에 따라 행동한다'는 것을 의미하지요. 오늘날, '효순'은 자녀가 완전히 부모에게 복종할 것을 요구하는 대신 부모에 대한 존경, 동행, 돌봄에 더 초점을 맞추고 있어요.

285 4획

心

마음 심

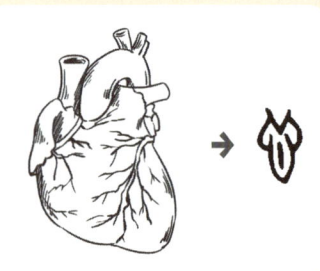

✱ 자원 풀이

한자 '心'은 금문에 '🫀'로 쓰여 있는데, 인간의 심장 모양이다. '心'의 본뜻은 '심장'이다. 고대 중국인들은 심장을 사유 기관으로 간주하였기 때문에 '생각, 느낌'으로 의미가 확장되었다.

— 뜻 + 예문

1 명 심장

跑步回来，心跳得很快。
Pǎobù huílai, xīn tiào de hěn kuài.
뛰어서 돌아오니 심장이 빨리 뛴다.

2 명 생각, 느낌

伤心 shāngxīn 상심

学习上你要用点儿心。 공부할 때 마음을 써야 한다.
Xuéxí shang nǐ yào yòng diǎnr xīn.

和家人在一起，她心情很好。
Hé jiārén zài yìqǐ, tā xīnqíng hěn hǎo.
가족들과 함께 하면 그녀는 기분이 좋다.

— 표현 PLUS+

1 你是不是有心上人了？ 마음에 둔 사람이 있니?
Nǐ shì bu shì yǒu xīnshàngrén le?
▶ 남자 친구/여자 친구가 있는지 혹은 누군가에게 반했는지를 물어보기 위해 사용되는 표현이에요.

2 祝你心想事成。 하고 싶은 일 다 이루어지기를 바라.
Zhù nǐ xīnxiǎng shìchéng.
▶ 바라는 바 모두 이루기를 희망한다고 표현하기 위해 사용되는 축복의 말이에요.

— 확장하기

다른 한자의 구성 요소로 사용될 때 '心'은 하단에 놓여 '心'으로 쓰이거나, 좌측에 놓여서 '忄'로 쓸 수 있어요. 이 구성 요소를 가진 한자들은 대개 '인간의 생각과 느낌'에 관련이 있어요.

A 하단에 '心'이 있을 때:

相   [想] xiǎng 생각하다
田 + 心   [思] 思想 sīxiǎng 생각
亡   [忘] wàng 잊다
今   [念] 思念 sīniàn 그리워하다

B 좌측에 '心'이 있을 때:

白   [怕] pà 두려워하다
圣 + 忄 [怪] guài 비난하다
亡   [忙] máng 바쁘
乙   [忆] 回忆 huíyì 추억하다

286 7획

매울 신

— 뜻 + 예문

1 (맛이) 매운

夏天不宜吃太辛辣的食物。
Xiàtiān bùyí chī tài xīnlà de shíwù.
여름에는 너무 매운 음식을 먹으면 안 된다.

2 힘든

辛勤 xīnqín 부지런한

医生的工作很辛苦。
Yīshēng de gōngzuò hěn xīnkǔ.
의사의 업무는 매우 고생스럽다.

3 고통

听了这位老人的故事，让人感到很辛酸。
Tīng le zhè wèi lǎorén de gùshi, ràng rén gǎndào hěn xīnsuān.
이 노인의 이야기를 들으면 참 마음이 괴롭다.

— 표현 PLUS+

1 吃这种药，忌辛辣。
Chī zhè zhǒng yào, jì xīnlà.
이런 약을 먹을 때는 매운 것은 피해야 한다.
▶ 어떤 약을 먹을 때 약효를 보장하기 위해서는 고추와 마늘같은 자극적이고 매운 음식을 피해야 한다고 의사가 환자에게 환기시켜 주는 표현이에요.

2 辛苦了。 수고하셨습니다.
Xīnkǔ le.
▶ 도와준 노고에 대한 정중한 감사의 표시예요.

✱ 자원 풀이

한자 '辛'은 갑골문에 '🌱'로 쓰여 있는데, 죄수의 얼굴에 문신을 새기는 칼의 모양이다. '辛'의 본뜻은 '범죄'인데, 오늘날에는 사용되지 않는다. 후에 '(맛이) 매운', '힘든' 혹은 '고통'으로 의미가 확장되었다.

✱ 문화 Tip ✱

五味 오미
wǔwèi

→ 중국인들이 종종 말하는 '五味'는 '酸(suān 시다)', '甜(tián 달다)', '苦(kǔ 쓰다)', '辣(là 맵다)', '辛(xīn 짜다)'인데, 직접적인 맛을 이야기하기도 하고, 인생의 다섯 가지 느낌으로 간주되기도 해요.

287 9획

xìn

信

믿을 신

✻ 자원 풀이

한자 '信'은 금문에 '󰀀'로 쓰여 있는데, '亻(人 rén, 204 '人')'와 '口(口 kǒu)'로 이루어져 있다. 소전에는 '信'로 쓰여 있는데, '亻'와 '言(言 yán, 298 '言')'로 이루어져 있다. '信'의 본뜻은 '정직하게 말하다'이고, 확장된 의미는 '믿다'이다. 편지는 사람의 말을 글로 적는 데에서부터 나오기 때문에, 이 한자는 '편지' 혹은 '메시지'라는 확장된 의미로도 쓰이게 되었다.

— 뜻 + 예문

1 정직, 신실

信誉 xìnyù 신용과 명예

商家很讲究诚信。 비즈니스맨은 신뢰를 매우 중시한다.
Shāngjiā hěn jiǎngjiu chéngxìn.

2 [동] 믿다 (*信任 xìnrèn [동] 믿다, 신임하다)

别信他，他经常骗人。
Bié xìn tā, tā jīngcháng piàn rén.
그를 믿지 마, 그는 늘 사람을 속여.

3 [명] 편지

他每个月给家里写一封信。
Tā měi ge yuè gěi jiāli xiě yì fēng xìn.
그는 매월 집에다 편지 한 통을 쓴다.

4 [명] 메시지

我今天中午不回家吃饭了，你帮我给家里带个信儿。
Wǒ jīntiān zhōngwǔ bù huí jiā chī fàn le, nǐ bāng wǒ gěi jiāli dài ge xìnr.
나는 오늘 점심 때 밥 먹으러 집에 안 갈 거라고 나 대신 집에 알려줘.

— 표현 PLUS+

这儿的信号不好。 여기 신호가 좋지 않아.
Zhèr de xìnhào bù hǎo.

这儿手机没信号。 여기 휴대폰 신호가 없어.
Zhèr shǒujī méi xìnhào.

▶ 특정 장소에서 휴대폰 수신 상태가 좋지 않다는 것을 알릴 때 사용하는 표현이에요.

✻ 문화 Tip ✻

中国古今通信手段的进步与发展
Zhōngguó gǔ jīn tōngxìn shǒuduàn de jìnbù yǔ fāzhǎn
중국 고금 통신수단의 진보와 발전

→ 고대 중국에서 메시지는 봉화나 기러기, 비둘기를 통해 전달되었어요. 그러나 지금은 사회와 과학 기술의 발전과 더불어, 사람들간의 소식 교환은 더욱더 편리해졌지요. 오늘날 편지 보내기부터 전화 걸기까지, 스마트폰으로 메시지를 보내는 것에서 위챗과 영상통화까지, 거리는 더 이상 커뮤니케이션의 장벽이 아니게 되었어요.

288 6획

xīng/xìng

기뻐할 흥 [興]

— 뜻 + 예문

1 [동] 흥성하다, 오르다

事业兴旺 사업이 흥성하다, 성업하다
shìyè xīngwàng

新兴产业 신흥 산업
xīnxīng chǎnyè

2 노래를 불러 흥을 돋우다

唱歌助兴 chàng gē zhùxìng 노래를 불러 흥을 돋우다

越来越多的外国人对中国文化感兴趣。
Yuèláiyuè duō de wàiguórén duì Zhōngguó wénhuà gǎn xìngqù.
갈수록 많은 외국인이 중국 문화에 흥미를 느낀다.

— 연관 단어

兴奋 xīngfèn [형] 흥분한

兴隆 xīnglóng [형] 번창한

兴旺 xīngwàng [형] 흥성한

高兴 gāoxìng [형] 즐거운, 기쁜

助兴 zhùxìng [동] 흥을 돋우다

— 표현 PLUS+

1 认识你很高兴。 알게 되어 반갑습니다.
Rènshi nǐ hěn gāoxìng.
▶ 첫 만남에서 하는 인사로, 이에 대한 대답은 종종 '认识你我也很高兴'이라고 해요.

2 祝你生意兴隆! 장사가 잘 되기를 바랍니다!
Zhù nǐ shēngyi xīnglóng!
▶ 사업을 하거나 회사를 세웠을 때 번성하기를 바라는 축하의 말이에요.

✳ 자원 풀이

한자 '兴'은 갑골문에 ' '로 쓰여 있는데, 네 손으로 큰 그릇을 받치고 있는 것처럼 보인다. '兴'의 본뜻은 '떠받치다'이고 '흥성하다, 일어나다'로 의미가 확장되었다. 'xìng'으로 읽힐 때는 '흥겨움, 흥미'의 의미가 있다.

289 16획

xǐng

醒

깰 성

✳ 자원 풀이

'醒'은 '술'과 관련됨을 나타내는 '酉 (yǒu, 144 '酒')'와 발음을 나타내는 '星 xīng'으로 이루어져 있다. '醒'의 본뜻은 '술 깨다'이고, 후에 '잠에서 깨다', '각성하다'로까지 의미가 확장되었다.

— 뜻 + 예문

1 통 술 깨다

喝点儿醒酒汤吧。 해장국 좀 마셔.
Hē diǎnr xǐngjiǔtāng ba.

酒醉未醒 술에 취해 깨지 못하다
jiǔzuì wèi xǐng

2 통 (잠에서) 깨다

孩子睡醒了。 아이가 잠에서 깼다.
Háizi shuìxǐng le.

3 통 정신을 차리다, 일깨우다

明天有大雨，提醒大家外出带好雨具。
Míngtiān yǒu dà yǔ, tíxǐng dàjiā wàichū dàihǎo yǔjù.
내일 비가 많이 온다고 하니, 사람들에게 외출할 때 우산을 가지고 나가라고 일깨워줘.

— 연관 단어

醒悟 xǐngwù 통 깨닫다, 각성하다
醒目 xǐngmù 형 남의 눈에 띄는
清醒 qīngxǐng 형 의식이 뚜렷한
苏醒 sūxǐng 통 의식을 회복하다, 되살아나다

— 표현 PLUS+

你醒醒吧！ 꿈 깨!
Nǐ xǐngxǐng ba!
▶ 비현실적인 꿈에 빠져있지 말고 냉정함을 유지하라고 조언할 때 사용하는 경고의 표현이에요.

— 확장하기

'酒'의 우측 부분인 '酉'가 다른 한자의 구성 요소로 사용될 때 종종 좌측에 놓여서 발음을 나타내요. '酉'와 '酒'는 처음에 상호 교환이 가능했는데, 이 구성 요소를 가진 한자들은 대개 '술' 혹은 '술 빚기'에 관한 것이에요.

 + 卒 [醉] zuì 취하다
良 [酿] niàng 양조하다
云 [酝]  酝酿 yùnniàng 술을 빚다

290 8획

xìng

성씨 성

✸ 자원 풀이

한자 '姓'은 갑골문에 '𤯽'로 쓰여 있는데, 좌측의 'Y'는 '生(shēng, 219 '生')'으로 막 땅 위로 자라난 식물이고 우측의 '𠂤'는 '女(nǚ, 184 '女')'로 여성을 나타낸다. '姓'은 여성이 낳은 것을 가리키므로, 본뜻은 '성으로써 가족의 이름을 취한다'이고 확장된 의미는 '성, 가족 이름'이다. '姓'의 기원은 모계사회에 관련된다.

─ 뜻 + 예문

1. 图 성이 ~이다

   我姓王，他姓张。
   Wǒ xìng Wáng, tā xìng Zhāng.
   나는 성이 왕이고, 그는 성이 장이다.

2. 图 성, 가족 이름

   请在这里填写您的姓，在这边填写您的名。
   Qǐng zài zhèli tiánxiě nín de xìng, zài zhèbian tiánxiě nín de míng.
   여기다 성을 쓰시고, 이쪽에 이름을 써 주세요.

─ 연관 단어

姓名 xìngmíng 图 성명

姓氏 xìngshì 图 성씨

同姓 tóngxìng 图 동성이다, 성이 같다

─ 표현 PLUS+

1. 您贵姓？ 성이 어떻게 되십니까?
   Nín guìxìng?
   ▶ 첫 만남에서 성을 묻는 정중한 표현이에요.

2. 我姓……，叫……。 제 성은 ~이고, 이름은 ~입니다.
   Wǒ xìng……, jiào…….
   ▶ 자기소개를 할 때 주로 쓰는 말이에요.

✸ 문화 Tip ✸

《百家姓》《백가성》
《Bǎijiāxìng》

→ 《백가성》은 중국인들의 성을 기록한 책으로, 북송(980-1127) 대에 만들어졌어요. 499개의 성을 포함하고 있는데, 그 중 430개는 한 글자로 되어 있고 69개는 두 글자로 되어 있어요. 《백가성》은 중국 성씨문화의 유산으로, 오늘날 '张 Zhāng', '李 Lǐ', '王 Wáng'이 중국 성씨 가운데 가장 흔히 보이며, 중국 이름에서 성은 이름 앞에 와요.

291 5획

xiōng

兄

형 형

✻ 자원 풀이

한자 '兄'은 갑골문에 ''로 쓰여 있는데, 다른 사람들에게 일을 지시하는 사람의 옆모습처럼 보인다. 고대 중국에서, 형은 동생들에게 지시할 권위를 갖고 있었기에 '兄'의 본뜻은 '형'이었다. 지금은 '나이가 좀 더 많은 남자'를 가리킬 수 있다.

— 뜻 + 예문

1 형

他们俩是兄弟。 그들 둘은 형제이다.
Tāmen liǎ shì xiōngdì.

2 나이가 좀 더 많은 남자

表兄 biǎoxiōng 사촌형

我和我师兄一起给老师买了一份生日礼物。
Wǒ hé wǒ shīxiōng yìqǐ gěi lǎoshī mǎi le yí fèn shēngrì lǐwù.
나와 나의 사형은 함께 선생님께 생일 선물을 사 드렸다.

— 확장하기

'兄'의 상단에 있는 '口 kǒu'가 다른 한자의 구성 요소로 사용될 때, '口'는 상단에 놓일 수 있는데 예를 들면 다음과 같아요.

力 [另] lìng 그밖의
虫 [虽] suī 비록

口 ＋ 贝 [员] 员工 yuángōng 종업원
王 [呈] 呈现 chéngxiàn 나타내다, 나타나다

八 [只] zhǐ 오직
木 [呆] dāi 멍청한

✻ 문화 Tip ✻

四海之内皆兄弟
sìhǎi zhī nèi jiē xiōngdì
세상 모든 사람이 형제이다

→ 공자의 제자 중 한 사람이 일찍이 '세상 모든 사람이 형제이다'라고 말했다고 해요. '四海'는 나라 전체를 상징하고 있어 이 문장은 나라 사람들이 가족만큼 친밀한 형제같다는 것을 의미해요. 고대 중국에는, 혈연이 없는 사람이 의형제를 맺는 관습이 있었어요. 유명한 중국 고전소설 《수호전(水浒传 Shuǐhǔ Zhuàn)》에는 108명의 의형제가 있는데, 그중 셋은 여성이에요.

292 12획

xióng

수컷 웅

✻ 자원 풀이

한자 '雄'은 '厷 gōng'와 '隹 zhuī'로 이루어져 있다. '隹'는 꼬리가 짧은 새로 이 한자가 새와 관련되어 있음을 나타내고, '厷'은 발음을 나타낸다. '雄'의 본뜻은 '수컷 새'이고 확장된 의미는 '남성'이다. 동물 수컷들은 성격상 일반적으로 동물 암컷들보다 힘에 세기 때문에, '雄'은 확장된 의미에서 '강력한', '탁월한' 혹은 '영웅'을 의미하기도 한다.

— 뜻 + 예문

1 [형] 남성의

雄鹰高飞。 독수리가 높이 난다.
Xióngyīng gāo fēi.

动物一般都有雌性和雄性的区别。
Dòngwù yìbān dōu yǒu cíxìng hé xióngxìng de qūbié.
동물은 일반적으로 모두 암컷과 수컷의 구별이 있다.

2 영웅

你是我心目中的大英雄。
Nǐ shì wǒ xīnmù zhōng de dà yīngxióng.
너는 내 마음 속의 큰 영웅이야.

— 표현 PLUS+

1 让我们一决雌雄！ 우리 자웅을 겨뤄 보자!
Ràng wǒmen yìjué cíxióng!
▶ 양측이 싸우거나 누가 더 강한지 알아보자고 할 때 사용하는 표현이에요. '雌'는 '암컷 새'를 의미하고 능력이 낮음을 암시하는 반면 '雄'은 '수컷 새'를 의미하고 강한 힘을 암시해요.

2 英雄所见略同。 걸출한 사람의 안목은 대개 비슷하다.
Yīngxióng suǒjiàn lüètóng.
▶ 사람들의 생각은 기본적으로 비슷하다는 것을 보여 주기 위해 사용되는 말이에요. 주로 서로의 의견이 일치함을 찬미할 때 써요.

— 확장하기

'雌'와 '雄'을 비교해 보세요.

 [雌] cí = 此 cǐ + 隹

- 본뜻: 암컷 새
- 흔히 사용되는 의미: 여성

 [雄] xióng = 厷 gōng + 隹

- 본뜻: 수컷 새
- 흔히 사용되는 의미: 남성

293 6획

xiū

쉴 휴

✴ 자원 풀이

한자 '休'는 갑골문에 '伙'로 쓰여 있는데, 'イ(人 rén, 204 '人')'과 '木(木 mù, 176 '木')'로 구성된다. 나무에 기대 쉬는 사람을 보여 주며 '休'의 본뜻은 '쉬다'이다.

- 뜻 + 예문

동 쉬다

这个周末大家好好儿休息休息。
Zhège zhōumò dàjiā hǎohāor xiūxi xiūxi.
이번 주말 모두 잘 쉬세요.

我打算下个月休年假。
Wǒ dǎsuàn xià ge yuè xiū niánjià.
나는 다음달에 연가를 낼 생각이다.

- 연관 단어

休息 xiūxi 동 휴식하다

休闲 xiūxián 동 여가를 즐기다

休养 xiūyǎng 동 휴양하다, 요양하다

退休 tuìxiū 동 은퇴하다

午休 wǔxiū 동 점심 휴식을 취하다

- 표현 PLUS+

1 你要多喝水，多休息。
Nǐ yào duō hē shuǐ, duō xiūxi.
물을 많이 마시고 많이 쉬어야 합니다.
▶ 의사나 가족이 환자에게 주의를 기울이라고 조언하는 데 사용하는 조언이에요.

2 早点儿休息，明天见！ 좀 일찍 쉬고, 내일 보자!
Zǎo diǎnr xiūxi, míngtiān jiàn!
▶ 밤에 누군가와 헤어질 때 사용해요.

- 확장하기

다음의 비슷한 형태의 한자를 구별해 보세요.

[休] xiū 쉬다

[沐] 沐浴 mùyù 목욕하다

[体] 身体 shēntǐ 신체

294 7획

xiù

빼어날 수

✱ 자원 풀이

'秀'는 초기에 ''로 쓰였다. 상단의 '禾'는 '禾 hé'인데 곡물을 가리키고, 하단의 'ʔ'는 '乃 nǎi'인데 곡물의 이삭을 흔들고 있는 것처럼 보인다. '秀'의 본뜻은 '곡물의 이삭이 패여서 꽃이 피다'이고 확장된 의미는 '탁월한' 혹은 '아름다운'이다.

— 뜻 + 예문

1 탁월한

 他从小就是一名优秀的学生。
 Tā cóngxiǎo jiù shì yì míng yōuxiù de xuésheng.
 그는 어려서부터 우수한 학생이었다.

2 풍경이 수려하다

 风景秀丽 fēngjǐng xiùlì 풍경이 아름답다

 山清水秀 산의 경치가 맑고 물의 경치가 수려하다
 shānqīng shuǐxiù

— 연관 단어

秀发 xiùfà 몡 아름다운 머리칼

秀美 xiùměi 혱 뛰어나게 아름다운

新秀 xīnxiù 몡 신예

— 표현 PLUS+

×××真优秀! XXX는 정말 뛰어나!
x x x zhēn yōuxiù!
▶ 공부나 일을 잘하는 사람을 칭찬하기 위해 사용하는 칭찬의 말이에요.

— 확장하기

1 '秀'의 상단에 있는 '禾'는 다른 한자의 구성 요소로 사용될 때 종종 상단에 놓이는데, 예를 들면 다음과 같아요.

禾 +

 子 [季] jì 계절
 女 [委] 委托 wěituō 맡기다
 日 [香] xiāng 향기로운
 几 [秃] tū 대머리의

2 다른 한자의 구성 요소로 사용될 때, '秀'는 종종 우측에 놓여서 발음을 나타내는데, 그 한자들은 대개 '-iu/-ou'로 발음되지요.

A -iu [绣] xiù 수놓다

 [锈] xiù 녹

B -ou [诱] 诱惑 yòuhuò 유혹하다

 [透] tòu 관통하다

X 303

295 5획

xué

움 혈

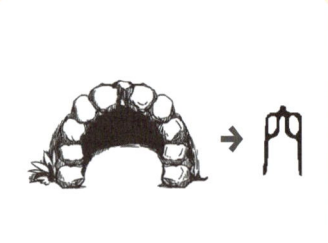

❋ 자원 풀이

한자 '穴'는 소전에 ''로 쓰여 있는데, 동굴처럼 보인다. '穴'의 본뜻은 '동굴'이고, 이후에 땅 위에 있는 '구멍' 혹은 '건물'을 가리키게 되었다. 穴의 확장된 의미는 '굴', '구멍' 이다.

— 뜻 + 예문

굴, 구멍

鸟类的巢穴一般都在树上。
Niǎolèi de cháoxué yìbān dōu zài shù shang.
조류의 집은 일반적으로 나무 위에 있다.

蚂蚁的洞穴很深。　개미굴은 아주 깊다.
Mǎyǐ de dòngxué hěn shēn.

— 확장하기

다른 한자의 구성 요소로 사용될 때, '穴'는 종종 상단에 놓여 의미를 나타내는데, 그 한자들은 대개 '동굴' 혹은 '구멍'과 관련이 있어요.

穴 ＋
囱 [窗] chuāng 창
巾 [帘] 窗帘 chuānglián 커튼
工 [空] kōng 빈
乍 [窄] zhǎi 좁은

❋ 문화 Tip ❋

人体的穴位 인체의 혈자리
réntǐ de xuéwèi

→ 중국 전통의학에서, 신체에서 침을 놓을 수 있는 곳들을 '穴位 xuéwèi'라고 하는데, '태양혈(太阳穴 tàiyángxué)' 같은 것들을 말해요. 특정 지점을 마사지하고 침을 놓는 것은 질병 치료와 질병 예방에 도움을 줄 수 있어요. 예를 들어, 중국의 초등학교와 중고등학교에서 학생들은 시력보호를 위해 눈 주위의 혈자리를 마사지하는 눈 운동을 매일 하고 있어요.

按摩
ànmó
안마

针灸
zhēnjiǔ
침구

296 8획

xué

배울 학 [學]

- 뜻 + 예문

1 동 공부하다, 배우다

我在跟司机师傅学开车呢。
Wǒ zài gēn sījī shīfu xué kāichē ne.
나는 운전기사로부터 운전을 배우고 있다.

我弟弟还是学生，没有毕业呢。
Wǒ dìdi hái shì xuésheng, méiyǒu bìyè ne.
내 동생은 아직 학생이고 졸업하지 않았다.

2 학교

你上的是哪所大学？ 너는 어느 대학에 다니니?
Nǐ shàng de shì nǎ suǒ dàxué?

- 연관 단어

学习 xuéxí 동 학습하다

学校 xuéxiào 명 학교

同学 tóngxué 명 학우

留学 liúxué 동 유학하다

数学 shùxué 명 수학

- 표현 PLUS+

活到老，学到老。
Huódào lǎo, xuédào lǎo.
늙어 죽을 때까지 배움은 끝나지 않는다.
▶ 배움의 길은 끝이 없다는 평생에 걸친 학습을 강조하기 위해 사용하는 표현이에요.

- 확장하기

중국 교육 체제의 각 단계에 대해 알아봐요.

A 初等教育(초등교육): 小学 xiǎoxué

B 中等教育(중등교육): 中学 zhōngxué
　　　　　　　　　　(初中 chūzhōng —高中 gāozhōng)

C 高等教育(고등교육): 大学 dàxué

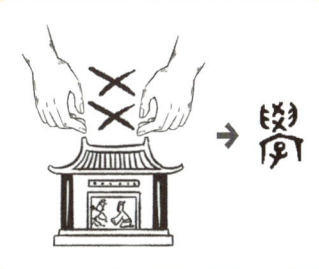

✱ 자원 풀이

한자 '学'는 금문에 '𦥯'로 쓰여 있는데, '冖'는 '집'을 의미하고, 상단 양쪽의 'ᶘ'는 '사람의 왼손과 오른손'을 가리키며, 중앙의 'ㄨ'는 계산용 짧은 산가지처럼 보인다. 양손으로 산가지들을 다루는 것은 '계산'을 의미한다. 하단의 '子'는 '아이'를 가리키는데, 네 부분이 함께 '학교에서 수학을 배우다'를 의미한다. '学'의 본뜻은 '공부하다, 배우다'이고 확장된 의미는 '학교'이다.

297 4획

yá

어금니 아

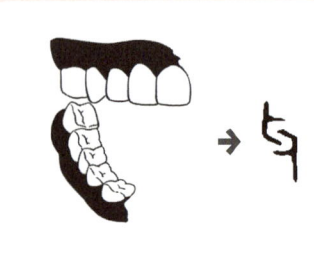

✱ **자원 풀이**

한자 '牙'는 갑골문에 '㝢'로 쓰여 있는데, 입속 아래위의 어금니처럼 보인다. '牙'의 본뜻은 '입속 어금니'이다. 후에 '치아'를 가리키게 되었다.

– 뜻 + 예문

치아

医生，这几天我牙疼。
Yīshēng, zhè jǐ tiān wǒ yá téng.
의사선생님, 요 며칠 제 이가 아파요.

孩子吃太多的糖，对牙齿不好。
Háizi chī tài duō de táng, duì yáchǐ bù hǎo.
아이가 사탕을 너무 많이 먹는 것은 치아에 좋지 않다.

– 연관 단어

牙膏 yágāo 명 치약

牙刷 yáshuā 명 칫솔

牙签 yáqiān 명 이쑤시개

刷牙 shuā yá 이를 닦다

洗牙 xǐ yá 스케일링하다

拔牙 bá yá 이를 뽑다

– 표현 PLUS+

牙好，胃口就好。 이가 좋으면 식욕도 좋다.
Yá hǎo, wèikǒu jiù hǎo.
▶ 신체 건강에서 치아 건강의 중요성을 묘사할 때 사용해요.

– 확장하기

다른 한자의 구성 요소로 사용될 때, '牙'는 종종 발음을 나타내는데, 그 한자들은 대개 'ya'로 읽어요.

[呀] yā/ya 아, 오 [놀람을 나타내는 감탄사]

[芽] yá 싹

[讶] 惊讶 jīngyà 놀란

[鸦] 乌鸦 wūyā 까마귀

[雅] 雅致 yǎzhi 품위 있는

298 7획

yán

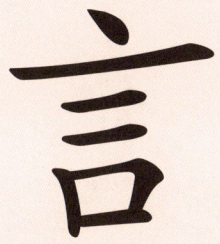

말씀 언

— 뜻 + 예문

1 말하다

总而言之 요컨대
zǒng'éryánzhī

保护环境的重要性是不言而喻的。
Bǎohù huánjìng de zhòngyàoxìng shì bùyán'éryù de.
환경보호의 중요성은 말할 필요도 없다.

2 이야기, 말

发言 fāyán 발언하다

世界上有好几千种语言。
Shìjiè shang yǒu hǎojǐ qiān zhǒng yǔyán.
세계에는 수천 종의 언어가 있다.

— 연관 단어

言论 yánlùn 명 언론

言语 yányǔ 명 언어

言辞 yáncí 명 언사

方言 fāngyán 명 방언

预言 yùyán 명 동 예언(하다)

寓言 yùyán 명 우언

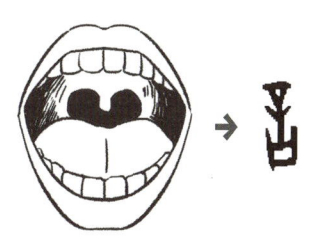

✱ 자원 풀이

한자 '言'은 갑골문에 '🙶'로 쓰여 있는데, 혀를 입 밖으로 내미는 것처럼 보이고, 의미는 '말하다'이다. '言'의 본뜻은 '말하다'이고 말, 이야기로 뜻이 확장되었다.

— 확장하기

다른 한자의 구성 요소로 사용될 때, '言'은 종종 좌측에 놓여 '讠'로 쓰여서 의미를 나타내요. 이 구성 요소를 가진 한자들은 대개 '말하기'와 관련되어 있어요.

讠 +
义 [议] yì 논의하다
寸 [讨] 讨论 tǎolùn 토론하다
平 [评] píng 평하다
炎 [谈] tán 이야기하다
兑 [说] shuō 말하다
井 [讲] jiǎng 말하다
卖 [读] dú 읽다

299 8획

yán

탈 염

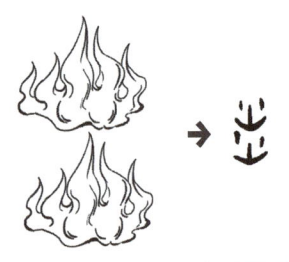

✱ 자원 풀이

한자 '炎'은 두 개의 '火(huǒ, 118 '火')'로 이루어져 있다. '炎'의 본뜻은 '불꽃의 일어남'이고 '매우 뜨거운'으로 의미가 확장됐다. 또 '염증'을 가리키기도 한다.

— 뜻 + 예문

1 태워 버릴 듯이 더운

   炎热 yánrè 매우 뜨거운

   夏日炎炎，人都快被烤焦了。
   Xiàrì yányán, rén dōu kuài bèi kǎojiāo le.
   여름에는 찌는 듯이 더워서 사람들은 타서 눌을 지경이다.

2 염증

   你嗓子发炎了。 당신 목에 염증이 났어요.
   Nǐ sǎngzi fāyán le.

   夏天容易患上急性肠胃炎。
   Xiàtiān róngyì huànshàng jíxìng chángwèiyán.
   여름에는 급성 장염에 걸리기 쉽다.

— 연관 단어

炎症 yánzhèng 명 염증

发炎 fāyán 통 염증이 생기다

— 확장하기

1 다른 한자의 구성 요소로 사용될 때, '炎'은 종종 우측에 놓여서 발음을 나타내는데, 그 한자들은 대개 'dan/tan'으로 읽혀요.

   [淡] dàn 짜지 않은
   [痰] tán 가래
   [谈] tán 이야기하다

2 인간 신체에 흔히 발병하는 질병 및 심각한 질병을 중국어로 알아보아요.

胃炎 wèiyán 위염	胃癌 wèi'ái 위암
肺炎 fèiyán 폐렴	肺癌 fèi'ái 폐암
肠炎 chángyán 장염	肠癌 cháng'ái 장암
肝炎 gānyán 간염	肝癌 gān'ái 간암

— 뜻 + 예문

가운데

请你站在屋子的中央。 방의 중앙에 서세요.
Qǐng nǐ zhàn zài wūzi de zhōngyāng.

— 확장하기

중국어의 위치 명사를 알아보아요.

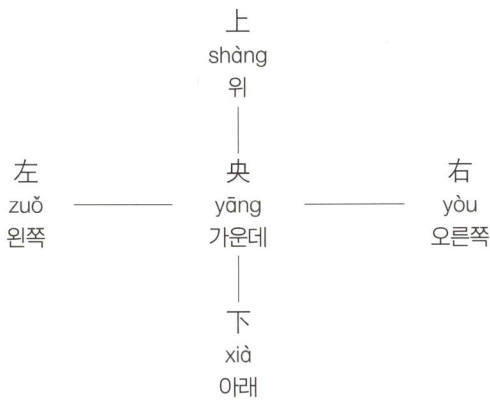

300 5획

yāng

央

가운데 앙

※ 자원 풀이

한자 '央'은 갑골문에 '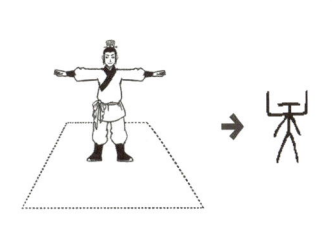'로 쓰여 있는데, 한정된 범위에서 한 가운데에 서 있는 사람처럼 보인다. '央'의 본뜻은 '가운데'이다.

※ 문화 Tip ※

中国中央电视台 중국중앙방송국(CCTV)
Zhōngguó Zhōngyāng Diànshìtái

→ China Central Television의 약칭인 CCTV는 중국의 국립방송국이에요. 일반 채널, 경제, 뉴스, 스포츠, TV드라마, 영화, 법률, 과학, 교육, 음악, 오페라 등과 같은 여러 채널을 포함하고 있어요. 현재 CCTV 타워와 CCTV 방송국 건물은 베이징의 랜드마크들이에요.

中央电视塔
Zhōngyāng Diànshìtǎ
CCTV 타워

中央电视台大楼
Zhōngyāng Diànshìtái Dàlóu
CCTV 방송국 건물

301 6획

yáng

扬

오를 양 [揚]

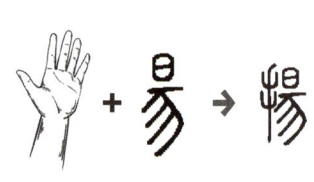

✻ 자원 풀이

번체자 '揚'은 '扌'과 '昜 yáng'으로 이루어져 있다. '扌'은 이 한자가 '손'과 관련이 있다는 것을 가리키고, '昜'은 발음을 나타내며, 나중에 '扬'으로 간화되었다. '扬'의 본뜻은 '올라오다, 올리다'이고 확장된 의미는 '공중에서 떠오르다' 혹은 '펼치다'이다.

— 뜻 + 예문

1 동 올라오다, 올리다

   扫地扬起了灰尘。 땅을 쓸자 먼지가 올라왔다.
   Sǎodì yángqǐ le huīchén.

2 공중에서 떠오르다 (＊飞扬 fēiyáng 동 날아오르다)

   红旗飘扬。 붉은 깃발이 휘날린다.
   Hóngqí piāoyáng.

3 펼치다

   他扬言要炸掉飞机。
   Tā yángyán yào zhàdiào fēijī.
   그는 비행기를 폭파하겠다고 큰소리쳤다.

   宣扬科学知识。 과학지식을 선양한다.
   Xuānyáng kēxué zhīshi.

— 연관 단어

发扬 fāyáng 동 발양하다

表扬 biǎoyáng 동 표창하다

— 표현 PLUS+

家丑不可外扬。
Jiāchǒu bùkě wàiyáng.
집안의 허물을 밖으로 드러내서는 안 된다.
▶ 집에서 일어난 나쁜 일이 밖으로 퍼져 나가서는 안 된다는 것을 일깨우기 위해 사용해요.

— 확장하기

'扬'의 우측 부분인 '勿'이 다른 한자의 구성 요소로 사용될 때, 종종 우측에 놓여서 발음을 가리켜요. 그 한자들은 대개 '-ang'으로 발음돼요.

氵　　　　　[汤] tāng 탕
月　　　　　[肠] cháng 장, 창자
木 ＋ 勿　　[杨] 杨树 yángshù 백양나무
土　　　　　[场] 广场 guǎngchǎng 광장
申　　　　　[畅] 畅通 chàngtōng 막힘없이 잘 통하다

302 6획

yáng

羊

양 양

– 뜻 + 예문

명 양

这双鞋是羊皮的。
Zhè shuāng xié shì yángpí de.
이 신발은 양가죽으로 만든 것이다.

草原上有一群羊在吃草。
Cǎoyuán shang yǒu yì qún yáng zài chī cǎo.
초원에는 양 한 무리가 풀을 뜯고 있다.

– 표현 PLUS+

挂羊头卖狗肉。 양 머리를 걸어놓고 개고기를 판다.
Guà yángtóu mài gǒuròu.

▶ 좋은 물건의 이름을 걸고 나쁜 물건을 판다는 것을 묘사하는 데에 사용되는 말이에요. '羊头(양 머리)'는 좋은 물건을 가리키고 '狗肉(개고기)'는 나쁜 물건을 가리키지요. 즉 '속과 겉이 다르다', '표리부동(表里不同)하다'의 뜻이에요.

✽ 자원 풀이

한자 '羊'은 갑골문에 '⌄'로 쓰여 있는데, 양 머리의 전면처럼 생겼고, '양'을 나타낸다. '羊'의 본뜻은 '양'이다.

– 확장하기

'羊'과 '牛'를 비교해 보세요.

고대 한자를 보면, '羊'과 '牛 niú'가 모두 머리에 난 뿔의 모양에 기반하여 만들어졌다 것을 알 수 있어요. '羊'의 뿔은 아래로 내려가 있는 반면 '牛'의 뿔은 위로 올라가 있어요.

	갑골문	금문	소전	예서	해서
	⌄	羊	羊	羊	羊
	⌄	牛	牛	牛	牛

303 6획

yáng

阳

양기 양 [陽]

✳ 자원 풀이

한자 '阳'은 '흙 언덕' 혹은 '고지대'를 의미하는 '(좌측)阝'와 '태양'을 의미하는 '日(rì, 205 '日')'로 구성된다. '阳'은 태양이 산비탈과 가지에 비치는 것을 보여 주고, 본래는 '햇볕이 있는 높은 장소'를 의미한다. 후에 '태양, 햇볕'을 가리키게 되었다.

— 뜻 + 예문

태양, 햇볕

这个房间朝阳吗? 이 방은 햇볕이 드나요?
Zhège fángjiān cháoyáng ma?

这个房间下午就没有阳光了。
Zhège fángjiān xiàwǔ jiù méiyǒu yángguāng le.
이 방은 오후에는 햇볕이 사라진다.

— 연관 단어

阳台 yángtái 명 발코니

阳历 yánglì 명 양력, 태양력

太阳 tàiyáng 명 태양

夕阳 xīyáng 명 석양

— 확장하기

'(좌측)阝'와 '(우측) 阝' 사이의 차이를 알아보아요.

A 좌측의 '阝': 높은 산, 흙 언덕

日	[阳]	阳面 yángmiàn 햇볕이 비치는 쪽, 양지
月	[阴]	阴面 yīnmiàn 햇볕이 닿지 않는 쪽, 응달
艮	[限]	xiàn 제한하다
佥	[险]	xiǎn 험한

B 우측의 '阝': 도시, 사람들이 모이는 장소

者	[都]	首都 shǒudū 수도
令	[邻]	邻居 línjū 이웃
交	[郊]	郊区 jiāoqū 교외

✳ 문화 Tip ✳

夕阳无限好，只是近黄昏。
Xīyáng wúxiàn hǎo, zhǐshì jìn huánghūn.
석양이 한없이 아름답다마는, 황혼이 가까워 오니 아쉽구나.

→ 당시(唐詩)《乐游原 Lèyóu Yuán》의 마지막 문장이에요. 석양은 매우 아름답지만, 황혼이 임박했으므로 곧 사라질 것임을 의미하여, 아름다운 것은 곧 사라질 것임을 묘사할 때 자주 사용해요.

304 9획

yǎng

기를 양 [養]

- 뜻 + 예문

1 동 키우다

现在很多农民都养羊。
Xiànzài hěn duō nóngmín dōu yǎng yáng.
요즘 많은 농민이 양을 기른다.

她喜欢养花。 그녀는 꽃 기르기를 좋아한다.
Tā xǐhuan yǎng huā.

2 동 양육하다

现在, 养一个孩子费用很多。
Xiànzài, yǎng yí ge háizi fèiyong hěn duō.
요즘 아이 하나를 양육하는 데 비용이 많이 든다.

3 동 기르다

父母要从小培养孩子爱学习的好习惯。
Fùmǔ yào cóngxiǎo péiyǎng háizi ài xuéxí de hǎo xíguàn.
부모는 어려서부터 아이에게 공부하기 좋아하는 좋은 습관을 길러 주어야 한다.

- 연관 단어

养育 yǎngyù 동 양육하다

养活 yǎnghuo 동 먹여 살리다

营养 yíngyǎng 명 영양

抚养 fǔyǎng 동 부양하다

修养 xiūyǎng 명 수양

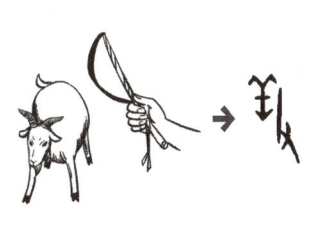

※ 자원 풀이

한자 '养'은 갑골문에 ' '로 쓰여 있는데, 좌측의 ' '는 '羊(yáng, 302 '羊')'으로 '양'을 말하고 우측의 ' '는 채찍을 든 손으로, '양을 치다'를 의미한다. '养'의 본뜻은 '키우다'이고 확장된 의미는 '양육하다' 혹은 '키우다'이다.

※ 문화 Tip ※

养生 양생
yǎngshēng

→ 중국 의학은 건강의 보전을 강조해요. '养'은 '보전하다'를 의미하고 '生'은 '생명'을 의미하는데, '养生'은 육체적, 정신적 건강을 위해 식이요법, 운동, 기타 활동을 통해 건강을 유지하는 것을 의미해요. 예를 들어, 여름에는 신체에 과도한 열을 가져올 수 있는 매운 음식은 피해야 하고, 겨울에는 건강을 위해 영양가 있는 음식을 섭취해야 하는 등이 그렇지요. 게다가 신체건강 외에, 육체적 건강과 심리적 건강 사이의 균형을 위해 마음의 평화도 추구되어야 해요.

305 9획

yāo/yào

要

종요로울 요, 구할 요

✱ 자원 풀이

한자 '要'는 소전에 ''로 쓰여 있는데, 중앙의 ''는 서 있는 여자로 보이고, 양옆에 있는 것은 두 손처럼 보여 즉 '허리에 놓인 두 손'을 의미하며 '허리'를 가리킨다. '要'의 본뜻은 '허리'이다. 후에 '月(肉 ròu, 206 肉)'가 '要'의 좌측에 추가되어 '腰 yāo'는 분명하게 허리를 나타내게 되었다. '要'는 'yāo'로 읽어 '요구하다, 요청하다'의 의미로 쓰이고 'yào'로 읽을 때 '원하다', '중요한' 혹은 '의지'의 뜻으로 확장되었다.

– 뜻 + 예문

1. 요구하다, 요청하다

   领导要求我们今天必须把工作做完。
   Lǐngdǎo yāoqiú wǒmen jīntiān bìxū bǎ gōngzuò zuòwán.
   지도자는 우리가 오늘 반드시 작업을 완료해야 한다고 요구한다.

2. 동 원하다

   过生日时，我想要一台电脑。
   Guò shēngrì shí, wǒ xiǎng yào yì tái diànnǎo.
   생일에 나는 컴퓨터 한 대를 원한다.

3. 중요한

   能不能在这次通过HSK三级考试，对我来说太重要了。
   Néng bu néng zài zhè cì tōngguò HSK sān jí kǎoshì, duì wǒ láishuō tài zhòngyào le.
   이번에 HSK 3급을 통과할 수 있는지 없는지가 나에게는 너무 중요하다.

4. 동 ~할 것이다, ~하려고 하다

   要下雨了，我们回去吧。
   Yào xià yǔ le, wǒmen huíqu ba.
   비가 내릴 것 같으니 우리 돌아가자.

– 표현 PLUS+

不要紧! 괜찮아!, 문제없어!
Búyàojǐn!
▶ 어떤 일이나 상황이 중요치 않거나 문제되지 않음을 표현할 때 사용하는 말이에요.

✱ 문화 Tip ✱

要面子 체면 차리다
yào miànzi

→ 많은 중국인들이 체면을 특히 중요시하는데, 다른 사람들에게 좋은 인상을 남기기를 바라고, 자신들이 남에게 어떻게 보일지 신경 써요. 이런 생각을 '要面子'라고 해요.

306 9획

yào

药

약물 **약** [藥]

- **뜻 + 예문**

[명] 의약

我感冒了，想去药店买点儿药。
Wǒ gǎnmào le, xiǎng qù yàodiàn mǎi diǎnr yào.
나 감기에 걸려서 약국에 가서 약을 좀 사야겠어.

该吃药了。 약을 먹어야 해.
Gāi chī yào le.

- **표현 PLUS+**

1 我头疼/肚子疼/感冒了/发烧了，需要吃点儿什么药？
Wǒ tóu téng / dùzi téng / gǎnmào le / fāshāo le, xūyào chī diǎnr shénme yào?
제가 머리가 아프고/배가 아프고/감기에 걸리고/열이 나는데, 무슨 약을 먹어야 하나요?
▶ 병에 걸려 약국에서 약을 살 때 쓰는 표현이에요.

2 这药怎么吃？ 이 약은 어떻게 먹나요?
Zhè yào zěnme chī?
▶ 환자가 의사나 약사에게 처방된 약을 어떻게 복용해야 하는지 물을 때 쓰는 표현이에요.

✱ 자원 풀이

번체자 '藥'는 '풀', '식물'과의 연관을 나타내는 '艹'와 발음을 나타내는 '樂 yuè'로 구성되어 있다. 간체자 '药'의 상단은 '艹'이고, 하단은 '约 yuē'인데, 이는 발음을 가리킨다. '药'의 본뜻은 '병을 치료할 수 있는 풀'이고, 후에 일반적으로 '질병을 치료할 수 있는 의약'을 가리키게 되었다.

✱ 문화 Tip ✱

中药 중국 의약
zhōngyào

→ 중국에서 사람들은 아플 때 양약과 중국 의약 둘 다 먹어요. 유구한 역사를 가진 중국 의약의 주성분은 약초이며, 질병 치료를 위해 중의사들이 연구를 하지요. 대부분의 경우에, 많은 약초들이 치료를 위해 함께 섞이며, 그중 일부는 대추, 산사초, 생강과 같은 일상의 재료들이에요.

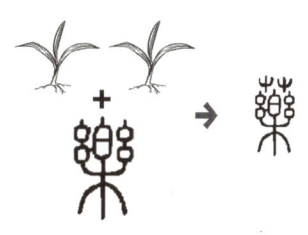

307 6획

yè

쪽 엽 [頁]

✻ 자원 풀이

한자 '页'는 갑골문에 '𩑋'로 쓰여 있는데, 머리를 강조한 채 무릎을 꿇고 있는 사람처럼 보인다. '页'의 본뜻은 '머리'이고, 지금은 종종 '쪽, 페이지'를 의미하며 종이를 세는 양사로도 확장되어 사용된다.

– 뜻 + 예문

1 쪽, 페이지

这本书采用活页形式，使用起来很方便。
Zhè běn shū cǎiyòng huóyè xíngshì, shǐyòng qǐlái hěn fāngbiàn.
이 책은 페이지를 뺐다 끼웠다 할 수 있는 형식을 채용해서, 사용하기 편리하다.

2 [양] 쪽
▶ 종이를 세는 양사예요.

把书翻到第100页。 책을 100쪽까지 넘기세요.
Bǎ shū fāndào dì yìbǎi yè.

– 연관 단어

页码 yèmǎ [명] 쪽번호

页数 yèshù [명] 쪽수

页面 yèmiàn [명] 쪽

网页 wǎngyè [명] 웹페이지

主页 zhǔyè [명] 홈페이지

– 확장하기

'页'의 본뜻은 '头(tóu 머리)'인데, 다른 한자의 구성 요소로 사용될 때 '页'는 종종 우측에 놓여 의미를 나타내요.

[顶] dǐng 정수리
[额] 额头 étóu 이마
[颜] 颜面 yánmiàn 얼굴
[颈] jǐng 목
[须] 胡须 húxū 수염

308 6획

yī

옷 의

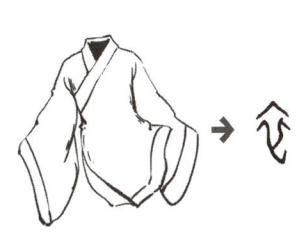

— 뜻 + 예문

옷

她上身穿着一件黄色大衣，下身穿着一条蓝色牛仔裤。
Tā shàngshēn chuānzhe yí jiàn huángsè dàyī, xiàshēn chuānzhe yì tiáo lánsè niúzǎikù.
그는 윗도리로 황색 외투를 입고 있고, 아랫도리로 파란색 청바지를 입고 있다.

— 표현 PLUS+

1 最近降温，适当增添衣物！
　Zuìjìn jiàngwēn, shìdàng zēngtiān yīwù!
　요즘 기온이 내려갔으니, 옷을 적당히 더 입어!
　▶ 기온 하강으로 인해 따뜻하게 옷을 더 입으라고 알려주기 위해 사용하는 표현이에요.

2 这件衣服很适合你！ 이 옷 당신에게 잘 어울리네요!
　Zhè jiàn yīfu hěn shìhé nǐ!
　▶ 옷 색깔이나 스타일이 잘 어울린다는 것을 알려줄 때 사용해요. 대개 옷가게의 점원이 고객에게 하는 말이에요.

— 확장하기

다른 한자의 구성 요소로 사용될 때, '衣'는 종종 '衤'로 쓰며, 좌측에 놓여요. 옷과 관련된 여러 중국어 단어에는 구성 요소 '衤'이 쓰이는데, 예를 들면 다음과 같아요.

旗袍 qípáo 치파오	衬衫 chènshān 셔츠	裙子 qúnzi 치마	裤子 kùzi 바지

✻ 자원 풀이

한자 '衣'는 갑골문에 '𧘇'로 쓰여 있는데, 고대 중국에서 입던 겉옷 상의처럼 보인다. 상단은 깃이고, 양쪽 열린 부분은 소매이며, 하단은 단을 나타내고 있다. '衣'는 본래 '겉옷 상의'를 의미하며 나중에 '옷'을 통칭하게 되었다.

309 7획

yī

医

의원 의 [醫]

✳ 자원 풀이

한자 '医'는 '匚'와 '矢 shǐ'로 이루어져 있다. '匚'는 '용기'를 가리키고 '矢'는 화살이기에, '医'는 '화살을 용기에서 꺼내다'를 의미한다. 즉 화살로 인해 생긴 상처를 치료한다는 뜻으로도 볼 수 있다. 번체자 '醫'는 '酉(酒 jiǔ, 144 '酒')'를 구성 요소로 가지고 있는데, '알콜로써 상처 감염을 막다'를 의미한다. '医'의 본뜻은 '치료하다'이며, 이후 '의사' 혹은 '의학'으로 그 의미가 확장되었다.

– 뜻 + 예문

1 동 치료하다

没想到这么快这家医院就把我父亲的病医好了。
Méi xiǎngdào zhème kuài zhè jiā yīyuàn jiù bǎ wǒ fùqīn de bìng yīhǎo le.
이 병원이 이렇게 빨리 우리 아버지의 병을 치료할 거라고는 생각지도 못했다.

2 의사

我哥哥是一名牙医。 우리 형은 치과의사이다.
Wǒ gēge shì yì míng yáyī.

3 명 의학

我是学医的。 나는 의대생이다.
Wǒ shì xué yī de.

– 연관 단어

医生 yīshēng 명 의사

医院 yīyuàn 명 병원

中医 zhōngyī 명 중의

西医 xīyī 명 서의, 양의

✳ 문화 Tip ✳

中医看病与治病 중의의 진단과 병 치료
zhōngyī kànbìng yǔ zhìbìng

→ 중의학은 진단에 있어서 서양의학과 크게 다른데, 중의학의 진단법은 '望 wàng', '闻 wén', '问 wèn', '切 qiè'를 포함하지요. '望'은 환자의 표정과 안색을 관찰하는 것이고, '闻'은 환자의 호흡과 목소리를 듣는 것이며, '问'은 환자의 증상을 묻는 것이고, '切'는 환자의 맥을 짚어보는 것이에요. 약초 의학은 대개 치료를 위해 사용되고, 고통이 있는 지점만을 다루기보다 질병의 근본적인 치료가 강조되요.

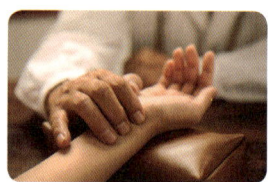

310 14획

의심할 의

- 뜻 + 예문

1 의심하다, 믿지 않다

半信半疑 bànxìn bànyí 반신반의

他总是怀疑儿子不跟他说实话。
Tā zǒngshì huáiyí érzi bù gēn tā shuō shíhuà.
그는 늘 아들이 자기에게 사실을 말하지 않는 것 같다고 의심한다.

2 확신이 없는, 불확실한

孩子总是对世界充满了疑问。
Háizi zǒngshì duì shìjiè chōngmǎn le yíwèn.
아이는 늘 세계에 대한 의문으로 가득 차 있다.

- 연관 단어

疑惑 yíhuò 동 미심쩍어하다

疑心 yíxīn 명 동 의심(하다)

疑虑 yílǜ 명 동 의려(하다)

嫌疑 xiányí 명 의심, 근심

可疑 kěyí 형 의심스러운

怀疑 huáiyí 동 의심하다

- 표현 PLUS+

别总疑神疑鬼的。 매사를 의심하지는 마라.
Bié zǒng yíshén yíguǐ de.
▶ 모든 일에 대해 의심을 품지 말고 사람들을 믿으라고 조언할 때 사용할 수 있는 표현이에요.

- 확장하기

'疋'는 '疑'의 일부로, '疋'를 가지고 있는 한자는 다음과 같아요.

[蛋] dàn 알

[楚] 清楚 qīngchu 분명한

[旋] 旋转 xuánzhuǎn 회전하다

✳ 자원 풀이

한자 '疑'는 초기에 '⿰'로 썼다. 좌측의 '⿰'는 입을 벌린 채 지팡이에 기댄 사람이고 우측의 '⺮'는 '교차로'로서 이 사람이 어디로 가야 할지 모른다는 것을 의미한다. '疑'의 본뜻은 '혼돈에 빠지다'이고, '의심하다, 믿지 않다' 혹은 '불확실한'으로 의미가 확장되었다.

311 10획

yì

益

더할 익

✽ 자원 풀이

한자 '益'는 갑골문에 'ᅵ'로 쓰여 있는데, 용기에서 넘쳐나오는 물처럼 보인다. '益'의 본뜻은 '넘치다'이며, 후에 '益'의 좌측에 'ㆍ'가 추가된 '溢 yì'가 되어 '넘치다'를 의미하게 되었고 '물'과 연관이 있음을 더 확실히 보여 주게 되었다. 그리고 '益'는 '늘어나다', '더욱더' 혹은 '이로움, 이익'으로 의미가 확장되었다.

– 뜻 + 예문

1 늘어나다

中医养生, 益寿延年。
Zhōngyī yǎngshēng, yìshòu yánnián.
중의는 건강을 보전하고 수명을 늘린다.

2 부 더욱더

人不应该满足, 要精益求精。
Rén bù yīnggāi mǎnzú, yào jīngyìqiújīng.
사람은 만족해서는 안 되고, 더욱더 잘 하려 애써야 한다.

3 이로움, 이익

这几年, 公司的效益一年比一年好。
Zhè jǐ nián, gōngsī de xiàoyì yì nián bǐ yì nián hǎo.
이 몇 년간, 회사의 효익은 해가 갈수록 좋아졌다.

适量饮酒对健康有益。
Shìliàng yǐn jiǔ duì jiànkāng yǒuyì.
적당량의 음주는 건강에 유익하다.

– 연관 단어

益处 yìchù 명 이점

利益 lìyì 명 이익

收益 shōuyì 명 수익

✽ 문화 Tip ✽

中医的益寿延年 중의의 수명 연장
zhōngyī de yìshòu yánnián

→ 중국 전통문화의 중요한 부분인 중국 전통의학은 중국의 점점 더 많은 외국인들에 의해 연구되었어요. 중국 전통의학은 신체 단련과 적당한 식이요법, 마음의 평화 및 기타 여러 방식으로 '장수'라는 목적을 성취하는 것을 강조하고 있어요. '益'는 '늘리다'는 의미이고 '延'은 '연장하다'를 의미하는데, 장수는 모든 사람의 꿈이자 바람이지요.

yǐn

引

당길 **인**

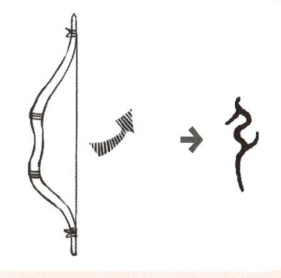

✱ 자원 풀이

한자 '引'은 금문에 '⼸'로 쓰여 있는데, 좌측의 '⼸'는 활이고 우측의 'ㅣ'는 '활을 당기다'를 의미한다. '引'의 본뜻은 '활을 당기다'이며, 이후 '당기다'를 의미하게 되어 '인도하다' 혹은 '일으키다, 유인하다'로 의미가 확장되었다.

— 뜻 + 예문

1. 통 인도하다, 안내하다 (*引导 yǐndǎo 통 인도하다)

    你在前边引路，我们跟着你。
    Nǐ zài qiánbian yǐnlù, wǒmen gēnzhe nǐ.
    네가 앞에서 길을 안내하면 우리가 너를 따라 갈게.

2. 통 일으키다, 유인하다

    他的话引起了老师的怀疑。
    Tā de huà yǐnqǐ le lǎoshī de huáiyí.
    그의 말이 선생님의 의심을 일으켰다.

— 연관 단어

引进 yǐnjìn 통 끌어들이다

引用 yǐnyòng 통 인용하다

指引 zhǐyǐn 통 인도하다

吸引 xīyǐn 통 흡인하다

— 확장하기

'引'의 좌측의 '弓 gōng'이 다른 한자의 구성 요소로 사용될 때, 종종 좌측에 놓여 의미를 가리켜요. 이 구성 요소를 가진 한자들은 본뜻은 대개 '활'과 관련되어 있어요.

[弦] xián	– 본뜻: 활시위 – 흔히 사용되는 의미: 활시위, 악기의 현 예 琴弦 qínxián 현악기의 현
[弛] chí	– 본뜻: 활시위를 놓다 – 흔히 사용되는 의미: 느슨한 예 松弛 sōngchí 느슨한
[弹] dàn	– 본뜻: 탄환, 발사체 – 흔히 사용되는 의미: 총알 예 子弹 zǐdàn 총알
[弯] wān	– 본뜻: 활시위를 당기다 – 흔히 사용되는 의미: 굽은 예 弯曲 wānqū 구부림, 휨

313 7획

yǐn

饮

마실 음 [飮] [*飲]

✱ 자원 풀이

한자 '饮'은 갑골문에 ''로 쓰여 있는데, 사람이 술 단지(酉)를 잡고 고개를 숙이고 혀를 밖으로 내밀고 있는 것으로 보이며, 막 술을 마시려 하는 것 같다. '饮'의 본뜻은 '마시다'이고 '마실 수 있는 무엇'으로 의미가 확장되었다. 소전에는 '龡(飲)'로 쓰여 있는데 후에 '龡'는 '飲'으로 변했고, 그 다음에 '饮'으로 간화되었다.

– 뜻 + 예문

1 마시다

对不起，我从不饮酒。
Duìbuqǐ, wǒ cóng bù yǐn jiǔ.
죄송합니다. 저는 술을 아예 안 마십니다.

2 마실 수 있는 것

夏天，不要喝太多冷饮。
Xiàtiān, búyào hē tài duō lěngyǐn.
여름에 찬 음료를 너무 많이 마시지 마라.

– 연관 단어

饮食 yǐnshí 명 음식

饮料 yǐnliào 명 음료

热饮 rèyǐn 명 뜨거운 음료

– 표현 PLUS+

1 如人饮水，冷暖自知。
Rú rén yǐn shuǐ, lěngnuǎn zìzhī.
물을 마시면 차가운지 따뜻한지 저절로 안다.
▶ 개인적 경험의 중요성을 묘사하기 위한 표현이에요. 물이 찬지 따뜻한지는 물을 마시는 사람만이 안다는 의미이지요.

2 饮食上有什么需要注意的?
Yǐnshí shang yǒu shénme xūyào zhùyì de?
음식에 주의해야 할 것이 있나요?
▶ 병이나 임신 같은 특별한 경우에 주의해야 할 음식에 대해 의사에게 물을 때 사용해요.

– 확장하기

'饮'의 우측에 있는 '欠 qiàn'이 다른 한자들의 구성 요소로 사용될 때, 늘 우측에 놓이는데 예를 들면 다음과 같아요.

口　　　　　[吹] chuī 불다
车　＋　欠　[软] ruǎn 부드러운
𣪩　　　　　[款] kuǎn 금액, 돈
兼　　　　　[歉] 道歉 dàoqiàn 사과하다

314 5획

yìn

도장 인

- 뜻 + 예문

1 몡 도장 (*印章 yìnzhāng 몡 인장)

   给这个证书盖上钢印。 이 증서에 도장을 찍으세요.
   Gěi zhège zhèngshū gàishàng gāngyìn.

2 통 흔적을 남기다

   打印 dǎyìn 인쇄하다

   把这份文件复印三份儿。 이 문서를 세 부 복사해라.
   Bǎ zhè fèn wénjiàn fùyìn sān fènr.

- 연관 단어

   印刷 yìnshuā 통 인쇄하다
   印象 yìnxiàng 몡 인상
   脚印 jiǎoyìn 몡 족인
   手印 shǒuyìn 몡 수인

- 표현 PLUS+

1 祝你们心心相印! 너희들 서로 마음이 통하기를 바라!
   Zhù nǐmen xīnxīn xiāngyìn!
   ▶ 새 커플이나 연인이 같은 마음으로 달콤한 사랑을 즐기기를 바라는 데 사용하는 축하의 말이에요.

2 工作要一步一个脚印。 한 걸음 한 걸음 작업해.
   Gōngzuò yào yí bù yí ge jiǎoyìn.
   ▶ 매 걸음마다 깊은 발자국을 남기며 걷듯이, 일을 할 때 진지하고 꾸준해야 한다고 강조할 때 사용하는 격려의 말이에요.

- 확장하기

'印'의 우측에 있는 'ㄗ'는 다른 한자의 구성 요소로 사용될 때, 종종 우측에 놓이는데, 예를 들면 다음과 같아요.

艮
去 + ㄗ
缶

[即] 立即 lìjí 즉시
[却] què 오히려
[卸] xiè (짐을) 내리다

✱ 자원 풀이

한자 '印'은 갑골문에 로 쓰여 있는데, 좌측의 ''는 손이고 우측의 ''는 무릎 꿇고 있는 사람이기 때문에, 이 한자는 '손으로 사람을 내리누르다'를 의미한다. '印'의 본뜻은 '내리누르다'이며, '도장' 또는 '흔적을 남기다'로 의미가 확장되었다.

315 12획

yóu

游

헤엄칠 유

✳ 자원 풀이

한자 '游'는 갑골문에 ''로 쓰여 있는데, 좌측의 '𣎆'는 바람에 펄럭이는 깃발이고, 우측의 '子'는 '子(zǐ, 357 '子')'로 사람이 바람에 펄럭이는 깃발을 붙잡고 있는 것을 가리킨다. 후에 좌측에 '氵(물)'이 추가되었는데, 물의 흐름이 깃발의 띠가 흔들리는 것과 유사하기 때문이다. '游'의 본뜻은 '옛 깃발의 띠 혹은 장식물'인데, 오늘날 더 이상 사용되지 않는다. '游'는 '헤엄치다' 혹은 '여행하다'로 의미가 확장되었다.

– 뜻 + 예문

1. 통 헤엄치다

   鱼在水里游得很快。 물고기는 물에서 빨리 헤엄친다.
   Yú zài shuǐ li yóu de hěn kuài.

2. 통 여행하다

   他爱旅游，说要一个人游遍中国。
   Tā ài lǚyóu, shuō yào yí ge rén yóubiàn Zhōngguó.
   그는 여행을 좋아해서, 혼자서 중국을 두루 여행할 것이라고 말한다.

– 연관 단어

游泳 yóuyǒng 통 수영하다
游览 yóulǎn 통 유람하다
游戏 yóuxì 명·통 게임(하다)
上游 shàngyóu 명 상류
下游 xiàyóu 명 하류
导游 dǎoyóu 명 관광 가이드

– 표현 PLUS+

水深危险，禁止游泳。
Shuǐ shēn wēixiǎn, jìnzhǐ yóuyǒng.
물이 깊어 위험하니 수영을 금지합니다.
▶ 물이 너무 깊어 수영을 하지 말도록 경고하는 데에 사용하는 경고문이에요.

✳ 문화 Tip ✳

《西游记》 서유기
《Xīyóu Jì》

→ 중국 사대기서(四大奇書) 중 하나인 《서유기》는 손오공과 당나라 승려의 이야기를 담고 있다. 그들은 고생 끝에 서역(지금의 인도)에서 부처를 만나고 불경을 얻어왔다.

yǒu

友

벗 우

 →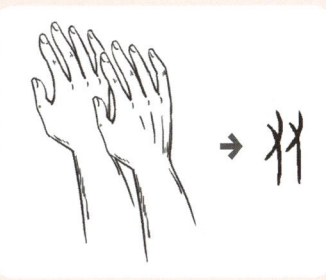

※ 자원 풀이

한자 '友'는 갑골문에 ''로 쓰여 있는데, 같은 방향을 한 두 손을 보여주어 두 사람의 포부가 같음을 가리킨다. '友'의 본뜻은 '친구'이며 '친한'으로 의미가 확장되었다.

– 뜻 + 예문

1 친구

他是我最好的朋友。 그는 나의 가장 좋은 친구이다.
Tā shì wǒ zuì hǎo de péngyou.

2 친한

从小，老师就告诉我们，同学之间要团结、友爱，互相帮助。
Cóngxiǎo, lǎoshī jiù gàosu wǒmen, tóngxué zhījiān yào tuánjié、yǒu'ài, hùxiāng bāngzhù.
어려서부터 선생님은 우리에게 학우들 사이에서는 단결하고, 우애롭고, 서로 도와야 한다고 말씀하셨다.

– 연관 단어

友好 yǒuhǎo 혭 우호적인

友谊 yǒuyì 몡 우정

亲友 qīnyǒu 몡 친척과 친구

交友 jiāoyǒu 동 친구를 사귀다

– 표현 PLUS+

友谊地久天长。 우정은 하늘과 땅처럼 영원하다.
Yǒuyì dìjiǔ tiāncháng.
▶ 우정이 영원하기를 바랄 때에 사용하는 축하의 말이에요.

✱ 문화 Tip ✱

岁寒三友 세한삼우
suìhán sānyǒu

→ 중국 전통문화에서 '松(sōng 소나무)', '竹(zhú 대나무)', '梅(méi 매화)'는 '岁寒三友'라고 불리는데, 이것들이 겨울의 추운 날씨에도 꽃을 피우거나 여전히 푸르러서 강인함을 보여주기 때문이에요. 그것들이 추위를 무릅쓴다는 것에 대한 존경심에서 사람들은 그것들을 '岁寒三友'라고 불러요.

317 6획

yǒu

有

있을 유

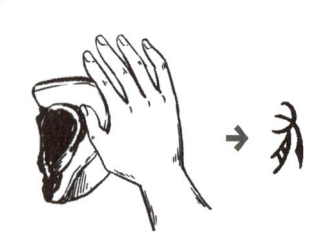

✻ 자원 풀이

한자 '有'는 금문에 '🖐'로 쓰여 있는데, 상단의 '⺸'는 '又(yòu, 318 '又')'로 오른손이고, 하단의 '⺼'는 '肉(ròu, 206 '肉')'로 '고기'를 가리키고 있어, '손으로 고기를 잡다'를 의미한다. '有'의 본뜻은 '가지다, 소유하다'이고 '존재하다'로 그 의미가 확장되었다.

— 뜻 + 예문

1. 동 가지다, 소유하다

   我没有汉语词典，你有吗?
   Wǒ méiyǒu Hànyǔ cídiǎn, nǐ yǒu ma?
   나는 중국어 사전이 없는데 너는 있니?

2. 동 ~이 있다

   马路对面有一家咖啡馆。
   Mǎlù duìmiàn yǒu yì jiā kāfēiguǎn.
   대로 맞은편에 커피숍이 있다.

— 연관 단어

有趣 yǒuqù 형 재미있는

所有 suǒyǒu 형 모든

占有 zhànyǒu 동 점유하다

— 표현 PLUS+

1. 有劳了。 부탁드리겠습니다.
   Yǒuláo le.
   ▶ 도움을 청할 때 사용하는 정중한 표현이에요.

2. ×××真有两下子! XXX 정말 솜씨가 대단한 걸!
   x x x zhēn yǒu liǎngxiàzi!
   ▶ 능력이 있음을 칭찬할 때 사용해요.

— 확장하기

한자의 구성 요소로 '𠂇'는 대부분의 경우에 '손'을 가리켜요. '有' 외에, 다른 예로는 다음과 같은 것들이 있어요.

[左] zuǒ = 𠂇 + 工
- 한자 구성: 손(𠂇)이 일을 돕기 위해 도구를 잡다
- 본뜻: 돕다
- 흔히 사용되는 의미: 왼쪽

[灰] huī = 𠂇 + 火
- 한자 구성: 손(𠂇)이 불 위에 있어 불이 꺼지고 재가 남아 있음을 암시함.
- 본뜻: 재, 먼지
- 흔히 사용되는 의미: 재, 먼지

318 2획

yòu

又

또 우

✱ 자원 풀이

한자 '又'는 갑골문에 ''로 쓰여 있는데, 오른손 모양이다. '又'의 본뜻은 '오른손'이며 후에 '다시'를 가리키게 되었다. '그리고' 혹은 '또한, 게다가'를 가리키기도 한다.

— 뜻 + 예문

1 图 다시

他非常喜欢这本书，看了一遍又一遍。
Tā fēicháng xǐhuan zhè běn shū, kàn le yí biàn yòu yí biàn.
그는 이 책을 매우 좋아해서 보고 또 봤다.

2 图 (몇몇 속성이나 조건이 공존할 때) 그리고

他做得又快又好。 그는 빨리 하기도 하고 잘 하기도 한다.
Tā zuò de yòu kuài yòu hǎo.

这家饭馆的菜又便宜又好吃。
Zhè jiā fànguǎn de cài yòu piányi yòu hǎochī.
이 음식점의 요리는 싸기도 하고 맛있기도 하다.

3 图 또한, 게다가

气温高，空气湿度又大，人体感觉很不舒适。
Qìwēn gāo, kōngqì shīdù yòu dà, réntǐ gǎnjué hěn bù shūshì.
기온이 높고, 공기 중 습도도 높아, 인체가 느끼기에 매우 불쾌하다.

— 확장하기

다른 한자의 구성 요소로 사용될 때, '又'는 좌측, 하단, 우측 하단 혹은 우측에 둘 수 있어요. 이 한자들에서 '又'는 대개 '손'과 관련이 있지만, 그들 중 몇몇은 예를 들어 '欢'과 '鸡'처럼 그저 암시일 뿐이기도 해요.

A 좌측의 '又':

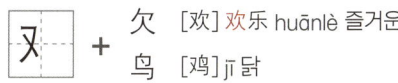

欠 [欢] 欢乐 huānlè 즐거운
鸟 [鸡] jī 닭

B 하단의 '又':

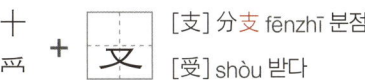

十 [支] 分支 fēnzhī 분점
龱 [受] shòu 받다

C 우측 하단의 '又':

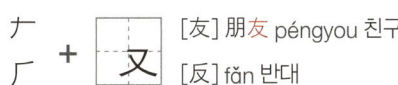

ナ
厂 [友] 朋友 péngyou 친구
　 [反] fǎn 반대

D 우측의 '又':

耳 [取] qǔ 취하다
赤 [叔] shū 숙부

319 9획

yòu

右

우편 우

※ 자원 풀이

한자 '右'는 갑골문에 '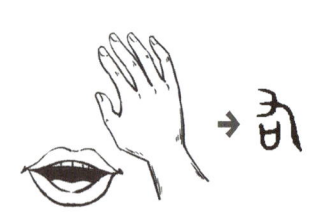'로 쓰여 있는데, 'ㅋ'는 '又(yòu, 318 '又')'로 오른손처럼 보이고 'ㅂ'는 '口 kǒu'로 '입'를 의미하기에, '右'는 '입과 손의 조화와 상호 도움'을 의미한다. '右'의 본뜻은 '돕다'이며 그후 '오른쪽 방향'을 가리키는 데에 사용되게 되었다. 나중에 'イ'이 추가된 한자 '佑 yòu'가 만들어져 '돕다'를 의미하게 되었다.

— 뜻 + 예문

명 오른쪽

如有问题，请举右手提问。
Rú yǒu wèntí, qǐng jǔ yòushǒu tíwèn.
문제가 있으면 오른손을 들고 질문하세요.

— 연관 단어

右面 yòumiàn 명 오른쪽
右侧 yòucè 명 우측
靠右 kào yòu 우측 통행
左右 zuǒyòu 명 좌우

右侧变窄
yòucè biàn zhǎi
우측 차도 사라짐

向右急转弯
xiàng yòu jí zhuǎnwān
우측으로 급회전

向右转弯
xiàng yòu zhuǎnwān
우측으로 천천히 회전

靠右侧道路行驶
kào yòucè dàolù xíngshǐ
우측도로로 운전

✱ 문화 Tip ✱

中国内地交通的右侧通行 중국 내륙 교통의 우측 통행
Zhōngguó nèidì jiāotōng de yòucè tōngxíng

→ 중국 본토에서 보행자들은 도로 우측으로 걸으며 탈것들도 우측 통행을 해요. 이는 우리와 같지요? 또한 운전자도 차의 왼쪽 좌석에 앉아야 돼요.

320 8획

yú

鱼

물고기 어 [魚]

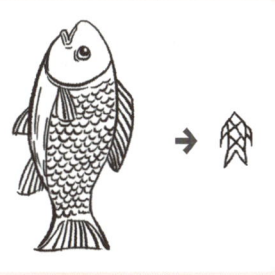

※ 자원 풀이

한자 '鱼'는 갑골문에 '🐟'로 쓰여 있는데, 물고기 모양이다. '鱼'의 본 뜻은 '물고기'이다.

— 뜻 + 예문

명 물고기

我爱吃鱼, 不爱吃鸡。
Wǒ ài chī yú, bú ài chī jī.
나는 생선은 좋아하는데, 닭고기는 좋아하지 않는다.

水里好多鱼啊! 물 속에 물고기가 아주 많네!
Shuǐ li hǎo duō yú a!

— 확장하기

중국인들의 생선 요리에 대해 알아보고 기회가 된다면 식당에서 한번 맛보세요.

西湖醋鱼
Xī Hú cùyú
시후추위

松鼠桂鱼
sōngshǔguìyú
송슈꾸이위

清蒸鲈鱼
qīngzhēnglúyú
칭쩡루위

香辣烤鱼
xiānglàkǎoyú
샹라카오위

※ 문화 Tip ※

中国年夜饭必有鱼。
Zhōngguó niányèfàn bì yǒu yú.
중국 녠예판에는 반드시 생선이 있다.

→ 춘제를 축하할 때 중국인들은 반드시 생선(鱼 yú)을 먹는데, 그때는 다 먹지 말고 조금 남겨야 해요. 중국어에서 '鱼'는 행운을 상징하며 '余 yú'와 비슷한 발음을 가지고 있어요. 또한 남은 음식은 '年年有余(niánnián yǒuyú 해마다 풍요롭기를 바랍니다)'를 의미하지요. 중국인들은 만약 해마다 뭔가를 남기거나 먹고 남을 만큼이 있다면, 삶이 더 좋아지고 있는 것이라고 믿는 답니다.

321 12획

yú

愉

기뻐할 유

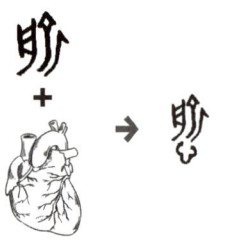

✻ 자원 풀이

한자 '愉'는 '심장'과의 관련을 가리키는 '忄'와 발음을 나타내는 '俞 yú'로 이루어져 있다. '愉'의 본뜻은 '행복한'이다.

– 뜻 + 예문

행복한

新春愉快！ 새해 복 많이 받으세요!
Xīnchūn yúkuài!

孩子们玩儿得很愉快。 아이들이 유쾌하게 논다.
Háizimen wánr de hěn yúkuài.

– 표현 PLUS+

1 祝您旅行愉快！ 즐거운 여행 되세요!
Zhù nín lǚxíng yúkuài!
▶ 평안하고 행복한 여행하기를 바라는 표현이에요.

2 暑假/寒假愉快！ 여름/겨울방학 즐겁게 보내!
Shǔjià / Hánjià yúkuài!
▶ 여름/겨울방학 전에 교사나 학생에게 하는 축하의 말이에요.

– 확장하기

'愉'의 우측에 있는 '俞'는 다른 한자의 구성 요소로 사용될 때 종종 우측에 놓여 발음을 나타내요. 이 구성 요소를 가진 한자들은 대개 'yu'로 발음되지요.

[愉] 愉快 yúkuài 행복한

[榆] 榆树 yúshù 느릅나무

[喻] 比喻 bǐyù 비유

[偷] tōu 훔치다

[愈] yù 더더욱

322 3획

yǔ/yù

더불 여 [與]

- 뜻 + 예문

1 주다

很多好心人赠与他们书和本。
Hěn duō hǎo xīn rén zèngyǔ tāmen shū hé běn.
많은 착한 사람들이 그들에게 책과 공책을 기증했다.

2 참여하다

感谢您的参与。 당신의 참여에 감사드립니다.
Gǎnxiè nín de cānyù.

3 접 그리고

说起草原，我们立刻想到的是蓝天、白云、绿草与羊群。
Shuōqǐ cǎoyuán, wǒmen lìkè xiǎngdào de shì lántiān、báiyún、lǜcǎo yǔ yángqún.
초원을 떠올리면, 우리가 즉각 생각하게 되는 것은 푸른 하늘, 흰 구름, 푸른 풀, 그리고 양떼이다.

北京、上海与广州都是中国大城市。
Běijīng、Shànghǎi yǔ Guǎngzhōu dōu shì Zhōngguó dà chéngshì.
베이징, 상하이 그리고 광저우는 모두 중국의 대도시이다.

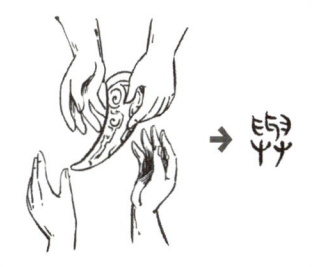

✽ 자원 풀이

한자 '与'는 초기에 '𦥑'로 쓰였다. 상단과 하단은 모두 한 쌍의 손이고, 중앙은 물건이다. '与'는 물건을 한 쌍의 손에서 다른 한 쌍의 손으로 건네는 상황을 보여 준다. '与'의 본 뜻은 '주다'이고 '참여하다', '그리고'로 의미가 확장되었다.

- 연관 단어

与会 yùhuì 동 회의에 참여하다

与其 yǔqí 접 ~보다 [비교]

赠与 zèngyǔ 동 기증하다

参与 cānyù 동 참여하다

- 표현 PLUS+

感谢您的理解与配合。
Gǎnxiè nín de lǐjiě yǔ pèihé.
당신의 이해와 협조에 감사드립니다.
▶ 여러 이유와 환경에서 대중에게 불편을 끼치게 되었을 때 사용할 수 있는 표현으로, 대개는 공공장소에서 사용되지요.

323 8획

yǔ

雨

비 우

✳ 자원 풀이

한자 '雨'는 갑골문에 로 쓰여 있는데, 하늘에서 내리는 비처럼 보인다. 상단의 가로획은 하늘을 나타내고, 하단의 작은 점들은 빗방울을 나타낸다. '雨'의 본뜻은 '비 내리다'이고 '비'로 의미가 확장되었다.

– 뜻 + 예문

명 비

下雨了，你有伞吗？ 비가 오는데, 우산 있어요?
Xià yǔ le, nǐ yǒu sǎn ma?

雨太大了，我们找个地方避一避雨吧。
Yǔ tài dà le, wǒmen zhǎo ge dìfang bì yi bì yǔ ba.
비가 너무 많이 오니, 우리 어디 가서 비 좀 피하자.

– 연관 단어

雨鞋 yǔxié 명 장화

雨衣 yǔyī 명 우의

雨伞 yǔsǎn 명 우산

风雨 fēngyǔ 명 바람과 비

淋雨 lín yǔ 비에 젖다

雷雨 léiyǔ 명 뇌우

– 표현 PLUS+

阳光总在风雨后。 햇빛은 언제나 바람과 비 뒤에 있다.
Yángguāng zǒng zài fēngyǔ hòu.

▶ 일을 할 때 난관을 극복할 필요가 있음을 보여 주기 위해 사용하는 격려의 말이에요. 일시적인 폭풍우(난관)는 크게 중요치 않은데, 이는 폭풍우 뒤에는 반드시 다시 해가 뜰 것이고 이로써 마침내 성공할 것이기 때문이지요.

– 확장하기

다른 한자의 구성 요소로 사용될 때, '雨'는 종종 한자의 상단에 놓여서 의미를 나타내요. 이 구성 요소를 가진 한자들은 대개 '비나 눈 같은 날씨 현상'과 관련이 되지요.

田　[雷] léi 천둥
包　[雹] báo 우박
ヨ　[雪] xuě 눈
务　[雾] wù 안개
貍　[霾] mái 스모그

324 5획

옥 옥

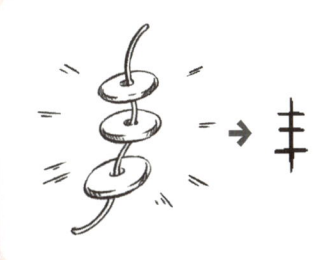

뜻 + 예문

명 옥

中国人很喜欢用玉做成的装饰品。
Zhōngguórén hěn xǐhuan yòng yù zuòchéng de zhuāngshìpǐn.
중국인은 옥으로 만든 장식품을 좋아한다.

这块玉很值钱。 이 옥은 값나간다.
Zhè kuài yù hěn zhíqián.

확장하기

1 다른 한자의 구성 요소로 사용될 때, '玉'는 종종 '王'으로 쓰이며 '王'으로 간주되요. '玉'와 '王'의 변화는 다음과 같아요.

	갑골문	금문	소전	공용문자
玉 yù	‡	王	王	玉
王 wáng	王	王	王	王

2 다음 한자에서 '王'은 실제로는 '玉'예요.

> 弄 nòng = 玉 + 廾
> - 한자 구성: 두 손으로 옥을 가지고 놀다.
> - 본뜻: 가지고 놀다
> - 흔히 사용되는 의미: ~을 하다

✽ 자원 풀이

한자 '玉'는 갑골문에 '‡'로 쓰여 있는데, 한 꿰미의 옥처럼 보인다. '玉'의 본뜻은 '옥'이다. 갑골문과 소전 모두에서 '玉'는 '王'로 쓰여 있는데, 가로획 사이의 거리가 동일하다. '王'은 '王'로 썼는데, 이때 가로획 사이의 거리는 각각 다르다. 이 두 한자를 구별하기 위해서 점이 하나 추가되었고, 공용문자에 와서 '玉'가 만들어졌다.

✽ 문화 Tip ✽

玉白菜 옥배추
yù báicài

→ 옥은 중국인들이 매우 사랑하는 장식품일 뿐 아니라 중국 문화의 중요한 부분이기도 해요. 실제로, 옥은 단단하고 아름다운 돌의 일종으로 빛이 나면서도 약간 투명한 외관을 가지고 있지요. 옥은 깎아서 수공예품으로 만들 수도 있고 옥배추 같은 다양한 장식품도 만들 수 있어요. '玉白菜 yù báicài'는 '遇百财(yù bǎicái 큰 부를 만나다)'와 발음이 유사하여 행운을 상징하게 되었고, 그리하여 주변에 선물로 보내는 경우가 많아요.

325 8획

yù
育
기를 육

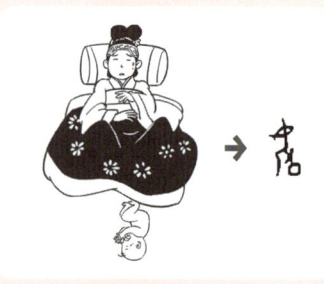

✽ 자원 풀이

한자 '育'는 갑골문에 ' '로 쓰여 있는데, 여성( )의 옆에서 아기( )가 머리를 아래로 누이고 있는 것처럼 보여 '아이를 낳다'는 뜻을 가리킨다. '育'의 본뜻은 '낳다'이고 '기르다' 혹은 '교육하다'로 의미가 확장되었다.

– 뜻 + 예문

1 낳다

她生了一个儿子后就节育了。
Tā shēng le yí ge érzi hòu jiù jiéyù le.
그녀는 아들 하나를 낳은 후 곧 산아제한을 했다.

2 기르다

她育有一儿一女。 그녀는 1남1녀를 기른다.
Tā yù yǒu yì ér yì nǚ.

3 교육하다

教书育人 자식을 가르치고 인성을 길러주다
jiāoshū yùrén

教育是国家大事。 교육은 국가의 대사이다.
Jiàoyù shì guójiā dàshì.

– 연관 단어

育儿 yù ér 육아하다
育苗 yùmiáo 동 모종을 기르다
孕育 yùnyù 동 낳아 기르다
体育 tǐyù 명 체육

✽ 문화 Tip ✽

中国的生育政策 중국의 출산 정책
Zhōngguó de shēngyù zhèngcè

→ 1980년대 초부터, 중국은 가족계획 정책을 시행하여 늦은 결혼, 육아 등의 정책을 장려하고, 급속한 인구증가를 조절하기 위해 한 부부(주로 한족(汉族))가 한 자녀만을 낳도록 했어요. 그러나 2016년 1월부터, 미래의 인구 노령화에 대처하기 위해 한 부부가 두 자녀를 낳도록 정책을 완화하였어요.

326 4획

yuán

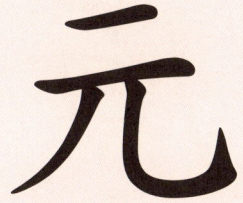

元

으뜸 원

✽ 자원 풀이

한자 '元'은 갑골문에 '𠑗'로 쓰여 있는데, 옆으로 서 있는 머리가 강조된 사람처럼 보인다. '元'의 본뜻은 '머리' 혹은 '두뇌'이고, '첫, 가장 처음' 혹은 '주요한'으로 의미가 확장되었다. 현재에는 중국의 화폐 단위로도 사용된다.

— 뜻 + 예문

1 첫, 가장 처음

公历新年的第一天是元旦。
Gōnglì xīnnián de dì yī tiān shì Yuándàn.
양력으로 새해의 첫날이 위엔단이다.

2 주요한

他曾经是一位国家元首。
Tā céngjīng shì yí wèi guójiā yuánshǒu.
그는 한때 국가원수였다.

3 양 위안
▶ 중국의 화폐 단위예요.

A 这件衣服多少钱? 이 옷은 얼마예요?
Zhè jiàn yīfu duōshao qián?

B 八百九十元。 890위안이에요.
Bābǎi jiǔshí yuán.

— 확장하기

세계의 주요 통화 단위를 중국어로 알아봐요.

人民币 Rénmínbì 중국 인민폐(RMB, ¥)
美元 Měiyuán 미국 달러(USD, $)
英镑 Yīngbàng 영국 파운드(GBP, £)
欧元 Ōuyuán 유로(EUR, €)
泰铢 Tàizhū 태국 바트(THB, ฿)
卢布 Lúbù 러시아 루블(RUB, ₽)
日元 Rìyuán 일본 엔(JPY, ¥)
韩元 Hányuán 한국 원(KRW, ₩)

✽ 문화 Tip ✽

元旦 위엔단
Yuándàn

→ 중국에서 그레고리우스력의 첫날, 즉 양력 1월 1일은 '元旦 Yuándàn'이라고 해요. '元'은 '첫' 혹은 '가장 처음'을 의미해요. 소전에서 '旦'은 '日 rì'로 썼는데, 하단의 가로획은 땅을 나타내요. '旦'은 '日(해)'가 땅에부터 떠오름을 의미하지요. 그러므로 '元旦'은 '첫 해오름', 즉 한 해의 첫날을 의미해요.

327 10획

yuán

근원 **원**

✱ 자원 풀이

한자 '原'은 금문에 '原'로 쓰여 있는데, '厂'는 절벽이고 '𡿨'는 '절벽 아래의 평원'을 가리킨다. '原'의 본뜻은 '수원(水原)'이나 '전의, 본래의' 혹은 '넓고 평평한 장소'로 의미가 확장되었다. 나중에 'ㆍ氵(물)'이 '原'의 좌측에 추가되어 '源 yuán'이 '수원'이라는 뜻을 표현하게 되었다.

– 뜻 + 예문

1. 형 전의, 본래의 (*原来 yuánlái 명부 원래)

   请重复一遍我的原话。 내 말을 한 번 반복하세요.
   Qǐng chóngfù yí biàn wǒ de yuán huà.

2. 넓고 평평한 장소

   高原反应很难受。 고산증은 매우 괴롭다.
   Gāoyuán fǎnyìng hěn nánshòu.

   我想去草原玩儿。 나는 초원에 가서 놀고 싶다.
   Wǒ xiǎng qù cǎoyuán wánr.

– 연관 단어

原价 yuánjià 명 원가

原则 yuánzé 명 원칙

原谅 yuánliàng 동 양해하다

原因 yuányīn 명 원인

平原 píngyuán 명 평원

还原 huányuán 동 복원하다

– 표현 PLUS+

1. 对不起，请原谅！ 죄송합니다, 양해를 바랍니다!
   Duìbuqǐ, qǐng yuánliàng!
   ▶ 뭔가 잘못해서 용서를 구하기 위해 사용하는 변명의 말이에요.

2. 原来如此。 (알고 보니) 그랬구나.
   Yuánlái rúcǐ.
   ▶ 무슨 일이 일어났는지, 혹은 특정한 상황을 마침내 이해했을 때 사용하는 말이에요.

328 4획

yuè

月

달 **월**

✱ 자원 풀이

한자 '月'는 갑골문에 ')'로 쓰여 있는데, 초승달처럼 보인다. '月'의 본뜻은 '달'이다. 보름달은 한 달에 한 번 나타나기에, '月'은 '달, 월'로 의미가 확장되었다.

— 뜻 + 예문

1 [명] 달

我想去海边赏月。
Wǒ xiǎng qù hǎi biān shǎng yuè.
나는 바닷가에 가서 달을 보고 싶다.

今晚的月亮真圆啊! 오늘밤 달이 정말 둥그네!
Jīnwǎn de yuèliang zhēn yuán a!

2 [명] 달, 월

一年12个月，我最喜欢5月。
Yì nián shí'èr ge yuè, wǒ zuì xǐhuan wǔ yuè.
일 년 열두 달 중에 나는 5월이 가장 좋다.

— 연관 단어

月饼 yuèbing [명] 월병

月份 yuèfèn [명] 달, 월

岁月 suìyuè [명] 세월

— 표현 PLUS+

今天是几月几号? 오늘 몇 월 며칠이지?
Jīntiān shì jǐ yuè jǐ hào?
▶ 날짜를 묻는 표현이에요.

✱ 문화 Tip ✱

中秋节赏月 중추제 달 구경
Zhōngqiū Jié shǎng yuè

→ 중추제는 음력 8월 15일로, 일 년 중 이날 달이 가장 둥글고 밝다고 해요. 중추제에는 식구들이 다 같이 함께 앉아서 월병을 먹으며 이야기를 나누고, 밤에 보름달을 즐겨요. 이날 사람들은 서로 만날 때 '中秋快乐 Zhōngqiū kuàilè'라고 인사해요.

329 5획

yùn

孕

애 밸 잉

✽ 자원 풀이

한자 '孕'은 갑골문에 ' '로 쓰여 있는데, 배에 ' (子 zǐ, 357 '子')'를 가진 임신한 여자 같다. '孕'의 본뜻은 '임신한'이다.

– 뜻 + 예문

임신한

我妻子怀孕了。 내 아내가 임신했다.
Wǒ qīzi huáiyùn le.

– 연관 단어

孕妇 yùnfù 몡 임부

孕育 yùnyù 동 낳아 기르다

怀孕 huáiyùn 동 임신하다

身孕 shēnyùn 몡 임신

– 확장하기

'孕'의 구성 요소인 '子'는 '유아' 혹은 '아기'를 의미해요. '孕'을 '弃'와 비교해 보세요.

 [弃] qì = 亠 + 廾 195 '弃'

> – 한자 구성: 두 손으로 아기를 내버리다
> 예 丢弃 diūqì 내버리다

✽ 문화 Tip ✽

老、弱、病、残、孕专座
lǎo、 ruò、 bìng、 cán、 yùn zhuānzuò
노약자, 병자, 장애인, 임신부 전용석

→ 중국에는 노인, 약자, 병자, 장애인, 임신부를 보호하는 전통이 있어요. 버스나 지하철에서 특정 좌석들은 노약자를 위해 아예 비워져 있지요. 이 좌석들은 대개 노란색이고, 때로는 빨간색이나 오렌지색인데, 다른 좌석들과 색으로 구분되요.

330 7획

灾 zāi

재앙 재

✱ 자원 풀이

한자 '灾'는 갑골문에 로 쓰여 있는데, 상단의 '∩'는 '宀'로, 집을 나타내며, 하단의 '☺'는 '火(huǒ, 118 '火')'로, 집이 불타고 있음을 의미한다. '灾'는 본래 '불'을 의미하고 지금은 일반적으로 '재난'을 가리킨다.

– 뜻 + 예문

명 재난

今年夏天, 雨水比较多, 很多地方受灾了。
Jīnnián xiàtiān, yǔshuǐ bǐjiào duō, hěn duō dìfang shòuzāi le.
올해 여름에 비가 꽤 많이 와서 여러 곳이 재난을 만났다.

– 연관 단어

灾难 zāinàn 명 재난

灾害 zāihài 명 재해

灾区 zāiqū 명 재해지역

火灾 huǒzāi 명 화재

水灾 shuǐzāi 명 수재

救灾 jiùzāi 동 재난을 구제하다

– 확장하기

'灾'의 상단에 있는 '宀'는 다른 한자의 구성 요소로 사용될 때, 한자의 상단에 놓여서 의미를 가리켜요. 이 구성 요소를 가진 한자들은 대개 '집'과 관련되어 있어요.

 +
各　[客] kè 손님
女　[安] ān 안정적인
豕　[家] jiā 집
至　[室] shì 방
禺　[寓] 公寓 gōngyù 아파트

✱ 문화 Tip ✱

天灾人祸 자연재해와 인재
tiānzāi rénhuò

→ '灾'와 '祸'는 각각 '재난'이라는 의미가 있어요. 특정해서 말하자면, '灾'는 객관적인 재난을 말하는 반면 '祸'는 인재를 강조하지요. 그러므로, 중국어로 '天灾人祸'라고 해요. 예를 들면, '水灾', '火灾', '旱灾(hànzāi 가뭄)', '虫灾(chóngzāi 해충으로 인한 재난)', '车祸(chēhuò 교통사고)', '兵祸(bīnghuò 전쟁의 재난)' 등이 있어요.

331 10획

zāi

심을 재

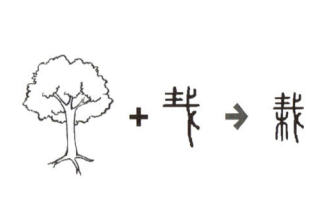

✱ 자원 풀이

한자 '栽'는 '나무'와 관련이 있음을 나타내는 '木(mù, 176 '木')'와, 발음을 나타내는 '𢦏 zāi'로 구성되어 있다. '栽'의 본뜻은 '벽을 세울 때 양쪽에 세워진 널빤지'인데, 오늘날 이 뜻은 더 이상 사용되지 않는다. 고대에 벽을 세울 때, 처음에 널빤지를 양쪽에 세운 다음 가운데에 흙을 쏟아부었기에, '栽'는 '심다'로 의미가 확장되었다.

– 뜻 + 예문

동 심다

春天是栽树的最好季节。
Chūntiān shì zāi shù de zuì hǎo jìjié.
봄은 나무 심기에 가장 좋은 계절이다.

把这花栽进土里吧。 이 꽃을 흙 속에 심어라.
Bǎ zhè huā zāijìn tǔ li ba.

– 연관 단어

栽花 zāi huā 꽃을 키우다

栽培 zāipéi 동 재배하다

栽倒 zāidǎo 넘어지다

盆栽 pénzāi 명 분재

– 확장하기

'栽'의 구성 요소로의 '𢦏'는 다른 한자의 구성 요소로 사용될 때, 종종 발음을 나타내는데, 그 한자들은 대개 '-ai'로 발음돼요.

 + 车 [載] zài 싣다
衣 [裁] cái 판단하다
異 [戴] dài 입다

✱ 문화 Tip ✱

栽跟头 넘어지다, 실패하다
zāi gēntou

→ 중국어 구어에서 '摔倒了 shuāidǎo le'와 '栽跟头'는 둘 다 '넘어지다'를 의미해요. 특히 '栽跟头'는 일상에서 난관을 만나거나 실패를 겪는다는 의미로도 사용되지요. 예를 들어, '他做生意栽了好几次跟头 tā zuò shēngyi zāi le hǎo jǐ cì gēntou'는 사업에서 난관을 겪거나 여러 번 돈을 잃었다는 것을 의미하고, '这次, 他又栽(跟头)了 zhè cì, tā yòu zāi (gēntou) le'는 이번에도 실패하거나 바보가 되었음을 의미해요.

332 16획

zàn
도울 찬 [贊]

뜻 + 예문

1. 돕다, 후원하다

   他赞助了三名农村孩子上大学。
   Tā zànzhù le sān míng nóngcūn háizi shàng dàxué.
   그는 농촌 아이 세 명이 대학에 가도록 도움을 주었다.

2. 동 칭찬하다

   社区民警是个热心人，大家对他赞不绝口。
   Shèqū mínjǐng shì ge rèxīn rén, dàjiā duì tā zànbùjuékǒu.
   지역경찰은 사람이 친절해서, 모두 그에 대해 칭찬이 끝이 없다.

연관 단어

赞叹 zàntàn 동 찬탄하다
赞美 zànměi 동 찬미하다
赞成 zànchéng 동 찬성하다
称赞 chēngzàn 동 칭찬하다
夸赞 kuāzàn 동 칭찬하다

표현 PLUS+

记得给我点赞！ 좋아요 누르는 거 기억해 주세요!
Jìde gěi wǒ diǎn zàn!
▶ 위챗 모멘트의 업데이트에 좋아요를 눌러 달라고 부탁하기 위해 사용하는 멘트예요.

확장하기

'赞 = 先先 + 贝'와 유사한 방식으로 형성된 한자들은 다음과 같아요.

[婴] yīng = 贝贝 + 女 아기	[骂] mà = 口口 + 马 욕하다
[坐] zuò = 人人 + 土 앉다	[替] tì = 夫夫 + 日 대체하다

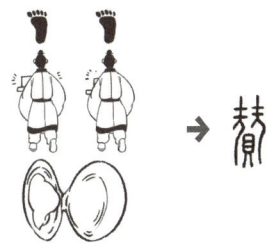

✳ 자원 풀이

한자 '赞'은 초기에 '𧴫'로 썼다. 상단의 '兟'는 '兟 shēn'인데, 두 사람이 앞으로 나가고 있는 것을 의미하고, 하단의 '貝'는 '贝(bèi, 016 '贝')'로서, 돈 혹은 선물을 나타낸다. '赞'은 중요한 사람을 방문할 때 선물을 가져간다는 것을 나타내 주어, 본뜻은 '선물을 가지고 누군가를 방문하다'이다. '赞'의 흔히 사용되는 의미는 '돕다, 후원하다' 혹은 '칭찬하다'이다.

333 6획

zǎo

새벽 조

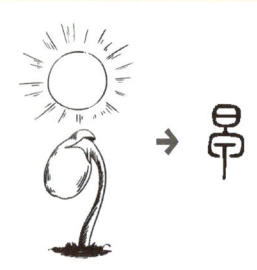

✳ 자원 풀이

한자 '早'는 소전에 '旲'로 쓰여 있는데, 상단의 'ᴗ'는 '日(rì, 205 '日')'로 해를 가리키고 하단의 '中'는 '甲(jiǎ, 126 '甲')'인데, 벗겨진 씨앗껍질로 보인다. '早'는 씨앗 위에 빛나는 해의 모습으로 '아침'을 암시한다. '早'의 본뜻은 '아침'이고 '일찍, 미리' 혹은 '오래 전에'로 의미가 확장되었다.

— 뜻 + 예문

1 명 아침

老师从早到晚都在忙。
Lǎoshī cóng zǎo dào wǎn dōu zài máng.
선생님은 아침부터 저녁까지 계속 바쁘다.

2 형 일찍, 미리

明天班里有活动，大家都要早点儿来。
Míngtiān bān li yǒu huódòng, dàjiā dōu yào zǎo diǎnr lái.
내일 반에서 활동이 있으니 모두 좀 일찍 오세요.

3 부 오래 전에, 일찌감치

放心吧，生日晚会我早准备好了。
Fàngxīn ba, shēngrì wǎnhuì wǒ zǎo zhǔnbèi hǎo le.
안심하세요, 생일파티는 내가 일찌감치 다 준비해 놨어요.

— 연관 단어

早餐 zǎocān 명 아침식사

早饭 zǎofàn 명 아침식사

早点 zǎodiǎn 명 아침식사

早退 zǎotuì 동 조퇴하다

及早 jízǎo 부 빨리, 일찍

迟早 chízǎo 부 조만간

— 표현 PLUS+

1 早上好！ ｜ 早！ 굿모닝!
Zǎoshang hǎo! Zǎo!
▶ 아침에 만났을 때 흔히 하는 인사 표현이에요.

2 早知今日，何必当初。
Zǎo zhī jīnrì, hébì dāngchū.
이렇게 될 줄 알았으면 다르게 행동했을 텐데.
▶ 누군가를 비판하는 표현이에요. 지금 후회할 거면 무언가를 하지 않았어야 함을 의미하지요.

334 16획

zào

噪

떠들썩할 조

✳ 자원 풀이

한자 '噪'는 금문에 ''로 쓰여 있는데, 하단에 있는 것은 '나무'이고 상단에 있는 것은 '(새의) 부리'를 의미하는 세 개의 'ロ kǒu'이기 때문에, 이 한자는 많은 새들이 나무 위에서 짹짹거림을 의미한다. 후에 'ロ'가 '喿'의 좌측에 추가되어 '噪'로 변하였다. '噪'의 본뜻은 '짹짹거리다'이고 '시끄러운 외침'의 뜻으로 확장되어 쓰인다.

— 뜻 + 예문

시끄러운 외침

外面的噪声太大了。
Wàimiàn de zàoshēng tài dà le.
바깥의 시끄러운 소리가 너무 크다.

— 확장하기

1 '噪'는 고대에 '喿'로 쓰였어요. 상단의 'ロ' 세 개는 세 마리의 새가 입을 벌려 짹짹거리는 것을 의미하고, 하단은 '나무'를 의미해요. 유사한 방식으로 형성된 한자들은 다음과 같아요.

 →   [果] guǒ 열매

- 한자 구성: 나무에 세 개의 열매가 달려 있다.
- 본뜻: 과일, 열매
- 흔히 사용되는 의미: 과일, 열매
- 예) 果树 guǒshù 과일나무

 [集] jí 모이다

- 한자 구성: 꼬리가 짧은 새 세 마리가 나무 위에 앉아 있다.
- 본뜻: 모이다
- 흔히 사용되는 의미: 모이다
- 예) 集体 jítǐ 집단인

2 '噪'의 우측에 있는 '喿'가 다른 한자의 구성 요소로 사용될 때, '喿'는 우측에 놓여서 발음을 나타내는데, 이 한자들은 대개 'zao/cao'로 발음돼요.

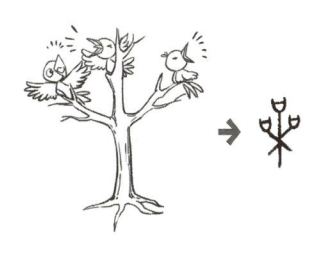

[燥] zào 마르다
[躁] zào 성급하다
[澡] 洗澡 xǐzǎo 씻다
[操] 操场 cāochǎng 운동장

335 6획

zé

则

법칙 칙, 곧 즉 [則]

※ 자원 풀이

한자 '则'는 금문에 '𪔅'로 쓰여 있는데, 좌측의 '𪔅'은 '鼎(dǐng, 군주를 상징하는 세발솥)'이고, 우측의 '刂'는 '刀(dāo, 061 '刀')'로서, 세발솥에 법과 규칙을 새긴다는 것을 의미한다. '则'의 본뜻은 '표준, 규범'이고, 지금은 종종 접속사로 사용된다.

– 뜻 + 예문

1. 표준, 규범

   开车应该严格遵守交通规则。
   Kāichē yīnggāi yángé zūnshǒu jiāotōng guīzé.
   운전할 때는 교통규칙을 엄격히 준수해야 한다.

2. 접 인과관계 혹은 추론상의 연관을 보여줌

   物体遇热膨胀，遇冷则收缩。
   Wùtǐ yù rè péngzhàng, yù lěng zé shōusuō.
   물체는 뜨거움을 만나면 팽창하고, 차가움을 만나면 수축한다.

– 연관 단어

法则 fǎzé 명 법칙

准则 zhǔnzé 명 준칙

总则 zǒngzé 명 총칙

细则 xìzé 명 세칙

原则 yuánzé 명 원칙

否则 fǒuzé 접 그렇지 않으면

※ 문화 Tip ※

欲速则不达 빠르고자 하면 도달하지 못한다
yù sù zé bù dá

→ 차를 운전할 때 어떤 이들은 속도를 추구하여 아주 빨리 운전하지요. 고속 주행은 잠재적으로 매우 위험하므로, '欲速则不达' 같은 경고문들이 때때로 도로 양쪽에 놓여 있어요. 또한 속도에 너무 열중하는 것은 목적지 도달에 도움이 안 된다는 것을 의미하기도 해요. 사실, 이 문장은 《논어》에 나오는데, 인내심 없이는 성공할 수 없다고 경고하는 말이에요.

336 5획

zhān/zhàn

차지할 점

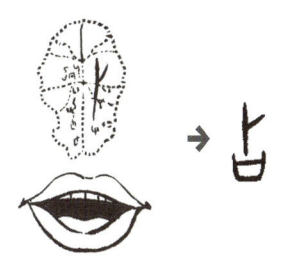

뜻 + 예문

1. 동 점유하다

   有些司机不遵守交通规则，随意占用应急车道。
   Yǒuxiē sījī bù zūnshǒu jiāotōng guīzé, suíyì zhànyòng yìngjí chēdào.
   어떤 운전기사들은 교통규칙을 준수하지 않고 멋대로 긴급차로를 점용한다.

   你先去食堂，给我占个座位。
   Nǐ xiān qù shítáng, gěi wǒ zhàn ge zuòwèi.
   먼저 식당에 가서 내 자리를 맡아 줘.

2. 동 차지하다

   同意去爬山的人占80%。
   Tóngyì qù pá shān de rén zhàn bǎi fēn zhī bāshí.
   등산가기에 동의하는 사람이 80%를 차지한다.

연관 단어

占据 zhànjù 동 점거하다

占有 zhànyǒu 동 점유하다

占线 zhànxiàn 동 통화중이다

占座 zhàn zuò 자리를 잡다

표현 PLUS+

吃亏是福，不能总想着占便宜。
Chīkuī shì fú, bù néng zǒng xiǎngzhe zhàn piányi.
손해 보는 게 복이지, 늘 이익을 얻으려 해서는 안 된다.
▶ 작은 이익을 얻고자 하는 것에 대한 경고로 사용되며, 때로는 손해를 감수하는 것도 좋다는 말이에요.

확장하기

'占'이 다른 한자의 구성 요소로 사용될 때, 주로 발음을 나타내는데, 이 한자들은 대개 'zhan/dian'으로 발음돼요.

A zhan [战] 战争 zhànzhēng 전쟁

        [站] zhàn 서 있다

B dian [点] diǎn 점

        [店] diàn 상점

✱ 자원 풀이

한자 '占'은 갑골문에 '占'로 쓰여 있는데, 상단의 'ㅏ'는 'ㅏ(bǔ 점)'이고, 하단의 'ㅂ'는 '口 kǒu'이기 때문에, 이 한자는 '운명을 점친다'는 뜻이다. '占'의 본뜻은 'zhān'이라고 읽을 때 '점치다'이다. 흔히 사용되는 의미는 '소유하다'이고, 'zhàn'으로 발음할 때 '점유하다' 혹은 '차지하다'로 의미가 확장되었다.

337 6획

zhào

조 조

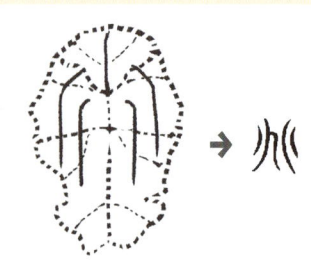

✱ **자원 풀이**

한자 '兆'는 소전에 ''로 쓰여 있다. 고대에는 점칠 때 귀갑(거북이 등껍질)을 불태웠는데, '兆'는 귀갑에 강한 열을 가할 때 생기는 균열처럼 보인다. 이것이 '兆'의 본뜻이고, '징조, 조짐' 혹은 '예시(豫示)하다, 전조가 되다'로 의미가 확장되었다.

— **뜻 + 예문**

1 징조, 조짐

事先也没有什么征兆啊，怎么就突然病倒了呢?
Shìxiān yě méiyǒu shénme zhēngzhào a, zěnme jiù tūrán bìngdǎo le ne?
사전에 아무런 징조가 없었는데, 어떻게 갑자기 병으로 쓰러진 거지?

2 예시하다, ~의 전조가 되다

"瑞雪兆丰年"，今冬下了这么大的雪，明年一定有个好收成。
"Ruìxuě zhào fēngnián", jīndōng xià le zhème dà de xuě, míngnián yídìng yǒu ge hǎo shōucheng.
'상서로운 눈이 풍년을 미리 알린다'고, 올해 이렇게 큰 눈이 내렸으니, 내년엔 반드시 풍년일 거야.

— **확장하기**

1 다른 한자의 구성 요소로 사용될 때, '兆'는 종종 우측에 놓여 발음을 나타내는데, 그 한자들은 대개 'tiao/tao'로 발음돼요.

足   [跳] tiào 점프하다
扌   + 兆   [挑] tiāo 고르다
辶   [逃] táo 도피하다
木   [桃] táo 복숭아

2 고대 중국인들은 일을 하기 전에 점을 쳐서 길조인지 흉조인지에 따라 행동하기를 좋아했어요. 그러므로, '兆'와 별개로, '卜' 역시 달궈진 거북이 등껍질에 나타난 균열에 기반해서 만들어졌어요.

[卜] bǔ 점

> — 한자 구성: 고대에는 점을 치기 위해 거북이 등껍질을 태웠는데, '卜'는 달궈진 귀갑에 나타난 균열처럼 보인다.
> — 본뜻: 점치다
> — 관련 한자: [占] zhān 점치다 336 '占'

338 9획

zhēn

보배 진

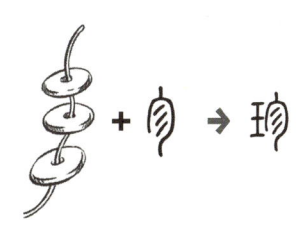

✻ 자원 풀이

한자 '珍'은 '王(玉 yù, 324 玉)'과 '㐱 zhěn'으로 이루어져 있다. '王'은 이 한자가 '玉'와 관련이 있음을 가리키고 '㐱'은 발음을 나타낸다. '珍'의 본뜻은 '보물, 보석'이고, '귀중한, 진귀한'으로 의미가 확장되었다.

– 뜻 + 예문

1 보물, 보석

考古专家从这里挖出了大量的珍宝。
Kǎogǔ zhuānjiā cóng zhèli wāchū le dàliàng de zhēnbǎo.
고고학 전문가들은 여기서 대량의 진귀한 보물을 발굴했다.

2 귀중한, 진귀한

他送了我一份十分珍贵的礼物。
Tā sòng le wǒ yí fèn shífēn zhēnguì de lǐwù.
그는 매우 진귀한 선물을 내게 보냈다.

– 연관 단어

珍重 zhēnzhòng 동 진귀하게 여기고 소중히 하다

珍惜 zhēnxī 동 아끼다, 소중히 여기다

珍奇 zhēnqí 형 진기한

珍爱 zhēn'ài 동 아끼고 사랑하다

– 표현 PLUS+

1 请多珍重！ 건강에 유의하십시오!
Qǐng duō zhēnzhòng!
▶ 자신을 아끼고 소중히 여기기를 바란다는 마음을 보여 주는 표현으로, 대개 이별할 때 사용해요.

2 珍爱生命，远离毒品。
Zhēn'ài shēngmìng, yuǎnlí dúpǐn.
목숨을 아끼고 마약을 멀리 해야 한다.
▶ 마약 남용을 금지하기 위한 공공 슬로건이에요.

– 확장하기

'珍'의 '㐱'는 다른 한자의 구성 요소로 사용될 때 종종 발음을 나타내는데, 그 한자들은 대개 'zhen/chen'으로 발음돼요.

A zhen　[诊] 门诊 ménzhěn 외래진료

　　　　[疹] 疹子 zhěnzi 홍역

B chen　[趁] 趁 chèn 틈 타서

339 6획

zhēng

争

다툴 쟁

✱ **자원 풀이**

한자 '争'은 갑골문에 '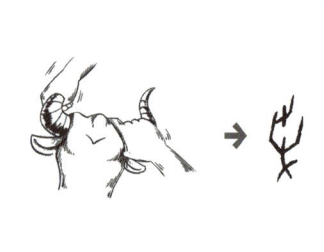'로 쓰여 있는데, 상단과 하단의 두 손이 가운데에 있는 것을 두고 싸우고 있음을 보여준다. '争'의 본뜻은 '다투다, 논쟁하다'이다.

− 뜻 + 예문

1. ⑧ ~를 두고 싸우다

   老师提出问题，大家都争着回答。
   Lǎoshī tíchū wèntí, dàjiā dōu zhēngzhe huídá.
   선생님이 문제를 내자 모두 다투어 대답한다.

   她力争这次考试取得好成绩。
   Tā lìzhēng zhè cì kǎoshì qǔdé hǎo chéngjì.
   그녀는 이번 시험에서 좋은 성적을 받으려고 열심히 노력하고 있다.

2. ⑧ 다투다, 논쟁하다

   对于学生是否应该参加校外兴趣班，大家有很多争论。
   Duìyú xuésheng shìfǒu yīnggāi cānjiā xiào wài xìngqùbān, dàjiā yǒu hěn duō zhēnglùn.
   학생이 방과 후 취미반에 참가해야 하는지에 대해서 사람들은 많은 논쟁이 있다.

− 연관 단어

争取 zhēngqǔ ⑧ 쟁취하다

争吵 zhēngchǎo ⑧ 싸우다

争夺 zhēngduó ⑧ 쟁탈하다

竞争 jìngzhēng ⑧ 경쟁하다

战争 zhànzhēng ⑲ 전쟁

− 확장하기

'争'과 '受'를 비교해 보세요.

 [争] zhēng 싸우다

- 한자 구성: 두 손이 뭔가를 두고 싸우다
- 본뜻: 뭔가를 두고 싸우다
- 흔히 사용되는 의미: 뭔가를 두고 싸우다, 다투다

 [受] shòu 받다

- 한자 구성: 무엇인가가 손에서 손으로 전해지다
- 본뜻: 받다
- 흔히 사용되는 의미: 받다

340 5획

zhèng

正

바를 정

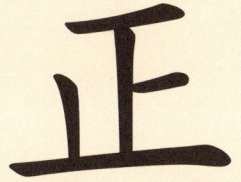

— 뜻 + 예문

1 형 공명정대한, 편파적이지 않은
 这幅画没挂正，有点儿歪。
 Zhè fú huà méi guàzhèng, yǒudiǎnr wāi.
 이 그림은 반듯하게 걸려 있지 않고 조금 비스듬하다.

2 형 올곧은
 我们老板很好，对人公平公正。
 Wǒmen lǎobǎn hěn hǎo, duì rén gōngpíng gōngzhèng.
 우리 사장님은 좋은 분이어서, 사람들을 공평하고 공정하게 대한다.

3 부 ~하고 있는
 ▶ 행위나 상태의 지속을 나타내요.
 外面正下雨呢，你别出去了。
 Wàimiàn zhèng xià yǔ ne, nǐ bié chūqu le.
 바깥에는 비가 계속 내리고 있으니, 너는 나가지 마.

— 연관 단어

正在 zhèngzài 부 ~하고 있는 [진행]

正确 zhèngquè 형 정확한

真正 zhēnzhèng 형 진정한

— 확장하기

다른 한자의 구성 요소로 사용될 때 '正'은 종종 발음을 가리키는데, 그 한자들은 대개 'zheng'으로 발음돼요.

[政] 政治 zhèngzhì 정치

[整] zhěng 전체

[证] zhèng 증거

✱ 문화 Tip ✱

故宫乾清宫的 "正大光明"
Gùgōng Qiánqīng Gōng de "zhèngdà guāngmíng"
구궁 건청궁의 '정대광명'

→ 베이징의 구궁에 가 본 적이 있다면, 건청궁 메인홀의 현판과 거기에 청대 황제가 쓴 '正大光明'이라는 네 글자를 보았을 거예요. 이 단어는 '진실되고 정의롭다'라는 뜻이에요.

✱ 자원 풀이

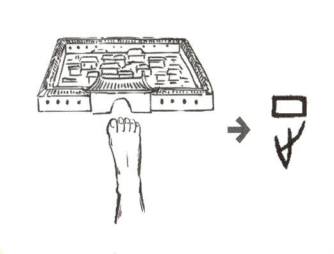

한자 '正'은 갑골문에 ''로 쓰여 있는데, 상단의 네모는 고대의 도시를 나타내고, 하단의 ''는 '止 (zhǐ, 344 止)'인데, '목적지로 가다'를 의미한다. '正'의 본뜻은 '도시를 향해 행진하다'인데, 후에 '공명정대한, 편파적이지 않은'의 뜻을 가리키게 되었고, 더 나아가 '올곧은'의 의미로 확장되었다. 또 종종 진행 및 지속의 의미로 '~하고 있는'의 뜻도 가진다. 나중에 '正'의 좌측에 '彳'가 추가되었고, 그렇게 만들어진 '征 zhēng'이 '앞으로 행진하고 긴 여행을 한다'를 의미하게 되었다.

341 4획

zhī

가를 지

✻ 자원 풀이

한자 '支'는 소전에 '👤'로 쓰여 있는데, 상단의 '𠂇'는 대나무 가지이고 하단의 'ㄱ'는 '又(yòu, 318 '又')'로 '손'인데, '손으로 대나무 가지를 잡다'를 의미한다. '支'의 본뜻은 '잔가지'이고 '가지'로 의미가 확장되었다. 가지는 위로 뻗기에 '支'는 '지지하다' 혹은 '지탱하다'로도 의미를 확장하였고, 나중에 '支'의 왼쪽에 '木(mù, 176 '木')'를 덧붙인 한자 '枝 zhī'가 만들어져 '잔가지'를 가리키게 되었다.

– 뜻 + 예문

1 가지

   分支机构 fēnzhī jīgòu 지사(支社)

   长江有很多支流。 창장강에는 지류가 많다.
   Cháng Jiāng yǒu hěn duō zhīliú.

2 동 지지하다 (*支持 zhīchí 동 지지하다)

   丈夫是家里的支柱。 남편은 집안의 기둥이다.
   Zhàngfu shì jiāli de zhīzhù.

3 양 개, 자루, 곡
   ▶ 장대 모양으로 생긴 물건 혹은 노래를 묘사하는 데에 사용되는 양사예요.

   一支蜡烛 양초 하나 | 三支笔 펜 셋
   yì zhī làzhú   sān zhī bǐ

   你给我们唱支歌吧。
   Nǐ gěi wǒmen chàng zhī gē ba.
   너 우리에게 노래 하나 불러줘.

– 연관 단어

支出 zhīchū 명 동 지출(하다)

支票 zhīpiào 명 수표

支配 zhīpèi 동 지배하다, 배치하다

分支 fēnzhī 명 지점

开支 kāizhī 명 동 지불(하다)

收支 shōuzhī 명 수지, 수입과 지출

– 확장하기

다른 한자의 구성 요소로 사용될 때, '支'는 종종 우측에 놓여서 발음을 나타내는데, 그 한자들은 대개 'zhī/jī'로 발음돼요.

月   [肢] 肢体 zhītǐ 지체
口   +   支   [吱] zhī 삐걱거리다, 삐걱거리는 소리
木   [枝] zhī 가지
扌   [技] 技术 jìshù 기술

342 5획

zhī/zhǐ

只

다만 지 [1隻][2衹]

※ 자원 풀이

한자 '只'는 갑골문에 ''로 쓰여 있는데, 하단의 ''는 '又(yòu, 318 '又')'로 손이고 상단의 ''는 짧은 꼬리를 가진 새로서 '隹 zhuī'라고 불리는데, '손으로 새를 잡다'를 의미한다. 나중에 새 혹은 한 쌍 중 한 쪽을 묘사하는 양사로 사용하게 되었다. 번체자 '衹'는 '단지'를 의미하는데, '只'로 간체화되며 'zhǐ'로 읽는다.

- 뜻 + 예문

1 [양] 마리, 개, 쪽
▶ 새 혹은 한 쌍 중 한 쪽을 묘사하는 양사예요.

三只鸡 sān zhī jī 세 마리 닭

我右脚这只鞋鞋跟儿掉了。
Wǒ yòujiǎo zhè zhī xié xiégēnr diào le.
내 오른쪽 신발의 뒤축이 떨어져 나갔다.

2 [부] 단지

孩子只有2岁。 아이는 단지 두 살이다.
Háizi zhǐ yǒu liǎng suì.

- 연관 단어

只身 zhīshēn [부] 독신, 홀몸

只好 zhǐhǎo [부] 부득이, 하는 수 없이

只要 zhǐyào [접] ~하기만 하면

只有 zhǐyǒu [접] ~뿐

- 확장하기

'隹(꼬리 짧은 새)'가 있는 한자는 대체로 다음과 같아요.

只(隻) zhī 하나		손으로 새를 잡다
双(雙) shuāng 쌍		새 두 마리를 손으로 잡다
集(*雧) jí 모이다		새 세 마리가 함께 나무 위에 있다

343 8획

zhí

直

곧을 **직**

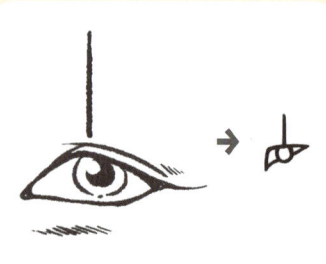

✻ 자원 풀이

한자 '直'는 갑골문에 '𥄂'로 쓰여 있는데, 하단의 '𥃉'는 '目(mù, 177 '目')'로 '눈'이고 위로 솟은 직선은 '작대기를 눈과 수직으로 두다'를 의미한다. 이는 '시선처럼 일직선이다'라는 뜻이 된다. '直'의 본뜻은 '직선의'이고, '곧장, 계속'으로 의미가 확장되었다.

- 뜻 + 예문

1 [형] 일직선의 (*直线 zhíxiàn [명] 직선)

   这条路真直。 이 길은 정말 곧다.
   Zhè tiáo lù zhēn zhí.

2 [부] 곧장, 계속

   他逗得我直发笑。 그는 나를 계속 웃긴다.
   Tā dòu de wǒ zhí fāxiào.

- 연관 단어

直接 zhíjiē [형] 직접적인

直播 zhíbō [동] 생방송하다

垂直 chuízhí [명] 수직

简直 jiǎnzhí [부] 사실상

✻ 문화 Tip ✻

中国铁路车次 중국의 열차번호
Zhōngguó tiělù chēcì

→ 중국에서 열차번호는 보통 알파벳 하나와 그 뒤에 따르는 한 자리부터 세 자리까지의 숫자로 이루어져요. 예를 들면 K458과 T1처럼요. 그중 일부는 2589처럼 네 자리 숫자로만 되어 있기도 한데, 이는 속도가 느린 보통 열차를 말해요. 열차번호에 쓰이는 알파벳은 K, D, G, T 등이고, 서로 다른 의미를 가지고 있어요.

'K'는 '快速列车 kuàisù lièchē'를 가리키고, 일반 열차보다 속도가 빨라요. 'K'는 '快 kuài'의 한어병음 이니셜이에요.

'D'는 '动车 dòngchē'를 가리키고, K보다 속도가 빨라요. 'D'는 '动 dòng'의 한어병음 이니셜이에요.

'Z'는 '直达列车 zhídá lièchē'를 가리키고, 출발역과 종착역 사이에 정거장이 없거나 소수만 있는 열차예요.

'G'는 '高铁列车 gāotiě lièchē'를 가리키는데, 현재 속도가 가장 빠른 열차예요.

'T'는 '特快列车 tèkuài lièchē'로, K보다 빠르고 D, G보다 느려요.

344 4획

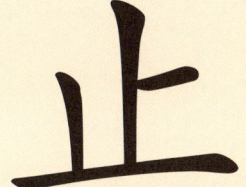

그칠 지

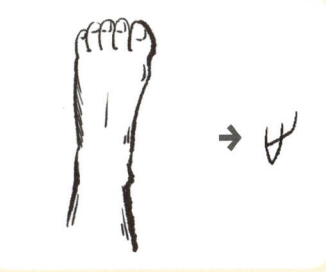

✴ 자원 풀이

한자 '止'는 갑골문에 'ㅂ'로 쓰여 있는데, 인간의 발과 같다. '止'의 본뜻은 '발'이고 '멈추다' 혹은 '끝내다'로 의미가 확장되었다.

– 뜻 + 예문

1 통 멈추다

止痛药 zhǐtòngyào 진통제

禁止乱扔垃圾。 쓰레기 무단투척 금지입니다.
Jìnzhǐ luàn rēng lājī.

血流不止。 피가 멈추지 않는다.
Xiě liú bù zhǐ.

2 통 끝내다

报名时间从7月1日起至7月31日止。
Bàomíng shíjiān cóng qī yuè yī rì qǐ zhì qī yuè sānshíyī rì zhǐ.
등록 기간은 7월 1일부터 7월 31일까지이다.

– 연관 단어

止痛 zhǐ tòng 통증을 멈추게 하다

止步 zhǐbù 통 걸음을 멈추다

止血 zhǐ xiě 지혈하다

停止 tíngzhǐ 통 멈추다

阻止 zǔzhǐ 통 저지하다

终止 zhōngzhǐ 통 정지하다

– 표현 PLUS+

1 ……到此为止！ ~여기까지!
…… dào cǐ wéi zhǐ!
▶ 행동을 멈추거나 관계를 끝내는 표현이에요.

2 请注意举止文明。 행동거지에 유의하세요.
Qǐng zhùyì jǔzhǐ wénmíng.
▶ 공공장소에서 행동에 주의하라는 슬로건이에요.

345 6획

zhì

至

이를 지

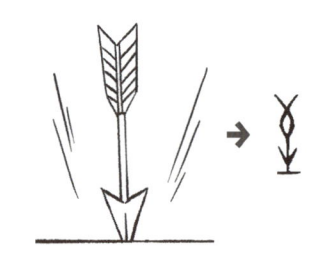

✱ 자원 풀이

한자 '至'는 갑골문에 ' '로 쓰여 있는데, 땅에 떨어진 화살처럼 보인다. '至'의 본뜻은 '도착하다'이나 지금은 보통 '극히, 가장'을 의미하는 부사로 사용된다.

— 뜻 + 예문

1. [동] 도착하다, 도달하다

   至今，全球人口已超过70亿。
   Zhìjīn, quánqiú rénkǒu yǐ chāoguò qīshí yì.
   지금까지, 전세계 인구는 이미 70억을 넘어섰다.

2. [부] 극히, 가장

   昨天参加比赛的同学，至少来自五个国家。
   Zuótiān cānjiā bǐsài de tóngxué, zhìshǎo láizì wǔ ge guójiā.
   어제 경기에 참가했던 학생들은 적어도 다섯 개 국가에서 왔다.

   她是我一生至爱的人。
   Tā shì wǒ yìshēng zhì'ài de rén.
   그녀는 내 평생 가장 사랑하는 사람이다.

— 연관 단어

至多 zhìduō [부] 아무리 많아도

至此 zhìcǐ [동] 여기까지 오다

以至 yǐzhì [접] ~까지

甚至 shènzhì [접] 심지어

— 표현 PLUS+

我言至于此。 내 말은 여기까지야.
Wǒ yán zhì yú cǐ.

▶ 일의 손익을 설명했고 더 이상의 깊은 분석을 할 수 없으니, 다른 누군가가 숙고 후에 결정할 수 있기를 바란다는 것을 보여주는 데에 사용하는 표현이에요.

✱ 문화 Tip ✱

水至清则无鱼。
Shuǐ zhì qīng zé wú yú.
물이 너무 맑으면 물고기가 없다.

→ 생활과 일에서 자신에게 엄격해야 하지만, 남에게는 가혹하기보다 관용으로 대하라는 말이에요.

zhōng

中

가운데 중

✳ 자원 풀이

한자 '中'은 갑골문에 'ᶳ'로 쓰여 있는데, 원 가운데에 꽂힌 높은 깃대처럼 보이며, 상단과 하단에서 흔들리고 있는 것은 깃발이다. '中'의 본뜻은 '중간, 가운데'이고, 때때로 특별히 '중국'을 가리키기도 한다.

- 뜻 + 예문

1 명 중간, 가운데

你要把这个球放在木板的中间。
Nǐ yào bǎ zhège qiú fàng zài mùbǎn de zhōngjiān.
너는 이 공을 목판의 가운데에 두어야 한다.

2 명 중국

无论是古今中外，人们都敬佩英雄。
Wúlùn shì gǔ-jīn-zhōng-wài, rénmen dōu jìngpèi yīngxióng.
중외고금을 막론하고, 사람들은 영웅을 존경한다.

你中文说得很好。 너 중국어 잘 하는구나.
Nǐ Zhōngwén shuō de hěn hǎo.

- 연관 단어

中餐
Zhōngcān
중국 음식

中国结
Zhōngguójié
중국 매듭

中国武术
Zhōngguó wǔsù
중국 무술

中国画
Zhōngguóhuà
중국 화

中国书法
Zhōngguó shūfǎ
중국 서예

- 확장하기

다른 한자의 구성 요소로 사용될 때, '中'은 종종 발음을 나타내는데 그 한자들은 대개 'zhong'으로 발음돼요.

[钟] zhōng 시계

[种] zhǒng/zhòng 씨앗/ 심다

[忠] zhōng 충성스러운

[衷] 衷心 zhōngxīn 마음에서 우러난

347 8획

zhōng

끝 종 [終]

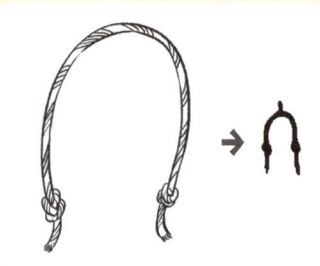

✱ 자원 풀이

한자 '终'은 금문에 'ᘐ'로 쓰여 있는데, 양 끝에 매듭이 있는 줄처럼 보인다. '终'의 본뜻은 '끝'이며, '마침내, 결국'으로 의미가 확장되었다. '终'의 간체자는 '줄, 실'과의 관련을 나타내는 '纟'와 발음을 나타내는 '冬 dōng'으로 이루어져 있다.

― 뜻 + 예문

1 끝

报名已经终止了。 등록이 이미 끝났어.
Bàomíng yǐjīng zhōngzhǐ le.

前方是终点站了，请大家拿好东西准备下车。
Qiánfāng shì zhōngdiǎnzhàn le, qǐng dàjiā náhǎo dōngxi zhǔnbèi xià chē.
다음 역은 종착역입니다. 여러분은 물건을 챙기시고 하차 준비를 하십시오.

2 _부 마침내, 결국

只要不断努力，终将成功。
Zhǐyào búduàn nǔlì, zhōng jiāng chénggōng.
끊임없이 노력하기만 하면 마침내 성공할 것이다.

终于放假了。 마침내 방학이구나.
Zhōngyú fàngjià le.

― 연관 단어

终点 zhōngdiǎn 명 종점

终究 zhōngjiū 부 결국

终身 zhōngshēn 명 종신

始终 shǐzhōng 명부 시종; 처음부터 한결같이

临终 línzhōng 동 임종하다

剧终 jùzhōng 극이 끝나다

― 표현 PLUS+

1 做事要有始有终。 일에는 시작과 끝이 있어야 한다.
Zuò shì yào yǒu shǐ yǒu zhōng.
▶ 일을 할 때 시작만 있고 끝이 없어서는 안 되고 처음부터 끝까지 집중하라고 조언하는 데에 사용해요.

2 你应该考虑自己的终身大事了。
Nǐ yīnggāi kǎolǜ zìjǐ de zhōngshēn dàshì le.
너는 자기의 종신대사를 고려해야 해.
▶ 결혼을 신중히 생각해야 한다고 조언하는 데에 사용해요. '终身大事'는 결혼을 가리켜요.

348 10획

zhōng

마음 충

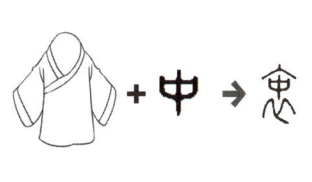

뜻 + 예문

가슴, 진심 어린

母亲如此深情地拥抱他，他却无动于衷。
Mǔqīn rúcǐ shēnqíng de yōngbào tā, tā què wúdòngyúzhōng.
모친이 이처럼 다정하게 그를 안아 주었으나, 그는 오히려 아무 느낌이 없었다.

표현 PLUS+

1 衷心祝福你一切顺利。
Zhōngxīn zhùfú nǐ yíqiè shùnlì.
진심으로 너의 모든 일이 순조롭기를 바라.
▶ 누군가에게 모든 일이 잘 되기를 진심으로 바란다는 것을 표현할 때 사용하는 축하와 축원의 말이에요. 대개 친구에게 보내는 편지나 비즈니스 파트너에게 써요.

2 对此，我们表示衷心的感谢。
Duì cǐ, wǒmen biǎoshì zhōngxīn de gǎnxiè.
이에 대해, 우리는 진심 어린 감사를 표합니다.
▶ 누군가에게 진심 어린 감사를 표할 때 사용하는데, 어떤 부서나 조직에서 공적인 경우에 대중에게 흔히 사용해요.

확장하기

다음의 유사한 한자들을 구별해 보세요.

[衷] (衣 + 中) 衷心 zhōngxīn 진심 어린
[裹] (衣 + 果) 包裹 bāoguǒ 포장하다
[哀] (衣 + 口) 悲哀 bēi'āi 비애
[衰] (衣 + 冄) 衰老 shuāilǎo 노쇠하다

✽ 자원 풀이

한자 '衷'은 '衣(yī, 308 '衣')'와 '中 zhōng'으로 이루어져 있다. '衣'는 이 한자가 '옷'과 연관이 됐음을 가리키고, '中'은 발음을 나타낸다. '衷'의 본뜻은 '속옷'이지만 오늘날은 더 이상 사용되지 않고 '가슴, 진심 어린'의 뜻으로 확장되어 쓰인다.

349 6획

zhòng

众

무리 중 [衆]

✱ 자원 풀이

한자 '衆'은 갑골문에 ''로 쓰여 있는데, 태양(☉) 아래 서 있는 세 사람(㣺)처럼 보여, '많은 사람'을 의미한다. '衆'의 본뜻은 '군중'이며, '많은'으로 뜻이 확장되었다.

— 뜻 + 예문

1 군중

这场音乐会的观众非常多。
Zhè chǎng yīnyuèhuì de guānzhòng fēicháng duō.
이 음악회는 청중이 매우 많다.

2 많은

这次比赛吸引了众多摄影爱好者参加。
Zhè cì bǐsài xīyǐn le zhòngduō shèyǐng àihàozhě cānjiā.
이 경기에는 많은 촬영 마니아가 참가했다.

— 연관 단어

群众 qúnzhòng 명 군중

大众 dàzhòng 명 대중

听众 tīngzhòng 명 청중

— 확장하기

번체자 '衆'은 한자 '聚'와 자형이 비슷하며 의미상으로도 연관되어 있어요.

 [聚] jù 모이다

- 한자 구성: 윗부분의 '取 qǔ'는 발음을 나타내고 가운데 부분의 '朩(乑)'는 서 있는 세 사람처럼 보이는데, '많은 사람'과 관련되어 있음을 가리킨다.
- 본뜻: 모이다
- 예 聚会 jùhuì 파티

✱ 문화 Tip ✱

众人拾柴火焰高。
Zhòngrén shí chái huǒyàn gāo.
여러 사람이 힘을 합쳐 땔감을 모아 태우면 불꽃이 거세어진다.

→ '많은 사람이 힘을 합하면 그만큼 힘이 커진다(人多力量大 rén duō lìliàng dà 백지장도 맞들면 낫다)'를 의미하는 속담이에요. 사람들이 힘을 합치면 큰 결과를 얻는다는 것을 묘사하기 위해 사용해요.

350 9획

zhòng/chóng

무거울 중

— 뜻 + 예문

1 [형] 무거운

这个箱子太重了，我搬不动。
Zhège xiāngzi tài zhòng le, wǒ bān bu dòng.
이 상자는 너무 무거워서 나는 옮길 수가 없다.

2 [형] 정도가 깊은

他病得很重。 그는 병이 깊다.
Tā bìng de hěn zhòng.

3 [동] 반복하다

书买重了，我想退回去一本。
Shū mǎichóng le, wǒ xiǎng tuì huíqu yì běn.
책을 중복 구매했으니 한 권은 반품해야겠다.

— 연관 단어

重要 zhòngyào [형] 중요한

重点 zhòngdiǎn [명] 중점

重复 chóngfù [동] 반복하다

严重 yánzhòng [형] 심각한

保重 bǎozhòng [동] 건강에 주의하다

尊重 zūnzhòng [동] 존중하다

— 표현 PLUS+

不好意思，你能重说一遍吗?
Bù hǎoyìsi, nǐ néng chóng shuō yí biàn ma?
미안하지만 한 번 더 말씀해 주실 수 있을까요?

▶ 명확하게 듣거나 이해하지 못해 한 번 더 말해 주기를 바랄 때 사용해요.

— 확장하기

'重'은 여러 발음을 가진 한자로, 유사한 한자는 다음과 같아요.

[行]	行为 xíngwéi 행위	[种]	种地 zhòng dì 땅을 갈다
	行业 hángyè 직종, 업종		种子 zhǒngzi 씨앗
[长]	长度 chángdù 길이	[教]	教师 jiàoshī 선생님
	长高 zhǎnggāo 키가 자라다		教课 jiāo kè 수업하다, 강의하다

✻ 자원 풀이

한자 '重 zhòng'은 금문에 '⚏'로 쓰여 있는데, 상단은 사람의 모습이고 하단은 무언가가 싸여 있는 것처럼 보여 사람이 무거운 것을 등에 진 것을 보여 준다. 본뜻은 '짐을 지다', '무거운'이고, '정도가 깊음'으로 의미가 확장되었다. 'chóng'으로 발음될 때는 '반복하다'로 의미가 확장된다.

351 6획

zhōu

舟

배 주

✻ 자원 풀이

한자 '舟'는 갑골문에 '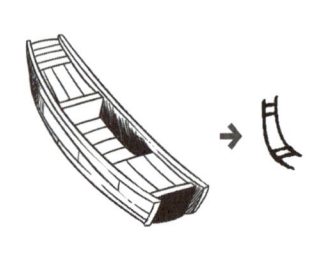'로 쓰여 있는데, 작은 배 모양이다. '舟'의 본뜻은 '배'이다.

— 뜻 + 예문

배(탈것)

这里可以乘舟游览。
Zhèlǐ kěyǐ chéng zhōu yóulǎn.
여기서 배를 타고 유람할 수 있어요.

— 표현 PLUS+

一路舟车，辛苦了。　먼 길 오시느라 고생 많으셨습니다.
Yílù zhōuchē, xīnkǔ le.
▶ 멀리서 와서 틀림없이 피곤할 것임을 보여 주는 정중한 표현이에요. '舟'와 '车'는 각기 '배'와 '차'를 가리키고 '긴 여정' 또는 '장거리 이동'을 상징하지요.

— 확장하기

1 다음의 유사한 한자들을 구별해 보세요.

[舟] 小舟 xiǎo zhōu 작은 배

[母] 母亲 mǔqīn 모친

[丹] 丹心 dānxīn 충성심

2 다른 한자의 구성 요소로 사용될 때, '舟'는 종종 좌측에 놓여서 의미를 나타내는데, 그 한자들은 대개 '배'와 관련돼요.

舟 +
- 沿　[船] chuán 배
- 廷　[艇] tǐng 가벼운 배
- 见　[舰] jiàn 전함
- 白　[舶] 船舶 chuánbó 선박
- 叟　[艘] sōu 척 [배를 세는 양사]

352 8획

zhōu

周

두루 주

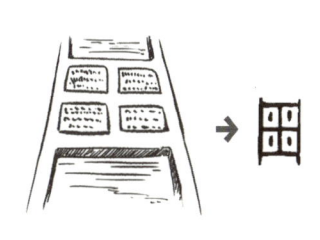

— 뜻 + 예문

1. 주변
   学校周围有很多小商店。
   Xuéxiào zhōuwéi yǒu hěn duō xiǎo shāngdiàn.
   학교 주변에는 작은 상점이 많다.

2. 사려 깊은
   医院的护士照顾病人非常周到。
   Yīyuàn de hùshi zhàogù bìngrén fēicháng zhōudào.
   병원의 간호사가 환자를 매우 주도면밀하게 돌본다.

3. 명 주(week)
   下周我们要去上海旅游。
   Xià zhōu wǒmen yào qù Shànghǎi lǚyóu.
   다음 주에 우리는 상하이로 놀러갈 것이다.

— 연관 단어

周末 zhōumò 명 주말

周边 zhōubiān 명 주변

四周 sìzhōu 명 사방

— 확장하기

1. '冂'을 '冂'과 비교해 보세요.

   A 冂   [周] zhōu 주(week)   [用] yòng 사용하다
         [甩] shuǎi 흔들다

   B 冂   [同] tóng 같은   [网] wǎng 그물
         [内] nèi 속, 안   [肉] ròu 고기, 육체

2. 주(week)를 나타내는 중국어 표현을 알아보세요.

   星期一 xīngqīyī/ 周一 zhōuyī 월요일

   星期二 xīngqī'èr/ 周二 zhōu'èr 화요일

   星期三 xīngqīsān/ 周三 zhōusān 수요일

   星期四 xīngqīsì/ 周四 zhōusì 목요일

   星期五 xīngqīwǔ/ 周五 zhōuwǔ 금요일

   星期六 xīngqīliù/ 周六 zhōuliù 토요일

   星期日 xīngqīrì/ 星期天 xīngqītiān/
   周日 zhōurì/ 周天 zhōutiān 일요일

✶ 자원 풀이

한자 '周'는 갑골문에 '囲'로 쓰여 있는데, 농작물로 가득한 밭처럼 보인다. '周'의 본뜻은 '철저한'이고 '주변' 혹은 '사려 깊은'으로 뜻이 확장되었다. 지금은 '주(week)'를 가리키기도 한다. 금문에서는 '口 kǒu'가 추가되어 '周'로 쓰이는데, 오늘날의 자형과 매우 유사하다.

353 6획

zhú

대 죽

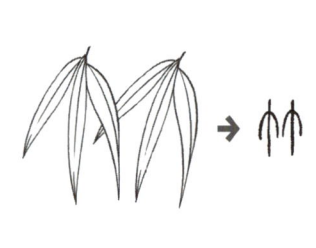

✽ 자원 풀이

한자 '竹'는 소전에 '艸'로 쓰여 있는데, 대나무잎이 달린 두 개의 대나무처럼 보인다. '竹'의 본뜻은 '대나무'이다.

– 뜻 + 예문

명 대나무

中国南方有很多竹林。
Zhōngguó nánfāng yǒu hěn duō zhúlín.
중국 남방에는 대나무숲이 많다.

– 표현 PLUS+

A和B是青梅竹马。　　A、B是一男一女。
A hé B shì qīngméi zhúmǎ.　　A、B shì yì nán yì nǚ.
A와 B는 어릴 때 놀이친구이다.

▶ '青梅竹马'는 '죽마고우'라고 하는데, 남녀 아이들이 천진난만하게 소꿉장난한다는 것을 뜻해요. 두 문장 모두 A와 B가 함께 자라 매우 친밀함을 묘사하는 표현이에요.

– 확장하기

다른 한자의 구성 요소로 사용될 때, '竹'는 종종 상단에서 '⺮'로 쓰여서 의미를 나타내는데, 그 한자들은 대개 '대나무'와 관련이 있어요.

	快	[筷] 筷子 kuàizi 젓가락
	官	[管] guǎn 파이프
⺮ +	前	[箭] jiàn 화살
	监	[篮] lán 바구니
	毛	[笔] bǐ 붓, 필기구

✽ 문화 Tip ✽

爆竹 폭죽
bàozhú

→ 폭죽은 2천 년 이상의 역사를 가지고 있어요. 고대 중국에서 사람들은 대나무 폭죽을 통해서 귀신들을 제거한다고 믿었어요. 화약이 발명된 뒤에, 화약을 여러 겹의 종이로 싸서 불을 붙여 폭발시켰는데, 이는 '鞭炮 biānpào'라고 해요. 명절, 결혼식, 개업식 및 기타 활동에서 폭죽을 터뜨리며, 특히 춘제에 거의 모든 집에서 폭죽에 불을 붙여요.

354 10획

zhú

逐

쫓을 축

— 뜻 + 예문

1 쫓아가다

操场上的运动员互相追逐着。
Cāochǎng shang de yùndòngyuán hùxiāng zhuīzhú zhe.
운동장의 선수들이 서로 쫓아다니고 있다.

2 [부] 하나씩 하나씩

世界人口数量在逐年增加。
Shìjiè rénkǒu shùliàng zài zhú nián zēngjiā.
세계 인구수가 해마다 증가한다.

— 연관 단어

逐步 zhúbù [부] 한걸음 한걸음

逐渐 zhújiàn [부] 점차로

驱逐 qūzhú [동] 쫓아내다

放逐 fàngzhú [동] 추방하다

— 확장하기

'进(進 jìn, 142 '進')'과 '家(jiā, 125 '家')'는 각각 '逐'과 유사한 구성 요소를 가지고 있어요. 즉, '逐'과 '进(進)'에는 '辶'가 있는데, 옛한자에서는 '止'로 썼고, '逐'와 '家'에는 '豕'가 있어요.

 [进] 進 jìn 나아가다

- 구조: (隹) + (止)
- 한자 구성: 나는 새와 인간의 발

 [家] jiā 집

- 구조: ⌒(宀) + (豕)
- 한자 구성: 집 안에 있는 돼지

✳ 자원 풀이

한자 '逐'는 갑골문에 ' '로 쓰여 있는데, 상단의 ' '는 '豕 shǐ'로 돼지를 말하고, 하단의 ' '는 '止(zhǐ, 344 '止')'로 발을 나타내어 사람이 돼지를 쫓아가는 것을 의미한다. '逐'의 본뜻은 '쫓아가다'이고, '하나씩 하나씩'을 의미하는 부사로 의미가 확장되어 쓰인다.

355 5획

zhǔ

주인 주

✱ 자원 풀이

한자 '主'는 소전에 '𡈼'로 쓰여 있는데, 상단의 점은 불과 닮았고, 중앙의 '凵'는 등잔처럼 보이며, 하단의 '土'는 등의 손잡이처럼 보인다. '主'의 본뜻은 '등의 불꽃'이고, 지금은 이 의미로 한자 '炷 zhù'가 사용된다. 불꽃은 등의 가장 중요한 부분이기 때문에, '主'는 '주된'으로 의미가 확장되었다. '주인, 소유자' 혹은 '주인 노릇을 하다'를 가리킬 수도 있다.

— 뜻 + 예문

1 주된

食堂的主食有米饭、饺子、包子。
Shítáng de zhǔshí yǒu mǐfàn、jiǎozi、bāozi.
식당의 주식은 쌀밥, 교자, 찐빵이 있다.

前面靠右出主路，沿辅路走。
Qiánmiàn kào yòu chū zhǔlù, yán fǔlù zǒu.
앞쪽에서 우측의 주도로를 나와서, 보조도로를 따라 가세요.

2 명 주인, 소유자

车主 chēzhǔ 차주

物归原主 wù guī yuánzhǔ 소유자에게 돌려주다

3 주인 노릇을 하다

她主持今年的中秋节晚会。
Tā zhǔchí jīnnián de Zhōngqiū Jié wǎnhuì.
그녀가 올해의 중추절 만찬회를 주관한다.

— 연관 단어

主要 zhǔyào 형 주요한

自主 zìzhǔ 동 자주적으로 하다

民主 mínzhǔ 명형 민주; 민주적인

— 표현 PLUS+

好主意！ 좋은 생각이야!
Hǎo zhúyi!
▶ 다른 사람의 아이디어나 의견을 칭찬할 때 사용해요.

— 확장하기

다른 한자의 구성 요소로 사용될 때, '主'는 종종 우측에 놓여서 발음을 나타내는데, 그 한자들은 대개 'zhǔ/zhù'로 발음돼요.

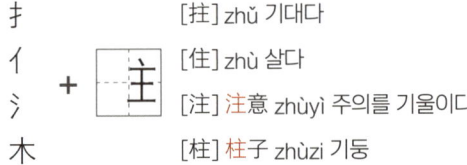

[拄] zhǔ 기대다
[住] zhù 살다
[注] 注意 zhùyì 주의를 기울이다
[柱] 柱子 zhùzi 기둥

356 9획

zhù

빌 축

- 뜻 + 예문

[동] 바라다

祝你一路平安。 가시는 길 평안하기를 바랍니다.
Zhù nǐ yílù píng'ān.

送给你最真诚的祝福。
Sòng gěi nǐ zuì zhēnchéng de zhùfú.
가장 진실된 축복을 보냅니다.

- 연관 단어

祝愿 zhùyuàn [동] 축원하다

祝贺 zhùhè [동] 축하하다

庆祝 qìngzhù [동] 경축하다

- 표현 PLUS+

1 预祝大会圆满成功。
Yùzhù dàhuì yuánmǎn chénggōng.
대회가 원만하게 성공하기를 바랍니다.
▶ 모임 시작 전에 그 모임의 성공을 빌기 위해 하는 표현으로, 대개 공식적인 경우에 사용해요.

2 祝你万事如意。 만사 뜻대로 되길 기원합니다.
Zhù nǐ wànshì rúyì.
▶ 누군가에게 모든 일이 다 잘 되기를 바란다고 축원할 때 사용할 수 있어요.

✳ 자원 풀이

한자 '祝'는 갑골문에 '㊗'로 쓰여 있는데, 우측의 '㊗'는 입을 크게 벌린 채 무릎 꿇고 있는 사람처럼 보이고 좌측의 '礻'는 '示(shì, 226 '示')'로 제사 지낼 때의 석제 탁자 모양이기에, 이 한자는 제사 지내는 동안 기도한다는 것을 의미한다. '祝'의 본뜻은 '기도하다'이고 '바라다'로 의미가 확장되었다.

357 3획

zǐ

子

아들 자

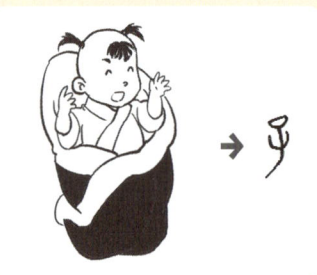

✱ 자원 풀이

한자 '子'는 금문에 로 쓰여 있는데, 머리가 큰 강보에 싸인 아이처럼 보인다. '子'의 본뜻은 '아이'이고, 후에 '아들'을 가리키게 되었다.

— 뜻 + 예문

1 아들
   他是家里的独生子。 그는 집안의 외아들이다.
   Tā shì jiāli de dúshēngzǐ.

2 종종 '…子'의 형태로 사용된다.
   这些新买的桌子和这几把椅子都搬进教室去吧。
   Zhèxiē xīn mǎi de zhuōzi hé zhè jǐ bǎ yǐzi dōu bānjìn jiàoshì qù ba.
   이 새로 산 탁자들과 이 의자 몇 개를 모두 교실로 옮겨라.

— 연관 단어

'…子'의 형태를 가진 단어들은 대개 명사로 쓰여요.

A 椅子 yǐzi 의자   B 鼻子 bízi 코
   桌子 zhuōzi 책상   肚子 dùzi 배

C 饺子 jiǎozi 교자   D 裤子 kùzi 바지
   包子 bāozi 찐빵   帽子 màozi 모자

E 筷子 kuàizi 젓가락   F 胖子 pàngzi 뚱보
   勺子 sháozi 숟가락   瘦子 shòuzi 말라깽이

✱ 문화 Tip ✱

孔子 공자
Kǒngzǐ

→ 공자(기원전 551-479)는 고대 중국의 유명한 교육가, 사상가이자 중국 전통문화의 대표자예요. 그의 사상은 주로 《논어(论语)》에 구현되어 있는데, 《논어》는 중국뿐만 아니라 세계에까지 큰 영향을 끼쳤지요. 최근에 공자학원과 공자교실이 전세계에 세워져서 외국인들에게 중국어를 배우고 중국을 이해할 창구를 제공하고 있어요.

358 6획

zì

글 자

― 뜻 + 예문

명 글자, 한자

汉语的书写文字是汉字，外国人学汉语要能认字、写字。
Hànyǔ de shūxiě wénzì shì Hànzì, wàiguórén xué Hànyǔ yào néng rèn zì、xiě zì.
중국어를 쓰는 문자는 한자이어서, 외국인이 중국어를 배우려면 한자를 알아볼 수 있어야 하고 쓸 수 있어야 한다.

― 연관 단어

字母 zìmǔ 명 자모

数字 shùzì 명 숫자

文字 wénzì 명 문자

― 표현 PLUS+

1 你叫什么名字? 이름이 어떻게 되세요?
Nǐ jiào shénme míngzi?
▶ 첫 만남에서 누군가의 이름을 물을 때 사용하는 표현이에요.

2 "八"字还没一撇呢! '팔'자의 첫 획도 아직 안 그었어!
"Bā" zì hái méi yì piě ne!
▶ 아직 성공의 조짐이 전혀 없음을 알려주기 위해 사용하는 말이에요. 한자 '八(8)'는 'ノ'와 '乀'로 구성되는데, 첫 획 'ノ'이 있어도, 그래도 '八'자를 다 쓸 약간의 시간이 필요하지요. 이 문장은 무언가가 성공으로부터는 한참 멀었다는 것을 의미해요.

✱ 자원 풀이

한자 '字'는 초기에는 ''로 썼는데, 상단의 '宀'는 집(宀)을 나타내고 하단의 '子'는 '子(zǐ, 357 '子')'로 아이를 상징하여, 집안에 있는 아이를 보여 주며, '아이를 낳다'를 의미한다. 고대 중국에서, 사물의 이미지를 따라 만들어진 한자들은 '文 wén'이라고 하였고, '文'에 기반하여 만들어진 한자들을 '字'라고 하였다. ('字'는 '아이를 낳다'는 뜻으로서 '만들다'는 의미를 구현하기 때문) 지금 '字'는 종종 '문자'를 의미한다.

✱ 문화 Tip ✱

汉字 한자
Hànzì

갑골문 금문 소전 공용문자 해서

→ 중국어를 기록하기 위해 사용되는 한자는 중국의 유일한 공식 문자로서, 전세계에서 가장 오래 전부터 사용되어 왔어요. 영어 및 기타 음성문자와 달리 한자는 상형문자로서, 기본적으로 상형적 상징들을 가지고 의미를 묘사해요. 고대 중국에서부터, 한자는 여러 차례 형태 변화를 거쳐왔지요.

359 7획

zǒu

走

달릴 주

✳ 자원 풀이

한자 '走'는 금문에 ''로 쓰여 있는데, 상단의 '大'는 팔을 흔들면서 달리는 사람이고, 하단의 '止'는 '止(zhǐ, 344 '止')'로 발이다. '走'의 본래 의미는 '달리다'이며, 종종 '걷다' 혹은 '차, 배, 시계 등의 움직임'을 의미하기도 한다. '떠나다'로 의미가 확장되기도 하였다.

— 뜻 + 예문

1 동 걷다

我们走路去吧。 우리 걸어가자.
Wǒmen zǒulù qù ba.

孩子会走了。 아이가 걸을 줄 알게 되었다.
Háizi huì zǒu le.

2 동 (차, 배, 시계 등이) 움직이다

这个钟怎么不走了?
Zhège zhōng zěnme bù zǒu le?
이 종은 어째서 움직이지 않나요?

3 동 떠나다

太晚了，我得走了。 너무 늦었어, 나 가야 해.
Tài wǎn le, wǒ děi zǒu le.

我刚到车站，公共汽车就开走了。
Wǒ gāng dào chēzhàn, gōnggòng qìchē jiù kāizǒu le.
내가 막 정거장에 도착했을 때, 버스가 떠났다.

— 표현 PLUS+

1 请问，去……怎么走?
Qǐngwèn, qù…… zěnme zǒu?
실례합니다, ~까지 어떻게 가나요?
▶ 길을 잃었을 때 목적지까지 어떻게 가는지 물어볼 때 쓰는 흔한 표현이에요.

2 我们怎么走? 우리 어떻게 가지?
Wǒmen zěnme zǒu?
▶ 목적지에 도착하기 위해 어떤 교통수단을 이용할 것인지 의논하기 위해 사용하는 표현이에요.

— 확장하기

다른 한자의 구성 요소로 사용될 때, '走'는 종종 의미를 가리키는데, 그 한자들은 대개 '걷다' 혹은 '행동'과 관련이 있어요.

	干	[赶] gǎn 따라잡다
	己	[起] qǐ 일어나다
走 +	召	[超] chāo 초월하다
	戉	[越] 超越 chāoyuè 초월하다
	尚	[趟] tàng 차례, 번 [왕래하는 횟수]

360 7획

zú

足

발 족

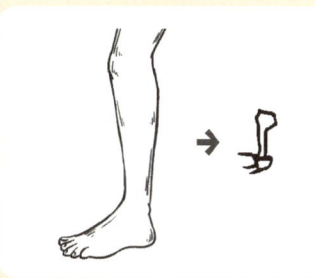

※ 자원 풀이

한자 '足'는 갑골문에 ''로 쓰여 있는데, 상단의 '口'는 무릎과 종아리처럼 보이며, 하단의 '止'는 '止(zhǐ, 344 '止')'로 발을 나타낸다. '足'가 초기부터 정강이와 발 둘 모두를 가리켰다는 것을 자형으로 알 수 있다. '足'의 흔히 상용되는 의미는 '발'이고, 오늘날에는 '충분한, 충족한'을 의미한다.

– 뜻 + 예문

1 발

   手舞足蹈 손이 춤추고 발이 뛴다
   shǒuwǔ zúdǎo

2 [형] 충분한, 적절한

   这间屋子朝阳，光线很足。
   Zhè jiān wūzi cháoyáng, guāngxiàn hěn zú.
   이 방은 해가 들어 빛이 충분하다.

– 연관 단어

足球 zúqiú [명] 축구

足够 zúgòu [동] 충분하다

充足 chōngzú [형] 충족한

– 표현 PLUS+

千里之行，始于足下。 천리길도 한 걸음부터.
Qiānlǐzhīxíng, shǐyúzúxià.
▶ 성공에는 시간이 필요하기 때문에 끝까지 참고 견디라고 조언하는 격려의 말이에요. 한걸음씩 걷기만 하면 결국 천 리의 긴 여행도 할 수 있지요.

– 확장하기

다른 한자의 구성 요소로 사용될 때, '足'는 종종 좌측에 놓여 '𧾷'로 쓰이며 의미를 나타내요. 그 한자들은 대개 '발'과 관련되지요.

𧾷 + 兆 [跳] tiào 점프하다
    包 [跑] pǎo 달리다
    艮 [跟] gēn 따르다
    易 [踢] tī 발로 차다

※ 문화 Tip ※

画蛇添足 화사첨족
huàshé tiānzú

→ 뱀을 그리는데 다리를 그려 넣는다는 말로, 잉여적이고 중요치 않은, 쓸데없는 일을 한다는 것을 의미하는 관용구예요.

361 11획

族

zú

겨레 족

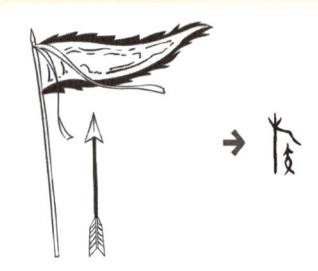

✱ 자원 풀이

한자 '族'는 갑골문에 '🏹'로 쓰여 있는데, 깃발(🏳) 뒤의 화살(🏹)처럼 보인다. 본뜻은 '화살'인데, 오늘날 더 이상 사용되지 않는다. 고대에는 종종 종족끼리 서로 싸웠기 때문에, '민족, 소수민족'으로 의미가 확장되었다. 지금 일반적으로는 '공통의 특징을 지닌 사람들'을 의미한다.

– 뜻 + 예문

1. 민족, 소수민족

   要尊重少数民族的生活习惯。
   Yào zūnzhòng shǎoshù mínzú de shēnghuó xíguàn.
   소수민족의 생활 습관을 존중해야 한다.

2. 공통의 특징을 지닌 사람들

   上班族 shàngbānzú 직장인

   很多白领都是月光族。
   Hěn duō báilǐng dōu shì yuèguāngzú.
   많은 화이트컬러가 월광족(월급을 다 써버리는 사람)이다.

– 연관 단어

'…族'는 공통의 특징을 지닌 사람들을 묶어 가리키는데, 오늘날 흔히 쓰이는 말들이므로 꼭 알아두세요.

低头族 dītóuzú 스마트폰 중독족

地铁族 dìtiězú 지하철족

打工族 dǎgōngzú 아르바이트족

追星族 zhuīxīngzú 사생팬

啃老族 kěnlǎozú 캥거루족

– 확장하기

다음의 유사한 한자들을 구별해 보세요.

[族] zú 민족, 소수민족

[旗] qí 깃발

[旅] 旅游 lǚyóu 여행하다

[旋] 旋转 xuánzhuǎn 회전하다, 선회하다

✱ 문화 Tip ✱

中国的民族 중국의 민족
Zhōngguó de mínzú

→ 중국은 다민족연합국가로, 모두 56개의 민족이 있는데, 그중 가장 다수는 한족(汉族)으로서, 전체 인구의 92%를 차지하고, 나머지 55개 소수민족이 8%를 차지해요. 인구가 많은 소수민족으로는 장족(藏族), 회족(回族), 몽골족(蒙古族) 등이 있는데, 주로 광시(广西), 닝샤(宁夏), 네이멍구(内蒙古) 및 기타 지역에 살아요. 이 소수민족들은 한족과 동등하고 일체가 된 채로 살고 있어요.

362 9획

zǔ

할아버지 조

– 뜻 + 예문

1 조상

这块宝玉是我们家祖传下来的。
Zhè kuài bǎoyù shì wǒmen jiā zǔchuán xialai de.
이 보석은 우리 집안 조상들로부터 전해내려 온 것이다.

2 조부모 세대

我的祖母已经八十多岁了。
Wǒ de zǔmǔ yǐjīng bāshí duō suì le.
내 조모는 이미 80세가 넘었다.

– 연관 단어

祖国 zǔguó 몡 조국

祖宗 zǔzong 몡 선조

先祖 xiānzǔ 몡 선조

佛祖 fózǔ 몡 부처

– 표현 PLUS+

我的小祖宗，你不要闹了。
Wǒ de xiǎo zǔzong, nǐ búyào nào le.
우리 어린 조상님, 소란 피우지 마세요.

▶ 말을 안 듣는 아이에게 시끄럽게 굴지 말도록 부모나 조부모가 하는 표현이에요. '小祖宗'은 연장자가 후배를 안 좋게 이르는 말로, 아이를 어찌해야 할지 모르겠다는 것을 암시해요.

– 확장하기

다른 한자의 구성 요소로 사용될 때, '祖'의 우측에 놓인 '且'는 종종 우측에 놓여서 발음을 나타내요. 그 한자들은 대개 'zǔ/zū'로 발음돼요.

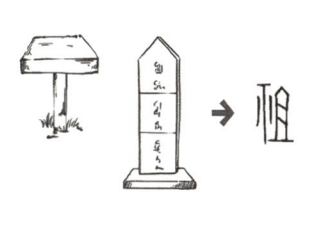

礻   [祖] 祖先 zǔxiān 선조
纟   [组] zǔ 조, 그룹
阝 + 且 [阻] 阻止 zǔzhǐ 저지하다
讠   [诅] 诅咒 zǔzhòu 저주하다
禾   [租] zū 빌리다, 빌려주다

✽ 자원 풀이

한자 '祖'는 금문에 '⿰礻且'로 쓰여 있는데, 좌측의 '⺬(礻)'는 제단이고, 우측의 '且(qiě)'는 제물을 자르는 도마이다. '祖'의 본뜻은 '조상에게 제사 지내는 묘당(廟堂)'이고 '조상'으로 의미가 확장되었다.

363 5획

zuǒ

왼편 **좌**

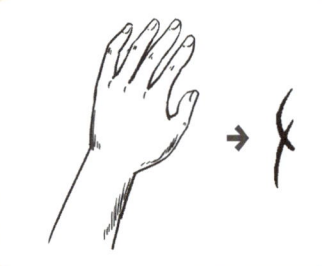

※ 자원 풀이

한자 '左'는 갑골문에 ' '로 쓰여 있는데, 왼손처럼 보인다. 후에 작업용 도구를 가리키는 '工(gōng, 094 '工')' 이 하단에 추가되었다. '左'의 본뜻은 '돕다'인데, '왼쪽'을 의미하는 위치명사로도 사용된다. 그후 '亻'가 '左'의 왼쪽에 추가되어서 '佐 zuǒ' 가 '돕다'의 뜻을 가리키게 되었다.

— 뜻 + 예문

명 왼쪽

去人民广场，要从这条路左转。
Qù Rénmín Guǎngchǎng, yào cóng zhè tiáo lù zuǒ zhuǎn.
런민광장으로 가려면 이 길에서 좌회전하세요.

他习惯用左手写字。
Tā xíguàn yòng zuǒshǒu xiě zì.
그는 왼손으로 글씨를 쓰는 데에 익숙하다.

— 연관 단어

禁止左转
jìnzhǐ zuǒ zhuǎn
좌회전 금지

左侧变窄
zuǒcè biàn zhǎi
좌측도로 사라짐

向左急转弯
xiàng zuǒ jí zhuǎnwān
좌측으로 급회전

靠左侧道路行驶
kào zuǒcè dàolù xíngshǐ
좌측도로로 주행

— 확장하기

다음의 유사한 한자들을 구별해 보세요.

[左] zuǒ 왼쪽

[在] zài 있다, 존재하다

[右] yòu 오른쪽

[友] 朋友 péngyou 친구

[灰] huī 회색

364 7획

zuò

지을 **작**

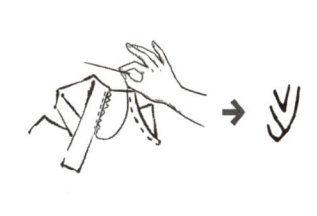

— 뜻 + 예문

1 일어나다, 흥기하다
   别灰心，振作起来。 낙심하지 말고 힘내.
   Bié huīxīn, zhènzuò qǐlái.

2 특정 활동에 참여하다
   不准考试作弊。
   Bùzhǔn kǎoshì zuòbì.
   시험 부정행위를 허용하지 않는다.

3 작품
   这本小说是他的成名作。
   Zhè běn xiǎoshuō shì tā de chéngmíngzuò.
   이 소설은 그의 출세작이다.

— 연관 단어

作业 zuòyè 몡 숙제

作者 zuòzhě 몡 저자

作弊 zuòbì 통 법이나 규정을 어기다, 나쁜 짓을 하다

振作 zhènzuò 통 진작하다

工作 gōngzuò 몡통 직업; 일하다

著作 zhùzuò 몡 저작

— 표현 PLUS+

谢谢合作。 협력에 감사드립니다.
Xièxie hézuò.
▶ 어떤 행동이나 활동에서의 지지나 협조에 대한 공적인 감사를 표하는 데에 사용되는 말이에요.

— 확장하기

'作'의 우측에 있는 '乍'는 다른 한자의 구성 요소로 사용될 때 종종 우측에 놓이는데, 예를 들면 다음과 같아요.

日
氵 +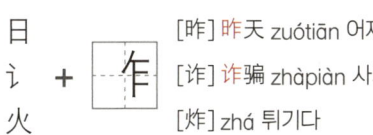
火

[昨] 昨天 zuótiān 어제
[诈] 诈骗 zhàpiàn 사기치다
[炸] zhá 튀기다

✻ 자원 풀이

한자 '作'는 갑골문에 '𠂉(乍 zhà)'로 쓰여 있는데, 새로 만든 옷의 깃처럼 보인다. 후에 '乍'의 좌측에 '亻'를 추가하여 '作'가 되어 이 한자가 '인간'과 관계가 있음을 가리키게 되었다. '作'의 본뜻은 '일어나다, 흥기하다'이고 '어떤 활동에 관계되다' 혹은 '작품'으로 의미가 확장되었다.

365 7획

zuò

坐

앉을 **좌**

✱ 자원 풀이

한자 '坐'는 초기에 ''로 썼는데, 좌측과 우측의 상단은 사람의 모습이고 중앙은 둔덕으로, 둔덕에 앉은 두 사람처럼 보인다. '坐'의 본뜻은 '언덕에 앉다'이고 '앉다', '(탈것을 타고) 가다'로 의미가 확장되었다.

— 뜻 + 예문

1 동 앉다

你坐沙发吧，我坐椅子。
Nǐ zuò shāfā ba, wǒ zuò yǐzi.
너는 소파에 앉아, 나는 의자에 앉을게.

2 동 (탈것을 타고) 가다

今年寒假，我想坐飞机去云南旅行。
Jīnnián hánjià, wǒ xiǎng zuò fēijī qù Yúnnán lǚxíng.
올해 겨울방학에 나는 비행기를 타고 윈난으로 여행 가고 싶다.

— 표현 PLUS+

1 请进，请坐。 들어와서 앉으세요.
Qǐng jìn, qǐng zuò.
▶ 주인이 손님에게 집안에 들어와서 앉으라고 할 때 사용하는 정중한 표현이에요.

2 再坐一会儿吧。 좀 더 앉아 계세요.
Zài zuò yíhuìr ba.
▶ 손님이 떠나려 할 때 주인이 좀 더 머물라고 권하는 정중한 표현이에요.

— 확장하기

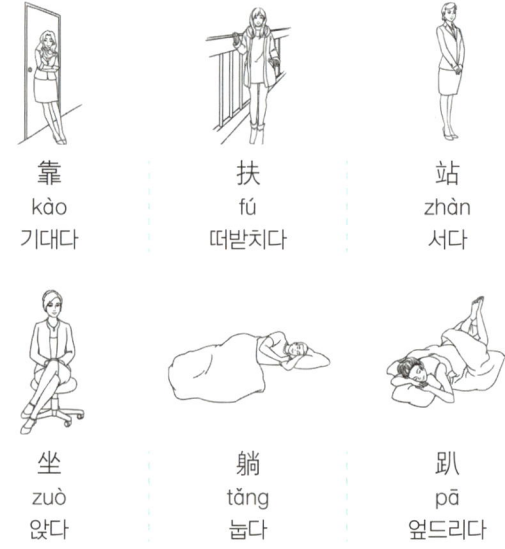

靠 kào 기대다
扶 fú 떠받치다
站 zhàn 서다
坐 zuò 앉다
躺 tǎng 눕다
趴 pā 엎드리다

memo

memo